BASTEI
LÜBBE

CHRYSTINE BROUILLET
im BASTEI-LÜBBE-Taschenbuchprogramm

13 674 Marie LaFlamme
13 729 Die Einwanderer

Chrystine Brouillet

DIE EINWANDERER

Die Abenteuer der Marie LaFlamme
in Neufrankreich

Historischer Roman

Ins Deutsche übertragen
von Sylvia Strasser

BASTEI
LÜBBE

BASTEI-LÜBBE-TASCHENBUCH
Band 13729

Erste Auflage
März 1996

Deutsche Lizenzausgabe 1996
Bastei-Verlag Gustav H. Lübbe
GmbH & Co., Bergisch Gladbach
Originaltitel: Nouvelle-France
Lektorat: Dr. Edgar Bracht
Titelbild: Photografie Giraudon
Umschlaggestaltung:
Agentur Karl Kochlowski, Köln
Satz: KCS GmbH,
Buchholz/Hamburg
Druck und Verarbeitung:
Brodard & Taupin,
La Flèche, Frankreich
Printed in France

ISBN 3-404-13729-9

1. KAPITEL

»Endlich!« rief Marie LaFlamme, als sie erfuhr, daß die Passagiere in andere Boote umsteigen sollten.

»Ja, bald sind wir am Ziel!«

»Ich bin gar nicht traurig, der *Alouette* Lebewohl sagen zu müssen!«

Marie ließ den Blick über das Schiff schweifen, das sie von Dieppe hierhergebracht hatte und das sie jetzt verlassen mußte, weil Kapitän Dufour es für zu gefährlich hielt, die Fahrt fortzusetzen: Das Marssegel war zerrissen, und am Tag zuvor hatte man im Kiel ein Leck entdeckt. Zwar hatte ein mutiger Kalfaterer den Sprung ins Wasser gewagt und versucht, den Riß von außen abzudichten, aber der Kapitän hielt an seiner Entscheidung fest, vor der Insel vor Anker zu gehen.

Den Passagieren blieb kaum Zeit, sich die Beine ein wenig zu vertreten. Einige beklagten sich darüber. Emeline Blanchard, die Amme, die sich anschickte, Noémie zu stillen, murrte:

»Wie soll ich das schaffen in der kurzen Zeit? Und an Bord ist es so eng. Dort drängen wir uns noch schlimmer als die Kabeljaue, die von Neufundland kommen, so daß ich gar nicht zu drücken brauche, damit die Milch fließt«, meinte sie, wobei sie auf ihre Brüste deutete.

»Du hast genug Zeit, Emeline«, sagte Marie LaFlamme. »Und jetzt gib meiner Tochter endlich die Brust! Hör doch nur, wie sie schreit! Sie hat Hunger.«

»Ein Glück, daß ich genug für zwei habe. Dieser kleine Nimmersatt würde keinen Tropfen für meinen Jungen übriglassen. Sieh sie dir an! Als ob sie zwei Tage nichts bekommen hätte. Dabei war es heute morgen noch dunkel, als du sie mir das erste Mal gebracht hast.«

Marie seufzte. »Ich weiß. Und der Tag hat gerade erst begonnen.«

René Blanchard, der hinter seiner Frau stand, wischte sich mit dem Ärmel den Schweiß von der Stirn. »Hat man uns nicht gewarnt, es sei bitterkalt in Neufrankreich?«

Marie betrachtete die beiden. Was für ein ungewöhnliches Paar! René war groß, hager, dunkel, mit kohlschwarzen Augenbrauen, Emeline dagegen rundlich und hell: milchiger Teint, helle Augen, helles Haar, runde Backen, weiches Kinn. Was die Eheleute verband, war ihr Mut. Wie die meisten Einwanderer hatten sie nicht gezögert, Frankreich den Rücken zu kehren. Warum sollten sie in der Heimat Hunger leiden, wenn sie in Québec angeblich mehr als einmal die Woche Fleisch zu essen hätten? Sie wußten, sie würden hart arbeiten müssen, aber sie hatten es auch in Dieppe nicht leicht gehabt. Die Kälte? Daran würden sie sich gewöhnen. Die Wilden? Sie hatten die Soldateska in ihrem Heimatort erlebt.

»Ich war eben erst im Wasser«, sagte René Blanchard, »aber mein Hemd ist schon wieder trocken.«

Er blickte zur Sonne hinauf, als wäre diese eine feindliche Macht, eine Bedrohung. Sie kam ihm heller vor als zu Hause in der Normandie. Sie schien ihr Licht entschlossener, freigebiger, hoheitsvoller zur Erde zu schicken. Die Scheibe des Himmelskörpers hob sich so scharf vom blauen Himmel ab, daß René Blanchard einen Moment lang fürchtete, sie werde sich gleich vollends lösen und auf ihn herunterstürzen. Er blinzelte und wedelte mit der Hand vor den Augen hin und her. Eine Sinnestäuschung. Das kam von der Hitze. Und dem Hunger. Und der langen Reise. Er fragte sich, ob seine Entscheidung, aus der Perche fortzugehen, um hier, am Ende der Welt, neu anzufangen, richtig gewesen war. Falls er seine Vettern, die nach Indien ausgewandert waren, wiedersehen sollte, würde er ihnen berichten können, daß er sehr viel weiter in die

Fremde vorgestoßen war als sie. Vorausgesetzt, sie kamen irgendwann an! Der Kapitän versicherte ihnen seit Tagen, sie seien bald am Ziel. Der Schmied glaubte schon nicht mehr daran. Und seine Frau Emeline auch nicht.

»Bin gespannt, was sie nach den Schaluppen als nächstes für uns vorgesehen haben! Wenn das so weitergeht, enden wir auf einem Floß.«

»Aber nein«, entgegnete Victor Le Morhier. »Das ist die letzte Etappe. Heute abend sind wir im Fort.«

Wie üblich versuchte er die Gemüter zu beruhigen. René Blanchard betrachtete den blonden jungen Mann bedauernd. Ein Jammer, daß er nicht die Absicht hatte, sich in Neufrankreich niederzulassen. Während der Überfahrt hatte er den aus Nantes stammenden Victor seiner Besonnenheit wegen schätzengelernt.

»Wenn ich mir vorstelle, daß du in ein paar Wochen die weite Reise zurück antreten mußt, tust du mir leid, mein Freund«, meinte René seufzend. »Da müßte mir schon jemand mehr als die ganze Überfahrt bezahlen, damit ich noch einmal ein Schiff betrete.«

»Beruhige dich, du hast dich ja für drei Jahre verpflichtet«, erwiderte Victor. »Du wirst also noch eine ganze Weile hierbleiben.«

»Es sei denn, die Wilden fressen dich vorher!« stieß der Schiffskoch glucksend hervor.

Trotz der harten Arbeit konnte er noch lächeln. Er würde nämlich an Bord der *Alouette* bleiben, nicht nur jetzt, sondern auch später, wenn sie Québec erreicht hätten. Er hatte viel zuviel Angst, seinen Skalp zu verlieren oder bei lebendigem Leib gefressen zu werden.

»Niemand wird uns fressen«, entgegnete Michel Dupuis, der Maurer, heftig. »Wir werden ein Vermögen mit Biberfellen verdienen!«

»Bis jetzt haben wir keinen einzigen Biber gesehen«, bemerkte der Koch. »Nicht einmal eine Schwanzspitze.«

»Wahrscheinlich haben die Tiere Angst vor deinen Kochkünsten. Sie wollen nicht, daß du sie auf deine Weise zubereitest und uns damit vergiftest.«

Gelächter erscholl. Es gab niemanden, der nicht über das Essen an Bord klagte. Wären sie noch länger auf See geblieben, hätten sie es den alten Seeleuten nachgemacht und angefangen, Tabak zu kauen, bis der Gaumen so gefühllos war, daß man nichts mehr von der ranzigen Specksuppe oder dem verschimmelten Schiffszwieback schmeckte.

»Wir werden dir keine Träne nachweinen!« versicherte René Blanchard. »Sowie wir an Land sind, werde ich mir alles gönnen, wovon ich die ganze Zeit nur geträumt habe. Ein richtiges Ragout! Mit richtigem Wurzelgemüse und einem fetten Stück Fleisch!«

»Und Brot!«

»Und Wein!«

»Und Wasser! Frisches Wasser«, fügte Victor Le Morhier hinzu.

»Du willst wirklich wieder zurück?« fragte René Blanchard.

»Ich habe keine andere Wahl.« Victor, der Emelines Blick auf sich ruhen fühlte, wandte sich ab. Noch am Tag zuvor hatte sie ihn zu überreden versucht, in Québec zu bleiben und Marie zu heiraten.

»Die Ärmste ist Witwe und hat ein kleines Kind. Und sie kann dich gut leiden, sonst hätte sie dich nicht zum Paten des Mädchens bestimmt. Warum also sagst du ihr nicht, was du für sie empfindest? Wenn sie erst an Land ist, werden Dutzende um ihre Hand anhalten. Weshalb willst du unbedingt zurück nach Frankreich? Erzähl mir nicht, daß dort eine Frau auf dich wartet, ich würde es dir nicht glauben. Ich habe doch Augen im Kopf, mir ist nicht entgangen, wie du Marie ansiehst.«

»Das verstehst du nicht, Emeline.«

»Ja, so wird es wohl sein. Ich bin genauso dumm wie die Gänse, von denen wir während der Überfahrt geträumt haben.«

Victor Le Morhier hatte sachte, den Kopf geschüttelt, aber nichts darauf erwidert. Was hätte er Emeline sagen sollen? Daß Marie nicht Simon Perrots Witwe war, wie sie angedeutet hatte? Daß sie ganz im Gegenteil den Soldaten immer noch liebte? Und daß sie ihn, Victor, vor seiner Rückkehr nach Frankreich sicherlich bitten würde, ihr unverzüglich Nachricht von ihrem Simon zu geben? In ihrer Blindheit sah sie nicht, was Victor für sie empfand. Sie ahnte nicht, was sie ihm antat, wenn sie nur Simons Namen aussprach. Würde sie ihm eine Nadel ins Herz stechen, so könnte sie ihn damit nicht grausamer quälen. Ein unglücklicher Vergleich! Was würde Marie sagen, wenn er sie so ungeschickt an die Qualen erinnert hätte, die ihre wegen Hexerei zum Tode verurteilte Mutter erdulden mußte! Nicht nur eine, nein, Dutzende von Nadeln, Stiletten, Pflöcken waren in Anne LaFlammes Körper gebohrt worden.

Mein Schmerz läßt sich nicht mit ihrem vergleichen, dachte Victor, und dennoch würde ich lieber körperliche Schmerzen leiden, als mir noch einmal anhören zu müssen, daß Simon Perrot unschuldig sei, daß er den Apotheker in Ausführung eines Befehls getötet habe und daß es für die Verhaftung des Goldschmieds Guy Chahinian gute Gründe geben müsse.

»Victor? Du hörst mir ja gar nicht zu!« hatte Emeline ihm zugerufen, wodurch er aus seinen Gedanken gerissen wurde. »Bleib bei uns, Victor.«

»Nein, ich muß nach Dieppe zurück. Außerdem gehöre ich aufs Meer, Emeline. Ich bin Seemann, kein Bauer.«

»Und mein René? Zu Hause in der Perche war er Hufschmied, aber jetzt mußte ich erfahren, daß es nur noch ein Dutzend Pferde im Land gibt. Dann wird er eben etwas anderes machen. Er wird Maurer werden oder Zimmermann. Er wird es lernen. Und du kannst das auch.«

»Aber Marie will mich nicht. Das weiß ich.«

Emeline verzog das Gesicht. »Dann suchst du dir eben eine andere …«

»Nein, niemals!« entfuhr es Victor.

»Siehst du!« rief Emeline triumphierend aus. »Ich wußte doch, daß sie dich verzaubert hat!«

Victor sah ein, daß es zwecklos war, seine Gefühle noch länger zu leugnen. Irgendwann werde er sicher nach Neufrankreich zurückkehren, sagte er.

»Dann ist es vielleicht zu spät.«

Victor hatte nur mit den Schultern gezuckt. Am anderen Morgen indes, als René Blanchard ihn nach seinen Plänen fragte, hatte er eine unbändige Lust verspürt, sein kümmerliches Gepäck auf eine der Schaluppen zu werfen und sich zu verpflichten. Vielleicht könnte sein neuer Dienstherr dem Kapitän eine Art Entschädigung für den Verlust eines Mannes zahlen?

Er wartete nur auf ein Zeichen von Marie LaFlamme, auf ein Wort, ein Lächeln, das ihm bedeutete, er möge bleiben.

Doch Maries ganze Aufmerksamkeit, ihre ganze Zärtlichkeit galt Noémie. Victor räusperte sich und bekräftigte mit fester Stimme: »Mein Entschluß steht fest. Ich kehre nach Dieppe oder nach La Rochelle zurück. Aber vorher werde ich mir mit euch das Land ansehen. Da sind die Schaluppen! Kommt, wir dürfen keine Zeit verlieren. Wir müssen die fallende Flut nutzen.«

Gelächter und fröhliches Geschrei erhob sich beim Anblick der Schaluppen. Doch in die Erleichterung mischte sich auch Unbehagen. Mißtrauisch wurden die Boote beäugt. Waren sie auch stabil genug? Und dann der Fluß: Jeder versuchte abzuschätzen, wie breit er war, und verglich ihn mit der Loire, der Seine, der Garonne oder der Saône. Gab es vielleicht gefährliche Strömungen? Hatte die Fahrrinne eine ausreichende Tiefe?

Nur Marie dachte an etwas ganz anderes, nämlich an das Ungeheuer, das sie vor einigen Tagen erblickt hatte, als sie in der Bucht von Tadoussac vor Anker lagen. Es war dunkel gewesen. Während sie die hungrige Noémie in ihrem Armen gehalten hatte, war Marie an Deck auf und ab gegangen, zwischen den Schlafenden hindurch. Da hatte sie Kapitän Dufour entdeckt. Er schaute wie gebannt aufs Wasser hinaus. Sie folgte seinem Blick und sah eine riesige, kahle Insel, deren Oberfläche eigenartig glatt war. Die Insel bewegte sich! Sie näherte sich dem Schiff mit großer Geschwindigkeit, tauchte dann aber unvermittelt unter. Marie hätte vor Schreck laut geschrien, wenn der Kapitän ihr nicht im letzten Moment den Mund zugehalten hätte.

Als sie sich wieder gefaßt hatte, erklärte Dufour ihr, sie hätten nichts zu befürchten von dem Seeungeheuer, das in einer Entfernung von vier, fünf Klaftern erneut aufgetaucht war. Dennoch dürfe sie niemandem etwas davon erzählen, weil sonst leicht eine Panik unter den Passagieren ausbrechen könnte.

»Sie sind hungrig und erschöpft, wir wollen ihnen nicht auch noch unnötig Angst einjagen. Ich habe dieses Wesen schon einmal gesehen, es hält sich seit drei Tagen in der Nähe des Schiffs auf. Es soll die *Taureau* bis zu der großen Insel begleitet haben. Und jetzt scheint es sich uns anzuschließen. Aber das behältst du für dich!«

Marie hatte stumm genickt. In ihre Furcht mischte sich eine freudige Erregung: Das Vertrauen des Kapitäns, mehr noch aber die Begegnung mit dem Ungeheuer hatte sie mit Stolz erfüllt. Sie würde niemandem verraten, was sie gesehen hatte. Nicht weil der Kapitän es angeordnet hatte, sondern weil sie das Tier beneidete. Könnte sie doch die Geheimnisse des Meeres mit ihm teilen! Sie dachte an ihren Vater. Pierre LaFlamme hatte sicherlich nie ein solches Wesen gesehen, sonst hätte er ihr davon erzählt. Von Riesenkraken und Sirenen hatte er berichtet, aber ein Tier, das aussah wie ein großer, dunkler glattgeschliffener Stein, hatte er nie erwähnt. Marie wünschte, es gäbe einen Weg, ihm mitzuteilen, was sie auf der Fahrt übers Meer alles erlebt und gesehen hatte. Jetzt verstand sie, weshalb er so gern zur See gefahren war. Der Ozean hatte auch sie verzaubert. Sie liebte das Klatschen der Wellen gegen den Schiffsrumpf, ihr vertrauliches Flüstern nach jedem Schauer, bevor sie, mit unzähligen Kristallen geschmückt, in denen das Licht sich funkelnd brach, davoneilten ins Reich der Tritonen; sie liebte den launigen Gischt, die lebhaften Winde, die die Auswürfe der Dünung verwehten und kraftvoll sämtliche Segel, vom Bugspriet- bis zum Kreuzmarssegel, blähten. Und sie liebte das erregende, den Herzschlag beschleunigende Gefühl, wenn das Schiff Fahrt aufnahm und schnell, immer schneller die Wellen durchpflügte und vorstieß in die Unendlichkeit, in die Ewigkeit.

Die schwerfälligen Schaluppen würden kaum imstande sein, einen solch prickelnden Reiz hervorzurufen. Vermutlich waren sie so langsam, daß sich die letzte Etappe der Reise endlos hinziehen würde. Trotz ihrer Vorbehalte gegen die bauchigen Boote war Marie die erste, welche die *Alouette* verließ. Noémie fest an sich gedrückt, sprang sie, die hilfreiche Hand eines Matrosen ignorierend, hinunter und landete geschmeidig auf einer der Bänke der schaukelnden Schaluppe.

»Daß du immer deinen Kopf durchsetzen mußt!« brummte Victor. »Und wenn du mein Patenkind hättest fallen lassen?«

»Daß du immer an mir herumnörgeln mußt!« ahmte Marie ihn nach. »Und wenn du mir ein bißchen mehr zutrauen würdest? Ich liebe Noémie genauso wie du, vergiß das nicht. Schließlich ist sie meine Tochter!«

Das sagt sie zwanzigmal am Tag, dachte Victor. Als ob sie sich selbst davon überzeugen müßte, daß sie dieses Kind, das sie als Hebamme auf die Welt geholt, aber nicht als Mutter zur Welt gebracht hatte, auch wirklich liebt.

Er fragte sich, ob sie ihre Gefühle nicht falsch einschätzte. Nach dem Tod von Julie Laflandres an Bord der *Alouette* hatte Marie zutiefst erschüttert, aber ohne sich über die Tragweite ihres Versprechens im klaren zu sein, gelobt, sie werde für Noémie sorgen wie für ihre eigene Tochter. Würde nicht Schwester Blandine, die Patin des Mädchens, sich ebenfalls in Neufrankreich niederlassen, hätte Victor ein noch schlechteres Gewissen, weil er Noémie in Maries Obhut zurückließ, obwohl er sich nicht sicher war, daß das Kind bei ihr gut aufgehoben wäre. Und seine eigenen Beweggründe? War es Zuneigung, was ihn veranlaßte, sich um Noémie zu kümmern, oder die Tatsache, daß sie ihn mit Marie verband? Kein Tag verging, an dem er sich nicht nach dem Wohlbefinden der Kleinen erkundigt hätte, zum einen aus echter Sorge, zum andern aber auch, weil er Marie damit zu gefallen hoffte und auf diese Weise unauffällig ihre Nähe suchen konnte.

»Da, nimm sie, wenn du Angst hast, ich könnte sie kaputtmachen!« Lachend drückte Marie ihm das kleine Bündel in die Arme.

Victor lief rot an und gab ihr das Kind sofort zurück.

»Ich kenne mich doch nicht aus mit Säuglingen. Ich wollte damit ja auch nicht sagen, daß ...«

»Macht Platz!« fiel Michel Dupuis ihm ins Wort. »Rückt zusammen, es müssen zwölf auf dem Boot Platz finden!«

»Das ist unmöglich«, jammerte Emeline Blanchard. »Wo ist denn René? Ah, da bist du ja! Hier, nimm Jean-Jean und Paul, damit ich mich ganz nach hinten setzen kann.«

Nach über einer Stunde war es endlich soweit: Die Schaluppen legten ab und glitten in gleichmäßigen Abständen hintereinander über den stillen Sankt-Lorenz-Strom.

Das Ziel vor Augen, legten sich die Männer ungeachtet ihrer Müdigkeit in die Riemen. Sie spürten weder das rauhe Holz, das ihnen die Handflächen aufriß, noch die bleierne Schwere im Kreuz oder die Ellbogenstöße eines ungeschickten Nebenmannes. Sie hörten nicht den Gesang, den die Frauen angestimmt hatten, um sie anzuspornen, der jedoch schauerlich klang, weil sie in ihrer Aufregung alle durcheinander sangen. Hatten sie sich noch tags zuvor am faden Geschmack des Süßwassers erfreut, so nahmen sie jetzt die Wasserspritzer im Gesicht und auf ihren aufgesprungenen Lippen gar nicht mehr wahr. Nicht einmal ihr eigener Gestank störte sie, und obgleich sie sich wochenlang vor den giftigen, üblen Ausdünstungen an Bord gefürchtet hatten, regte sich kein Gefühl der Dankbarkeit für die frische, saubere Luft in ihnen. Als der Geistliche sie aufforderte, bis zur Ankunft Ave-Maria zu beten, leierten sie das Gebet mechanisch und ohne einen Gedanken an die Jungfrau, die sie auf der Überfahrt beschützt hatte, herunter.

Sie nahmen nichts mehr wahr, nicht einmal den Fluß. Sie sahen nur noch die Stadt.

Québec. Endlich.

Die Männer und Frauen, die sich verpflichtet hatten, mindestens sechsunddreißig Monate in Neufrankreich zu leben, atmeten auf. Einige rieben sich die Augen, andere kniffen sich in den Unterarm, um sicherzugehen, daß sie nicht träumten. Während einer mehrtägigen Flaute hatten ihre Sinne ihnen schon einmal einen Streich gespielt und ihnen üppig grüne Inseln mit einladenden Stränden und prachtvolle antike Städte vorgegaukelt. Eine weitere Täuschung wäre gar zu grausam gewesen. Aber die Stadt, die sie an diesem 15. Juli 1663, nach über zwei Monaten auf hoher See, erblickten und die sich mit jedem Ruderschlag deutlicher vor ihnen abzeichnete, war keine Luftspiegelung.

»Ich kann das Fort Saint-Louis sehen!« schrie Antoine Souci, der Schuster.

»Wo?«

»Da vorn! Genau vor dir!«

»Das soll eine Festung sein?« spottete René Blanchard. »Die von Angers ist zwanzigmal größer!«

»Sieh doch nur all die Menschen am Ufer«, flüsterte Emeline, und es klang ein wenig bange. »Warten die etwa auf uns?«

Antoine Souci, der Québec von einem früheren Aufenthalt kannte, prahlte mit seinen Kenntnissen: Die Ankunft eines Schiffs sei für die Bewohner jedesmal ein Anlaß zum Feiern, erklärte er.

»Québec bietet nur wenig Abwechslung. Was glaubt ihr, wie froh die sind, uns zu sehen! Wollen wir wetten?«

»Denkst du denn nie an etwas anderes als ans Spielen, Antoine?« brummte Michel Dupuis, der bei einer Würfelpartie am Abend zuvor ein Pfund verloren hatte.

»Was ist das für eine Palisade?« fragte Victor, um das Gespräch auf ein anderes Thema zu lenken und dadurch zu verhindern, daß sich die beiden Männer erneut in die Haare gerieten.

»Das Fort der Huronen.«

Eine tiefe Stille trat ein. Von fern hallte Glockengeläut über das Wasser, gefolgt von einem schwachen Echo. Der Geistliche bekreuzigte sich. Seine Mitreisenden folgten seinem Beispiel.

»Das ist die Glocke des Klosters unserer lieben Jesuiten. Laßt uns ein Vaterunser beten.«

Gehorsam, wenn auch ein wenig widerwillig, weil sie viel lieber die Stadt betrachtet hätten, senkten Passagiere und Seeleute den Kopf. Marie glaubte Schwester Blandine neben sich murmeln zu hören, daß das nicht das Geläut der Jesuiten gewesen sei, sondern das der Ursulinerinnen. Ein unbändiger Lachreiz, den sie nur mit Mühe unterdrücken konnte, stieg in ihr auf. Machte Schwester Blandine ihr nicht immer ihren Hochmut zum Vorwurf? Nun, ihr mangelte es offensichtlich auch nicht daran, wie Marie mit Genugtuung feststellte. Ihre anfängliche tiefe Abneigung gegen die Nonne und ihre erklärte Absicht, sie zur Ergebenheit zu erziehen, war alsbald einer gewissen Bewunderung gewichen, denn Schwester Blandine zeigte Mut, Ausdauer, Entschlußfreudigkeit und eine gesunde Neugier. Und Marie begriff die Gründe für ihre Forderung nach Gehorsam sehr wohl, auch wenn sie das nie zugegeben hätte: Sie mußte sich bei den Schwestern, die ihr unterstanden, Respekt verschaffen. Maries Entscheidung, Schwester Blandine zur Patin für Noémie zu nehmen, hatte die Versöhnung zwischen den beiden Frauen eingeleitet. Durch ihre Wißbegier und ihren Wunsch, sich die Kenntnisse der jungen Frau auf dem Gebiet der Heilkunde anzueignen, hatte die Ordensschwester das Ihre dazu beigetragen, und mittlerweile standen sie, obgleich es nach außen hin nicht den Anschein hatte, in einem fast herzlichen Verhältnis zueinander.

Als Marie herausfand, daß sie in den Augen der Ordensschwester zu hochmütig war, fühlte sie sich erst versucht, sie deswegen zu hänseln. Dann aber tat sie ihr leid, mußte die arme Nonne, die das Gelübde der Demut abgelegt hatte, sich doch nach Kräften bemühen, ihren Stolz zu unterdrücken, während sie, Marie, von niemandem zur Bescheidenheit angehalten wurde. Was nicht hieß, daß man diese Eigenschaft nicht von ihr, wie von allen Frauen ihrer Zeit, erwartet hätte.

Nach kurzem Zögern entschloß sich der Mann, die Haarsträhne von Madeleine Faucher zu verbrennen. Sie aufzubewahren wäre zu gefährlich. Auch wenn bislang nicht der geringste Verdacht auf ihn gefallen war.

Der Mann schloß die Augen und ließ jenen Tag vor zwei Monaten noch einmal an sich vorüberziehen. Es war nicht so leicht gewesen, wie er gedacht hatte.

Madeleine Faucher hatte Wäsche zum Trocknen ausgebreitet, als er sich ihr von hinten genähert hatte. Er hatte ihr eine Lederschlinge um den Hals geworfen, fest gezogen und sie auf die Knie gezwungen. Zu seinem Erstaunen wehrte die Frau sich nicht, sondern stammelte nur ein ums andere Mal: »Töte mich bitte nicht, töte mich bitte nicht …« Er schob ihre Röcke hoch. Ihre Schenkel waren dünner, als es durch den Stoff hindurch den Anschein gehabt hatte. Er stellte sein Bein zwischen ihre, und sie fuhr angewidert zurück, trat nach ihm und versuchte sich loszureißen. Die Schlinge um ihren Hals lockerte sich, weil er, um ihren Tritten auszuweichen, unwillkürlich einen Schritt nach hinten gemacht hatte. Die Frau wirbelte herum. Er schlug sie nieder, bevor sie schreien konnte. Er drang in sie ein, kam viel zu schnell zum Höhepunkt und stand abrupt auf.

Er mußte sie töten. Sein altes Messer in der Hand, beugte er sich über sie. In diesem Augenblick erwachte sie aus ihrer Bewußtlosigkeit und sah die funkelnde Klinge. Er tötete sie mit mehreren Messerstichen. Dann ging er daran, sie zu skalpieren. Er hatte ihr Haar um sein Handgelenk gewickelt, ihren Kopf nach hinten gebogen und die Klinge an der Stirn angesetzt. Anfangs war es sehr schwer gegangen, weil er den Fehler gemacht hatte, das Messer zu tief in den Schädel zu bohren. Man durfte es nur flach unter der Kopfhaut entlangführen, bis man sie langsam abziehen konnte.

Danach hatte ihm der Schweiß auf der Stirn gestanden,

und er hatte eine leichte Übelkeit verspürt. Aber was hätte er denn tun sollen? Er hatte keine andere Wahl gehabt, als die Frau zu töten.

Schon dachte er an eine andere, an die blonde Suzanne Dion.

2. KAPITEL

Marie hob als erste den Kopf, um Québec zu betrachten. Ihr Blick erfaßte zunächst die Kirchtürme, vier an der Zahl. Staunend sah sie, daß die Stadt in zwei Hälften geteilt war: Die eine lag auf einer felsigen Hochfläche, die andere unterhalb der schroffen Felswand. Ein gefährlich steiler Weg verband die beiden Teile. Bestimmt brach sich da hin und wieder jemand ein Bein, der dann ihre Dienste in Anspruch nehmen müßte und sie, weil sie ihre Sache so hervorragend machte, weiterempfehlen würde. Als fürchte sie, die Ordensschwester könnte ihre eigennützigen Gedanken lesen, warf Marie ihr einen verstohlenen Seitenblick zu, aber Schwester Blandine war in tiefe Andacht versunken. Marie seufzte. Sie wünschte ihren künftigen Mitbürgern nicht, daß sie sich die Knochen brachen. Sie wollte nichts weiter als ein sicheres Auskommen für sich und Noémie. Was sie während der Überfahrt gehört hatte, war nicht sehr ermutigend, dafür um so verblüffender gewesen. Angeblich verheirateten sich die Frauen, sowie sie an Land gegangen waren, ja sie kamen sogar, mit Ausnahme der Ordensschwestern und einiger weniger anderer, eigens hierher, um eine Familie zu gründen. Zehn, zwölf, selbst fünfzehn Kinder pro Familie waren offensichtlich keine Seltenheit. Wenn das stimmte, würde es Marie in ihrer Eigenschaft als Hebamme nicht an Arbeit mangeln. Sie selbst würde auf keinen Fall heiraten. Sie konnte nicht, und sie wollte nicht. Auch wenn Emeline, der sie sich anvertraut hatte, ihr entgegenhielt, es sei nicht gut für eine Frau, in diesem Land allein zu bleiben.

»Was willst du denn machen?«

»Das, was ich auf der *Alouette* auch gemacht habe: heilen.«

»Wem willst du deine Dienste anbieten? Sofern man es dir überhaupt erlaubt, deine Tätigkeit auszuüben. Du hast dich schließlich nicht verpflichtet. Und du wirst dich wohl kaum auf die Straße hocken und warten wollen, bis jemand kommt und dich bittet, einen Verletzten zu versorgen oder eine Frau zu entbinden!«

»Ich habe mich nicht verpflichtet, ganz recht, und deshalb bin ich auch keinem Werber etwas schuldig. Ich habe teuer genug für die Überfahrt bezahlt.«

»Wie meinst du das?«

Marie wurde rot, faßte sich aber rasch und entrüstete sich über den hohen Preis für die Reise übers Meer.

»Ich habe genausoviel bezahlt wie ihr alle, besser gesagt, genausoviel wie Michel Dupuis oder Antoine Souci oder Horace Bontemps – Verzeihung, wie der Herzog, wollte ich sagen.«

Die beiden Frauen sahen sich an und lächelten. Nach zwei Wochen auf hoher See hatte der Schneidermeister wegen seines gezierten Gehabes bei den zukünftigen Siedlern nur noch ›der Herzog‹ geheißen.

»Er wird wenigstens Arbeit finden, mag er sich auch noch so gespreizt benehmen. Anfangs soll ein Schneider allerdings nicht mehr als siebzig Pfund verdienen, habe ich gehört. Ich hoffe, mein guter Mann kann nebenbei noch ein wenig hinzuverdienen, denn unser Grundherr wird uns auch nicht mehr bezahlen. Und der Lohn des ersten Jahres reicht gerade, um den Preis für die Überfahrt zurückzuzahlen.«

»Ich schulde niemandem etwas! Und ich bin zuversichtlich, daß es mir gelingen wird, durch mein Können und meine Arzneien meinen Beutel zu füllen. Es gibt bestimmt viel zu tun für mich. Wenn ich nur an die Kämpfe gegen die Indianer denke! Niemand versteht sich besser darauf, Wunden zu versorgen und zu nähen, als ich!«

»Das kannst du aber nur tun, wenn du dich im Hospital niederläßt.«

»Hinter Mauern leben wie eine Nonne? Niemals«, wehrte Marie energisch ab.

»Aber du bist eine Frau, und eine Frau kann nicht allein leben, ohne Mann, ohne Familie. Du wirst an meine Worte denken ...«

»Das werden wir ja sehen«, entgegnete Marie hochmütig.

Als sie sich jetzt der Stadt näherten, war ihr aber doch ein wenig bang zumute. Sie zählte die bescheidenen Häuser am Ufer und verglich sie mit den wenigen sehr viel schmuckeren auf der Hochfläche darüber. Vergeblich hielt sie nach dem Château St. Louis Ausschau, dem Sitz des Gouverneurs, den aufzusuchen sie sich vorgenommen hatte. Unterdessen war die Zahl der Schaulustigen am Ufer weiter angewachsen, und Marie, wie um sich Mut zu machen, drückte das Mädchen in ihren Armen fester an sich.

»Endlich!« sagte Schwester Sainte-Blandine. »Gelobt sei der Herr!«

»Wo liegt denn das Hospital?«

»Man kann es von hier nicht sehen. Es befindet sich in der Oberstadt, rechts von uns, hinter der Palisadenwand der Jesuitenschule und der Champlainkapelle.«

»Und das Château St. Louis?«

»Das ist das Gebäude, auf das Antoine Souci vorhin gezeigt hat.«

»Aber das ist doch kein Schloß! Das ist doch nur ein … ein … Ich weiß, wie ein Schloß aussieht. Ich hab' den Louvre in Paris gesehen und das Palais-Royal, und an der Straße nach Orléans, da …«

»Ich dachte, du hättest gesagt, du seist auf dem Seeweg von Nantes nach Dieppe gereist«, bemerkte die Ordensschwester.

Marie nickte keck. »Ja, aber ich war früher schon einmal in Paris.«

»Dann kennst du sicher auch das Kardinalspalais?«

»Ja, natürlich …«

»Hör endlich auf zu lügen«, schalt die Nonne halb belustigt, halb ungehalten, biß sich dann aber sogleich auf die Lippen: Diese ziemlich kindische und wenig christliche Freude darüber, daß Marie ihr in die Falle gegangen war, würde sie beichten müssen.

»Ich lüge nicht!« widersprach die junge Frau.

»Nein? Das Palais-Royal ist das einstige Kardinalspalais.«

Marie schoß vor Zorn das Blut ins Gesicht. Jetzt erst fielen ihr wieder die Worte von Guy Chahinian ein: Nach dem Tod Kardinal Richelieus sei das Kardinalspalais, wie es bis dahin hieß, in Palais-Royal umbenannt worden, hatte er ihr erklärt.

Sie streckte die Hand aus und deutete auf eine Art Palisade, die zwischen dem oberen und dem unteren Teil der Stadt ein Dreieck bildete.

»Was ist das dort drüben?«

»Versuch nicht abzulenken, Marie. Du hast genauso wie ich gehört, was Souci vorhin gesagt hat, Marie, eines Tages wirst du dich in deinen Lügen verstricken, und das könnte sehr ernste Folgen haben. Es wäre besser, du würdest mir die ganze Wahrheit sagen. Oder aber du vertraust dich deinem Beichtvater an. Du kannst mir nicht weismachen, daß du diese Reise aus Liebe zur See angetreten hast, obwohl du darin manchen Seeleuten in nichts nachstehst. Wovor läufst du weg?«

Marie stieß einen tiefen Seufzer aus. Darüber könne sie nicht reden, sagte sie, sie habe es versprochen, und dieses Versprechen dürfe sie nicht brechen. Daß sie sich selbst dieses Versprechen gegeben hatte, verschwieg sie. Verärgert über ihre störrische Haltung, entgegnete die Ordensschwester, sie habe sie jedenfalls gewarnt.

»Und wenn du ...«

»Ich bitte Euch, laßt uns das Thema beenden! Wir wollen uns nicht streiten an einem Tag wie diesem. Sagt mir lieber, wo ich den Gouverneur finden kann.«

»Den Gouverneur? Du meinst Davaugour?«

Marie, die den Namen des Mannes, der die Geschicke Neufrankreichs lenkte, nicht wußte und eine neuerliche List der Ordensfrau befürchtete, erwiderte, sie wolle nichts weiter, als dem für die Kolonie Verantwortlichen ihren Fall darlegen.

»Wie Ihr wißt, stehe ich bei niemandem in Lohn und Brot, noch bin ich ein Mündel des Königs. Aber ich kann Wunder vollbringen mit meinen Händen.« Sie bewegte die Finger hin und her und fuhr fort: »Ich habe keine Lust, mich als Dienstmagd oder Wäscherin in einem bürgerlichen Haus zu verdingen, während es Kranke gibt, die Hilfe brauchen, und Seuchen, die bekämpft werden müssen. Nicht alle haben soviel Glück gehabt wie wir auf unserer Reise. Ich habe gehört, wie es Pierre Boucher voriges Jahr erging.«

Boucher hatte hundert Männer angeworben, von denen auf der Überfahrt fünfunddreißig gestorben waren. Noch lange nach ihrer Ankunft hatte er für die Überlebenden sorgen müssen, weil niemand Männer einstellen wollte, die mit Pestkranken in Berührung gekommen waren.

Schwester Blandine bedeutete ihr zu schweigen.

»Hüte deine Zunge! Willst du, daß die Leute glauben, wir hätten den Schwarzen Tod an Bord? Auf der *Alouette* ist niemand erkrankt, wir haben keine Toten zu beklagen.«

»Das ist nicht richtig, das wißt Ihr so gut wie ich. In der Nacht, als die Leiche eines der Rudergänger der See übergeben wurde, habt Ihr gemeinsam mit dem Geistlichen das Totengebet gesprochen.«

»Woher ...«

»Der Arzt hat mich zu Rate gezogen. Der Kranke hatte einen Blutsturz gehabt und dann Fieber bekommen. Ich hätte ihn mit Wilhelmskraut retten können, aber ich hatte meine ganzen Vorräte längst unter den andern verteilt. Ein Wunder, daß wir nicht noch mehr Todesfälle hatten.«

»Es war Gottes Wille«, murmelte die Ursulinerin. »Auf allen meinen bisherigen Reisen forderte der Skorbut sehr viel mehr Opfer. Dennoch werden einige Kranke im Hospital gepflegt werden müssen. Eine gute Gelegenheit, dein Können unter Beweis zu stellen. Marie? Was ist mit dir?«

Alle Farbe war aus dem Gesicht der jungen Frau gewichen, und die Ordensschwester fürchtete schon, sie werde das Bewußtsein verlieren, und legte rasch den Arm um sie. Marie blinzelte ein paarmal und atmete tief durch.

»Es geht schon wieder«, versicherte sie. »Das muß die Erschöpfung sein ...«

Schwester Sainte-Blandine konnte nicht ahnen, daß Maries Vater an Skorbut gestorben war. Auf einem Segler mit einer Tragfähigkeit von 700 Tonnen, der Geoffroy de St. Arnaud gehörte. Dem Reeder, den zu heiraten sie gezwungen worden war. Den sie aus tiefster Seele verabscheute. Und den sie eines Tages töten würde. Doch dies war weder der Ort noch die Zeit für solche Gedanken, und Marie hoffte, der scharfsichtigen Ordensfrau war ihr für wenige Augenblicke vom Haß entstellter Gesichtsausdruck entgangen.

»Was habe ich gesagt, das dich so erzürnte, Marie?«

»Nicht Eure Worte erbittern mich, sondern die Krankheit, der Skorbut. Einige von uns sind so schwach, daß man sie zu Euch bringen und dort pflegen sollte.«

»Das Ursulinenkloster ist kein Hospital, Marie. Die Pflege der Kranken ist Aufgabe der Hospitaliterinnen. Glaubst du, du kannst ihnen dabei helfen?«

Marie nickte, auch wenn die Aussicht, den Alltag der Ordensschwestern teilen zu müssen, sie wenig begeisterte. Ihr stand der Sinn nicht nach Andachtsübungen, und nachdem auf der Überfahrt keine Stunde ohne die Lektüre seitenlanger erbaulicher Texte vergangen war, hatte sie fürs erste auch genug von religiösen Schriften. Doch was, wenn sie keine Anstellung fände oder eine Familie, die sie bei sich aufnahm, bis sie mit dem Gouverneur gesprochen hätte, um ihm ihren Plan zu unterbreiten? Sie hatte nämlich vor, unabhängig von jedweder Einrichtung Kranke zu pflegen und sich dafür von der öffentlichen Hand entlohnen zu lassen.

So wie einst Anne LaFlamme in Nantes.

»Mutter Marie könnte mit Mutter Catherine sprechen«, schlug Schwester Sainte-Blandine vor. »Ihr unterstehen die Hospitaliterinnen. Du gehörst zwar nicht dem Orden an, aber du könntest einfache Dienste verrichten: die Kranken füttern und waschen und zudecken, die Räume fegen ...«

»Ich verstehe mich aber aufs Heilen!«

»Du müßtest dich erst mit den niedergelassenen Wundärzten einigen. Was wird der Arzt des Königs zu deinen Plänen sagen? Ich kenne deine Fähigkeiten, aber eine Frau kann doch nicht ...«

»Wer bezahlt diese Ärzte? Ich verlange nur halb soviel für die gleiche Arbeit.«

»In Neufrankreich sind vor allem Chirurgen tätig. Und die unterstehen im allgemeinen dem Statthalter und werden von Jean Madry, dem ersten Hofarzt, einem einflußreichen Mann, bestellt.«

»Könnte ich ihn nicht um eine Aufgabe bitten?«

»Im Grunde schon. Doch im Hospital, wo die Barbiere und Wundärzte gelegentlich nach den Kranken sehen, wirst du Madry kaum antreffen. Er ist viel zu sehr damit beschäftigt, seine Zwistigkeiten auszutragen. Er ist nämlich ein sehr jähzorniger Mann ...«

»Von wem werden diese Barbiere und Wundärzte bezahlt?«

»Vom Rat der hundert Einwohner.«

»Und wer ist der Vorsitzende dieses Rats?«

»Es gibt mehrere, wie du dir denken kannst.«

»Gehört der Gouverneur auch dazu? Dann werde ich mich an ihn wenden. Sobald wir an Land gegangen sind.«

»Das ist nicht so einfach, wie du dir das vorstellst, Marie. Der Gouverneur empfängt nicht jedermann.«

»Mich schon!«

Die Ordensfrau verzog den Mund.

»Ich rate dir, im Kloster etwas mehr Bescheidenheit an den Tag zu legen. Sonst wird Mutter Marie wenig Neigung verspüren, sich bei Mutter Catherine für dich einzusetzen. Mutter Catherine in ihrer Sanftmut und Freundlichkeit hat es nämlich nicht verdient, daß man ihr Unannehmlichkeiten bereitet. Sie wird von allen respektiert, und du wirst ihr ebenfalls Achtung entgegenbringen, wenn sie dir Unterkunft und Verpflegung anbietet.«

»Keinen Lohn? Und wovon soll ich Emeline bezahlen?«

»Wir werden eine Lösung finden. Die Hospitaliterinnen sind nicht der Verlockung des Geldes wegen nach Neufrankreich gekommen, vergiß das nicht. Die Ursulinen übrigens auch nicht.« Nach einer Pause fügte sie hinzu: »Und du, Marie? Weshalb kommst du hierher?«

»Ich? Oh, ich …«

»Ich habe gehört, du seist die Witwe eines Soldaten des Königs?«

Marie zögerte einen Augenblick.

»Ich werde Euch die Wahrheit sagen: Wir waren nur verlobt. Wir wollten im Frühjahr heiraten, aber dann …«

»Und da hast du beschlossen, die Reise übers Meer anzutreten«, sagte die Nonne leise.

»Genauso ist es.«

»Dann hast du auch noch nie ein Kind geboren? Ich erinnere mich, daß du erzählt hast, du hättest ein Kind im Säuglingsalter verloren.«

»Das war eine Lüge«, gestand Marie. »Aber wenn ich Julie gesagt hätte, daß ich noch nie ein Kind zur Welt gebracht habe, hätte sie sich nicht von mir entbinden lassen, verstört und verängstigt, wie sie war. So wie Horace Bontemps.«

Sie deutete auf den ›Herzog‹. »Seht nur, seit wir in die Schaluppen umgestiegen sind, ist der Schneidermeister ganz blaß vor Entsetzen.«

»Er kann nicht schwimmen.«

»Da ist er nicht der einzige. Was macht er denn jetzt? Warum steht er denn auf? Er wird gleich ins Wasser fallen, wenn er nicht achtgibt.«

Noch bevor sie den Satz zu Ende gesprochen hatte, begann der ›Herzog‹ zu schwanken. Er stieß einen Schrei aus und ruderte heftig mit seinen kräftigen Armen, um das Gleichgewicht nicht zu verlieren. Vergeblich. Ein mächtiges Klatschen war zu hören, als er ins Wasser fiel. Eine große Aufregung entstand. Frauen kreischten, Männer schrien durcheinander, und Bontemps, der immer wieder untertauchte, rief verzweifelt um Hilfe, sooft er japsend an die Wasseroberfläche kam. Sein Hut trieb auf den Wellen, die Augengläser hatte es ihm von der Nase gerissen. Marie war aufgesprungen. Sie rief nach Victor, der einige Augenblicke vor Schreck wie erstarrt gewesen war, jetzt aber behende über die Passagiere kletterte und im Nu das andere Ende des Bootes erreicht hatte. Er und Marie sprangen gleichzeitig ins Wasser und schwammen zu dem Ertrinkenden. Victor packte ihn an der Schulter, während Marie ihn am Arm faßte und ihn zu beruhigen versuchte. Michel Dupuis warf ihnen ein Seil zu. Victor fing es auf, knotete es am Gürtel des Schneidermeisters fest und gab Dupuis und Souci ein Zeichen. Die beiden Männer zogen am Seil, während Marie und Victor den Kopf des Geretteten über Wasser hielten. Damit die Schaluppe nicht kenterte, als man erst den halbtoten Bontemps an Bord hievte und dann seinen Rettern ins Boot half, waren die Passagiere alle auf der gegenüberliegenden Seite zusammengerückt. Nachdem Marie den ›Herzog‹ rasch untersucht hatte, hockte sie sich neben die Frau, die Noémie in den Armen hielt, und wrang, obwohl die Blicke aller auf sie gerichtet waren, ganz ungeniert ihre Kleider aus. Dann lächelte sie ihrer Tochter zu und sagte augenzwinkernd:

»Eines Tages werde ich dir das Schwimmen beibringen. Das kann sehr nützlich sein, wie du siehst, wenn jemand in einem Boot nicht stillsitzen kann.«

Im nächsten Augenblick stellte sie fest, daß sie ihre häßliche Haube beim Sprung ins Wasser leider nicht verloren hatte, und seufzte innerlich. Schwester Sainte-Blandine bot ihr ihren Umhang an, doch Marie lehnte ab:

»Es ist so warm in der Sonne, ich werde bald wieder trocken sein.«

»Wer hat dich schwimmen gelehrt?« fragte die Ursulinerin. »Deine Mutter?«

»Nein, mein Vater«, antwortete Marie ernst. »Von meiner Mutter habe ich gelernt, Geburtshilfe zu leisten.«

»Sie muß eine gottesfürchtige Frau gewesen sein, wenn die Kirche von Nantes ihr gestattete, ihr Gewerbe zu betreiben.«

Marie wiegte den Kopf hin und her. Gottesfürchtig war ihre Mutter in der Tat gewesen, und die kirchlichen Behörden hatten sie zunächst auch geduldet, später dann aber wegen Hexerei auf den Scheiterhaufen gebracht.

»Meine Mutter hatte in Pater Germain, unserem Beichtvater, einen wertvollen Freund und klugen Berater. Einen Mann wie ihn gibt es kein zweites Mal. So gütig. Und so robust.«

»Robust? Muß ein Beichtvater robust sein?«

»Der schon«, antwortete Marie lächelnd. »Pater Germain ist lange auf Fangschiffen zur See gefahren. Vater sagte immer, dieser Jesuit genieße an Bord das gleiche Ansehen wie der Kapitän.«

Schwester Sainte-Blandine hüstelte. »Er ist Jesuit?«

»Ihr habt eine Abneigung gegen sie, nicht wahr? Das ist aber nicht sehr christlich«, neckte Marie sie, bedauerte ihre Äußerung jedoch sogleich, als sie die roten Flecken im Gesicht der Nonne bemerkte.

»Nein, nein, es … es ist nur, weil … weil …«

Marie betrachtete sie verwundert, hatte sie es doch noch nie erlebt, daß die Ursulinerin nach Worten suchen mußte. Sie faßte sich indes rasch wieder und versicherte hastig, sie hege keinerlei Groll gegen die Jesuiten.

»Ich wäre dir dankbar, wenn du solch törichte Gedanken für dich behieltst. Unsere Oberin wäre tief betrübt, käme ihr derlei albernes Geschwätz zu Ohren. Mutter Marie hat nämlich uneingeschränktes Vertrauen zu Pater Lalemant, ihrem Beichtvater, und sie pflegt Umgang mit Seiner Exzellenz, Bischof de Montmorency-Laval.«

»Verzeiht mir«, bat Marie mit ungewohnter Demut. »Ich kenne weder Euren Bischof noch Eure Oberin, aber ich zweifle nicht an ihrer guten Beziehung, und ich werde meine Worte künftig mäßigen.«

Obgleich erstaunt über diese zerknirschte Haltung, entgegnete Schwester Sainte-Blandine versöhnt: »Mutter

Marie von der Fleischwerdung Christi wird es zu schätzen wissen.« Nach einer Pause fügte sie hinzu: »Noémie wird dir sicherlich fehlen, aber ...«

»Wieso, ich werde sie doch jeden Abend nach der Arbeit sehen.«

»Mir scheint, du hast mich nicht richtig verstanden. Falls die Hospitaliterinnen gewillt sind, dich bei sich aufzunehmen, so heißt das nicht, daß du Noémie, ihre Amme und die gesamte Familie Blanchard mitbringen kannst.«

»Aber ich könnte doch bei den Blanchards wohnen.«

»Das ist ausgeschlossen, das weißt du.«

»Ich will mich aber nicht von Noémie trennen!«

»Du hast keine andere Wahl. Deine Tochter braucht Emeline Blanchard. Deine Tochter! Wenn wir gewußt hätten, daß du nicht Witwe bist, wie du behauptet hast, hätten wir nicht zugelassen, daß du die kleine Weise an Kindes Statt annimmst. Es ging alles so schnell, weil das unschuldige Wesen doch getauft werden mußte. Aber früher oder später wirst du dich in Schwierigkeiten bringen mit deinen Lügen, laß dir das gesagt sein. Weißt du überhaupt, bei wem sich René Blanchard verdingen wird?«

»Ja, bei einem gewissen Picot.«

»Germain Picot? Er wohnt in der Stadt, baut sich aber ein Haus einige Meilen außerhalb am Fluß.«

»Ist er wohlhabend? Vielleicht könnte er mich auch in Lohn und Brot nehmen.«

»Da würde ich mir an deiner Stelle keine allzu großen Hoffnungen machen. Du solltest lieber daran denken, daß Noémie ein hungriges Maul mehr bedeutet. Emeline gebührt ein Entgelt für ihre Mühen.«

»Aber sie liebt das Mädchen doch!«

»Du gebrauchst sie als Amme.«

»Nun, dann wird man mich im Hospital für meine

Arbeit bezahlen müssen, wenn ich Emeline für ihre Dienste entlohnen soll.«

»Vorausgesetzt, Mutter Catherine nimmt dich überhaupt bei sich auf«, erwiderte die Ordensschwester trocken. »Noch ist nichts entschieden, soviel ich weiß.«

Marie hatte die ärgerliche Angewohnheit, ihre Wünschen von vornherein als erfüllt zu betrachten. Dieser sündige Hochmut zu glauben, nichts und niemand könne ihr widerstehen!

Die junge Frau spürte die Mißbilligung der Nonne und wandte sich Victor zu, der seinen Kameraden gerade erzählte, wie er mit Pierre LaFlamme schwimmen gelernt hatte. Sie lächelte ihm augenzwinkernd zu.

»Worauf wartet du? Leg dich nur tüchtig in die Riemen, und rudere mit deinem ganzen Herzen! Ich kann es kaum erwarten, festen Boden unter den Füßen zu spüren!«

3. KAPITEL

»Mit deinem ganzen Herzen ...«

Wie sonst, wenn nicht mit meinem ganzen Herzen, dachte Victor, während er grimmig die Ruder umfaßt hielt und sie kraftvoll durchzog.

Gelacht hatte Marie, als sie das sagte, wie über einen Scherz. Wie konnte sie nur so leichtfertig mit seinen Gefühlen spielen? Hatte sie noch immer nicht begriffen, daß sein Herz ihr gehörte, und das bereits seit langer Zeit?

Er beglückwünschte sich zu seinem Entschluß, an Bord der *Alouette* zu bleiben, und die Heimreise anzutreten.

Zum einen hatte er es Kapitän Dufour zugesichert und wäre sich schäbig vorgekommen, wenn er ihn im Stich gelassen hätte. Ein Le Morhier hielt sein Wort. Und außerdem würde Marie seine Abwesenheit gar nicht bemerken. Sie würde ihn schnell vergessen haben.

Und er sie auch! Sollte sie ihn allein suchen, ihren Schatz. Er hatte lange genug ihren Diener gespielt und ihr jeden Wunsch von den Augen abgelesen. Er war ihrer Eitelkeit, ihrer Launen und ihrer Torheiten endgültig überdrüssig. Bis nach Neufrankreich war er ihr gefolgt, das genügte ja wohl! Es war schon eine Dummheit gewesen, daß er zu ihren Lügen geschwiegen hatte: Sie war nicht Simon Perrots Witwe, sondern nach wie vor Geoffroy de St. Arnauds Ehefrau; mit diesem verwünschten Perrot war sie nie auch nur verlobt gewesen. Und dann die Geschichten über ihr Leben in Paris, die sie jedesmal mit neuen Einzelheiten ausschmückte! Dabei kannte sie die Stadt praktisch nur von der Durchreise. Und ihre langjährige Erfahrung als weise Frau beschränkte sich in Wahrheit auf eine einzige Geburt, nämlich die von Noémie.

Noémie! Zu Hause in Nantes würde er als erstes einen Rechtsgelehrten aufsuchen, sein Testament machen und Noémie zu seiner Erbin einsetzen. Im Gegensatz zu Marie, die dazu neigte, die Dinge schwierig zu gestalten und sie so zu deuten, wie es günstig für sie war, hielt er sich in allem, was er tat, an eine einfache, klare Linie.

Als Marie im Mai in Dieppe an Bord gegangen war, war sie vor einer grauenvollen Erinnerung geflohen: der Erinnerung an die Ermordung des Apothekers Pernelle durch Simon, der seinem Opfer keine Zeit zur Gegenwehr gelassen hatte. Danach hatte sie miterleben müssen, wie Guy Chahinian, der Mann, der sie unter Einsatz seines eigenen Lebens vor Geoffroy de St. Arnaud gerettet hatte, von Simon verhaftet worden war. Mit Schaudern hatte sie

Victor von den Vorfällen erzählt, und er hatte bereits frohlockt, schien sie doch endlich erkannt zu haben, was für ein Unhold Perrot war. Mit der Zeit jedoch hatte sie ihr Urteil gemildert und Simon von jeglicher Schuld freigesprochen: Er habe schließlich nur seine Pflicht getan, als er Pernelle tötete und Chahinian verhaftete.

Victor war gespannt, was für Märchen sie den Bewohnern von Neufrankreich auftischen würde. Ein Glück, daß er nicht mehr da wäre, sie zu hören! Bei Morgana! Er hatte nicht die Absicht, sich länger in Québec aufzuhalten, als nötig war, um sich die Stadt anzusehen und sich seine Felle aushändigen zu lassen. Souci hatte ihm zwei Biber- und vier Bisamfelle als Begleichung für seine Spielschulden versprochen. Obgleich der Kapitän es nicht gern sah, hatte Souci mit einigen Reisegefährten Wetten auf die Zeit abgeschlossen, die die *Alouette* bis nach Tadoussac benötigen würde, und Victor, der zum Andenken an seinen Freund Emile Cléron, einen Berufsspieler aus Paris, die Wette eingegangen war, hatte dank einer unglaublichen Glückssträhne sämtliche Gewinne eingestrichen. Angesichts der wenigen armseligen Münzen in seinem Beutel hatte Souci ihm daraufhin den Vorschlag mit den Fellen unterbreitet. Noch habe er sie allerdings nicht, er würde sie erst in Québec, aus der Hand eines Huronen, erhalten.

»Er hat sie vom Markt mitgebracht.«

»Hör nicht auf ihn, Victor!« hatte Michel Dupuis lachend eingeworfen. »Die Indianer besuchen den Markt, um ihre Felle zu verkaufen, nicht um welche zu kaufen.«

»Was ist das für ein Markt?«

»Er findet im Juni in Pointe-à-Callières, in Ville-Marie, statt. Alle Wilden kommen dorthin, um ihre Felle zu verkaufen. Biber, Marder, Otter, Wolf ... Ganze Berge davon! Das würde ich zu gern einmal sehen.«

»Dann frage ich mich, warum dein Hurone nicht alle

seine Felle verkauft hat, wenn er eigens deshalb dorthin ging.«

»Das hat er bestimmt«, beharrte Souci. »Auf dem Rückweg hat er eben neue gekauft. Es gibt flußaufwärts etliche Orte, wo das möglich ist.«

Antoine Souci hatte Victor nicht lange überreden müssen, ihn nach Québec zu begleiten, denn das war, wenngleich er es sich nicht eingestehen wollte, ein willkommener Vorwand, sich die Stadt anzusehen, in der Marie leben würde. Er hatte bis zuletzt gehofft, sie würde ihn bitten, mit ihr zu gehen, doch sie hatte nichts dergleichen getan …

»Ich werde eine kleine Wolldecke zum Tausch anbieten«, hatte Souci einmal Victor und Michel Dupuis anvertraut. »Aber zu niemandem ein Wort davon! Denn laut Gesetz muß alles ans Kaufhaus verkauft werden.«

»Und wo willst du sie hernehmen, deine Wolldecke?« hatte Dupuis gefragt und ihn schelmisch dabei angeschaut.

»Nichts leichter als das: Agathe wird sie mir geben.«

»Wollen wir darauf auch eine Wette abschließen?« Dupuis hatte Victor mit dem Ellenbogen angestoßen. Victor war in Gelächter ausgebrochen.

Antoine Soucis Frau hatte Haare auf den Zähnen, so daß man sich insgeheim über den armen Schuster lustig machte und witzelte, es sei ein böser Fehler gewesen, sich dieses schreckliche Weib aus Périgny auszusuchen, wo das Leben in Neufrankreich auch so schon hart genug war.

»Wir werden ja sehen«, hatte Victor gemeint.

»Du bekommst die Felle, sobald wir an Land sind«, hatte Souci versprochen.

So kam es, daß Victor in dieser Schaluppe saß, die sie nach Québec bringen sollte, und aus Leibeskräften ruderte.

Als sie den Hafen erreichten, vergaß er jedoch seinen Zorn, seine Enttäuschung und seine Verbitterung. Er war wie gebannt vom Anblick der Menschenmenge, die sich am Ufer versammelt hatte, um den Neuankömmlingen an Land zu helfen und ihnen die ersten, noch schwankenden Schritte auf dem Boden von Neufrankreich zu erleichtern.

Von den Häusern dahinter konnte man nur die Dächer sehen, so zahlreich drängten sich die Menschen am Fluß. Victor schien es, als seien die Gebäude niedriger als in Nantes oder Paris. Und zugleich breiter, dem Eindruck von Weite angepaßt, den Québec jedem Fremden vermittelte. Sie waren dicht aneinandergebaut, ohne einander zu erdrücken, wie es in Frankreich der Fall war, wo sich eins so eng ans andere reihte, daß Vorsprünge, Erker, Balkone förmlich aus ihnen hinausgequetscht wurden auf die schmalen Gassen. Hier gab es Platz genug, nicht nur vor den Türen, sondern vermutlich auch dahinter, und darüber sowieso, denn dort ragte die Steilwand empor, die die Oberstadt von der Unterstadt trennte. Ein einzelnes Haus schmiegte sich an die Felswand.

»Was für ein sonderbarer Kauz hat sich denn diesen Platz ausgesucht?«

»Ruette d'Auteuil, aber er hat sein Haus an Jérémie vermietet. Und der wird meist Lamontagne gerufen. Ebensogut könnte man ihn den Einsiedler nennen: Seine einzigen Nachbarn sind die Toten auf dem Friedhof. Sonst gibt's da oben nur noch den Ziegelofen. Aber da ist jetzt niemand, die haben sich alle hier unten versammelt. Meine Güte, mir scheint, die ganze Stadt hat sich am Quai de Champlain eingefunden!«

Die ganze Stadt – das waren hauptsächlich Männer, wie Victor verdrossen feststellte. Es stimmte also, was man ihm berichtet hatte: Auf eine Frau kamen sieben Männer. Er blickte sich suchend nach Marie um. Sie stand ganz vorn. Zwanzig kräftige Hände reckten sich ihr begierig entgegen, um sie zu berühren, ihr aus dem Boot zu helfen. Lächelnd schob sie die Arme beiseite, während sie den Blick zufrieden über die zahlreichen Verehrer gleiten ließ. Um keine Frau scharten sich so viele wie um sie! Dabei hätte ihr Schwesternschleier, mochte er auch noch so zerknittert sein, die Leidenschaften dämpfen müssen, und man hätte ihr ebensoviel Respekt zollen müssen wie ihren Reisegefährtinnen, den beiden Laienschwestern. Die Siedler können ja nicht wissen, daß sie die Haube nur auf Anordnung des Kapitäns trug, der es für ratsam gehalten hatte, seinen blinden Passagier in diese Verkleidung zu stecken. Marie hatte seinem Befehl gehorcht, nicht zuletzt deshalb, weil Schwester Blandine ihr als eine Lektion in Demut die Haare abgeschnitten und sie dadurch verunstaltet hatte. Niemals würde sie sich mit diesen Stoppeln zeigen! Sie hatte es vorgezogen, ihr Haar unter der Haube zu verstecken, bis es wieder nachgewachsen war. Lag es an der Seeluft, oder hatte der Herr ihre Bitte erhört? Wie auch immer, es war sehr viel schneller nachgewachsen, als sie gedacht hatte, und Marie LaFlamme beschloß, sich endlich der häßlichen Kopfbedeckung zu entledigen.

Bei Morgana, sie nimmt ihre Haube ab! dachte Victor. Er kam nicht dazu, es zu verhindern. Er konnte nur zusehen, wie Marie die graue Haube in der Hand kreisen ließ und sie dann, unter den ungeduldigen Blicken der Ordensschwester und den bewundernden der Siedler, von sich schleuderte.

Der Anblick der üppigen roten Locken berührte ihn tief. Erinnerungen stiegen in ihm auf, Erinnerungen an das Mädchen, das mit ihm in Nantes aufgewachsen war, heitere und bewegende Bilder ihrer gemeinsamen Kindheit: Marie, wie sie ihm zeigte, daß ihr Haar genauso schön glänzte wie der Messingdraht, den sie in der Werkstatt des Werkzeugschmieds stibitzt hatte; Marie, wie sie einen Eisenhaken an ihrem Zopf befestigte, um ihren Spielkameraden zu beweisen, daß sie auch ohne Angelrute mit ihnen – oder nur mit Simon? – zum Fischen gehen könne; Marie, wie sie sich mit der Bäckerstochter prügelte, weil diese behauptet hatte, die Rothaarigen röchen nach Schwefel (und das war lange vor Annes Verurteilung zum Flammentod wegen Hexerei gewesen); Marie, von der er nie losgekommen war, trotz seiner halbherzigen Versuche, sie in den Armen rothaariger Frauen zu vergessen; Marie, die er auf dem Markt in Dieppe aus den Augen verloren, dank der feuerroten Pracht aber sogleich wiedergefunden hatte – zum Glück vor den Häschern, die den Auftrag hatten, sie wegen Mordes zu verhaften.

Marie LaFlamme, seine große Liebe.

Sie streckte die Arme nach Noémie aus und nahm sie Emeline ab.

»Nun, wollt Ihr mich noch immer tragen?« rief sie dem Pariser, der ihr angeboten hatte, sie ans Ufer zu tragen, damit sie nicht durchs Wasser zu waten bräuchte, spöttisch zu.

Der Mann bekam einen roten Kopf, faßte sich aber sofort wieder.

»Wo ist denn Euer Ehemann? Sollte er so dumm sein, Euch warten zu lassen?«

»Halt den Mund, Saint-Germain«, mischte sich Antoine Souci ein. »Madame ist Witwe.«

Marcel Toussaint, genannt Saint-Germain, drängte sich noch ein wenig näher an Marie heran.

»Verzeiht. Mein Angebot gilt dennoch.«

Sie dankte ihm, insgeheim belustigt über seine Dreistigkeit, lehnte jedoch ab: Sie wünschte sich nichts sehnlicher, als den Boden von Neufrankreich unter ihren Füßen zu spüren, erklärte sie. Noémie fest an sich gedrückt, strebte sie so entschlossen der Rue Saint-Pierre entgegen, daß die Menge sich teilte, um sie durchzulassen. Marie schloß die Augen, überwältigt von der Erinnerung an eine ähnliche Szene. Damals waren die Einwohner von Nantes zunächst vor ihr zurückgewichen, als hätte sie die Pest, um sie im nächsten Augenblick zu umringen und herumzustoßen. Sie riß die Augen auf: Niemand hier hatte die Absicht, sie zu ergreifen und in den Kerker zu werfen.

Marie bekreuzigte sich. Kein Mensch in diesem neuen Land wird mich jemals eine Hexe nennen! schwor sie sich. Gott ist mein Zeuge.

Schwester Sainte-Blandine starrte sie verblüfft an. Marie war tatsächlich die erste, die dem Herrn für Seine Gnade dankte! Beschämt folgten die anderen sogleich ihrem Beispiel. Was sollten die Einwohner von Québec von ihnen denken? Sie mußten sie wahrlich für schlechte Christen halten.

Denis Malescot, nach eigenem Bekunden Pelzhändler, kniete sogar nieder, weil er alle Blicke auf sich gerichtet glaubte. Wann würden sie endlich vergessen, daß er ein Hugenotte gewesen war? Obwohl er sich vor der Abreise widerspruchslos zum Katholizismus bekehrt hatte, schien man noch immer an der Aufrichtigkeit seines Bekenntnisses zu seinem neuen Glauben zu zweifeln. Anfangs hatten seine Reisegefährten es tunlichst vermieden, sich während des Gottesdienstes in seiner Nähe aufzuhalten. Lediglich Luc LaFlandres hatte ein Lächeln für ihn übrig gehabt, als er seiner schwangeren Frau Julie mit den Worten, in ihrem Zustand brauchte sie mehr zu essen, seine Ration Schiffszwieback schenkte. In den Tagen danach richtete Marie LaFlamme des öfteren das Wort an ihn. Es sei ihr völlig gleichgültig, daß er Hugenotte sei, sagte sie einmal. Ihm auch, hatte er geantwortet. Und seitdem ein schlechtes Gewissen deswegen. Zwar war er davon überzeugt, sein Gott werde seine Beweggründe verstehen, da er entschlossen war, auch in Zukunft an *Ihn* zu glauben. Aber wie hatte er sich zu dieser lästerlichen Bemerkung hinreißen lassen können? Die junge Frau hatte ihm weder gedroht, noch hatte sie ihn aufgefordert, dem Glauben seiner Vorfahren abzuschwören. Warum also? Warum war er zum Judas geworden? Aus Furcht vor einer Wiederholung war er Marie seither aus dem Weg gegangen.

Er fuhr zusammen, als sich eine Hand auf seine Schulter legte.

»Einen gefährlichen Platz habt Ihr Euch da ausgesucht. Wenn Ihr nicht schnell aufsteht, wird man Euch zerdrücken«, sagte Marie und deutete auf die Passagiere, die hinter ihnen ans Ufer strömten. »Sorgt Euch nicht um Euer Seelenheil. Da kommt schon ein Priester, er wird uns sicherlich gleich bitten niederzuknien, damit er uns seinen Segen erteilen kann.«

»Das ist Pater Jérôme Lalemant, unser Beichtvater«, sagte Schwester Suzanne vom heiligen Bernhard mit vor Bewunderung bebender Stimme. »Er genießt das uneingeschränkte Vertrauen von Mutter Marie Guyart, unserer Oberin.«

»Ihr wißt doch, Schwester, daß Mutter Marie ihr Amt vor einem Jahr aufgegeben hat«, tadelte Schwester Sainte-Blandine lächelnd.

»Aber sie lenkt weiterhin die Geschicke der Ursulinerinnen, und daran wird sich auch nichts ändern. Sie ist und bleibt die Seele unseres Klosters.«

Schwester Blandine pflichtete ihr bei. Mutter Marie von der Fleischwerdung Christi war die Stütze der Ordensgemeinschaft und die Hüterin ihrer Grundsätze. Solange sie lebte, würde sich nichts an den Ordensregeln ändern. Und deshalb verging keine Stunde, in der Schwester Blandine nicht zum Herrn betete und Ihn anflehte, die Gründerin des Ursulinenordens von Québec zu beschützen und ihr ein langes Leben zu schenken. Denn wer außer ihr würde schon den Mut aufbringen, Bischof Montmorency-Laval zu widersprechen?

Wo war er eigentlich? Schwester Blandine, die sich immer wieder ermahnt hatte, liebenswürdig zu sein, falls sie Seiner Exzellenz am Quai de Champlain begegnete, war nicht die einzige, die sich über seine Abwesenheit wunderte. Sie hörte, wie sich der Schiffsgeistliche der *Alouette* bei Guillemette Couillard, einer geborenen Hébert, nach ihm erkundigte.

»Monseigneur de Laval ist letztes Jahr im Spätsommer nach Frankreich gefahren.«

»Und er ist noch nicht zurück?« rief Schwester Sainte-Blandine erstaunt. »Ich bin drei Tage nach ihm abgereist, wißt Ihr noch? Monsieur de Mazé war ebenfalls an Bord, um das Anliegen unseres Gouverneurs bei Hof vorzubringen.«

Ein rätselhaftes Lächeln spielte um Guillemettes Lippen.

»Oh, Louis Péronne de Mazé ist seit ein paar Tagen wieder da.«

»Und?«

»Monsieur Davaugour will nach Frankreich zurückkehren.«

»Ach!« machte Schwester Sainte-Blandine nur.

Widersprüchliche Gefühle bewegten sie. War sie einerseits froh, daß der Gouverneur gescheitert war mit seinem Vorhaben, den Verkauf von Alkohol an die Indianer zu legalisieren, so erboste es sie andererseits, daß Bischof Laval wieder einmal recht behalten hatte. Hinzu kamen ihre Gewissensbisse, weil sie eine solche Abneigung gegen den Kirchenmann empfand, obwohl sie ihm doch eigentlich mit Hochachtung begegnen müßte, zumal sie seinen Entschluß, gegen den Alkoholschmuggel vorzugehen, voll und ganz unterstützte. Jeden Tag betete sie zu Gott um die Kraft, dem Bischof zu vergeben, daß er Mutter Marie oftmals Verdruß bereitete. Aber ihre Gebete wurden anscheinend nicht erhört.

»Wovon ist hier überhaupt die Rede?« wollte Marie wissen. »Wer ist dieser Monsieur de Mazé?«

»Der Sekretär von Gouverneur Davaugour. Er hat unseren König aufgesucht, um ihn um die Erlaubnis zu bitten, den Wilden Alkohol verkaufen zu dürfen. Aber allem Anschein nach ist seine Mission gescheitert, und Bischof Laval wird auch in Zukunft jeden exkommunizieren, der Wein und Schnaps gegen Pelze tauscht.«

»Warum verweigert man den Indianern das Recht zu trinken?« fragte Marie.

Guillemette Couillard sah sie prüfend an. Der Alkohol raube ihnen den Verstand, antwortete sie.

»Sie prügeln sich, und manchmal bringen sie sogar jemanden um. Hinterher können sie sich an nichts erinnern, sie zeigen nicht einmal Reue. Sie denken, man dürfe sie nicht bestrafen für Dinge, die sie in ihrem benebelten Zustand getan haben. Aber sie töten auch, wenn sie nicht betrunken sind. Es ist noch gar nicht so lange her, da …«

Sichtlich verärgert brach Guillemette mitten im Satz ab. Dann fuhr sie fort: »Ich sollte Euch keine Angst einjagen am Tag Eurer Ankunft. Aber im Frühjahr wurde eine Frau auf der Île d'Orléans gefunden. Erwürgt.«

Schwester Blandine bekreuzigte sich und lächelte Guillemette, die ihre Söhne Nicolas und Guillaume verloren hatte, den einen 1661, den anderen im Jahr darauf, mitfühlend zu.

»Ihr mögt die Indianer wohl nicht?«

»Marie! Du solltest lieber den Mund halten, anstatt solchen Unsinn zu reden. Madame Couillard war die erste, die Indianermädchen bei sich aufnahm und großzog. Aber weißt du auch, warum sie heute Trauer trägt? Weil ihre beiden Söhne von den Irokesen getötet wurden.«

»Und weil mein Mann von uns ging.«

»Euer Mann?«

»Ja, er starb zu Hause, vor knapp fünf Monaten.«

Schwester Sainte-Blandine drückte ihr voller Anteilnahme die Hand. Sie und ihre Mitschwestern würden für die Seele des Verstorbenen beten, versprach sie. Wie viele Todesfälle mochten sich während ihrer elfmonatigen Abwesenheit noch ereignet haben? Und wie ging es der Oberin Marie von der Fleischwerdung Christi? Sie mußte unbedingt mit Pater Lalemant sprechen.

Sie ließ Marie LaFlamme und die Witwe Couillard stehen und lief zu dem Jesuitenpater, der den vor ihm knienden Neuankömmlingen gütig zulächelte.

Guillemette Couillard blickte der Davoneilenden mit freundlichem Kopfschütteln nach.

»Sie hat sich überhaupt nicht verändert! Lebhaft wie eh und je. Und noch immer voller Abneigung gegen François de Laval.«

»Warum mag sie ihn nicht?« wollte Marie wissen.

Guillemette wandte sich ihr zu und musterte sie stirnrunzelnd.

»Wer bist du eigentlich? Du bist weder eine Ursulinerin noch eine Hospitaliterin. Bist du vielleicht eine Laienschwester wie Jeanne Mance?«

»Ich kenne keine Jeanne Mance, und ich gehöre keinem Orden an. Ich heiße Marie LaFlamme und bin Hebamme.«

»Ah! Ich wußte gar nicht, daß Hélène Desportes und ihre Tochter Unterstützung bekommen.«

»Hélène Desportes?«

»Unsere Hebamme, Kleines. Hast du das nicht gewußt? Sie hat die Kinder sämtlicher Frauen auf die Welt geholt, von hier bis nach Notre-Dame-des-Anges, von Sillery bis nach Beaupré! Keine versteht sich besser auf Geburtshilfe als sie. Sie hat ja selbst fünfzehn Kinder geboren. Und du?«

Marie nagte mißmutig an ihrer Unterlippe. Guillemette Couillard war entschieden zu neugierig. Und was sie da erzählte, gefiel ihr gar nicht: Welche Schwangere würde sich für sie entscheiden, wenn sie die Wahl zwischen ihr und einer weisen Frau hatte, die nicht nur alle Nachbarinnen entbunden hatte, sondern auch selbst jedes Jahr niederkam?

»Das ist mein einziges Kind«, antwortete sie schließlich, mit dem Kinn auf das Bündel in ihren Armen deutend. »Ich habe Simon sehr früh verloren …«

»Mein armes Kind, so jung und schon Witwe! Ist dein Mann während der Überfahrt ums Leben gekommen?«

Marie schüttelte den Kopf. Im gleichen Augenblick ging Emeline Blanchard vorbei, und Marie nutzte die Gelegenheit, sich dem Verhör zu entziehen.

»Emeline, Noémie hat Hunger!«

»Schon wieder? Ich habe sie dort erst gestillt, kurz bevor wir von Bord der *Alouette* gegangen sind.«

»Ich weiß, was ich sage.«

Marie drückte ihr das Mädchen in die Arme, nickte der Witwe Couillard zu und eilte dann zu Pater Lalemant.

Guillemette fragte sich, ob die junge Frau, die sich als Hebamme ausgab, über ausreichend Erfahrung verfügte. Ihr Säugling war bestimmt nicht hungrig, dafür schlief er viel zu friedlich. Die Witwe erinnerte sich nur zu gut an das Gebrüll, durch das ihre hungrigen Söhne auf sich aufmerksam gemacht hatten. Ein Lächeln huschte über ihr Gesicht. Endlich, nach langen, qualvollen Monaten, verblaßten die furchtbaren Bilder vom grausamen Tod ihrer Söhne und machten glücklicheren Erinnerungen Platz.

Eine dröhnende Stimme riß sie aus ihren Gedanken.

»Guillemette Couillard! Wonach hältst du denn diesmal Ausschau?« begrüßte Kapitän Dufour sie.

»Meine Augen sehen zwar nicht mehr so gut, aber dich erkenne ich noch! Warum hast du Passagiere an Bord genommen? Mir scheint, die Überfahrt unter deinem Kommando ist ihnen gar nicht gut bekommen«, neckte sie ihn.

Der Kapitän tat, als raufe er sich die Haare. Nie mehr werde er Siedler nach Neufrankreich befördern, versicherte er.

»Wir hatten sogar einen blinden Passagier an Bord!«

»Was? Wer denn?«

Der Kapitän beugte sich vor und flüsterte vertraulich: »Die Rothaarige, mit der du gerade gesprochen hast. Aber behalt es für dich. Ich möchte nicht, daß sie Schwierigkeiten bekommt. Die Kleine ist zwar eigensinnig, hat aber mehr Mut als so mancher Seemann. Und sie kann Verletzte zusammenflicken wie kein anderer! Sie hat wahre Wunder vollbracht.«

»Dennoch finde ich es seltsam, mit einem Kind diese weite Reise anzutreten.«

»Das ist nicht ihr Kind. Sie hat es auf der *Alouette* an Kindes Statt angenommen.«

Der Kapitän berichtete, was geschehen war, und Guillemette hörte ihm mit wachsender Genugtuung zu, sah sie sich doch in ihrer Vermutung, daß Marie sich nicht mit Kindern auskannte, bestätigt. Wahrscheinlich war sie auch nie mit diesem Simon verheiratet gewesen.

»Doch, sie hat mir von ihm erzählt«, antwortete Georges Dufour, als Guillemette ihren Verdacht äußerte. Der Kapitän bereute bereits, Maries Geheimnis gelüftet zu haben. »Sie gab mir sogar einen Ring aus ihrer Mitgift, um damit die Überfahrt zu bezahlen.« Er zog einen kleinen Lederbeutel aus seinem Wams und entnahm ihm einen goldenen Ring mit einem riesigen Diamanten. »Hier, was sagst du dazu?«

»Ich sage, du bist zu gutgläubig, mein lieber Georges. Wenn dieser Ring zu ihrer Mitgift gehört, wie sie behauptet, dann stammt sie aus einem vornehmen Haus. Aber weshalb flüchtet sie dann auf dein Schiff, anstatt nach dem Tod ihres Simon zu ihren Eltern zurückzukehren, die sie sicherlich bei sich aufgenommen hätten? Ich sage dir, sie hat diesen Ring gestohlen!«

»Du mußt immer gleich das Schlimmste denken! Dabei müßte sie so recht nach deinem Geschmack sein, beherzt, wie sie ist.«

»Ich mag sie ja auch, Kapitän, und ich will sehen, was ich für sie tun kann. Sie scheint mir wirklich eine mutige Frau zu sein. Sie hat nicht einmal mit der Wimper gezuckt, als ich ihr von dem Mord an Madeleine Faucher erzählte.«

»Weiß man schon, wer der Mörder ist?«

»Nein, aber sie wurde auf die gleiche Weise getötet wie Germaine vor zwei Jahren. Man hat sie erwürgt. Wie dem auch sei, dein blinder Passagier wird mir schon noch die Wahrheit über diesen Simon verraten!«

Die Wahrheit? Die kannte Marie selbst nicht. Sie konnte nur vermuten, was geschehen war: daß Simon die Dienerin von Baronin de Jocary geheiratet hatte, sein Sohn zur Welt gekommen war, das Paar sich in Saint-Germain niedergelassen, Simon seinen Dienst bei den Musketieren angetreten und sie, Marie, vergessen hatte.

Nichts hatte sich so entwickelt, wie sie gehofft hatte.

Aber auch Simon Perrot sah sich in seinen Erwartungen getäuscht. Die vergangenen zwei Monate waren reich an Überraschungen gewesen.

Vor allem an bösen.

4. KAPITEL

Der Frühling zeigte sich von seiner schönsten Seite, und die Pariser strömten in die Tuilerien, um für die Dauer eines Spaziergangs ihren düsteren, von den üblen Ausdünstungen der schmutzstarrenden Gassen erfüllten Behausungen zu entfliehen.

Ich hätte mich um einen Posten als Parkwächter bemühen sollen, dachte Simon Perrot, anstatt meine Talente im Grand Châtelet zu vergeuden. Den Pöbel am Betreten des Gartens zu hindern war weder anstrengend noch gefährlich, und er hätte in aller Muße mit den Damen schäkern können, denn die zogen es vor, ohne ihre Ehemänner spazierenzugehen.

Wer weiß, vielleicht hätte er eine Marquise oder eine Herzogin von angenehmerem Naturell als Armande de Jocary kennengelernt. Statt ihn zu trösten, als sein Vorgesetzter Chalumeau sich die Ergreifung von Guy Chahinian ganz allein als Verdienst anrechnete, hatte die Baronin ihn verspottet und gemeint, das sei seine eigene Schuld, er hätte sich eben direkt an Jacques Tardieu wenden sollen!

»Aber das hätte Leutnant Chalumeau doch erfahren!«

»Chalumeau ist ebensowenig Leutnant wie ich. Im Gegensatz zu Jacques Tardieu. Wenn du ihn aufgesucht hättest, hätte Chalumeau dir dein Verdienst an der Verhaftung nicht streitig machen können. Und du wärst mit einer anderen Aufgabe betraut worden.«

»O ja, man hätte mich zum Musketier ernannt«, hatte Simon geknurrt.

»Ganz recht.«

Dann hatte die Baronin einen tiefen Seufzer ausgestoßen und erklärt, sie könne in dieser Angelegenheit leider nichts für ihren jungen Geliebten tun.

»Und warum nicht?«

»Wie du weißt, ist das Glücksspiel verboten.«

»Polizeileutnant Tardieu weiß nicht, daß hier gespielt wird. Und in Eurem Salon verkehrt ein Marquis!«

»Ein einziger, ja«, hatte die Baronin achselzuckend erwidert. »Und der wird sich wohl kaum damit brüsten, daß er bei mir die Würfel rollen läßt.«

»Sagtet Ihr nicht, Ihr hättet neulich beim Kartenspiel eine hohe Summe gewonnen? Der Polizeileutnant ist ein Geizhals. Ladet ihn zu einem exquisiten Essen ein, und Ihr werdet ihn mühelos davon überzeugen, daß ich diesen gefährlichen Verbrecher zur Strecke gebracht habe und nicht Chalumeau. Die Belohnung werden wir uns teilen.«

»Was ist eigentlich aus dem Gefangenen geworden?« hatte die Baronin gefragt, um Zeit zu gewinnen.

»Er wurde gefoltert.«

»Ist er tot? Hat er gestanden?«

»Wir haben ihn mit den glühenden Eisen behandelt, und von ein paar Brandwunden stirbt man nicht. Gestanden hat er nicht, nein. Er leugnet alles. Er leugnet sogar, daß ich es war, der ihn verhaftet hat. Ich hätte ihn mit meinen eigenen Händen erwürgt, wenn Tardieu nicht hinzugekommen wäre und unser Verhör beendet hätte. Seitdem hat er den Gefangenen zweimal besucht. Wir sollen ihm genug zu essen geben, hat er gesagt. Er müsse am Leben bleiben.«

»Ist nie jemand gekommen und hat für seine Verpflegung bezahlt?«

Simons Gesicht verzog sich zu einer höhnischen Grimasse.

»Doch, aber Chalumeau steigt nicht gern in das Verlies hinunter, weil es dort unten so feucht ist. Er behält das Geld. Und gibt mir die Hälfte davon ab. Der Gefangene hat uns bereits einige Pfund eingebracht. Für das Oberhaupt einer ketzerischen Sekte wird gut bezahlt.«

»Was sagst du da?«

»Chahinian ist der Großmeister eines Geheimbundes.«

Die Baronin rang nach Atem. »Du hast doch gesagt, du hättest einen Mörder festgenommen!«

»Chahinian hat den Apotheker Jules Pernelle getötet, weil der ihn verraten hat.«

»Polizeileutnant Tardieu hätte den Gefangenen nicht zweimal besucht, wenn es sich um einen gewöhnlichen Verbrecher handelte!«

»Das weiß ich auch. Deshalb fordere ich ja Gerechtigkeit: Die Belohnung für Chahinians Ergreifung steht mir allein zu! Chalumeaus Behauptung, ich hätte auf seinen Befehl hin gehandelt, ist eine glatte Lüge.«

Armande de Jocary war außer sich. Wie konnte dieser Dummkopf Simon eine solche Gelegenheit ungenutzt verstreichen lassen!

»Dein Wort steht gegen seins, aber ich versichere dir, Chalumeau wird genausowenig eine Belohnung bekommen wie du. Tardieu wird nicht eine einzige Goldmünze herausrücken. Eher würde er sich das Herz aus dem Leib reißen. Sein Geiz ist stadtbekannt, ganz Paris macht sich darüber lustig. Vergiß die ganze Sache. Du hättest deine Chance ergreifen sollen, als sie sich bot. Warum hast du nicht mit Chahinian verhandelt und mit ihm um seine Freiheit gefeilscht? Du hättest dir ein verantwortungsvolleres Amt kaufen können. Aber nein, dumm, wie du bist, läßt du dir die Gelegenheit entgehen.«

Alles Blut war aus Simons Gesicht gewichen. Die Hände zu Fäusten geballt, stürzte er aus dem Zimmer. In der Tür stieß er mit seiner Schwester zusammen, die gerade die Gemächer der Baronin betreten wollte. Simon hastete grußlos weiter. Michelle Perrot bückte sich und hob mit zitternden Fingern den kleinen italienischen Spiegel auf, der von dem Tisch aus Veilchenholz gefallen war, als sich Simon an ihm gestoßen hatte. Bevor sie ihn an seinen Platz zurückstellte, warf sie einen raschen Blick auf ihr Spiegelbild. Sie fand, sie war um Jahre gealtert seit ihrer Ankunft in Paris Anfang des Jahres. Und wie blaß sie war! Sie kniff sich in die Wangen, damit sie ein wenig Farbe bekämen. Sie hoffte, die Baronin werde ihr nicht ansehen, daß sie ihre Unterhaltung mit Simon belauscht hatte.

Armande de Jocary hatte sich auf dem Bett ausgestreckt und gab ihrem Mündel mit einer knappen Kopfbewegung zu verstehen, sie könne mit dem Flötenspiel beginnen. Michelle zählte die Stücke auf, die sie für diesen Abend ausgesucht hatte, und begann mit einem Menuett von Jean-Baptiste Lully. Zwei Fehler schlichen sich ein. Das war so ungewöhnlich, daß die Baronin verwundert fragte:

»Bedrückt dich etwas, mein Kind?«

»Ich mache mir Sorgen um Josette, sie hat fast nichts gegessen heute.«

»Das ist kein Grund zur Besorgnis in ihrem Zustand.«

»Sie sagt, ihr Verlobter läßt sich seit Tagen kaum mehr blicken.«

»Dein Bruder ist sehr beschäftigt. Sie soll dem Himmel danken, daß er überhaupt bereit ist, sie zu heiraten.«

»Wäre Simon der Verführung beschuldigt worden, wenn er sie mit dem Kind ihrem Schicksal überlassen hätte?«

Erstaunt wandte sich die Baronin ihr zu.

»Warum willst du das wissen?«

Die junge Flötenspielerin errötete. Sie hätte sich fast gewünscht, ihr älterer Bruder würde bestraft werden, und schämte sich für den Gedanken. Die Vorstellung, er könnte zusammen mit Verbrechern übelster Sorte im Kerker liegen, ließ sie zwar vor Entsetzen schaudern, doch seine Gewissenlosigkeit erschreckte sie mittlerweile so sehr, daß sie inständig hoffte, man werde seinem schändlichen Tun ein Ende bereiten. Er hatte die arme Josette verführt und Marie damit tief verletzt und sie zur Flucht nach Neufrankreich getrieben, aber er zeigte keinerlei Reue über seine Taten. Er machte sich nicht einmal die Mühe, seine sündige Liebschaft mit der Baronin geheimzuhalten, und das, obwohl seine Braut unter dem gleichen Dach schlief.

Mit einer List hatte Michelle erreicht, daß die Baronin ihren Bruder überredete, Josette zu heiraten. Die Ehe, die auf diese traurige Weise zustande käme, würde ihn gewiß nicht bessern, das war ihr klar. Dennoch hatte sie gehofft, sie würde nie wieder in sein Leben einzugreifen brauchen. Eine törichte Hoffnung, wie sich jetzt herausstellte. Denn was sie vorhin mit angehört hatte, übertraf alles Bisherige: Simon war für die Festsetzung von Guy Chahinian verantwortlich, jenem Mann, dem Monsieur Le Morhier größte Achtung entgegenbrachte und dessen Verschwinden ihn seit Tagen zutiefst beunruhigte.

»Nun, willst du mir nicht sagen, was dich bedrückt? In einer Woche wird dein Bruder diese kleine Gans heiraten, um die du dir solche Sorgen machst. Was willst du mehr?«

»Nichts, Madame la Baronne.«

Armande de Jocary sprang auf und packte Michelle schmerzhaft fest an den Schultern.

»Du wirst doch nicht die gleiche Dummheit begangen haben?«

»Ich weiß nicht, was Ihr meint«, stammelte die Flötenspielerin.

Die Baronin ließ sie abrupt los und musterte sie mit zusammengekniffenen Augen. War ihr Schützling am Ende gar vom Marquis verführt worden?

»War es der Marquis?«

»Welcher Marquis?«

»Wenn Monsieur de St. Onge dich unter meinem Dach verführt hat, werde ich Genugtuung verlangen!«

Da mußte Michelle trotz ihres Kummers lachen.

»Ich habe mich weder dem Marquis noch einem andern hingegeben, Madame. Und dabei wird es auch bleiben.«

Die Baronin war sichtlich enttäuscht über die entgangene Chance, den Marquis erpressen zu können.

»Was willst du damit sagen?«

Michelle antwortete nicht. Sie trat ans Fenster und tat, als lauschte sie angespannt.

»Das sind die Glocken von Saint-Louis, der Gottesdienst ist zu Ende. Ich muß gehen, der Kantor wartet auf mich. Ich soll im Hochamt zu Mariä Himmelfahrt eine Arie von Charpentier spielen.«

»Darüber sprechen wir noch. Du kannst jetzt gehen.«

Michelle zog sich eilig zurück. Sie war ganz verlegen wegen der vielen Lügen, die sie erzählt hatte und die sie an diesem Tag nicht einmal mehr würde beichten können. Statt zur Kirche St. Louis wollte sie nämlich in die Rue des Vieilles-Etuves-St.-Honoré zu den Beaumonts. Nach kurzer Überlegung hatte sie beschlossen, der Familie Le Morhier die Nachricht von Chahinians Verhaftung zu überbringen. Der Kapitän würde wissen, wo er zu finden wäre. Doch vorher sollte er erfahren, daß Guy Chahinian das Oberhaupt eines Geheimbundes war.

Als sie aus der Rue du Bourubourg in die lichtdurchflutete Rue de la Verrerie einbog, blieb Michelle einen Augenblick geblendet stehen. Da die Wohnung der Baronin lediglich ein einziges Fenster aufwies, mußten bereits des Nachmittags Kerzen angezündet werden, und Michelle hatte schon oft bei sich gedacht, draußen im Freien Noten zu lesen wäre sicherlich weniger mühsam. Zuweilen beneidete sie sogar die Sackpfeife und Drehleier spielenden Gaukler auf dem Markt St. Germain.

Michelle schlug mit zögernden Schritten den Weg zum Haus der Le Morhiers ein. Der Gedanke, ihren Bruder zu verraten, widerstrebte ihr. Doch dann erblickte sie am Carrefour du Tiroyen einen Musketier des Königs, und das gab den Ausschlag: Sie erinnerte sich, daß Simon sie alle belogen hatte, als er vorgab, der königlichen Garde anzugehören. Wieviel von dem, was er der Baronin über Guy Chahinian erzählt hatte, mochte wahr sein?

Kapitän Le Morhier hörte Michelle wortlos zu. Als sie geendet hatte und sich weinend in die Arme von Myriam Le Morhier flüchtete, schwieg er ergriffen. Er wußte seit langem vom Doppelleben Chahinians. In Nantes hatte der Goldschmied ihm anvertraut, sein Leben sei in Gefahr, er wolle aber nichts Näheres sagen, um seine Freunde nicht auch zu gefährden. Der Kapitän hatte vermutet, er sei Hugenotte oder Jude, und durchblicken lassen, daß Myriams Mutter den Verfolgungen durch die Katholiken nur knapp entkommen sei. Nie wäre er auf den Gedanken gekommen, Chahinian sei das Oberhaupt einer ketzerischen Kultgemeinschaft.

»Was hast du sonst noch gehört, Michelle?«

»Nichts weiter, Monsieur. Euer Freund ist nicht in der Seine ertrunken, wie Ihr befürchtet habt. Er hat den Apotheker getötet, weil der ihn verriet, und mein Bruder kam just in diesem Augenblick hinzu. Zeugen gibt es nicht, sonst hätte Simon sie sicherlich benannt, damit ihm die Belohnung für die Ergreifung des Mörders nicht entgeht. Glaubt Ihr, die Ketzerei macht die Menschen schlecht? Monsieur Chahinian schien mir ein anständiger Mann zu sein, ich kann kaum glauben, daß er eine solche Tat beging. Er war immer so gut zu Marie …«

Michelle brach abrupt ab. Die Augen weit aufgerissen, stammelte sie: »Marie! O nein!« Dann wurde sie ohnmächtig. Während sie bewußtlos dalag, berieten sich Myriam und ihr Mann.

»Wir müssen ihr die Wahrheit sagen. Vielleicht hat sie längst geahnt, was damals wirklich geschah, sie war gar nicht verwundert, daß Marie so überstürzt fortging, ohne von ihr Abschied zu nehmen. Sie zog es vor zu glauben, Marie habe aus Trauer um Simon die Stadt verlassen ...«

»Während sie in Wirklichkeit floh, um ihn nicht verraten zu müssen. Warum nur habe ich sie nicht aufgehalten und gezwungen auszusagen, was sie im Laden von Jules Pernelle gesehen hat!«

»Weil du unseren Sohn liebst ...«

»Hätte Victor sich nicht in Michelle statt in Marie verlieben können? Sie ist so sanft und voller Liebreiz. Wie ist es möglich, daß sie aus dem gleichen Schoß geboren wurde wie diese Schlange Perrot?«

»Es widerstrebt mir zutiefst, ihr zu offenbaren, daß ihr Bruder ein Mörder ist«, flüsterte Myriam, während sie der Bewußtlosen ein Fläschchen Essig unter die Nase hielt.

»Wir haben die Wahrheit so lange wie möglich vor ihr verborgen gehalten.«

»Du hattest also recht mit deinen Vermutungen. Und jetzt schmachtet unser Freund im Kerker, krank, verletzt ...«

Der Kapitän stieß eine Verwünschung aus. »Dieser vermaledeite Chalumeau hat das Geld eingesteckt, das ich dem Priester für Chahinian gab, und beteuert, unserem Freund gehe es gut!«

Myriam Le Morhier schüttelte den Kopf und versuchte das Bild zurückzudrängen, das in ihr aufstieg: der Folterknecht, der das glühende Eisen auf den Oberkörper des Gefangenen drückte, einmal, zweimal, zehnmal. Sie glaubte den Gestank von verbranntem Fleisch zu riechen und die Schmerzensschreie des Gefolterten zu hören.

Michelle kam allmählich wieder zu sich. Ihr leises Stöhnen riß Myriam aus ihren Gedanken. Schonend brachte sie der jungen Frau bei, daß Marie Zeugin einer furchtbaren Tat geworden war: Sie hatte gesehen, wie

Simon erst Jules Pernelle erdolcht und anschließend Guy Chahinian verhaftet hatte.

»Dann habt Ihr die ganze Zeit über gewußt, daß mein Bruder ein Mörder ist?« Michelles Stimme klang seltsam gefaßt. »Eines Tages mußte es ja so weit kommen. Simon ist immer schon ein böser Mensch gewesen. Und Marie … Wie muß sie ihn geliebt haben, wenn sie eher die Stadt verließ, als gegen ihn auszusagen! Was wird nun aus Monsieur Chahinian werden?«

»Ich weiß nicht, wie wir ihm helfen können. Marie ist gemeinsam mit unserem Sohn auf dem Weg nach Neufrankreich und wird so bald nicht wieder zurückkommen. Ich mache mir die größten Vorwürfe, daß ich sie nicht an der Abreise gehindert und gezwungen habe, Chahinian von dem Verdacht des Mordes reinzuwaschen. Aber mir ist inzwischen klargeworden, daß man ihn nicht wegen des vermeintlichen Verbrechens festhält, sondern wegen des Vorwurfs der Ketzerei. Sonst wäre er schon längst hingerichtet worden.«

Myriam Le Morhier rang verzweifelt die Hände. Natürlich wollte sie Guy Chahinian helfen, aber wenn ihr Mann sich um die Freilassung des Goldschmieds bemühte, würde man ihn zweifellos verdächtigen, ebenfalls der geheimen Bruderschaft anzugehören. Marie LaFlamme hatte ihr bereits ihren Sohn Victor weggenommen; sie wollte nicht auch noch ihren Mann verlieren.

Als der Kapitän sich anschickte, Michelle zum Haus der Baronin zurückzubegleiten, mußte er seiner Frau fest versprechen, einen Bogen um das düstere Verlies zu machen, in dem Chahinian gefangengehalten wurde.

Martin Le Morhier nickte. »An allem Unglück ist einzig und allein Marie schuld«, stieß er hervor. »Sie hat ihn ins Verderben gestürzt, diese Vagabundin, diese Plage, dieses verkommene Weibsstück, diese Hexe …«

»Schweig still! Sprech nie wieder dieses Wort aus!« rief

seine Frau und bekreuzigte sich. »Du weißt, weshalb Anne LaFlamme zum Tod auf dem Scheiterhaufen verurteilt wurde.«

»Ihre Tochter hätte es tausendmal mehr verdient!«

»Jetzt wirst du ungerecht.«

»Machst du dir denn keine Sorgen um unseren Sohn, der so toll war, ihr nachzulaufen?«

Ein trauriges Lächeln spielte um Myriams Lippen.

»Bring jetzt Michelle nach Hause, mein Lieber, und komm schneller wieder zu mir zurück als unser Victor …«

Nachdem Martin Le Morhier und Michelle sich vor der Kirche St. Gervais getrennt hatte, betrat der Kapitän das Gotteshaus. Er hoffte, seinen langjährigen Freund Abbé Germain anzutreffen, um mit ihm über die möglichen Gefahren der Ketzerei zu sprechen. Fügte er seinem Glauben Schaden zu durch seine Freundschaft mit Guy Chahinian? Aber was, wenn er sich von seinem Freund lossagte? Würde er damit nicht seine Ehre preisgeben? Er dachte an Jules Pernelle und fragte sich, ob der Goldschmied einen weiteren Verrat verkraften würde.

Der Abbé war nicht da, und Martin Le Morhier bekam keine Antwort auf seine Fragen. Er überquerte die Place de la Maison-de-Ville und schlenderte zur Seine, wo er die Schiffe zählte, die flußaufwärts fuhren. Ein ekelerregender rötlicher Schaum bedeckte die Wasseroberfläche. Guy Chahinian hatte ihm einmal erklärt, woher diese widerliche Brühe stammte: Im Faubourg St. Marcel warfen die Metzger ihre Schlachtabfälle vom Pont-aux-Tripes in die Bièvre, während die Loh- und Weißgerber gleichzeitig ihre gekalkten Häute darin wuschen.

Wie konnte man nur in einer Stadt leben, deren Einwohner sich nicht im geringsten an diesen greulichen Zuständen störten? Eine unbändige Sehnsucht nach der Loire überkam den Kapitän. Es wurde höchste Zeit, nach

Nantes zurückzukehren. Viel zu lange schon hielt er sich in Paris auf, ohne daß er irgend etwas für Chahinian hätte tun können.

Martin Le Morhier trottete an der Seine entlang, bis er zur Tuilerienbrücke kam. Dort überquerte er den Fluß und schlenderte durch den Park. Manch eine der vornehmen Damen lächelte dem stattlichen Mann zu, dessen mit Schleifen aus mausgrauer Seide verziertes dunkelgraues Ratinéwams von Wohlstand zeugte. Doch Martin Le Morhier, ganz in Gedanken versunken, bemerkte es nicht. Er dachte nur an seine Frau und den Moment, da er ihr gegenübertreten müßte. Er würde ihr nichts zu erklären brauchen. Sie würde ihn ansehen mit ihren verschiedenfarbigen Augen und verstehen.

Nicht einmal das köstliche Mahl, das Myriam zubereitet hatte – Suppe mit Kapaun und Reis und glacierte Pistazien –, vermochte die Stimmung des Kapitäns zu heben. Nach dem Essen teilte er seiner Frau seinen Entschluß mit: Sie würden nach Nantes zurückkehren.

»Ich habe eine beträchtliche Summe für das Wohlergehen unseres Freundes ausgegeben, und ich will auch künftig für ihn sorgen. Aber von jetzt an werde ich das Geld Tardieu zukommen lassen. Mehr kann ich nicht tun. Was soll aus dir werden, wenn man mich auch in den Kerker werfen würde? Und aus meinen Schiffen, meinen Geschäften?«

»Und aus unserem Sohn?« fügte Myriam hinzu.

»Unser Sohn ist ein undankbarer Narr!«

»Er ist in Marie LaFlamme verliebt.«

Der Kapitän stöhnte auf. »Es gibt Tausende von ansehnlichen jungen Mädchen, aber ausgerechnet diese … diese Eselin muß ihm den Kopf verdrehen!«

»Diese Eselin?«

»Kennst du jemanden, der störrischer wäre als sie? Ich verstehe nicht, wie er die Vorzüge von Michelle Perrot übersehen konnte. Sie hat ein so sanftes, freundliches Wesen, ist obendrein begabt und nicht im geringsten eigensinnig!«

An diesem Abend Mitte Juli mußte Baronin Jocary all ihre Selbstbeherrschung aufbieten, um ihr Mündel nicht zu schlagen. Sie war aufs äußerste gereizt. In der Hitze war der von den Gassen aufsteigende Gestank unerträglich geworden; Madame de Bruant, seit Wochen ein regelmäßiger Gast in ihrem Salon – und am Kartentisch –, hatte es an diesem Sonnabend nicht für nötig befunden zu erscheinen; dann Simons Hochzeit mit dieser dummen Gans Josette und jetzt auch noch Michelles Respektlosigkeit!

Vor einer Woche hatte die junge Frau ihr mitgeteilt, sie werde sich ins Salesianerinnenkloster an der Rue St. Antoine zurückziehen. Die Baronin hatte auf sie eingeredet, ihr gedroht, sie angefleht. Vergeblich. Michelle war entschlossen, der eitlen Welt zu entsagen, um für das Seelenheil ihres Bruders zu beten.

»Ich habe gehört, was er Euch vor einigen Wochen über einen Gefangenen erzählte, den er festgenommen und im Grand Châtelet gefoltert hat. Er ist ein Henkersknecht. Satan muß seine Freude an ihm haben, aber ich werde um seine Seele kämpfen, und ich hoffe, mein Opfer wird ihm am Jüngsten Tag angerechnet werden.«

Die Baronin hatte Simon verteidigt: Er habe lediglich seine Pflicht getan, der Gefangene sei ein Verbrecher, der seine gerechte Strafe erhalten habe. »Außerdem ist der Mann ein Ketzer. Du verurteilst deinen Bruder und stellst dich damit auf die Seite eines Gottlosen. Das ist einer Frau, die den Schleier nehmen will, unwürdig. Ich kann mir nicht vorstellen, daß Jeanne de Chantal ihren Orden gestiftet hat, um Freigeister aufzunehmen!«

»Es steht weder Euch noch mir, noch Simon zu, ein Urteil über den Gefangenen zu fällen. Er ist ein Mensch, nur das zählt, und ich kann nicht zulassen, daß mein Bruder zum Werkzeug seines Todes wird.«

»Du bist eine empfindsame junge Frau, Michelle-Angèle, und das kommt deinem Flötenspiel zugute. Warum bringst du deine Feinfühligkeit nicht in deine Musik ein und überläßt alles weitere deinem Bruder? Wovon soll er zum Beispiel seine Familie ernähren, wenn er seinen Posten im Grand Châtelet verliert? Hast du darüber schon einmal nachgedacht? Für ihn ist das Leben nicht so leicht wie für dich …«

»Das weiß ich. Ich empfinde auch keinen Haß gegen ihn, nur Mitleid. Aus diesem Grunde werde ich ins Kloster gehen.«

»Und wenn ich mich weigere, meine Einwilligung zu geben? Ich bin dein Vormund, vergiß das nicht. Und ich habe immer gut für dich gesorgt, du hast alles bekommen: Essen, Unterkunft, Kleider, Musikstunden!«

Michelle hielt dem zornigen Blick der Baronin stand und erwiderte: »Und Ihr habt Euren Nutzen daraus gezogen. Daß Eurer Salon zum beliebten Treffpunkt geworden ist, habt Ihr mir zu verdanken. Eure Gäste werden auch weiterhin kommen. Inzwischen ist es das Glücksspiel, das sie hierherzieht, nicht meine Musik. Sie hören mir doch gar nicht mehr zu.«

Der Marquis schon, hatte die Baronin gedacht. Sie war davon überzeugt, daß sie St. Onge nicht wiedersehen würde, wenn diese Närrin ihr Haus verließ. Und wenn der Marquis ihrem Salon fernblieb, würden seine Freunde früher oder später seinem Beispiel folgen. Und dann wären all ihre Anstrengungen, sich einen Platz in der Pariser Gesellschaft zu erobern, umsonst gewesen. Warum nur mußte sich der Marquis als echter Musikfreund entpuppen? Anfangs hatte die Baronin noch geglaubt, sein Interesse für Michelles Flötenspiel sei nur geheuchelt, doch sie war rasch eines Besseren belehrt worden: Der Marquis begnügte sich mit niedrigen Einsätzen und einer, gelegentlich auch einer zweiten Partie Karten, ehe er Michelle bat, eine weitere Probe ihres Könnens zum besten zu geben. Seine Freunde zeigten zum Glück mehr Ausdauer, sie spielten unverdrossen weiter.

Michelles Bemerkung, sie habe sich nach reiflicher Überlegung entschlossen, statt zu den Salesianerinnen zu den Barmherzigen Schwestern zu gehen, erzürnte die Baronin noch mehr.

Die Barmherzigen Schwestern! Warum verdingte sie sich nicht gleich als Aschensammlerin? Von Haus zu Haus gehen und die Asche einsammeln, die im Krankenhaus für die Wäsche der besudelten Laken und Tücher benötigt wurde – etwas Besseres hatte ihr Mündel wirklich nicht verdient! Michelle würde ihre Entscheidung bitter bereuen. Glaubte sie wirklich, es sei so leicht, sich um die verwahrlosten Waisen zu kümmern, die Vincent de Paul von der Straße auflas? Was für ein törichtes Ding die Kleine doch war! Warum wollte sie nicht begreifen, was sie ihrer Beschützerin damit antat? Die Baronin wußte, sie würde keinerlei Macht mehr über Michelle haben, falls sie bei ihrem Entschluß blieb. Vor einigen Tagen hatte sie den Beichtvater der jungen Frau aufgesucht, und der hatte ihr zu ihrer Erleichterung versprochen, alles zu tun, um Michelle von ihrem Vorhaben abzubringen. Und jetzt wollte sie sich plötzlich Vincent de Paul anschließen! Der ein Ordensgelübde für seine Dienerinnen ablehnte, um sie der bischöflichen Einflußnahme zu entziehen!

Während Armande de Jocary noch überlegte, an wen sie sich um Hilfe wenden könnte, wußte sie im tiefsten Innern, daß es nur eine Lösung gab: Simon mußte seinen Posten als Kerkermeister im Grand Châtelet aufgeben und seiner Schwester glaubhaft versichern, er schäme sich für seine Grausamkeit und bereue seine Taten zutiefst.

Es würde kein leichtes Unterfangen sein, ihn dazu zu bewegen.

In der Tat: Simon Perrot geriet in Wut, fluchte, beschimpfte die Baronin und weigerte sich, auf seinen Posten zu verzichten, es sei denn, seine Geliebte sorge dafür, daß er in die königliche Garde aufgenommen werde.

»Du Narr!« fauchte Armande de Jocary. »St. Onge hätte dir helfen können, begreifst du das nicht? Aus Zuneigung zu deiner Schwester! Ich hatte ihn fast soweit! Aber deinetwegen wird Michelle jetzt der Welt entsagen und nur noch für zerlumpte, verlauste Kinder die Flöte spielen!«

»Sie muß verrückt sein! Das werde ich nicht zulassen!«

»Und wie willst du sie daran hindern? Indem du sie einsperrst?« spottete die Baronin. »Dann würde sie sich weigern zu musizieren, und der Marquis bliebe meinem Salon fern. Und du würdest nie den blauen Umhang der Musketiere tragen! Nein, nein, es gibt nur eine Lösung: Du mußt deiner Schwester sagen, daß du aufrichtige Reue empfindest, und ihr versprechen, alles zu tun, um Guy Chahinian sein Los zu erleichtern, bevor du deinen Posten im Kerker aufgibst.«

»Aber was soll dann aus mir werden?«

»Du denkst immer nur an dich!« entgegnete die Baronin aufbrausend. »Geht es dir vielleicht schlecht bei mir? Du hast ein Dach über dem Kopf und genug zu essen, und deine Frau auch. Was willst du mehr? Von wem hast du denn diese Börse aus Ziegenleder und den silbernen Siegelring und die Oberschenkelhose aus englischem Flanell? Wenn du dich so sehr um dein Schicksal sorgst, solltest du nie vergessen, daß es aufs engste mit meinem verknüpft ist! Woher, glaubst du, stammt das Geld für diese Brokatellwandbehänge, die Spiegel, den Tisch dort, das

Fleisch, das du dir munden läßt, das Geflügel, das du gierig zerrupfst, den Wein, mit dem du deinen Durst löschst? Von den Freunden des Marquis! Wenn deine Schwester nicht mehr für ihn spielt, wirst du bald ein so elendes Leben führen wie das Gelichter, das du im Kerker bewachst. Und rechne nicht mit dem Schatz von Marie LaFlamme, sie ist …«

»Was sagt Ihr da? Was für ein Schatz?«

Die Baronin erblaßte. In ihrem Zorn hatte sie sich verraten. Das lag nur daran, daß Simons Gegenwart ihr Blut in Wallung brachte. Sie nahm sich vor, sich demnächst wieder Schröpfköpfe aufsetzen zu lassen. Monsieur Barantin, ihr Arzt, hatte sie innerhalb von knapp vier Wochen dreimal dieser Behandlung zur Wiedererlangung ihrer Selbstbeherrschung unterzogen. Was der Patientin zu der allmählichen Erkenntnis verhalf, daß die glücklichen Momente, die Simon ihr bescherte, den von ihm verursachten Ärger keineswegs aufwogen. Obgleich sie vom ersten Tag an gewußt hatte, was für ein Rohling er war, fiel es ihr schwer zuzugeben, sich derart in ihm getäuscht zu haben. Sie war wütend auf sich selbst, weil sie sich der Anziehungskraft des jungen Mannes nicht zu widersetzen vermochte.

Simon faßte sie grob am Arm.

»Was ist das für ein Schatz? Ich will mehr darüber wissen.«

»Viel mehr kann ich dir auch nicht sagen. Deine Schwester hat mir erzählt, eine junge Frau aus Nantes namens Marie LaFlamme habe ihr anvertraut, sie werde bald über ein größeres Vermögen verfügen.«

Simon starrte sie verdutzt an. »Marie? Marie wird reich sein?«

»Das hat sie sicher nur erfunden.«

»Wo ist sie jetzt?«

»Wer, Marie?«

»Nein, meine Schwester!« donnerte Simon. »Sie wird mir alles erzählen, was sie weiß, sonst …«

Die Baronin wickelte sich mit gespielter Lässigkeit die Ringellocke, die ihr auf die linke Wange fiel, um den Finger und ließ einige Augenblicke verstreichen. Sie werde ihm sagen, wo er seine Schwester finden könne, erklärte sie ihrem Geliebten dann, aber nur, wenn er sich an ihre Anweisungen hielte und Michelle nicht bedrohte, sondern Reue über seine Grausamkeit gegenüber Guy Chahinian zeigte.

Simon tat, was sie von ihm verlangte. Er wäre mit allem einverstanden gewesen, um seiner Schwester habhaft zu werden, damit er sie wegen des Schatzes ausfragen konnte.

Aber die Flötenspielerin war nicht mehr so leichtgläubig und vertrauensselig wie früher. Als ihr Bruder sie beschwor, sich nicht für sein Seelenheil zu opfern, begriff sie, daß er entweder im Auftrag seiner Geliebten gekommen war oder aber aus Eigennutz handelte. Bedeutete das, sie hatte mehr Macht, als sie dachte? Sie beschloß, ihre Überlegenheit zu nutzen. Sie hatte die Spieler im Salon der Baronin oft beobachtet und viel über die Kunst der Verstellung gelernt. Daher bereitete es ihr keine Schwierigkeiten, Tränen des Glücks über die wunderbare Wandlung ihres Bruders zu vergießen.

»Das ist der schönste Tag meines Lebens! Wenn du Monsieur Chahinian jetzt noch eine Nachricht von mir überbringst, wird mein Glück vollkommen sein. Er soll wissen, daß ich für ihn bete. Ich möchte ihm außerdem ein wenig Geld für seine Verpflegung zukommen lassen.«

»Du hast ein gutes Herz, ich bin sicher, deine Mildtätigkeit wird dir dereinst im Himmel entlohnt werden. Ich werde dafür sorgen, daß es dem Gefangenen an seinen letzten Tagen an nichts fehlen wird.«

Michelle machte ein erschrockenes Gesicht. »An seinen letzten Tagen?«

»Nun, er ist ein Verbrecher. Man wird ihn hinrichten.«

»Du hast doch gesagt, Leutnant Tardieu habe ihn zweimal besucht. Monsieur Chahinian kann kein gewöhnlicher Verbrecher sein, wenn der *lieutenant criminel* das Todesurteil noch nicht verkündet hat.«

»Der Polizeileutnant glaubt, Guy Chahinian könne Gold herstellen, und hofft seinem Geheimnis auf die Spur zu kommen. Mir kam es seltsam vor, daß das Urteil noch nicht vollstreckt wurde, deshalb habe ich einen Spitzel in die Zelle des Goldschmieds gesteckt. Chahinian prahlte damit, Tardieu hinters Licht geführt zu haben. Früher oder später wird der Leutnant dahinterkommen, und dann wird er Chahinian aufs Rad flechten lassen. Es sei denn ...«

»Es sei denn?«

»Jemand müßte den *lieutenant criminel* bestechen, damit er Chahinian sozusagen vergißt. Aber dafür wäre eine beträchtliche Summe vonnöten. Einige tausend Pfund ... Ein richtiger Schatz.«

Michelle schlug die Augen nieder. Darauf also wollte er hinaus. Sie begriff, wie sie die Vollstreckung des Todesurteils gegen Guy Chahinian hinauszögern könnte.

Sie seufzte in gespielter Verzweiflung. »Ich wünschte, ich könnte Marie irgendwie erreichen!«

»Welche Marie?«

»Marie LaFlamme. Sie soll einen Schatz von ihrer Mutter geerbt haben.«

»Einen Schatz?« rief Simon aufgeregt.

»Ja, das hat sie mir wenigstens gesagt.«

»Wann hast du mir ihr gesprochen?«

»Anfang Frühjahr, bevor sie von Madame Beaumont wegging. Sie wurde im Justizpalast vorstellig und befand sich in Begleitung der Le Morhiers.«

Simon schlug mit der Faust in seine Handfläche. »Warum hast du mir nichts davon gesagt?«

»Ich mußte Marie versprechen, das Geheimnis für mich zu behalten. Sie wollte nicht, daß jemand davon erfuhr, solange sie das Geld nicht hatte. Aber ich hab' mit meinen eigenen Augen einen pflaumengroßen Diamanten an ihrem Finger gesehen!«

Simon trat ans Fenster. Er erstickte fast vor Zorn. Warum nur war er mit einer Schwester gestraft, die so dumm und einfältig war? Er atmete ein paarmal tief durch, drehte sich langsam um und fragte mit gequältem Lächeln, aus welchem Grund Marie bereit sein sollte, ihr Vermögen für einen Verbrecher auszugeben.

»Weil Guy Chahinian es war, der ihr von dem Schatz erzählte. Ohne ihn hätte sie gar nichts. Die paar tausend Pfund, die nötig sind, um ihn aus dem Kerker zu holen, machen sie nicht arm. Sie wird immer noch reicher sein als mancher Fürst.«

»Was hat Chahinian mit der Sache zu tun?«

»Er war dabei, als Anne LaFlamme starb. Kurz vor ihrem Tod hat sie ihm von dem Schatz erzählt.«

»Warum hat er sein Wissen nicht für sich behalten? Er hätte sich das Vermögen aneignen können und mit niemandem zu teilen brauchen.«

»Er wußte zu dem Zeitpunkt noch nicht, daß es sich um einen Schatz handelte. Marie sagte, ihre Mutter habe die Botschaft in eine Scharade gekleidet. Und weil Marie in seiner Schuld stand, gab sie ihm den Schlüssel zu des Rätsels Lösung. Doch dann mußten sie aus Nantes fliehen.«

Simon nickte. Er mußte Marie unter allen Umständen finden. Das konnte dauern. In der Zwischenzeit würde er versuchen, Chahinian irgendwie zum Reden zu bringen.

»Ich werde Tardieu nichts von meinem Spitzel sagen. Soll er ruhig weiter glauben, Chahinian könne ihn in seine alchimistischen Geheimnisse einweihen. Aber wir müssen Marie finden. Sie allein kann den Gefangenen retten. Ich werde dafür sorgen, daß er von jetzt an besser behandelt wird.«

Michelles Augen leuchteten auf. Sie hatte kostbare Zeit gewonnen. Sie würde den Aufschub nutzen, um sich beim Marquis de St. Onge für Guy Chahinian einzusetzen. Noch wußte sie nicht, wie sie es anstellen, welche Argumente sie anführen würde, doch sie war zuversichtlich: Der Herr würde sie erleuchten. Und sobald ihre Mission erfüllt wäre, würde sie den Schleier nehmen.

5. KAPITEL

Mutter Marie von der Fleischwerdung Christi blickte der jungen Frau nach, die ihr von Schwester Blandine vorgestellt worden war und die sie zur Pflege der Kranken im Siechenhaus eingeteilt hatte.

»In Anbetracht der Abwesenheit unseres Bischofs hat Pater Lalemant als sein Stellvertreter dir die Erlaubnis erteilt, das Kloster zu betreten und bei Mutter Catherine vorstellig zu werden.«

Marie LaFlamme hatte sich ehrerbietig vor der Oberin verneigt. Doch kaum waren sie außer Hörweite, wandte sie sich an Schwester Sainte-Blandine und fragte:

»Und meine Tochter? Was wird aus Noémie?«

»Sie bleibt wie vereinbart bei Emeline Blanchard. Du willst sie doch nicht mit ins Hospital nehmen, wo sie mit den Kranken in Berührung kommt? Du kannst sie ja besuchen, sooft du willst. In deinem Alter sind zwei Meilen zu Fuß leicht zu schaffen.«

»Zwei Meilen? Emeline hat doch gesagt, sie würden unmittelbar am Fluß wohnen.«

»Den St. Charles kann sie sicherlich sehen, aber der Besitz ihres Grundherrn liegt näher bei Sillery als beim Cap aux Diamants. Danke dem Himmel, daß er nicht in Château-Richer oder gar Ville-Marie wohnt. Denn dann könntest du deine Tochter höchstens einmal im Jahr besuchen.«

Die Stimme der Ordensschwester verriet eine leichte Gereiztheit, und Marie zog es vor, das Thema zu wechseln. Mutter Marie von der Fleischwerdung Christi sei offenkundig eine sehr weise Frau, meinte sie, doch ihre Gesichtsfarbe gefalle ihr gar nicht.

»Hat sie ein Leberleiden? Sie sollte Glaskraut- oder Fencheltee trinken.«

»Sie macht in der Tat einen erschöpften Eindruck«, pflichtete Schwester Sainte-Blandine ihr bei. »Mit der neuerlichen Wahl zur Oberin lastet eine schwere Bürde auf ihr. Ich weiß jedoch von Schwester St. Sébastien, daß Bruder Bonnemère ihr Sauerdornabsud zu trinken gab.«

»Hier wächst Sauerdorn?«

»O ja.«

»Ob Bruder Bonnemère wohl bereit wäre, mir seine Kenntnisse zu vermitteln? Ich habe gehört, die Wilden haben viel von ihrem Wissen an die Weißen weitergegeben.«

»Bruder Bonnemère ist kein Krämer. Er bereitet seine Arzneien in der Offizin der Jesuiten zu. Viele Siedler kommen zu ihm, um sich Schröpfköpfe aufsetzen oder ihren Leib von schädlichen Stoffen reinigen zu lassen. Er hat große Erfahrung in diesen Dingen, er befaßt sich seit seiner Ankunft vor fünfzehn Jahren damit. Ich bezweifle, daß er Zeit für dich hat. Er ist ein vielbeschäftigter Mann.«

»Ich könnte doch sein Lehrling werden.«

»Mir scheint, du vergißt deinen Stand. Selbst wenn er einverstanden wäre, könnte er dich nicht nehmen: Du bist eine Frau!«

»Eine Witwe«, verbesserte Marie.

Schwester Sainte-Blandine legte ihre Hand auf die rechte Schulter der jungen Einwanderin. Ihre Finger krallten sich um ihr Schlüsselbein wie die Fänge eines Adlers.

»Darauf solltest du besser nicht hinweisen. Früher oder später wird die Wahrheit ans Licht kommen.«

»Aber das ist meine einzige Chance! Die Kenntnisse dieses Mannes wären von ungeheurem Nutzen für mich. Wunden versorgen kann ich genauso gut wie jeder Wundarzt hier, und ich weiß auch einiges über die Herstellung von Arzneien. Aber um den Siedlern wirklich helfen zu können, muß ich alles über die Pflanzen und Kräuter hier und ihre Verwendung wissen. Chirurgen, die sich mehr als Arzt denn als Bader verstehen und die in der Lage sind, die geeigneten Heilmittel zu verordnen, gibt es zu wenige, als daß man auf meine Dienste verzichten könnte. Vom Richten eines gebrochenen Glieds verstehe ich ebensoviel wie von der Herstellung von Algarothpulver. Ich habe zwar weder eine Prüfung noch einen Eid abgelegt, aber ich habe bei Monsieur Pernelle in Paris so viel gelernt, daß ich ohne weiteres einen Laden in der Rue de l'Arbalète oder am Jardin du Roi hätte eröffnen können. Und irgendwann hätte ich es bis zum Bader, ja sogar bis zum Arzt gebracht ...«

»Du redest dummes Zeug. Frauen ist es nicht gestattet, Heilkunde zu studieren oder gar als Arzt tätig zu sein.«

»In Frankreich nicht, aber hier? Ich kann mir nicht vorstellen, daß mir jemand Vorwürfe machen würde, wenn ich anderen Leuten das Leben rettete. Der König wird sich kaum hierherbemühen, um mich auszuzanken, und für die Siedler ist eine größere Zahl von Heilkundigen nur von Vorteil.«

»Der König ist nicht so fern, wie du denkst, Marie. Er hat vor kurzem erst seine Absicht kundgetan, die Kolonie wieder selbst verwalten zu wollen. Die Kompanie der hundert Teilhaber ist aufgelöst und durch die Westindische Kompanie ersetzt worden.«

Marie lächelte. »Was kümmert mich die Kompanie ... Mir wird niemand Steine in den Weg legen, solange ich die Gehilfin des Wundarztes im Spital bin. Und ich werde noch vor Einbruch des Winters herausgefunden haben, welche Heilpflanzen hier wachsen, welche Beeren sich für Säfte eignen und welche Heiltees zubereitet werden können. Ob mit oder ohne Bruder Bonnemère. Und Eure Oberin wird es sich nicht nehmen lassen, meine Arzneien zu kosten.«

Schwester Blandine wußte nicht, ob sie Maries Entschlossenheit bewundern oder fürchten sollte. Doch die Sorge um den Gesundheitszustand der Oberin war stärker, und so fragte sie mit leiser Stimme: »Glaubst du, es steht so schlecht um sie?«

»Sie ist ganz gelb im Gesicht ... Hat sie vor Eurer Abreise auch schon so ausgesehen?«

Die teure Mutter Oberin habe Ende letzten Sommers einen recht erschöpften Eindruck gemacht, antwortete die Ordensschwester zögernd.

»Ich habe gebetet, daß sie sich über den Winter erholen möge, aber ihr Amt läßt sie keinen Augenblick zur Ruhe kommen. Und die Sorgen, die ...«

Schwester Blandine unterbrach sich, ehe ihr die Vorwürfe gegen Bischof Laval über die Lippen kamen. Sie hatte von Schwester Saint-Sébastien erfahren, daß es Mutter Maries Amtsvorgängerin Marguerite de Saint-Anastase ebensowenig wie der jetzigen Oberin gelungen sei, den Bischof François de Montmorency-Laval davon zu überzeugen, was für ein fataler Fehler die Änderung der Ordensregel wäre: Das in zahlreichen Verhandlungen von

Mutter Marie und Pater Jérôme Lalemant mühsam errungene Gleichgewicht zwischen den Ursulinerinnen von Tours, den Ursulinerinnen von Paris und den Jesuiten würde dadurch ernsthaft gefährdet.

Es stand zu befürchten, daß der Bischof seinen Aufenthalt in Frankreich dazu nutzen würde, den König zu ersuchen, sich bei den Kirchenoberen für seine Sache zu verwenden. Und falls er Erfolg hätte, würde es sicher nicht lange dauern, bis die Ursulinerinnen gezwungen wären, die Änderung ihrer Ordensregel zuzulassen.

In der Annahme, der schmerzliche Ausdruck auf dem Gesicht der Ordensfrau rühre von ihrer Sorge um die Oberin her, suchte Marie nach Worten, sie zu beruhigen. Im gleichen Augenblick näherten sich Schritte: Pater Lalemant eilte durch den Gang auf sie zu. Die Nonne kniete sogleich nieder und zerrte Marie am Gürtel ebenfalls auf die Knie. Nachdem der Pater sie gesegnet hatte, bedeutete er ihnen, sich zu erheben. Er lächelte zerstreut; irgend etwas schien ihn zu bedrücken. Hatte er schlechte Nachrichten aus Frankreich? Stand die Auflösung der Gesellschaft Unserer Lieben Frau bevor? Hatte sich Mutter Maries Gesundheitszustand verschlechtert? Oder wußte er Einzelheiten über den Mord auf der Île d'Orléans? Schwester Sainte-Blandine war von etlichen Leuten auf die schreckliche Tat angesprochen worden. Ihr gefiel nicht, daß die Siedler einen Indianer verdächtigten. Die meisten waren davon überzeugt, daß der Mörder ein Irokese sei, aber einige trauten das Verbrechen auch den Huronen im Fort zu. Diese Verdächtigungen würden die ohnehin schwierigen Beziehungen zu der indianischen Bevölkerung noch mehr belasten. Dabei war es von größter Wichtigkeit, daß die Frauen ins Kloster kamen, wo man sie im christlichen Glauben unterwies, damit sie die katholische Lehre an ihre Kinder weitergaben und sie taufen ließen.

Um Schwester Sainte-Blandine ein wenig aufzumuntern, sagte Marie:

»So schlecht steht es nun auch nicht um Eure Mutter Oberin! Ihre Augen sind klar, und wer so lange in diesem Land überlebt hat, muß eine kräftige Konstitution haben. Wißt Ihr, sie erinnert mich an meine Mutter.«

»Deine Mutter?« fragte die Ordensfrau verwundert.

»Ja. Sie war von früh bis spät auf den Beinen und arbeitete ohne Unterlaß. Sie eilte vom Spital zum Hafen, vom Hafen in den Wald und vom Wald zurück ins Spital. Ich konnte kaum mit ihr Schritt halten. Sie war voller Tatkraft und immer in Bewegung. Trotzdem strahlte sie eine unglaubliche Gelassenheit aus. Nichts konnte sie aus der Ruhe bringen. Eure Oberin hat den gleichen Blick wie sie, den Blick einer Frau, die allen Stürmen trotzt, indem sie den Aufruhr in ihrem Innern erstickt. Stimmt es, daß sie die Sprache der Indianer beherrscht?«

Schwester Sainte-Blandine lächelte. Sie war sehr empfänglich für jedes Lob, das man Mutter Marie zollte, und konnte sich des langen und breiten über sie auslassen. Die Mutter Oberin spreche in der Tat die indianischen Dialekte, bestätigte sie.

»Sie hat einen Katechismus in der Sprache der Huronen und der Algonkin verfaßt und versteht auch den Dialekt der Irokesen. Sie hat so viele Talente! Sie malt und stickt und ...«

»Mutter hat auch gestickt.«

»... und als die Erde bebte, hat sie allen die Angst genommen«, trumpfte die Ordensschwester auf.

»Die Erde hat gebebt?«

»Ja, das war während meines Aufenthalts in Tours. Der Himmel soll gegrollt und der Boden geschwankt haben; ein gewaltiges Dröhnen erfüllte die Luft. Es muß sich angehört haben wie ein herannahendes Reiterheer oder ein auf dem Meer tobender Sturm, ja, schlimmer noch!«

Marie machte ein zweifelndes Gesicht, um ihre Angst zu verbergen. Sie fragte sich bang, ob die Erde hier wohl des öfteren bebte.

»Die Tiere brüllten in Todesangst«, fuhr die Nonne fort. »Scheunen und Ställe stürzten ein, Risse klafften in den Mauern, Bäume und ganze Berge rutschten in die Erdspalten, die sich aufgetan hatten.«

»Und wann war das?«

»Zwischen Neujahr und der Fastenzeit. Ich kann kaum glauben, daß ich zur gleichen Zeit in einer Zelle des Klosters von Tours innere Ruhe suchte nach dem Fest der Geburt unseres Herrn Jesu.«

Marie preßte die Kiefer aufeinander. Im Januar 1663 war ihr von ihrem Ehemann Gewalt angetan worden, dem gleichen Mann, der für die Hinrichtung ihrer Mutter verantwortlich war und den sie zutiefst verabscheute. Nie würde sie dieses Erlebnis vergessen. Es hatte ihre Seele schrecklicher verwüstet als das große Beben die Erde von Neufrankreich. Sie stellte sich vor, wie Geoffroy de Saint-Arnaud in eine dieser Spalten fiel, die die Ordensfrau gerade beschrieben hatte. Bis zur Brust war er bereits eingesunken, hilfesuchend streckte er die Arme nach ihr aus, aber sie stand nur da und schaute voller Genugtuung zu, wie die Erde ihn vollends verschlang.

»Warum lächelst du? Findest du das lustig?«

Marie schüttelte den Kopf.

»Nein, nein. Ich bin nur froh, daß sich der Himmel heute gnädiger zeigt. Was für ein schöner Tag! Wie mild die Luft ist! Und wie blau der Himmel! Blauer als in Frankreich, scheint mir.«

»Ja, unsere Verspätung hat auch etwas Gutes: Das Wetter ist angenehmer, und die Mücken sind verschwunden. Diese Tiere können einen wahnsinnig machen. Sie verderben einem den halben Sommer.«

»Warum? Was sind das für Tiere?«

»Sie stechen, ohne daß man es merkt, aber nach ein paar Minuten fängt es an zu jucken, als hätte man sich in Brennesseln gewälzt, und man möchte sich in einem fort kratzen.«

»Kann man nichts dagegen tun?«

»Eine Huronenfrau hat uns geraten, die Stiche mit Porree einzureiben. Das verschafft wenigstens ein bißchen Linderung.«

Maries Augen leuchteten. Wenn es ihr gelänge, ein Mittel zur Behandlung der brennenden Wunden herzustellen, wäre ihr die Dankbarkeit der Siedler gewiß. Vielleicht würde sich eine Mischung aus Wegerich und Petersilie als Grundlage für einen Breiumschlag eignen. Sie konnte es kaum erwarten, selbst gestochen zu werden, damit sie die Rezeptur ausprobieren könnte. Unwillkürlich beschleunigte sie ihren Schritt. Doch da faßte Schwester Sainte-Blandine sie am Ärmel und meinte:

»Es ziemt sich nicht, an der Kapelle vorbeizuhasten! Du solltest dich sammeln und beten, daß Mutter Catherine de Saint-Augustin dir erlaubt zu bleiben.«

Marie seufzte, widersprach jedoch nicht, aus Furcht, die Nonne werde sie ihrem Schicksal überlassen. Während sie ihr Tempo notgedrungen dem ihrer Begleiterin anpaßte, hoffte sie inständig, sie würden dieses eine Mal an der Kapelle vorbeikommen, ohne sie zu betreten. In den vierundzwanzig Stunden seit ihrer Ankunft im Kloster hatte sie sich sicherlich zehnmal auf den harten Steinboden niedergekniet, um zu beten.

Sie gingen an dem Palisadenzaun entlang, der das Ursulinenkloster umgab, und Marie fragte sich, ob er dem Erdbeben standgehalten hatte oder erst danach errichtet worden war. Schwester Sainte-Blandine wollte sie nicht fragen, weil diese ein Ave-Maria nach dem anderen betete und erst aufhörte, als sie die Pforte erreichten, wo bereits zwei Schülerinnen warteten, um Marie zum Spital zu geleiten. Sofern nicht ein außergewöhnliches Ereignis sie dazu nötigte, würde die Ordensfrau die Klostermauern nie wieder verlassen. Aber Marie konnte sie besuchen. Die beiden Frauen sahen sich an, unschlüssig, ob sie sich umarmen sollten oder nicht. Schließlich ergriff Marie die Hand der Nonne, legte sie an ihre Stirn und bat um ihren Segen. Zum Abschied schärfte Schwester Sainte-Blandine ihr ein, immer daran zu denken, daß nicht nur der Leib, sondern auch die Seele der Pflege bedürfe.

»Bei den Hospitaliterinnen wirst du lernen, daß ihr Haus ein Ort der Erlösung und die Zeit, die man darin verbringt, eine Zeit der Gnade ist, sowohl für die Kranken als auch für diejenigen, welche sie betreuen. Ich werde für deinen Seelenfrieden beten.«

Sie entfernte sich, ohne sich noch einmal umzudrehen. Marie schaute ihr nach, bis sich die schwere Tür hinter ihr geschlossen hatte. Jetzt war sie ganz allein in diesem fremden Land. Hastig schüttelte sie diesen Gedanken ab: Es hatte keinen Sinn, in Selbstmitleid zu verfallen. Sie gesellte sich zu den beiden Mädchen, die ein wenig abseits gewartet hatten. Sie schritten zügig aus. Als bald darauf der Palisadenzaun rings um das Jesuitenkolleg in Sicht kam, verlangsamte Marie ihren Schritt und schlug ihren jungen Begleiterinnen vor, nach rechts abzubiegen und einen Umweg über das Fort Saint-Louis zu machen.

»Habt ihr es so eilig, ins Kloster zurückzukommen? Es ist so ein schöner Tag! Ich habe gehört, bei gutem Wetter hat man von der Oberstadt aus einen Blick über die ganze Küste bis zur Île d'Orléans«, sagte sie lächelnd.

Ihr ungezwungener Ton sollte darüber hinwegtäuschen, wie brennend gern sie das Château Saint-Louis aus der Nähe sehen würde. Mehr noch aber lockte sie die befestigte Huronen-Siedlung. Bei ihrer Ankunft tags zuvor hatte sie die Indianer nur von fern gesehen. Ihr war sofort deren glänzendes schwarzes Haar aufgefallen, und die Gesichtsfarbe der Wilden erinnerte sie an das geschmolzene Kupfer im Laden von Guy Chahinian. Unwillkürlich hatte sie nach den Tiegeln aus Gold und Silber getastet, die sie immer bei sich trug. Böse Erinnerungen waren in ihr aufgestiegen, doch sie hatte sie sogleich wieder verdrängt. Was hatte es für einen Sinn, sich zu grämen, sie konnte ja doch nichts am Schicksal des Goldschmieds ändern. Sie mußte den Blick nach vorn richten. Und so hatte sie den Siedlern und den Wilden zugelächelt, die sie neugierig vom Ufer aus beäugten. Die Huronen schien der Anblick der rothaarigen jungen Frau verblüfft zu haben, und sie hätte sich zu gern ihrer Wirkung auf die Indianer vergewissert.

Aber die beiden Mädchen schüttelten energisch den Kopf: Mutter Marie habe ihnen aufgetragen, die junge Frau auf direktem Weg zum Spital zu bringen.

Marie versuchte vergeblich, die beiden umzustimmen. Sie mußte sich fügen.

In der Rue Sainte-Anne, der Rue Saint-Louis und auf dem Weg von der Kirche zum Krankenhaus war es merklich ruhiger als in den belebten Straßen unten am Hafenviertel. Marie wollte sich gerade über diesen Umstand äußern, als gellende Schreie die Stille zerrissen.

»Das war drüben bei Notre-Dame«, sagte eines der Mädchen an ihrer Seite.

Die Neugier war stärker als der Gehorsam. Alle drei liefen so schnell sie konnten zur Champlain-Kapelle. Etwa zwanzig Personen hatten sich neben dem Gotteshaus versammelt. Marie begriff den Grund für ihre Klagen und Jammern erst, als sie näher kam: Auf dem Boden lag die Leiche einer Frau. Man hatte ihr die Kehle durchgeschnitten, und zwar so brutal, daß der Kopf nur noch an einem Fleischfetzen hing. Die Tote mußte längere Zeit im Wasser gelegen haben: Der Körper war aufgequollen und seltsam verfärbt. Sie war skalpiert worden, und die wenigen Haare, die noch an der Kopfhaut klebten, hatten sich um die freigelegten Halswirbel gewickelt.

Marie verspürte Übelkeit aufsteigen, konnte aber dennoch den Blick nicht von der Toten wenden.

»Wer ist das?«

»Das? Das war Suzanne Dion«, antwortete Eléonore de Grandmaison ernst. »Sie muß heute nacht ermordet worden sein, vielleicht auch schon gestern.«

»Antoine und ich, wir haben sie gefunden«, berichtete Michel Dupuis. »Drunten am Fluß, als wir angeln wollten. Ich wünschte, ich hätte etwas anderes an Land gezogen! Sie trieb im Wasser, auf dem Bauch. Mir wird jetzt noch ganz schlecht, wenn ich daran denke. Was glaubt ihr, was uns das Überwindung gekostet hat, sie hierherauf zu tragen!«

»Sie ist bestimmt von der Insel hierhergetrieben worden. Wie die erste Tote im Frühjahr. Dort greifen die Irokesen nämlich besonders gern an.«

»Wir müssen den Gouverneur verständigen!« rief Antoine Souci.

»Der wird nichts unternehmen. Er kehrt bald nach Frankreich zurück.«

»Vielleicht war sie verheiratet, und ihr Mann weiß noch gar nicht, was passiert ist«, jammerte eine Frau.

»Ich werde den Gouverneur holen«, erklärte Michel Dupuis. »Er wird sich anhören müssen, was ich zu sagen habe. Schließlich habe ich die Tote entdeckt!«

Da näherte sich Pater Lalemant, und die Menschen traten respektvoll zur Seite, um ihn durchzulassen. Würde er sich auch übergeben müssen wie die meisten anderen hier? Das wäre das erste Mal, daß der Jesuit seine Gelassenheit verlöre. Der Anblick ließ ihn schaudern. Er bekreuzigte sich und kniete neben der Toten nieder, um ihr die Augen zu schließen. Er streckte die Hand aus, aber es gelang ihm nicht, seine Übelkeit zu unterdrücken. Tausend Teufel schienen in der klaffenden Wunde zu lauern und nur darauf zu warten, ihn anzuspringen. Marie kam ihm zu Hilfe. Sie bückte sich und strich der Toten übers Gesicht. Dann sprach sie gemeinsam mit dem Geistlichen ein paar Gebete. Als sie aufstand, hörte sie, wie unter den Umstehenden eine Strafexpedition gefordert wurde. Bevor sie Pater Lalemant bitten konnte, dies zu verhindern, zupften ihre beiden jungen Führerinnen, die wegen ihres Ungehorsams ein schlechtes Gewissen hatten, sie energisch am Ärmel. Marie folgte ihnen widerspruchslos. Sie konnte nichts mehr tun für Suzanne Dion.

Noch aufgewühlt von dem schrecklichen Erlebnis, zeigte sie sich nichtsdestoweniger beeindruckt von der Größe des Lehens der Witwe Couillard. Ihr Grundbesitz grenzte an den des Spitals und war fast genauso groß. Aus ihr selbst unerklärlichen Gründen war Marie entzückt über diese Nachbarschaft.

Die Mädchen deuteten auf die hohen Klostermauern und wünschten Marie zum Abschied Gottes Segen. Doch sie hatte sich bereits abgewandt und hörte es nicht mehr. Auf ihr Läuten hin erschien eine junge Novizin an der Pforte. Marie nannte ihr den Grund ihres Besuchs und überreichte ihr einen Brief von Pater Lalemant. Die Novizin bat sie, ihr zu folgen.

»Mutter Catherine ist immer noch bei den Kranken. Eines Tages wird sie sich zu Tode arbeiten!«

Das scheint Tradition zu sein bei den Oberinnen in Neufrankreich, dachte Marie. Sie wollte wissen, wie die Ordensfrauen den Ansturm auf ihr Spital bewältigten.

»Oh, viele Fälle von Skorbut und Ruhr konnten wir bereits heilen. So eine lange Überfahrt ist eine furchtbare Prüfung, nicht wahr?«

»Das Beten allein gab mir die Kraft, sie zu überstehen«, heuchelte Marie, wobei sie sich bekreuzigte, um ihren Worten Nachdruck zu verleihen.

Schweigend durchquerten sie die Klosteranlage, den Chor und die Kapelle. Als sie zum Krankenhaus gelangten, hielt die Novizin einen Augenblick inne, so als widerstrebte es ihr, den Saal zu betreten.

Es war kein erfreulicher Anblick, der sich da bot, aber Marie faßte sich rasch wieder. Sie hatte vorhin etwas sehr viel Schlimmeres gesehen. Und auch an jenem Herbsttag damals, als sie ihre Mutter im Siechenhaus besuchte, wo sie Pestkranke gepflegt hatte …

»Schwester Sainte-Blandine hat mir erzählt, hier würden keine Patienten mit ansteckenden Krankheiten behandelt.«

»Das ist richtig. Wir dürfen niemanden aufnehmen, der an Lepra, Pocken, der Pest, der Krätze oder an Ausschlag erkrankt ist. Oder der an Blutfluß leidet.«

»Und was machen diese Menschen dann?«

»Sie bleiben zu Hause«, antwortete die Ordensfrau leise.

Und warten auf den Tod, ergänzte Marie im stillen.

Das brachte sie auf eine Idee: Könnte sie sich nicht um jene kümmern, die von den Nonnen abgewiesen wurden? Wie Anne LaFlamme es einst getan hatte? Sie wußte freilich um die Ansteckungsgefahr, aber wenn es der Mutter gelungen war, sich vor den üblen Ausdünstungen zu schützen, warum dann nicht auch der Tochter? Die Kranken in ihren Hütten und Häusern aufzusuchen brächte den Vorteil, nicht ständig im Kloster eingesperrt zu sein und um die Andachtsübungen herumzukommen. Außerdem könnte sie dann öfter Noémie sehen. Und sie würde auf diese Weise das Geld verdienen, das sie für die Entlohnung der Amme benötigte.

Der Gedanke an ihr kleines Mädchen erfüllte sie mit Unbehagen. Sosehr sie es einerseits vermißte, so groß war, wie sie sich eingestehen mußte, andererseits ihre Erleichterung über ihre wiedergewonnene Bewegungsfreiheit. Sie liebte

Noémie von ganzem Herzen, aber sie hätte sich gewünscht, unter anderen Umständen Mutter zu werden. In ihren Tagträumen hatte sie sich vorgestellt, wie sie Simons Kind in den Armen hielt, einen bildschönen Jungen, der selbst Nanettes Herz erweicht hätte. In ihren Tagträumen hatte Simon seinen Dienst als Soldat aufgegeben und sich Arbeit im Hafen von Nantes gesucht, um näher bei seiner Familie zu sein, und Nanette hatte ihn, genau wie Anne, zu guter Letzt doch noch in ihr Herz geschlossen. Später dann wären noch drei Kinder gekommen, eins so hübsch wie das andere, und ihre Tochter hätte das gleiche Interesse für Pflanzenkunde und die Lehre vom Körperbau des Menschen gezeigt wie sie selbst und ihre Mutter vor ihr. Sie hätte die umfangreichen Aufzeichnungen studiert, die Anne ihrer Tochter vermacht hatte, und die Kunst des Heilens erlernt. Sie hätte zum Beispiel sofort erkannt, daß die Galle speiende Frau da vor ihr am Wechselfieber litt, und ihr einen Absud aus Erdgalle sowie Eisenkrauttee verordnet. Und Marie wäre stolz auf sie gewesen. Aber Anne war tot. Nanette auch. Simon hatte eine andere geheiratet. Und sie selbst war in ein fremdes Land geflohen und hatte die Verantwortung für ein fremdes Kind übernommen.

In diesem Augenblick berührte sie jemand am Arm, und sie fuhr erschrocken zusammen.

6. KAPITEL

»Da kommt Mutter Catherine«, flüsterte die Nonne.

Verwundert betrachtete Marie die noch junge Frau. Aus den Worten von Schwester Sainte-Blandine, die voll des Lobes über ihre Oberin gewesen war und ihre tiefe

Frömmigkeit, ihr Pflichtbewußtsein und ihre Ergebenheit Neufrankreichs gegenüber hervorgehoben hatte, hatte sie geschlossen, bei der obersten Hospitaliterin müsse es sich um eine ehrwürdige Greisin handeln.

Aber Marie Catherine de Simon de Longpré zählte kaum dreißig Jahre, und ihr liebenswürdiges Lächeln ließ sie noch jünger erscheinen. Marie LaFlamme erwiderte es ganz ungeniert, musterte die Ordensfrau und erahnte das Ausmaß ihrer Frömmigkeit. Eine bildhübsche Frau wie Catherine hätte sich mit einer Schar von Verehrern umgeben, einen Mann von höchstem Stande heiraten und ein angenehmes Leben führen können. Statt dessen säuberte sie Wunden, bereitete warme Mahlzeiten zu, wusch schmutzige Laken und betete für die Seele jener, die in ihren Armen starben.

Was Marie aber noch stärker beeindruckte als der freiwillige Verzicht auf die Annehmlichkeiten dieser Welt, war Mutter Catherines Blick. So klar wie ein reiner See, so sanft, wie sich die glattgeschliffenen Kiesel der Loire anfühlten, so heiter wie der Gesang der Amseln und dabei so düster, so traurig, so sorgenvoll. Was mochte in der Ordensfrau vorgehen, daß sie derart gelassen und verängstigt zugleich wirkte?

Die Anmut der Nonne berührte etwas tief in Maries Innerem. Unwillkürlich senkte sie den Kopf und fiel vor ihr auf die Knie. Mutter Catherine lachte leise.

»Steh auf, meine Tochter, sonst fällt es mir schwer zu glauben, was Mutter Marie mir über dich berichtet.«

»Was hat sie denn über mich erzählt? Sie kennt mich doch überhaupt ni…« Errötend brach Marie ab.

»Ah, das paßt schon eher zu dir«, bemerkte die Nonne. »Mutter Marie schreibt, du hättest während der Überfahrt großen Mut bewiesen. Sie erwähnt auch deine außergewöhnliche Geschicklichkeit. Und deinen Stolz.«

Maries Lächeln wurde unsicher. Zu gern hätte sie der

Ordensfrau entgegengehalten, daß sie schließlich kein Gelübde abgelegt habe und deshalb auch nicht einsehe, weshalb sie darauf verzichten sollte, sich gelegentlich zu amüsieren, Bewunderung und Anerkennung zu suchen. Und sie war fest entschlossen, sich die Achtung aller ihrer Mitbürger binnen eines Jahres zu erwerben!

»Du willst uns also bei der Pflege der Kranken helfen. Nun, ich bin damit einverstanden. Du weißt aber, daß du außer freier Unterkunft und Verpflegung keinen Lohn bekommst und dich an gewisse Regeln halten mußt.«

Marie blies die Backen auf und atmete geräuschvoll aus. Daraufhin bemerkte die Hospitaliterin nur, es stehe ihr frei, das Angebot auszuschlagen. Entweder sie nehme ihre Bedingungen an, oder sie müsse sich eine andere Arbeit suchen. Marie willigte ein. Sowie sie ihre Fähigkeiten unter Beweis gestellt hätte, würde sie in der Lage sein, ihre Forderungen durchzusetzen.

»Ich möchte nichts weiter, als kranken Menschen helfen.«

»Warum hast du dich gerade für diese Aufgabe entschieden?«

Sie strebe dem Vorbild ihrer Mutter nach, die eine weise Frau gewesen sei und viel Erfahrung auf dem Gebiet der Heilkunde gesammelt habe, erwiderte Marie. Und da sie sich an Schwester Sainte-Blandines Worte erinnerte, fügte sie hinzu, ihre Mutter habe immer gesagt, das Herz eines Kranken sei leichter zu erreichen als das eines Gesunden.

»Der Unglückliche ehrt uns durch sein Vertrauen, und das gibt uns Gelegenheit, ihn näher an Gott heranzuführen. Meine Mutter pflegte voller Ehrfurcht den Worten von Pater Germain zu lauschen, wenn er die Kranken im Spital besuchte. Sie weilt leider nicht mehr unter uns, aber ich ehre ihr Andenken, indem ich ihr Werk fortsetze. Ich habe ihr nicht nur oft bei ihrer Arbeit zugesehen und ihre

Aufzeichnungen studiert, sondern auch bei einem Apotheker in Paris alles über die Herstellung von Arzneien gelernt.«

»Bei einem Apotheker, sagst du?«

Marie nickte selbstbewußt. »Ja, bei einem wie Bruder Florent Bonnemère. Monsieur Pernelle war mein Onkel und ein rechtschaffener Mann. Wie Ihr wißt, halten viele Ärzte die Apotheker für Scharlatane, die gutgläubigen Kunden irgendwelche Pillen aufschwatzen. Gewiß gibt es auch solche, aber mein Onkel gehörte der Zunft an. Sein Sohn sollte sein Nachfolger werden, doch dann wurde er ermordet. Da bot ich ihm meine Hilfe bei der Herstellung von Pulvern, Salbenverbänden und Säften an. Von meiner Mutter wußte ich bereits, welche Pflanzen Heilkräfte haben. Jetzt hatte ich Gelegenheit, alles über Öle, Metalle und Steine zu lernen. Ich weiß natürlich, daß es uns Frauen verboten ist, dieses Wissen zu erwerben, und daß es nicht recht von mir war, gegen das Gesetz zu verstoßen. Aber war es so falsch, was ich getan habe? Ich sehe in diesem Saal sehr viel mehr Kranke als Ärzte, Chirurgen oder Bader. Nehmt zum Beispiel den Mann dort hinten zur Rechten. Er litt unter Bauchkrämpfen, als er in Dieppe an Bord ging. Ich habe ihm daraufhin einen Aufguß von Krätzenkraut verordnet. Bald erkrankten auch andere Passagiere, so daß mein Vorrat binnen kurzer Zeit aufgebracht war. Ich hatte nur einen kleinen Beutel voll, und die Überfahrt wollte kein Ende nehmen.«

Mutter Catherine hatte Marie aufmerksam zugehört. Die junge Frau drückte sich klar aus und vertrat ihren Standpunkt selbstbewußt. Diese Bestimmtheit würde ihr im Umgang mit den Kranken sicherlich zugute kommen. So fromm, wie sie sich gab, war sie gewiß nicht, doch der Herr hatte sie bestimmt nicht ohne Grund hierhergeführt: Sie mochte zwar imstande sein, anderen zu helfen, hatte selbst aber ebenfalls Hilfe nötig, und Mutter Catherine dachte bei sich, daß ihr und ihren Schwestern offensichtlich die Aufgabe zugedacht sei, die junge Frau aus Nantes auf den rechten Pfad zurückzuführen. Wenn es gelang, die Wilden von den Segnungen des Glaubens zu überzeugen, bestand Hoffnung, daß ihre Bemühungen eines Tages auch bei Marie fruchteten.

»Sei mir willkommen, Marie. Wir wollen es eine Weile miteinander versuchen, und dann werden wir ja sehen, ob du dich an das Leben hier gewöhnen und dich in unseren Alltag einfügen kannst. Du wirst unsere Tracht mit der grauen Schürze tragen.«

Marie unterdrückte einen Seufzer. Mutter Catherine erriet ihre Gedanken und meinte schmunzelnd:

»Ich weiß, junge Frauen bevorzugen Farben, in denen sie nicht wie alte Eulen aussehen. Aber wenn ich richtig unterrichtet bin«, fügte sie ernst hinzu, »bist du Witwe.«

Marie senkte den Kopf und starrte stumm auf ihre Schuhe. Das Angelusläuten kam ihr zu Hilfe. Mutter Catherine lud sie ein, ihre erste gemeinsame Mahlzeit mit den Ordensfrauen einzunehmen.

»Vielleicht möchtest du dich vorher ein wenig ausruhen? Die Überfahrt war sicher sehr anstrengend. Oder willst du lieber zur inneren Sammlung unsere Kapelle aufsuchen?«

Marie ließ den Blick durch den Saal schweifen und entgegnete ein wenig ungeduldig, sie ziehe es vor, unverzüglich mit der Arbeit zu beginnen.

»Hier kann ich mich wenigstens nützlich machen.«

Sie berichtete, was sie auf dem Weg zum Spital gesehen hatte. Schaudernd fügte sie hinzu:

»Ich habe mich so hilflos gefühlt … Die arme Frau. Es war entsetzlich!«

»Wir werden für sie beten«, sagte Mutter Catherine mit rauher Stimme. »Und für ihren Mörder.«

Gegen Abend, nachdem ein jeder seine Meinung zum Mord an Suzanne Dion geäußert hatte, kehrten die Siedler an ihre Arbeit zurück. Die Felder mußten bestellt werden, niemand konnte es sich leisten, untätig zu sein. Nur die Seeleute hatten Zeit für Müßiggang.

In der Hoffnung, er werde ein paar Indianer zu Gesicht bekommen, schlenderte Victor Le Morhier in Richtung Dorfplatz. Die befestigte Huronen-Siedlung war leicht zu finden: Sie lag am anderen Ende der Côte de la Montagne zwischen der Kapelle und dem Gouverneurspalast. Victor stieg schwungvoll den steilen Pfad hinauf. Er genoß es, sich frei bewegen zu können, ohne ständig an ein Geschütz, an die Betinghölzer oder an einen Mastbaum zu stoßen. In Höhe des Friedhofs verweilte er einen Augenblick, um die herrliche Aussicht in sich aufzunehmen. Die Einsamkeit tat gut. Keine Agathe Souci, deren schrille Stimme alles übertönte, kein ›Herzog‹, der immer und überall seine Ansicht ungefragt kundgab. Ein tiefer Frieden, wie er ihn seit Monaten nicht gekannt hatte, erfüllte ihn, und er fragte sich, ob er nicht in Québec bleiben solle. Staunend betrachtete er den Fluß. ›Großer Fluß, der sich bewegt‹ nannten die Indianer ihn. Es fiel Victor schwer zu glauben, daß der Saint-Lorenz kein See war. Obgleich er sich bei Québec verengte, war er an der Stelle noch immer beeindruckend breit, und das Wasser floß schnell und schäumend. Sein Vater, der Kapitän, würde ihm sicher nicht glauben, wenn er nach Hause schriebe, daß er einen Strom befahren hatte, den man leicht mit der offenen See verwechseln konnte.

Schließlich wandte er sich ab und strebte eilig der Palisade rings um die Huronen-Siedlung zu. Er überlegte, wie er die Indianer ansprechen sollte. Langsam ging er am Eingang vorbei und hielt dann inne. Hatte er überhaupt das Recht, die Siedlung zu betreten? Vielleicht würden sie ihn mit Steinwürfen davonjagen oder Pfeile auf ihn abschießen. Ihm war nicht so ganz klar, was es mit der Siedlung auf sich hatte: Waren die Indianer nun Gefangene, oder wurden sie vom Gouverneur geduldet? Hatten sie schon immer hier gelebt oder sich erst vor kurzem angesiedelt? Waren sie der französischen Sprache mächtig, oder beherrschten sie nur ihren Dialekt? Im gleichen Moment hörte er eine Mädchenstimme etwas rufen und stellte belustigt fest, daß die Indianersprache mit ihren zahlreichen Vokalen wie Gelächter klang. Die Wörter waren teils sehr lang, teils sehr kurz, und Victor lauschte verzückt dem singenden Tonfall. Plötzlich verstummte die Stimme. Victor blickte auf, und da stand das Mädchen vor ihm.

Sie musterten sich schweigend. Victor Le Morhier hatte das Gefühl, daß sich das Mädchen nur mit Mühe das Lachen verbeißen konnte. Als er ihr zulächelte, brach die junge Indianerin in Gelächter aus und zeigte auf seinen Bart. Victor strich einige Male über sein Kinn. »Bart«, sagte er. »Bart«, worauf die Huronin noch lauter lachte. Was für prächtige Zähne sie hat, dachte Victor. Nur die wenigsten Französinnen, gleichgültig, wo, ob an der Place Saint-Pierre, am Quai de la Fosse oder an der Place des Vosges, konnten beim Lachen ihre Zähne zeigen, ohne an Liebreiz zu verlieren. Und kaum eine Französin hatte so glattes, tiefschwarzes Haar, das obendrein zu einem Zopf geflochten und mit bunten, unterschiedlich großen Federn geschmückt war. Keine Französin würde es wagen, ein solches Kleidungsstück zu tragen: Es war aus Häuten gefertigt und reichte nur bis zu den Knien. Bei jeder Bewegung wippten die Lederfransen hin und her und entblößten die nacken Beine: Magisch angezogen, wanderte Victors Blick immer wieder dorthin, wo die braune, geschmeidige, glänzende Haut frech unter dem Leder hervorschaute.

»Dein Bart«, plapperte die junge Indianerin fröhlich.

»Mein Bart? Was ist damit?«

»Bei den Indianern gilt ein behaartes Gesicht als Zeichen von Einfalt«, mischte sich Antoine Souci ein, der eben die Siedlung verließ. »Und mit einem so dichten Bart, wie du ihn trägst, mußt du ausgesprochen schwachsinnig sein. Nicht für Françoise, weil sie mehr über uns weiß, aber für die Alten.«

»Françoise?«

»Eigentlich heißt sie Mani Menahakakni. Oder war es Menahanikak? Jedenfalls fand man sie bei den Abenaki auf irgendeiner Insel. Du mußt zugeben, daß Françoise leichter zu merken ist!«

»Ich bin getauft worden«, sagte die Indianerin und faltete die Hände. »Mutter Marie hat mich in eurem Glauben unterwiesen.«

Victor lächelte ihr verwirrt zu. Es war ein eigenartiges Gefühl, sie seine Sprache sprechen zu hören. Er war darauf gefaßt gewesen, sich mit Gebärden verständigen zu müssen, so wie er es zuweilen in Nantes tat, wenn er sich mit holländischen oder portugiesischen Seeleuten unterhalten wollte. Statt dessen traf er in diesem entlegenen Teil der Erde ein Mädchen, ein hübsches Mädchen in einem Kleid aus bestickten Häuten, das in der Lage war, ein Gebet auf französisch aufzusagen. Er war enttäuscht und fasziniert zugleich. Vielleicht hätte er sich ein Herz gefaßt und die junge Huronin nach ihrem indianischen Namen gefragt, aber Antoine Souci hatte es eilig.

»Komm, wir gehen zu Boisdon, dann bekommst du deine Felle.«

Victor sah ihn fragend an.

»In die Schenke. Sie gehört Denys de La Ronde, aber ich sage immer noch Boisdon. So hieß der frühere Wirt. Du mußt auf dem Weg hierher daran vorbeigekommen sein. Aber wahrscheinlich ist dir nichts aufgefallen, weil kein Schild draußen hängt. Das braucht man hier nicht, es ist nämlich das einzige Wirtshaus. Hoffentlich hat er noch etwas zu trinken, nachdem alle hingerannt sind, um auf den Schreck einen zu heben.«

»Wieso, was meinst du damit?«

»Hast du nicht gehört, was passiert ist? Man hat eine Tote gefunden. Suzanne Dion. Komm, ich erzähl's dir unterwegs.«

Er faßte Victor an der Schulter und schob ihn so energisch vorwärts, daß ihm kaum Zeit blieb, sich von der jungen Huronenfrau zu verabschieden.

Als die beiden Männer die Schenke in der Unterstadt betraten, lächelte die Indianerin noch immer. Victors auffälliger Bart hatte sie erheitert, viel mehr aber beeindruckte sie seine zurückhaltende Art. Er hatte etwas an sich, das sie an einen Hirsch erinnerte. Vielleicht war es sein Blick: Obgleich starr in die Ferne gerichtet, entging ihm nichts, was ringsumher geschah. Vielleicht lag es auch an seiner stolzen Gelassenheit, die ihm einen Ausdruck von Überlegenheit verlieh. Sie fand ihn anziehend, diesen Weißen, dessen Augen die Farbe von Reiherflügeln hatten – ein leuchtendes, tiefes Grau, nicht zu vergleichen mit dem stumpfen Grau der Ordenstrachten – und dessen vom Salzwasser und der Seeluft gegerbte und von goldenen Härchen bedeckte Haut nicht so bleich wie die der anderen Weißen war. Mani hoffte, er werde sich nicht allzulange in der Schenke aufhalten. Der Wirt hatte sich zwar verpflichtet, dafür zu sorgen, daß seine Gäste keinen Streit anfingen, keine gotteslästerlichen Reden führten und sich nicht betranken, doch sie hatte oft genug beobachtet, wie Männer mit einer Flasche Feuerwasser das Wirtshaus verließen und in irgendeiner finsteren Ecke heimlich weitertranken. Ihr Bruder hatte einmal nach dem Genuß einer halben Flasche fünf Luchsfelle gegen den restlichen Schnaps eingetauscht. In jener Nacht vor zwei Monden war sie von den Unmutsäußerungen ihrer

Stammesangehörigen geweckt worden: Ihr Bruder war nämlich auf den Palisadenzaun geklettert, wo er die Trommel geschlagen und kriegerische Gesänge gegrölt hatte.

Mani hatte zu ihm hingeschaut. Er hatte seinem Sohn gerade gezeigt, wie man die Seitentriebe eines Baums entfernte. Mit flüssigen Bewegungen waren Sawaretschis Hände über den Stamm der Pappel geglitten. Wäre nicht das regelmäßige Aufblitzen des Messers gewesen, hätte man glauben können, er streichle den Baumstamm. Das Kind hatte gelacht, sooft ein Zweig zu Boden gefallen war. Es hatte dem Vater sichtlich Freude bereitet, seinen Sohn mit dieser Tätigkeit vertraut zu machen. Sie verstanden sich gut, die beiden. Wie war es möglich, daß ein Mann mit einem so sanften Lächeln sich in einen lärmenden Trunkenbold verwandeln konnte?

Viele Indianer glaubten, die Taufe brächte Krankheit und Tod über ihr Volk, weil nach dem Besuch eines Missionars bei einem der Stämme ungewöhnlich viele Eingeborene gestorben waren. Mani hatte sich trotzdem taufen lassen. Und sie lebte immer noch, auch wenn kurz nachdem sie zum erstenmal zur Kommunion gegangen war, die Erde gebebt hatte. Sie wußte, vom Feuerwasser ging eine viel größere Gefahr aus. Hatte es Sawaretschi nicht seiner Gelenkigkeit beraubt, so daß er nicht einmal mehr imstande gewesen war, über einen Wassergraben zu springen? Zu ihrem Leidwesen konnte man sich den verwünschten Schnaps seit einiger Zeit mehr oder weniger mühelos beschaffen. Sie hoffte inständig, keiner der Ihren sei drunten am Fluß gesehen worden, sonst würde man ihn zweifellos des Mordes an der weißen Frau bezichtigen.

7.
KAPITEL

»Bring uns Wein, Wirt!« rief Antoine Souci mit dröhnender Stimme. »Oder willst du lieber Bier?«

Victor Le Morhier nickte Germain Picot zu und schüttelte den Kopf. »Nein, Wein, damit ich den widerlichen Rachenputzer vom Schiff so schnell wie möglich vergesse.«

Antoine verzog das Gesicht, als hätte er einen Schluck des mit Meerwasser verschnittenen sauren Weins getrunken, der während der letzten Tage auf See kredenzt worden war.

»Du hast recht, wir sollten uns die Kehle gründlich durchspülen!«

»Deine muß blitzsauber sein, so oft wie du sie seit eurer Ankunft befeuchtet hast«, bemerkte der Wirt.

Antoine nahm ihm den Krug aus der Hand und füllte zwei Becher bis zum Rand.

»Das ist nur Bleichert, für spanischen Wein müßten wir einiges mehr auf den Tisch legen. Aber der tut's auch, was meinst du?«

Victor nickte und kostete einen Schluck. Mit dem Wein, den er im Haus seiner Eltern zu trinken pflegte, konnte man diesen hier freilich nicht vergleichen, aber er war immerhin um einiges lieblicher als der Krätzer auf der *Alouette.* Lächelnd stieß er mit Antoine Souci und Germain Picot an. In Gedanken jedoch war er ganz woanders. Er mußte unentwegt an Suzanne Dion denken. Auf der einen Seite war er erleichtert, daß man ihren Leichnam vom Dorfplatz fortgeschafft hatte, auf der anderen hätte er zu gern mehr über das schreckliche Verbrechen erfahren.

Denys de La Ronde, ein dicker Mann von gedrungener

Gestalt, stützte die Fäuste auf den Tisch und fragte Antoine Souci augenzwinkernd, ob sein Freund auch so einen gesegneten Appetit habe wie er.

»Das will ich meinen«, antwortete Victor lächelnd. »Ich würde gern die Suppe probieren, die dort auf dem Herd dampft.«

»Wie wäre es mit Garnelen? Pierrot hat mir heute morgen frische gebracht«, meinte der Wirt.

Antoine stieß einen Freudenschrei aus. »Sind sie so gut wie unsere Krabben?«

»Besser!«

Der Wirt hatte nicht zuviel versprochen: Die kleinen Garnelen hatten festes, appetitlich rosarotes Fleisch, das weder salzig schmeckte noch den leichten Beigeschmack von Jod hatte, der diesen Fischen zuweilen daheim in Frankreich anhaftete.

Antoine Souci beobachtete staunend, wie gierig Victor sich abwechselnd eines der Schalentiere und einen in die heiße Suppe getauchten Brotbrocken in den Mund stopfte. So eßlustig kannte er ihn gar nicht. Auf See hatte er seine Mahlzeiten nie hinuntergeschlungen, im Gegenteil, er hatte so langsam und widerwillig auf seinem Brot und dem fetten Speck herumgekaut, daß es Antoine zuweilen auf die Nerven gegangen war. Wüßte er es nicht besser, so hätte er damals vermutet, Victor besäße keine Zähne mehr und mümmele deshalb so.

Der Appetit des Freundes stimmte ihn fröhlich, denn wer satt ist, ist guter Dinge und zurückhaltender in seinem Urteil. Noch einen Becher Wein, und Victor würde nichts an seinen Fellen auszusetzen finden, er würde nicht einmal merken, daß sie von minderer Qualität waren.

Antoine schickte sich gerade an, die Biberfelle auszupacken, als ein dröhnendes Lachen erscholl, das die Gäste zusammenzucken ließ. Guillaume Laviolette schob einen großen Sack vor sich her, aus dem die Schwänze von

Waschbär, Wolf, Wildkatze, Fuchs sowie die Enden verschiedener zusammengerollter Häute schauten.

»Das ist mehr als genug, um meine Rechnung zu begleichen, Wirt! Also bring mir etwas zu trinken! Wie ich von Jérôme Tardieu gehört habe, hast du wohl Angst gehabt, du würdest mich nicht wiedersehen? Keine Sorge, ich werde gleich nachher zum Markt gehen, und dann bekommst du, was dir zusteht.«

Denys de La Ronde wehrte den Vorwurf ab, war jedoch sichtlich erleichtert. Er lachte, um seinen lauten Gast zu beschwichtigen, und gab Pierrot ein Zeichen, er möge ihm eine Pinte Bier bringen.

»Hier, trink das. Das ist bekömmlicher als die süßen Säfte, die dir deine Nachbarin vorsetzt!«

»Die Suppe gelingt ihr besser, das ist richtig«, pflichtete der Waldläufer ihm bei, »nichtsdestoweniger ist ihr Saft sehr nahrhaft. Heute würde ich allerdings weder das eine noch das andere bekommen. Als sie von dem Mord hörte, hatte sie nämlich vor Schreck einen Blutsturz.«

»Weiß man inzwischen Näheres?« fragte Antoni Souci.

»Nein, nichts.«

»Das kann nur ein Irokese gewesen sein«, meinte Germain Picot.

»Hier in der Gegend sind schon lange keine mehr gesehen worden«, gab Guillaume Laviolette zu bedenken.

Er trank seinen Becher zur Hälfte leer, setzte ihn ab und schnalzte mit der Zunge. »Ah! Bring mir noch eine Pinte, meine Kehle ist ganz ausgetrocknet, ich habe zuviel über den Mord geredet! Alle haben mich darauf angesprochen, weil ich aus Sillery komme und sie glauben, ich wüßte mehr. Aber mir ist nichts aufgefallen, weder gestern noch an den Tagen davor. Außerdem muß ich erst einmal wieder zu mir kommen.«

»Du verstehst das nicht, wie solltest du auch«, erwiderte der Wirt. »Und der Gouverneur, na ja …«

Achselzuckend wandte er sich ab. Während sich der Waldläufer an das einzige Fenster setzte, beugte sich Victor, der ihn verstohlen beobachtete, zu Antoine Souci hinüber und fragte leise:

»Was meint er denn damit?«

»Er spielt auf den alten Streit zwischen Davaugour, Lav… Bischof Laval und Pater Lalemant an.«

»Worum geht es bei diesem Streit?«

»Der Bischof exkommuniziert jeden, der den Indianern Alkohol verkauft und …«

»Und die Jesuiten werden ihm vermutlich recht geben«, ergänzte Victor. »Das bedeutet also, der Gouverneur …«

»Der Gouverneur wird in Kürze nach Frankreich zurückkehren«, rief Guillaume dazwischen.

Er erhob sich und gesellte sich zu den beiden Männern.

»Der Bischof und der Gouverneur waren sich einig, daß der Verkauf von Alkohol an die Wilden verboten werden müsse. Man hat sogar Männer wegen des Verstoßes gegen dieses Verbot erschossen. Alkoholische Getränke durften nur an die Siedler verkauft werden. Das ging so lange gut, bis sich der arme Pater Lalemant einmischte. Sein Mitleid dürfte ihn teuer zu stehen kommen!«

»Wieso, das verstehe ich nicht.«

»Pater Jérôme setzte sich für eine Frau ein, die den Indianern Schnaps verkauft hatte. Daraufhin empörte sich der Gouverneur, die Jesuiten wüßten nicht, was sie wollten, und wenn diese Frau ungestraft gegen das Gesetz verstoßen dürfe, würden die anderen das gleiche Recht für sich in Anspruch nehmen wollen.«

»Also hob Davaugour das Verbot auf«, fügte Antoine Souci hinzu. »Aber falls er tatsächlich nach Frankreich zurückkehren sollte, so würde das den Sieg von Bischof Laval bedeuten. Kommt, trinken wir, solange wir noch können! Der ist imstande und verbietet nicht nur den Indianern, sondern auch uns den Genuß von Alkohol! Wirt!«

Er hielt Denys de La Ronde seinen Becher hin. Der Wirt seufzte. Obgleich Antoine nicht die kräftige Statur von Guillaume hatte, glaubte er genausoviel zu vertragen wie dieser. Es würde nicht lange dauern, bis er betrunken wäre, und das wäre gar nicht gut für sein Geschäft. Es brauchte ihn nur die Frau eines einflußreichen Bürgers zu sehen, und schon hätte er, La Ronde, der selbst nur mäßig trank, die größten Schwierigkeiten. Aber was konnte er denn dafür, daß die Seeleute oder die Waldläufer so unvernünftig waren? Was für ein Tag! Er hatte sich nicht einen Augenblick ausruhen können, so viele Gäste hatte der Mord ihm beschert.

Während er noch überlegte, wie er Antoine Souci einen weiteren Becher Wein verweigern könne, ohne ihn zu beleidigen, schob Victor dem Freund sein halbvolles Trinkgefäß hin und sagte:

»Du kannst meinen Wein haben, Antoine, ich hab' genug für heute. Und jetzt gib mir die Felle, die du mir schon so lange versprochen hast.«

Guillaume lächelte, sagte aber nichts, als Antoine seinen Sack öffnete und einen Pelz herausnahm. Er strich über das rötlichbraune Fell und warf es dann in Victors Schoß.

»Fühlt sich schön weich an.«

»Stimmt«, pflichtete Victor ihm bei.

»Wichtig ist, daß das Fell richtig verarbeitet wird«, meinte Guillaume.

»Richtig verarbeitet?«

»Er will damit sagen, daß du dir einen Schneider suchen mußt, der sich darauf versteht, die Felle zusammenzunähen.«

»Ja, aber erst nachdem man sie zugerichtet hat«,

beharrte Guillaume. »Das wird dich einiges mehr kosten. Andererseits bezahlst du natürlich auch nicht soviel dafür.«

»Ich verstehe nicht, was du meinst.«

»Ungefetteter Biberpelz ist weniger gefragt ... Was verlangst du dafür, Antoine?«

»Äh ... nichts, ich will sie eintauschen ...«

»Gegen seine Spielschulden«, erläuterte Victor.

Er erzählte Guillaume von den Wetten, die sie an Bord abgeschlossen hatten.

»Du solltest dich schämen, Antoine Souci«, tadelte Guillaume spöttisch.

»Aber warum denn? Ich ...«

»Du wolltest ihm Felle andrehen, die du für eine alte Wolldecke bekommen hast, hab' ich recht?«

»Es war eine neue Decke!«

»Aber nicht halb soviel wert wie das, was du ihm schuldest, du Halunke! Um deine Spielschulden zu begleichen, müßtest du mindestens zwei gefettete Felle dazugeben!«

Victor, dem Guillaumes Einmischung zuerst unangenehm gewesen war, hörte der Unterhaltung mit wachsender Belustigung zu. Wenn Antoine tatsächlich vorgehabt hatte, ihn übers Ohr zu hauen, so geschah es ihm ganz recht, daß er bloßgestellt wurde. Der Waldläufer nahm kein Blatt vor den Mund. Er sprach laut genug, daß alle hören konnten, was er Antoine vorzuwerfen hatte. Der hatte es plötzlich sehr eilig. Während er der Tür zustrebte, versprach er Victor, binnen einer Stunde andere Felle zu besorgen.

»Es sei denn, Dupuis will, daß ich ihn zum Gouverneur begleite, um mit ihm über den Mord an Suzanne zu sprechen. Wir haben sie nämlich gefunden, hast du das nicht gewußt?« rief er über die Schulter zurück. Dann war er draußen.

Victor lächelte Guillaume zu. »Ich danke dir. Ich verstehe nichts von Fellen und habe an einen ehrlichen Handel geglaubt.«

»Wenn du Pelze willst, schöne Pelze, geh lieber in die große Halle am Markt. Dort bringen die Waldläufer alle ihre Felle hin. Ich auch.«

Victor zog zweifelnd die Augenbrauen hoch, beugte sich vor und raunte:

»Wirklich alle?«

Guillaume gestand ihm augenzwinkernd, es komme schon vor, daß er den einen oder andern Pelz selbst verkaufe.

»Wofür willst du ihn denn verwenden? Für einen Hut oder einen Mantel? Für dich selber oder für deine Frau?«

Victors Lächeln gefror. Obgleich von Natur aus neugierig, wußte Guillaume, wann es besser war, den Mund zu halten. Er fragte also nicht weiter, sondern trank einen kräftigen Schluck und brach mit bedächtigen Gesten sein Brot.

»Ich möchte ihn für meinen Onkel in Paris«, antwortete Victor schließlich. »Er ist Hutmacher, und ich habe ihm versprochen, ihm ein paar schöne Felle mitzubringen.«

»Ich denke, da habe ich genau das richtige für dich. Mein Name ist übrigens Guillaume Laviolette aus Le Croisic.«

»Und ich komme aus Nantes!«

Victor Le Morhier hielt ihm die Hand hin- und Guillaume schlug ein. Die Handfläche seines neuen Freundes war trocken, wie er zufrieden feststellte: In seinen Augen war das ein Zeichen für Rechtschaffenheit und Selbstsicherheit. Zudem war Victor kräftiger, als es auf den ersten Blick schien. Mit seinem goldblonden Haar wirkte er zu liebenswürdig, als daß man sich vorstellen konnte, wie er einen Gegner mit einem einzigen Fausthieb niederstreckte.

»Hast du dich auch für sechsunddreißig Monate verpflichtet?«

Victor schüttelte den Kopf.

»Dann gehörst du zur Mannschaft der *Alouette*?«

»Ja. Das ist meine erste Fahrt übers Meer.«

»Ihr legt bald wieder ab, nicht wahr? Warum bleibst du eigentlich nicht hier? Du würdest schnell einen Grundherrn finden, und in drei Jahren könntest du selbst Land erwerben.«

»Hast du es so gemacht?« fragte Victor leise.

»Nein«, gab Guillaume zu. »Ich bin nicht für ein Leben als Siedler geschaffen. Ich muß das Land durchstreifen und zur Jagd gehen können, ich brauche die Weite. Ich liebe den Schnee, der die Grenze zwischen Himmel und Erde verwischt, ich liebe die Stille der Kälte ... Du lächelst, aber glaub mir, die Stille im Winter ist eine ganz andere als die im Sommer. In der heißen Jahreszeit ist sie nichts als eine Pause mitten im Spiel oder in der Arbeit, die Stille des Winters hingegen ist die Stille der Einsamkeit, der Angst und des Friedens. Ich ...«

Guillaume bekam einen roten Kopf und verstummte verlegen. Was war nur in ihn gefahren, daß er einem Fremden seine geheimsten Gedanken anvertraute? Doch Victor setzte seine Gedanken fort:

»Die Stille des Meeres ist die der tiefen Finsternis, der Zeit, die verrinnt, und des Augenblicks, da man sein Gewissen prüft und seine Seele, weil die Ewigkeit gar nicht mehr so fern scheint. Es ist die Stille des Zweifels ... du mußt an die Sterne glauben, du muß daran glauben, daß sie dir den Weg weisen, und gleichzeitig hörst du in dieser Stille die Klagelaute der Meeresbewohner. Morgana ruft dich, die Sirenen versuchen dich zu betören, die Wellen ziehen dich an wie ein Magnet oder wie eine liebende Frau.«

Victor schaute zum Fenster hinaus, als könnte er, wenn

er nur ein bißchen den Hals reckte, den Fluß sehen. Ein Lächeln spielte um seine Lippen, und sein Blick nahm einen verträumten Ausdruck an. Guillaume betrachtete seine verklärte Miene. Er begriff, daß Victor mit Leib und Seele Seemann war. Niemals würde er die flüssige Ebene gegen den Wald oder das bergige Hochland eintauschen, genausowenig wie er das Land bestellen, sich als Bäcker oder Hufschmied verdingen würde.

»Warum hast du dich gerade für Neufrankreich entschieden und nicht für Indien oder die Südseeinseln?«

»Mir blieb keine andere Wahl«, gestand Victor.

»Warst du betrunken, als du angeheuert hast?«

»Nein, zum Trinken war keine Zeit ... ich habe freiwillig angeheuert. Ich hätte gar nicht anders gekonnt.«

Guillaume kniff die Augen zusammen und strich sich über seinen Bart. »Das mußt du mir näher erklären.«

Victor zögerte. Doch da er jemanden brauchte, der sich um Marie kümmern würde, und die Blanchards, die erst vor kurzem angekommen waren, keine große Hilfe wären, beschloß er, sich Guillaume anzuvertrauen. Daß er ein anständiger Kerl war, hatte er vorhin bewiesen, und wenn er tatsächlich so weit herumgekommen war, wie er behauptete, mußte er hinreichend Erfahrungen gesammelt haben. Ein Mann wie er könnte Marie mit Rat und Tat zur Seite stehen. Falls sie einen Rat von ihm annehmen würde.

»Bist du verheiratet?« fragte Victor, der sicherstellen wollte, daß Guillaume nicht versuchen würde, Marie zu verführen.

»Nein. Wozu auch? Erstens halte ich mich nirgendwo länger als einen Monat auf, und zweitens gefallen mir die Indianermädchen besser als unsere Frauen. Sie sind viel fröhlicher. In Tadoussac ist eine, die besuche ich jedesmal, wenn ich dorthin komme. Das ist nicht sehr klug, ich weiß, aber sie hat mich einfach verzaubert. Sie ist lebhafter und beweglicher als ein Fischotter! Mir gefällt, wie sie sich windet, wenn ich sie nehme. Und wie sie lacht. So prächtige Zähne habe ich in Frankreich bei keiner Frau gesehen. Von ihr würde ich mich auf der Stelle mit Haut und Haaren verschlingen lassen!« meinte er lachend und fragte dann:

»Und du? Wartet in Nantes jemand auf dich? Hast du Sehnsucht nach ihr?«

»Auf mich wartet niemand.«

Guillaume sah ihn prüfend an. Victors gequälter Gesichtsausdruck sprach Bände. Er war verliebt, unglücklich verliebt. Vor zwei Jahren hätte der Waldläufer ihm geraten, sich eine andere zu suchen und die, derentwegen er so litt, so schnell wie möglich zu vergessen. Doch seit er Klalis, das Indianermädchen aus Tadoussac, kannte, interessierte ihn keine andere mehr. Ob brünett oder rothaarig, ob Französin, Engländerin, Montagnais-Indianerin oder Huronin, sie ließen ihn alle kalt. Seine ›Namagw‹, wie er sie zärtlich nannte, seine kleine Lachsforelle, seine *wananische,* war die einzige, die ihn zu fesseln vermochte.

»Auf dich wartet niemand, sagst du. Aber du, du wartest …«

Victor Le Morhier nickte. »Ich würde dir gern ein paar Pelze abkaufen. Sie sind nicht alle für meinen Onkel. Einen möchte ich für Marie. Damit sie nicht friert im Winter.«

»Ich kenne deine Marie zwar nicht, aber wenn sie wie die anderen Frauen hier ist, wird sie höchstens eine Pelzmütze, aber keinen Pelzmantel tragen.«

»Und warum nicht?«

»Die Siedlerinnen kleiden sich wie in der alten Heimat, das heißt, sie tragen Mäntel aus Tuch. Das einzige, was sie von den Indianerinnen übernommen haben, ist die Wolldecke, die sie sich zusätzlich über die Schultern werfen.

Sie ziehen auch keine Mokassins an, sondern haben meist Holzschuhe an den Füßen.«

»Marie LaFlamme ist so kokett, wie sie eigensinnig ist. Wenn sie Gefallen an diesen Mokassins findet, wird sie sie tragen, ob sich das nun schickt oder nicht.«

»Wer ist diese Marie LaFlamme?«

»Sie stammt auch aus Nantes. Wir sind zusammen aufgewachsen. Ihre Mutter war meine Taufpatin, und ich bin der Pate ihrer kleinen Noémie.«

»Und wo hat sie ihren Mann gelassen, deine Marie?«

»Er ... er ist nicht mehr am Leben«, antwortete Victor.

Einen Augenblick war er versucht, sich zu bekreuzigen, weil er nicht wußte, ob es dem Betreffenden Unglück brächte, wenn er von seinem Tod redete. Doch dann ließ er die Hand wieder sinken: Nichts würde ihn mehr freuen als Simons Tod. Damit sich der Fluch auch ganz bestimmt erfüllte, wiederholte er noch einmal, Simon sei kurz vor der Abreise nach Neufrankreich gestorben. Noémie, fügte er hinzu, stamme nicht aus dieser Verbindung.

»Marie hat auf der *Alouette* eine Frau entbunden und die Kleine an Kindes Statt angenommen.«

»Deine Marie ist Hebamme?«

Victor, der dieses ›deine Marie‹ gern hörte, zögerte. Marie als Witwe auszugeben, um sie Guillaumes Schutz anzuvertrauen, war eine Sache. Eine ganz andere war es, den Waldläufer, den er in der kurzen Zeit ihrer Bekanntschaft schätzen gelernt hatte, in diesem Punkt zu belügen. Deshalb sagte er:

»Sie versteht etwas von Geburtshilfe, mehr noch aber von Pflanzen und Kräutern. Sie kennt sich damit so gut aus wie ein Apotheker. Und sie kann gebrochene Glieder richten. Sie ist bei den Hospitaliterinnen untergekommen.«

»Ach, du meinst die Füchsin!« rief Guillaume aus.

8. KAPITEL

»Die Füchsin?« fragte Victor verwirrt.

Guillaume lächelte verlegen, zuckte dann mit den Schultern und seufzte.

»Ich habe von deiner Marie gehört. Erst gestern abend hat mir jemand erzählt, eine Neue sei gekommen. Sie hätte fuchsrotes Haar und sei von den frommen Schwestern aufgenommen worden. Und was für ein Jammer es sei, ein so hübsches Kind im Kloster zu verstecken ...«

»Und weiter?«

»Nichts weiter. Warum willst du nach Frankreich zurück, anstatt hier bei deinem Mädchen zu bleiben?«

»Sie ist doch schon verheiratet.«

Victor biß sich auf die Lippen. Er mußte vorsichtiger sein, wenn er Marie nicht in Gefahr bringen wollte. Um ein Haar hätte er Guillaume von Geoffroy de St. Arnaud erzählt.

»Jetzt nicht mehr!« widersprach der Waldläufer, dem seine Betretenheit nicht aufgefallen war. »Sie ist Witwe! Du mußt ihr einen Heiratsantrag machen, bevor ein anderer sie dir wegschnappt. Ihretwegen hast du auf der *Alouette* angeheuert, hab' ich recht? Sie hat Angst gehabt, die weite Reise übers Meer allein anzutreten, und da ...«

»Angst?« warf Victor bitter ein. »Marie und Angst! Sie hat mehr Mut als Kapitän Dufour, der mir lachend von seinen Begegnungen mit Seeräubern erzählte. Was Marie sich in den Kopf gesetzt hat, das führt sie auch aus. Sie wollte nach Québec, also nahm sie das nächste Schiff. Sie wäre auch ohne mich gefahren. Ich war es, der darauf bestand, sie zu begleiten.«

»Aber du fährst wieder zurück. Und hier werden ihr

nicht wenige Männer ihre Hilfe anbieten, wenn sie so schön ist, wie Louis-André d'Alleret behauptet.«

Ein langes Schweigen trat ein. Beide Männer waren gleichermaßen erstaunt darüber, daß sie über Herzensangelegenheiten plauderten, statt zu essen und zu trinken und es sich gutgehen zu lassen oder Felle auszusuchen und über Preise zu verhandeln. Merkwürdig, diese Vertraulichkeit!

»Ich langweile dich bestimmt mit meinen Geschichten«, sagte Victor entschuldigend. »Ich mache mir eben Sorgen um Marie und Noémie. Nach dem Mord an Suzanne Dion noch mehr als vorher. Ich habe gehört, im Mai sei schon einmal eine Frau getötet worden ... Es ist sonst nicht meine Art, jedem mein Herz auszuschütten. Das muß am Wein liegen, daß ich mich wie eine Dame aus dem Marais benehme.«

Guillaume sah ihn fragend an.

»Mein Freund Cléron hat mir erzählt, die vornehmen Damen empfingen in ihren Salons in der Rue Vieille-du-Temple oder der Rue de Beauce Dichter, um sich an ihren gefühlsseligen Ergüssen und ihren romantischen Reden zu ergötzen. Man nennt sie die Preziösen.«

»Du bist hier aber nicht in Paris, sondern in Québec, und ich verstehe nicht, warum du zurück willst, anstatt dich hier niederzulassen und Marie zu heiraten. Aber du hast mich sicher nicht ohne Grund ins Vertrauen gezogen. Was willst du also von mir?«

»Erzähl mir erst ein bißchen mehr über diesen Louis-André d'Alleret.«

»Er ist ein Edelmann. Am französischen Hof soll er kolossale Spielschulden gemacht haben. Daraufhin hat sein Vater ihn hierhergeschickt. Aber früher oder später wird man ihn aus dem gleichen Grund wieder zurückschicken. Er und sein Spießgeselle Nicolas de Boissy schließen nämlich mit Vorliebe allerlei Wetten ab, zum

Beispiel darüber, wie viele Schiffspassagiere während einer Überfahrt ums Leben kommen oder wie viele Männer auf ihren Streifzügen durch das Land skalpiert werden. Unter den Siedlern finden sie allerdings kaum noch einen, der sich darauf einläßt, weil sie es mit der Begleichung ihrer Schulden nicht so genau nehmen. Bei neu angekommenen Seeleuten haben sie mehr Glück.«

»Mit einem Wort Schurken, die sich mit dem Degen Respekt verschaffen.«

»So kann man es nennen. Wobei sie die Klingen öfter im Duell als auf dem Schlachtfeld gekreuzt haben. Das ist auch der Grund, weshalb sich Boissy nach Québec abgesetzt hat. Unter all den gehörnten Ehemännern und am Spieltisch ausgenommenen Kumpanen ließen sich keine Sekundanten für seine Duelle mehr finden. Dabei ist es doch, soviel ich weiß, bis heute verboten, sich zu duellieren.«

»Das stimmt schon, aber kaum einer hält sich daran. Was haben die beiden über Marie gesagt?«

»Daß sie bildschön sei. Und daß sie nicht lange im Spital bleiben werde, weil sie es bald satt hätte, Kranke zu pflegen und alte Leintücher auszubessern. Und daß sie noch vor Weihnachten einen Ehemann finden werde.«

»Sonst nichts?«

»Nein, das war alles«, antwortete Guillaume. Was gelogen war, Boissy hatte nämlich mit d'Alleret gewettet, daß Marie bald sein Bett wärmen werde. Aber weshalb sollte er Victor beunruhigen? Er würde sich nur unnötig sorgen.

»Wirst du lange in Frankreich bleiben?«

»Ich weiß noch nicht.«

»Aber du kommst wieder?«

Victor bejahte mit einem Wimpernschlag. Ja, er würde wiederkommen, vorausgesetzt, Marie bat ihn darum. Und bis es soweit war, würde sie hoffentlich bei den Hospitaliterinnen bleiben. Wo sollte sie auch sonst unterkommen?

Da er laut gedacht hatte, fühlte sich Guillaume zu einer Antwort verpflichtet:

»Nun, sie könnte sich irgendwo als Dienstmagd verdingen. Aber weshalb sollten die Schwestern sie nicht behalten wollen? Wenn sie Wunden tatsächlich so gut zu heilen und zu nähen versteht, wie du sagst …«

Victor seufzte. Er fürchtete nicht so sehr die mangelnde Ausdauer der Schwestern als vielmehr die Maries. Doch es gab keine Möglichkeit, sie zu hindern, die schützenden Klostermauern zu verlassen. Er mochte gar nicht daran denken, was ihr in diesem Land, in dem so wenige Frauen lebten, alles zustoßen konnte. Ein trauriges Lächeln glitt über sein Gesicht, und er fragte sich, warum er sich solche Sorgen machte. Marie würde sämtlichen Verehrern die kalte Schulter zeigen. Sie liebte nur einen: diesen verwünschten Simon. Sie hatte nie die Absicht gehabt, sich in Québec ein neues Leben aufzubauen; sie wollte sich lediglich dem Arm des Gesetzes entziehen und in Ruhe darüber nachdenken, wie sie ihren Schatz in ihren Besitz bringen und Simon zurückerobern könnte. Ihn, Victor, hatte sie bereits gebeten, mehr über den Verbleib der kostbaren Steine in Erfahrung zu bringen. Als nächstes würde sie Michelle schreiben, in der Hoffnung, sie werde ihr Nachricht von Simon geben.

Der Mann, der Simons Platz in Maries Herz einnehmen wollte, mußte schon sehr charmant und gutaussehend sein. Victor wandte sich Guillaume zu, um ihn um eine Beschreibung Boissys und d'Allerets zu bitten. Im gleichen Moment betraten zwei Männer die Schenke, und Victor hatte das undeutliche Gefühl, daß es sich um die beiden Edelleute handelte. Ihr Erscheinen rief ein gewisses Unbehagen in ihm hervor. Ihm war, als hätte die Kraft seiner Gedanken sie hierhergeführt. Er schüttelte über sich selbst den Kopf. Lag es am Alkohol, daß er sich einbildete, magische Kräfte zu besitzen? Nichtsdestoweniger hatte er richtig geraten.

»Wenn man vom Teufel spricht ...«, raunte Guillaume ihm zu. »Da sind die beiden, von denen ich dir erzählt habe.«

Ein gewaltiges Poltern draußen vor der Tür, gefolgt von lautem Geschrei, ließ ihn herumfahren. Alle stürzten hinaus, um nachzusehen, was da los war.

Der Karren von Michel Dupuis war umgekippt und Horace Bontemps, dem Schneider, auf den Fuß gefallen. Dupuis fluchte wie ein Fuhrmann. Guillaume und Victor richteten den Karren auf und kümmerten sich dann um den ›Herzog‹, der zum Erbarmen winselte.

»Michel! So beruhige dich doch! Wenn dich jemand hört!«

»Wie in aller Welt hast du das denn fertiggebracht?« wunderte sich Boissy. »Hast du deine Karre zu schwer beladen?«

D'Alleret riet Dupuis, den Verletzten ins Spital zu bringen.

»Kannst du gehen?« fragte Dupuis. »Komm, ich helf' dir. Stütz dich auf mich.«

Stöhnend rappelte der Schneider sich auf. Ein Schluck zur Stärkung, und es ging ihm bestimmt gleich besser, meinte er.

Die Männer kehrten ins Wirtshaus zurück. Marie hätte Bontemps nicht gehen lassen, ohne ihm den Fuß zu verbinden, dachte Victor bei sich.

Denys de La Ronde reichte dem ›Herzog‹ einen Schoppen.

»Hier, das lindert die Schmerzen.«

»Aber mein Karren wird davon nicht wieder ganz«, jammerte Dupuis. »Und dabei war er neu! Ach, was für ein Tag!«

»Dein Karren, dein Karren! Da draußen liegt eine Frau, die von einem Irokesen ermordet wurde! Wie kannst du dich da über deinen Karren aufregen!« empörte sich Germain Picot.

»Ich habe sie doch nicht umgebracht! Außerdem will ich nichts mehr davon hören. Ich sehe sie immer noch da liegen, mit ihren glasigen Augen und ihrem skalpierten Schädel. Und dieser Hals ...«

Boissy und d'Alleret setzten sich an einen der freien Tische. Victor musterte die beiden verstohlen. Sie waren hochgewachsen, dunkelhaarig, trugen beide einen Schnurrbart und eine Frisur wie zu Zeiten König Heinrichs oder Ludwigs XIII. Der Adel bevorzugte jedoch seit geraumer Zeit die Lockenperücke, und Victor fragte sich, ob die beiden bereits so lange in Neufrankreich lebten, daß sie davon nichts wußten, oder ob sie sich ganz bewußt für diese Haartracht entschieden hatten, um ihre Treue zu Richelieu und ihre Verachtung für den neuen Monarchen zu bekunden, dem sie die Verbannung in die Kolonie zu verdanken hatten.

Victor fand ihr Äußeres recht durchschnittlich. Auffällig war nur, daß sie trotz der Hitze sorgfältig gekleidet waren, sorgfältiger als etwa die Händler in der Rue St. Pierre. Aber ich bin ja keine Frau, sagte sich Victor, vielleicht wirken Boissys grüne Augen und d'Allerets Grübchen unwiderstehlich auf das weibliche Geschlecht. Andererseits waren die beiden seiner Meinung nach zu geckenhaft für Maries Geschmack. Dieser Gedanke beruhigte ihn, und er kam zu dem Schluß, sie werde ihre Gunst mit Sicherheit nicht Männern schenken, deren Äußeres sie an Geoffroy de St. Arnaud erinnerte.

Gutgelaunt bestellte er für Guillaume und sich noch etwas zu trinken. Er bekräftigte seine Absicht, Felle kaufen zu wollen, und fügte hinzu: »Kapitän Dufour hat mir einen Vorschuß auf meine Heuer gegeben und ...«

Der Waldläufer unterbrach ihn mit der Bemerkung, er sei leider nicht in Québec gewesen, als die *Alouette* angelegt habe. Über ein Geschäft wie ihres sprach man besser nicht in der Öffentlichkeit. Der Seemann wußte anscheinend nicht, daß Pelze in der Kaufhalle der Kompanie der hundert Teilhaber abzuliefern waren, wo zum Beispiel für ein Biberfell zwei Pfund gezahlt wurden. Guillaume handhabte diese Bestimmung recht lasch: Die schönsten Felle bot er den Neuankömmlingen, Bürgern, Kaufleuten oder auch Offizieren, zum Kauf an. Ein Seemann konnte sich normalerweise keine Pelze leisten, doch Victor machte trotz seines schlichten Äußeren den Eindruck, als habe er das Geld für einen Wolfspelz oder ein Rehfell. Guillaume wurde nicht recht schlau aus diesem Burschen, der erfahren und leichtgläubig, lustig und ernst, bescheiden und stolz zugleich war. Und gescheit obendrein: Er begriff sofort, worauf der Waldläufer hinauswollte, und verstummte. Die beiden Männer stießen miteinander an. Guillaume wandte sich mit seinem erhobenen Becher den Edelleuten am Nebentisch zu und erkundigte sich höflich nach ihrem Befinden.

»Danke, wir können nicht klagen. Leider«, seufzte Nicolas de Boissy. »Ich wünschte, Dupuis' Karren wäre mir auf den Fuß gefallen!«

»Warum denn das?«

»Weil ich dann einen Grund hätte, mich im Spital behandeln zu lassen.«

»Ja, es ist wirklich ein Jammer, daß wir uns bester Gesundheit erfreuen«, warf d'Alleret ein. »Das bringt uns um den Genuß, der hübschen Füchsin unsere Aufwartung zu machen.«

Victor Le Morhier zuckte zusammen, sagte aber nichts.

»Ihr solltet Gott danken, daß Ihr wohlauf seid, anstatt Euch zu wünschen, von einer Seiner Dienerinnen umsorgt zu werden«, tadelte Guillaume.

»Die Füchsin ist keine Ordensfrau, mein Freund. Sie war sogar verheiratet, aber ihr Mann ist gestorben. Nun, sie wird sicherlich nicht lange Witwe bleiben.«

»Habt Ihr die Absicht, sie zu heiraten?« fragte Victor, wobei er nach jedem Wort eine Pause machte.

Nicolas de Boissy brach in schallendes Gelächter aus, in das sein Freund sogleich mit einstimmte. Es dauerte eine Weile, ehe sie sich wieder beruhigt hatten. Aber ein Blick auf Victor genügte, einen neuerlichen Heiterkeitsausbruch auszulösen. Die beiden hielten sich die Seiten vor Lachen. Schließlich wischten sie sich keuchend die Tränen aus den Augen und meinten, als sie wieder zu Atem gekommen waren, ob Victor jemals von einem Edelmann gehört habe, der eine Hirtin zur Frau nahm.

»Wir glauben nicht an Märchen, mein Bester. Weißt du überhaupt, wen du vor dir hast?«

Victor nickte.

»Dann wirst du verstehen, warum deine Frage unsere Heiterkeit erregt hat. Du bist sehr unterhaltsam, mein Freund. Bist du mit der *Alouette* gekommen?«

»Ja.«

»Dem Herrn sei Dank für dieses Schiff!« rief Boissy aus. »Es hat uns zu unserer Kurzweil nicht nur eine geheimnisvolle Witwe, sondern auch einen witzigen Mann beschert. Ich bin gespannt auf die übrigen Passagiere. Vielleicht erleben wir noch mehr Überraschungen.«

Victor schickte sich an aufzustehen, um Boissy zu ohrfeigen. Doch Guillaume trat ihm auf den Fuß und hielt ihn unauffällig zurück.

»Es wird Zeit für uns. Sonst verpassen wir Souci. Der ist imstande und verspielt die Felle, die er dir schuldet, noch vor Einbruch der Dunkelheit.«

D'Alleret versuchte sie zum Bleiben zu bewegen. Warum nicht ein Spielchen wagen, wo Guillaumes Rucksack doch so prall gefüllt war?

»Ihr wißt, daß ich die Felle in der Kaufhalle abliefern muß. So will es das Gesetz.«

Boissy schnaubte. »Kann sein, daß es sich bald ändern wird. Baron Davaugour verläßt uns nämlich.«

»Und?«

»Und dann wird die Kompanie der hundert Teilhaber aufgelöst«, entgegnete d'Alleret voller Genugtuung. »Die Günstlinge unseres verehrten Gouverneurs werden ihre Privilegien verlieren.«

Boissy, der Victors verwunderten Gesichtsausdruck bemerkte, fügte erklärend hinzu:

»Davaugour hat in Abwesenheit von Bischof Laval siebzehn Siedlern die Erhebung von Steuern auf ein Viertel der Einkünfte aus dem Pelzhandel sowie das Monopol für den Handel mit den Wilden in Tadoussaac übertragen.«

»Für den Handel mit Pelzen und Alkohol wohlgemerkt ... Leider ist der neue Gouverneur von unserem tugendhaften Bischof ausgesucht worden. Und das bedeutet, daß nicht ein Tropfen Alkohol an die Wilden verkauft werden darf.«

»Ich verkaufe keinen Schnaps an die Indianer! Ich will nicht durch die Hakenbüchse sterben wie Adrien Violette.«

»Wie kommt es dann, daß du immer mehr Felle erbeutest als jeder andere Weiße?«

Ein anzügliches Lächeln auf den Lippen, antwortete Guillaume ausweichend, er verstehe eben gut mit den Indianerinnen umzugehen; sie beschafften ihm jede gewünschte Haut, sofern er ihnen nur seine eigene dafür gebe ...

Damit verabschiedete er sich von den Edelleuten, schulterte seinen Sack und zog Victor am Arm mit sich. Im Hinausgehen warf er Pierrot eine Münze zu.

Als sie ein paar Schritte gegangen waren, bedankte sich Victor für sein Eingreifen.

Guillaume wehrte ab. »Wem hätte ich denn meinen Wolfspelz verkaufen sollen, wenn du dich mit Boissy geschlagen hättest? Er hätte dich zum Duell gefordert, und ein gewaltsamer Tod am Tag reicht mir vollauf.«

»Erlaubt das Gesetz in Neufrankreich, daß man sich duelliert?«

»Nein, aber niemand schätzt es, beleidigt zu werden. Wer als Lakai oder Grünschnabel beschimpft wird, darf Genugtuung fordern. Der Zweikampf findet dann in irgendeiner dunklen Gasse statt, Zeugen gibt es keine. Ich habe Boissy angesehen, daß er darauf brannte. Duelle und Faustkämpfe sind seine große Leidenschaft. Er soll ein gewaltiger Raufbold sein.«

»Ich kann mich meiner Haut wehren«, brummte Victor.

»Heb dir deine Klinge lieber für einen Seeräuber auf!« Guillaume schüttelte den Kopf. »Die arme Suzanne! Mir wird übel, wenn ich daran denke.«

»Glaubst du auch, daß es ein Irokese war?«

Der Waldläufer machte ein zweifelndes Gesicht. »Es könnte ebensogut ein Siedler gewesen sein. Boissy und d'Alleret kommen jedenfalls nicht in Frage. D'Alleret gab an dem Tag ein Fest in seinem Haus, das bis zum Morgengrauen dauerte. Er hätte nicht die Zeit gehabt, zum Tatort und wieder zurück zu gelangen.«

»Und am Tag vorher?«

»War er bei sich zu Hause. Boissy ebenfalls. Ich muß gestehen, ich würde mir wünschen, daß es einer von beiden gewesen wäre. Darum habe ich auch Erkundigungen eingeholt ... Komm, laß uns ein verschwiegenes Plätzchen suchen, damit ich dir meine Felle zeigen und du dir etwas aussuchen kannst.«

»Ich werde Marie damit überraschen, wenn sie das Spital verläßt, um Noémie zu besuchen.«

9. KAPITEL

Das weiße Fell schmeichelte Maries gebräunter Haut. Auf Victors Bemerkung erwiderte die junge Frau:

»Wenn mein Hut fertig ist, wird meine Haut nicht mehr braun wie Honigkuchen sein.« Sie kitzelte Noémies Wangen mit der Schwanzspitze des Schneefuchses und fügte hinzu: »Der Grundherr der Blanchards sagt, nach Martini wird es beißend kalt. Dann werde ich genauso blaß sein wie Mutter Catherine.«

»Mutter Catherine?«

»Ja, die Ärmste ist von zarter Gesundheit. Ich habe einige Male erlebt, wie plötzlich das Blut aus ihrem Gesicht wich, so als sei sie zu Tode erschrocken. Erst dachte ich, der Mord sei der Grund dafür, aber das ist es nicht. Diese Anfälle zehren so sehr an ihren Kräften, daß ihr Zustand schlechter ist als der manches Kranken im Hospital. Ich wollte ihr ein Mittel zur Stärkung des Blutes geben, aber sie hat nur gelächelt und gemeint, das sei nicht nötig.«

Während sie Victor von ihrem neuen Leben erzählte, wiegte sie Noémie, die sie nach zehn Tagen zum erstenmal sah, in ihren Armen. Die Kleine schien gewachsen zu sein und einen eigenen Willen entwickelt zu haben. Sie hielt Maries Finger mit einer Kraft umklammert, die sie bei so einem winzigen Geschöpf nicht vermutet hätte, und tat durch lautes Gebrüll ihren Hunger kund. Emeline Blanchard, die Marie inzwischen ein bißchen besser kannte, neckte sie:

»Sie weiß, was sie will, das hat sie von dir.«

»Ist das so schlimm, daß ich mich nicht wie ein Stück Vieh behandeln lassen will?« entgegnete Marie aufbrausend.

»Nicht so laut, du machst der Kleinen angst«, tadelte Emeline, die sich das Lachen verbeißen mußte.

Marie setzte sich auf eine Bank in der Sonne. Picot, der Grundherr der Blanchards, hatte die Bänke selbst gezimmert, als er vor zwölf Jahren nach Neufrankreich gekommen war. Das Holz war sorgfältig poliert, und Marie fragte sich, ob Germain Picot es zuweilen nicht bedaure, seinen Beruf als Zimmermann nicht mehr ausüben zu können. Das Bestellen der Felder ließ ihm keine Zeit mehr dafür. Er mußte sich um die Apfelbäume, das Korn und den Mais kümmern und die Siedler, die gegen Zins und Pacht sein Land bearbeiteten, beaufsichtigen. Wer etwas leistete, wurde gut behandelt und zum Kauf einer eigenen Parzelle ermutigt. Mit den Blanchards war er sehr zufrieden. Sein erster Eindruck, daß der Schmied und seine Frau fleißige Leute waren, die tüchtig zupacken konnten, hatte ihn nicht getrogen. René Blanchard hatte sich von der langen Liste der anstehenden Arbeiten nicht entmutigen lassen. Und seine Frau Emeline bereitete den Boden für die Herbstaussaat vor, brachte einen Eintopf auf den Tisch, wie Picot ihn nie zuvor gegessen hatte, pflückte im Handumdrehen die Johannisbeer-, Brombeer- und Himbeersträucher ab und versorgte nebenbei auch noch drei Kinder.

Germain Picot war in die Rue Sault-au-Matelot umgezogen und hatte den Blanchards sein Haus am Flußufer zur Verfügung gestellt. Sie konnten dort wohnen bleiben, bis ihre eigene Kate fertig war. Es hatte keine Eile: Picot freute sich, daß das erste Haus, das er in Neufrankreich gebaut hatte, von einer Familie bewohnt wurde, die zum Bleiben entschlossen war. Seine Jeannette – Gott sei ihrer Seele gnädig – hätte seine Entscheidung gebilligt. Ihr größter Kummer war es immer gewesen, keine Kinder bekommen zu können. Letztes Jahr hatte sie ihm auf ihrem Totenbett das Versprechen abgenommen, sich eine junge Frau zu suchen, die ihm Kinder schenken würde. Doch da er zum einen sehr schüchtern war und zum andern die Rolle des Großvaters ihm eher zusagte als die des Vaters, hatte er sein Versprechen noch nicht erfüllt. In Jean-Jean und Paul, den Söhnen der Blanchards, und der kleinen Noémie sah er fast so etwas wie Enkelkinder, daher besuchte er die Familie öfter, als es erforderlich gewesen wäre.

Es war um die Mittagszeit an jenem Tag Ende Juli, als Germain Picot sich dem Haus näherte und es dabei wie immer voller Stolz betrachtete. Er hatte es, um möglichst schnell der schäbigen Hütte zu entfliehen, in der er nach seiner Ankunft untergebracht worden war, aus Holz gebaut statt aus Stein. Dennoch war es von beachtlicher Größe – es maß zwanzig auf dreißig Fuß – und hatte sogar einen Keller, den er mit den restlichen Zedern- und Tannenholzbrettern gedielt hatte. Die Wände bestanden aus waagerechten Balken, die mit Strohlehm verfugt und mit Kalkputz beworfen waren. Für das Dach hatte er Tannenholzsparren verwendet und es dann mit Zedernschindeln gedeckt. Als er fertig war und vom Dach herunterstieg, sah er Jeannette, die sich aus einem der beiden Fenster an der Südseite lehnte. Nie würde er den Anblick vergessen, so glücklich war er in diesem Moment gewesen. Jeannette hatte das Haus vom ersten Augenblick an geliebt. Germains Vorschlag, später ein anderes aus Stein zu bauen, hatte sie entschieden abgelehnt. Die beiden Schornsteine zogen gut, und im Gegensatz zur Île d'Orléans war hier auch nicht zu befürchten, daß Irokesen die Hütte in Brand steckten.

Germains Blick fiel auf eine junge Unbekannte, die mit der kleinen Noémie spielte. Das mußte diese Marie LaFlamme sein, von der die Blanchards ihm erzählt hatten und die man ihrer auffällig roten Haare wegen die Füchsin nannte.

Emeline brannte seit langem darauf, sie ihm vorzustellen. Sie behauptete, Marie könne ihn von den Beschwerden am rechten Auge heilen, unter denen er seit dem Sommeranfang litt.

Das bezweifelte er zwar, doch da sie schon einmal hier war, würde er sie um Rat fragen. Sie erhob sich, als er näher kam, und Noémie fing an zu schreien.

»Sie hat immer Hunger! Darin ähnelt sie mir«, gestand Marie.

Victor, der ins Haus gegangen war, um Emeline beim Heraustragen einer Bank zu helfen, lief nach draußen, als er die Stimme eines Fremden hörte. Emeline folgte ihm.

»Monsieur Picot, das hier ist Victor Le Morhier, ein rechtschaffener Seemann, und Marie LaFlamme, die Mutter der Kleinen. Soll ich René holen? Es ist hinter dem Haus und schichtet Holz.«

»Das hat keine Eile, Emeline.«

Er wischte sich die Schweißtropfen von der Stirn, damit sie ihm nicht in die Augen rannen.

Emeline kehrte ins Haus zurück, um für ihren Gast etwas zu trinken zu holen. Victor stellte unterdessen die Bank auf und lud Germain Picot mit einer Handbewegung ein, Platz zu nehmen. Von der Sonne geblendet, fuhr er tastend über das Holz, bevor er sich setzte. Er ließ sich fallen und schloß die Augen. Marie betrachtete ihn prüfend. Die Schwellung am Lid war nicht sehr stark, aber die eitrig verklebten Wimpern deuteten auf eine Entzündung hin.

»Ihr solltet ins Hospital kommen«, sagte sie.

Picot riß erschrocken die Augen auf. Niemals! Seine Jeannette sei dort gestorben, entgegnete er schroff, und er lege keinen Wert darauf, das gleiche Schicksal zu erdulden.

»Man stirbt nicht von einer Entzündung am Auge!«

»Ich werde trotzdem nicht hingehen.«

»Ich würde Euch nur ein Schöllkrautpflaster auflegen, das zieht den Eiter aus der Wunde.«

Picot wiederholte achselzuckend, er werde auf keinen Fall ins Hospital gehen. Marie kannte die Ängste der Siedler. Sie glaubten, das Spital ähnele den Siechenhäusern in Frankreich oder jenen Anstalten, in die Schwachsinnige, Dirnen, Halunken und Bettler eingesperrt wurden. Obgleich sie Picot verstehen konnte, wurde sie ungeduldig.

»Wollt Ihr lieber Euer Auge verlieren? Seid unbesorgt, wir werden Euch nicht dabehalten, wir haben ohnehin zu wenig Betten. Ich werde Euch nur das Pflaster auflegen, und dann könnt ihr wieder gehen. Aber wenn Ihr es vorzieht, auf einem Auge zu erblinden …«

Emeline nickte beifällig. »Ihr solltet auf sie hören, Monsieur Picot! Sie kann wahre Wunder vollbringen. Mein René hat keine einzige Warze mehr an den Händen, und mein kleiner Paul ist vollständig von seinem Husten geheilt. Horace Bontemps schwört auf sie, seitdem sie seinen Fuß behandelt und ihm die Schmerzen genommen hat.«

»Das war nichts Besonderes«, wehrte Marie mit einem bescheidenen Lächeln ab. »Seine Angst war größer als die Verletzung.«

»Ich habe gehört, Dupuis' Karren ist nicht grundlos umgekippt«, sagte Emeline.

»Was soll das heißen?«

»Jemand muß nachgeholfen haben.«

»Da stecken bestimmt die Wilden dahinter«, ereiferte sich Germain Picot. »Genau wie an dem Mord an dieser armen Frau!«

Emeline fuhr sich schaudernd mit der Hand an den Hals.

»Das ist wirklich eine furchtbare Geschichte.«

Marie seufzte und meinte, auf diese Weise zu sterben

sei immer noch besser, als bei lebendigem Leib verbrannt zu werden. »Das geht wenigstens schneller.«

»Spielt Ihr auf die armen Missionare an, die von den Wilden zu Tode gefoltert wurden?« fragte Picot.

Marie hatte an Anne LaFlamme gedacht, aber Victors warnender Blick mahnte sie zu schweigen. Sie erhob sich und sagte, es sei an der Zeit, sich auf den Rückweg zu machen.

»Victor begleitet dich doch hoffentlich?« fragte Emeline besorgt. »Solange dieser Mörder frei herumläuft, ist es für eine Frau allein viel zu gefährlich. Ich habe immer Angst, er könnte mir irgendwo auflauern.«

Marie legte Noémie in ihre Wiege zurück und lächelte der Amme zu.

Picot bot Marie seine Begleitung an. »Mit einem Mann an Eurer Seite habt Ihr nichts von den Wilden zu befürchten.«

»Mir ist bisher nicht ein einziger begegnet«, erwiderte Marie trocken. »Abgesehen von denen im Fort. Aber die sind uns freundlich gesonnen.«

»Das sagen sie …«

»Das sagt Mutter Catherine. Sie sagt auch, sie seien gute Christen.«

»Mutter Catherine ist eine Heilige.« Picot seufzte. »Aber da sie das Kloster nie verläßt, droht ihr auch keine Gefahr.«

Victor trat an Maries Seite. »Keine Sorge, Emeline, ich werde Marie nicht aus den Augen lassen.«

Die junge Frau wandte sich Germain Picot zu und bemerkte spitz: »Ihr findet mich im Hospital, Monsieur Picot. Ach, übrigens … ich habe gehört, Ihr besitzt ein Haus in der Unterstadt?«

»Das ist richtig.«

»In die Häuser dort dringt nicht soviel Licht wie in dieses hier. Wenn Ihr im Dunkeln über Euren Büchern sitzt, werdet Ihr Euch früher oder später auch Euer gesundes Auge verderben, und dann könnt Ihr überhaupt nichts mehr sehen. Denkt darüber nach. Kommst du, Victor?«

Victor freute sich darauf, endlich mit Marie allein zu sein. Er mußte sie unbedingt vor Boissy und d'Alleret warnen.

Während Marie die kleine Noémie zum Abschied herzte und küßte, unterhielt er sich mit Germain Picot. Der lud ihn in sein Haus in der Rue St. Pierre ein, auf das er noch stolzer war als auf das mit eigenen Händen erbaute Holzhaus am Fluß. Wer hätte gedacht, daß er, der arme Zimmermann, eines Tages ein so stattliches Gebäude sein eigen nennen würde? Er wünschte, seine Brüder könnten sehen, wie gut es ihm heute ging. Auf seine Briefe nach Frankreich hatte er nie eine Antwort bekommen. Vielleicht waren sie gar nicht mehr am Leben.

»Obwohl ich die Briefe vorsichtshalber mit drei verschiedenen Schiffen geschickt habe, habe ich nie Nachricht von meiner Familie erhalten.«

Victor, der einen Weg suchte, Germain Picot loszuwerden, ohne unhöflich zu sein, hatte sich erboten, Nachforschungen über den Verbleib seiner Familie anzustellen, sobald er wieder in Frankreich sei.

»Ich komme morgen vorbei, und dann gebt Ihr mir die Adresse Eurer Brüder, damit ich ihnen eine Nachricht von Euch übermitteln kann.«

»Warum kommt Ihr nicht zum Essen? Ihr seid herzlich eingeladen. Man hat mir gestern eine Taube und einen Korb Himbeeren gebracht.«

Endlich konnten sie aufbrechen. Sie waren noch keine drei Schritt gegangen, da beklagte sich Marie, es sei ungerecht, daß sie Germain Picots Einladung nicht werde folgen können, weil sie dem Hospital nicht zwei Tage hintereinander fernbleiben dürfe.

»Und dabei würde ich so gern wieder einmal etwas Schmackhaftes essen! Von den Freitagen einmal abgesehen, muß ich zwar nicht auf Fleisch verzichten, aber ich habe trotzdem immer das Gefühl, ich müßte Buße tun.«

Als Victor lächelte, fuhr sie ihn an:

»Du hast gut lachen! Du vertrödelst deine Zeit in der Stadt, ziehst durch die Wirtshäuser und läßt dir Geflügel munden und ...«

»Jetzt übertreibst du aber! Das einzige Wirtshaus, in dem ich gelegentlich anzutreffen bin, ist das von La Ronde. Dort hat man sich übrigens Dinge über dich erzählt, die mich in höchstem Maße verärgert haben.«

Marie blieb abrupt stehen. »Wer hat was über mich erzählt?«

»Zwei Edelleute. Sie behaupten, du würdest nicht lange im Hospital bleiben.«

»Edelleute, sagst du?«

Ihr neckischer Ton verriet, daß sie seine Besorgtheit keineswegs ernst nahm, sondern im Gegenteil stolz darauf war, im Mittelpunkt des Interesses zu stehen. Victor stieß einen tiefen Seufzer aus.

»Ja, Nicolas de Boissy und Louis-André d'Alleret. Halunken, wenn du mich fragst.«

»Kennst du sie denn?«

»Nein, aber Boissy soll nach Québec gekommen sein, weil er sich in Frankreich zu oft duellierte, und d'Alleret gilt als unverbesserlicher Spieler ... und säumiger Zahler, was seine Spielschulden betrifft.«

Marie lachte hell auf. »Das ist in der Tat ein schlimmes Vergehen!«

»Sei doch vernünftig, Marie! Boissy hat eine Wette darauf abgeschlossen, daß du noch vor Weihnachten deine Arbeit im Hospital aufgeben wirst ...«

Sie zuckte mit den Schultern. »Was geht mich das an? Streiche ich etwa den Gewinn ein, falls seine Voraussage eintreffen sollte? Warum regst du dich so darüber auf? Ich finde das eher lustig. Und wer weiß, vielleicht gewinnt der Herr ja seine Wette.«

»Was?«

»Glaubst du, ich will für alle Zeit hinter Klostermauern leben? Die Schwestern sind gut zu mir, zugegeben, aber mich der Ordensregel zu unterwerfen liegt mir nun einmal nicht. Ich will kommen und gehen können, wann es mir paßt.«

»Und wohin willst du gehen? Deinem Mörder in die Arme laufen? Denk an die arme Suzanne!«

»Ach, ich kann es nicht mehr hören! Die Kranken reden von nichts anderem mehr. Was soll mir schon passieren? Ich gehe ja nie weit weg.«

»Das spielt keine Rolle. Eine Frau geht nirgends allein hin!«

Marie seufzte. »Ja, ich weiß. Wie ich die Indianerinnen beneide! Die können sich frei bewegen, und niemand findet etwas dabei. Neulich sah ich einen alten Indianer, der mit einem Korb voller Kräuter in die Siedlung zurückkehrte. Ich hätte gern einen Blick darauf geworfen. Vielleicht hätte er es mir sogar erlaubt, aber der Jesuit, der bei mir war, wollte nicht, daß ich mit dem Alten rede.«

»Du sprichst ihre Sprache?«

»Noch nicht. Aber ich werde sie lernen, so wie viele von ihnen unsere gelernt haben.«

»Wozu?« fragte Victor verblüfft.

»Ich möchte, daß sie mich in die Geheimnisse ihrer Heilkunde einweihen. Kein Apotheker hier wird mich als Lehrling nehmen. Jean Madry ist Mitglied im Kirchenvorstand, und Florent Bonnemère ist ein Jesuit. Sie werden ihr Wissen niemals an eine Frau weitergeben, das hat man mir im Hospital oft genug gesagt.«

»Und woher willst du wissen, daß das bei den Wilden anders ist?«

»Ich habe mit einer Hospitaliterin gesprochen. Sie behauptet, die indianischen Männer, selbst die Häuptlinge, würden auf den Rat ihrer Frauen hören.«

Maries selbstzufriedene Miene machte Victor rasend. Er packte sie am Arm und schüttelte sie.

»Aber du wirst doch nicht für immer hierbleiben! Sobald ich deine Unschuld bewiesen habe, wirst du nach Frankreich zurückkehren!«

»Na und? Was ich von den Indianern lernen kann, wird mir doch nicht schaden. Ich werde ebenso berühmt werden wie François Gendron!«

»Wer ist das nun schon wieder?«

»Ein Wundarzt, der bei den Wilden gelebt hat. Er hat eine Salbe aus Steinpulver hergestellt, die Fisteln und Geschwüre heilt. Jules Pernelle hat mir davon erzählt. Er sagte, das Pulver sei ein Zaubermittel.«

Marie senkte den Kopf, um Victors forschendem Blick auszuweichen. Sie konnte es nicht ausstehen, wenn er sie so ansah und ihre Gedanken zu erraten versuchte. Aber da sie ihn versöhnlich stimmen mußte, weil sie mit ihm über Simon reden wollte, unterdrückte sie ihren Ärger.

»Jules Pernelle war ein guter Apotheker und ein guter Lehrmeister, aber ein schlechter Freund: Er hat Guy Chahinian verraten. Aber wenn Chahinian schuldig ist, war es richtig von Simon, ihn zu verhaften.«

»Fang nicht wieder damit an, Marie! Du glaubst doch selbst nicht, was du da sagst. Wessen soll er sich denn schuldig gemacht haben? Der Ketzerei? So wie deine arme Mutter? Wie kannst du nur diesen Unsinn nachplappern!«

Marie preßte die Kiefer aufeinander. Das war kein guter Anfang gewesen. Sie mußte Victor unbedingt beschwichtigen.

»Ich habe gesagt, *wenn* Chahinian schuldig ist … Warum gehst du nicht zu Simon und sprichst mit ihm darüber? Er kann dir sicherlich sagen, was aus dem Goldschmied geworden ist.«

»Ich lege nicht den geringsten Wert darauf, Perrot wiederzusehen. Aber du hast recht: Er kann mir meine Fragen sicher beantworten. Vielleicht verrät er mir bei der Gelegenheit auch, welches Sümmchen er für seinen Fang eingestrichen hat.«

Marie biß sich so fest auf die Lippe, daß es weh tat, widersprach jedoch nicht. Victor reagierte offensichtlich sehr empfindlich auf alles, was mit Simon Perrot zusammenhing. Nun, sie konnte es nicht ändern. Der Sohn des Kapitäns haßte Simon, seit sie Kinder gewesen waren und Simon ihm eine Viper ins Hemd gesteckt und ihn damit zu Tode erschreckt hatte. Marie fand diesen Groll kindisch und ärgerlich obendrein, denn wer außer Victor könnte ihr Nachricht von Simon geben? Und Simon Nachricht von ihr? Sie war überzeugt, daß er seine Heirat bitter bereute und ihr nach Neufrankreich folgen würde, wenn er erfuhr, wo sie sich aufhielt. Niemand würde hier nach ihm suchen.

Sie hatte ausführlich mit den Patienten im Hospital gesprochen, besonders mit der Witwe Bordeleau, die seit elf Jahren in Québec lebte. Die Frau hatte ihr alles Wissenswerte über die Kolonie, die hiesigen Bräuche und Gepflogenheiten erzählt und ihr vergnügliche Porträts von den Honoratioren der Stadt gegeben. Auch von Boissy und d'Alleret war die Rede gewesen. Nach allem, was sie über das Land gehört hatte, zog Marie ernsthaft in Erwägung, nach Québec zurückzukehren, wo niemand Anstoß an ihrer Vergangenheit nahm, sobald sich der Schatz in ihrem Besitz befände. Von dem Geld könnte sie sich eine Domäne oder sogar fünf kaufen, vielleicht in Saint-Michel oder Château-Richer. Hier hätte sie alles, was sie zum Glücklichsein brauchte, bis auf Simons Liebe. Aus diesem Grund wollte sie Victor überreden, dem Mann, den sie liebte, einen Brief von ihr zu überbringen. Sie würde Simon ihr Exil in den leuchtendsten Farben schildern und in ihm den Wunsch wecken, zu ihr zu kommen. Gemeinsam würden sie auf Nachricht von Victor warten, der ihnen Bericht erstatten würde, sobald er den Schatz von Pierre LaFlamme entdeckt hätte.

Ein Schatten huschte über Maries Gesicht. Sie fragte sich, weshalb sie Victor und nicht Simon mit der Suche nach ihrem Schatz betraute.

Die Antwort war schnell gefunden: Victor war da, Simon nicht. Und da Marie beschlossen hatte, Victor mit einer Botschaft für Simon nach Paris zu schicken, würde sie auch einen Weg finden, ihren Kopf durchzusetzen. Zunächst einmal galt es, Victor, der sich wie ein älterer Bruder oder gar wie ihr Vater aufführte, zu beruhigen, indem sie ihm versprach, bei den Nonnen zu bleiben. Und falls sie in der Zwischenzeit eine andere Stelle finden sollte, würde er es ohnehin nicht erfahren.

»Vorgestern hat mir eine Schwester einen wunderbaren Balsam gezeigt. Die Wilden gewinnen ihn aus einer Kiefernart und verwenden ihn als Abführmittel, zur Wundbehandlung und bei Bauchschmerzen. Ach, es gibt noch so vieles, was ich nicht weiß! Ich glaube, ich werde noch lange bei den Ordensfrauen bleiben.«

»Aber du hast doch gerade gesagt …«

»Das war doch nur ein Scherz. Wer würde sich denn von jemandem behandeln lassen, der die Heilpflanzen hier überhaupt nicht kennt? Und wo sollte ich die Arzneien hernehmen, die mir vertraut sind? Die Schwestern lassen viele Heilkräuter aus Frankreich kommen, ebenso die Apotheker und die Wundärzte. Ich dagegen stehe mit leeren Händen da. Und vor Ablauf des Jahres darf ich mich auch nicht als Hebamme betätigen. Ich muß erst beweisen, daß ich eine gute Christin bin. Einige hatten mich schon in Verdacht, den Calvinisten anzugehören, so wie Denis Malescot. Kannst du dir das vorstellen?«

»Er war Hugenotte, kein Calvinist. Außerdem solltest du das für dich behalten. Du könntest ihm damit schaden. Und dir auch. Wenn jemand auf den Gedanken kommt, du …«

»Victor! Ich rede nur mit dir darüber, sei unbesorgt. Und ich erfülle meine religiösen Pflichten mit der gleichen Hingabe wie Henriette Hornet. Aber ich bete nicht darum, daß gewisse Frauen auf dem Scheiterhaufen verbrannt werden, sondern um eine Erleuchtung, die mich eine Salbe zur Linderung der Brandwunden finden läßt …«

Victor strich ihr sanft und mitfühlend übers Haar. Er wußte, daß sie in diesem Moment an ihre Mutter dachte. Die roten Haare fühlten sich erstaunlich warm an. Ob ihre Haut genauso warm wäre? Der Gedanke trieb ihm das Blut ins Gesicht. Natürlich würde sich ihr Körper heiß anfühlen, wie bei jedem Menschen, der dieser sengenden Sonne ausgesetzt war.

»Ihr wollt bei Vollmond die Anker lichten, ist das wahr?«

Victor nickte. »Starke Gezeiten erleichtern das Auslaufen, wie du weißt.«

»Kapitän Dufour wird froh sein, keine Passagiere mehr an Bord zu haben«, sagte Marie kichernd. »Lieber Wölfe und Biber als Frauen und Kinder, hat er immer gesagt.«

»Ein paar Passagiere haben wir schon, Männer, deren drei Jahre um sind. Die Frauen reisen morgen mit Kapitän Legagneur ab. An Bord seines Schiffes befindet sich auch Gouverneur Davaugour.«

»Er muß ganz schön aufgebracht sein, wenn er nicht einmal die Ankunft seines Nachfolgers abwartet.«

»Was weißt du denn darüber?«

»Mein Patienten mögen zwar an Geschwüren oder an Durchfall leiden, aber sie sind weder taub noch stumm. Sie plaudern sogar ganz gern, wenn sie von Schwester Sainte-Louis nicht gerade zum Beten gezwungen werden.«

»Hör auf, sie zu verspotten!«

Marie verzog das Gesicht, behielt ihre Antwort jedoch vorsichtshalber bei sich. An Mut, das mußte sie zugeben, fehlte es der Ordensfrau nicht. Sie verrichtete unverdrossen ihre Pflicht, gab hier ein Klistier, säuberte dort eine Wunde und fand immer tröstende Worte für die Sterbenden. Als Marie ihr einmal ihre Bewunderung ausdrückte, erwiderte sie, wie alle Hospitaliterinnen sehe sie in jedem Kranken, der ihrer Obhut anvertraut war, den himmlischen Vater. Könne es ein größeres Glück geben, als dem Allmächtigen zu dienen? Eines Tages, fügte sie hinzu, werde auch Marie den tiefen Frieden der Erfüllung finden, denn der Herr habe ihr sicherlich nicht ohne Grund die Gabe zu heilen geschenkt. Marie hatte die Augen niedergeschlagen, um den ungläubigen Ausdruck in ihrem Blick zu verbergen. Ihre Mutter hatte ebenfalls die Gabe zu heilen besessen, aber Frieden hatte sie wahrlich nicht gefunden, als man sie erst in den Kerker warf und dann auf den Scheiterhaufen brachte … Eine Kranke, die um einen Schluck Wasser bat, erlöste Marie aus der peinlichen Situation. Die unendliche Güte der Ordensfrauen verwirrte sie. Sie nahm es Gott übel, daß Er den Tod ihrer Mutter zugelassen hatte, mußte jedoch zugeben, daß Er die Nonnen, die Bräute Christi, auf wunderbare Weise lenkte.

»Ich hoffe, ich werde den neuen Gouverneur irgendwann persönlich kennenlernen. Aber erst einmal will ich mir ansehen, wie der alte uns verläßt. Das wird morgen einen schönen Andrang geben am Quai de Champlain.«

»Kannst du denn fort?«

»Ich muß eine Kranke nach Hause begleiten. Da die Schwestern das Kloster nicht verlassen dürfen, haben sie mich darum gebeten.«

»Dann sehen wir uns also?«

»Falls ich morgen überhaupt noch einen Schritt tun

kann!« stöhnte Marie. »Ist es noch weit bis Québec? Mir kommt es so vor, als wären wir schon Stunden unterwegs.«

»Arme Marie! Du solltest dich zu deinen Kranken legen, wenn du so schwach bist«, neckte Victor sie.

Sie streckte ihm die Zunge heraus. Plötzlich wieder munter geworden, lief sie los, wie um ihn zum Spielen aufzufordern. Sie rannte, ohne sich ein einziges Mal nach ihm umzudrehen, sie wußte doch, er würde ihr folgen. Unvermittelt bog sie nach links in Richtung Flußufer ab, wandte sich dann nach rechts und versteckte sich hinter der mächtigen Pappel auf der Grenze zwischen dem Grundbesitz von Noël und dem von Jean Bourdon.

Victor tat, als suchte er sie hinter einem Gebüsch und einem großen Felsen, bevor er hinter dem Baumstamm nachschaute. Marie stieß einen unterdrückten Schrei aus und wollte fliehen, doch da hatte Victor sie schon am Arm gepackt. Lachend versuchte sie sich loszureißen. Victor zog sie langsam, fast unbewußt an sich. Erst als sie ihn berührte, ihr Knie gegen sein Bein stieß und er ihre Hände losließ, um ihre Taille zu umfassen, wußte er, daß er sie küssen würde. Und sie würde ihn nicht zurückstoßen.

Ihr Mund schmeckte nach den Himbeeren, die sie bei Emeline genascht hatte. Genauso hatte er sich ihren Geschmack immer vorgestellt: süß und fruchtig. Ihre Lippen waren zart und fest, waren Einlaß zu ihrer Seele, in die er für die Dauer eines gestohlenen Kusses eintauchte. Er ließ sich fallen und segelte in schwindelndem Staunen dem Tod entgegen und der Wiederauferstehung.

Ein Zittern durchlief ihn, obgleich er sich längst von Marie gelöst hatte. Und er dachte bei sich, daß er, sooft er sich diesen Augenblick ins Gedächtnis zurückriefe, erbeben würde vor Glück und vor Schmerz, vor Freude und vor Traurigkeit.

Marie brachte mit fahrigen Gesten ihr Haar in Ordnung und wünschte, ihre Gedanken wären auch so leicht zu ordnen. Was war nur in sie gefahren? Wie konnte sie Victor küssen, wo sie doch Simon liebte? Gerade hatte sie noch von ihm gesprochen, und dann gab sie sich dem erstbesten hin. Das heißt, nein, ganz so war es nicht, immerhin kannte sie Victor von Kindesbeinen an, er war der Patensohn von Anne LaFlamme. Ja, wahrscheinlich hatte sie ihn geküßt – nein, hatte sich von ihm küssen lassen, weil sie sich schon so lange kannten und weil es sich so ergeben hatte. Ein harmloser Kuß, dem man kein Gewicht beimessen sollte. Und den sie bald vergessen hätten, spätestens wenn Victor sich wieder an Bord der Alouette auf dem Weg zurück nach Frankreich befand.

Ein Kanu glitt vorüber und machte der peinlichen Situation ein Ende. Marie winkte, wie sie am Ufer der Loire den Frachtkähnen, Dorschfängern, Leichtern und Fischerbooten zugewinkt hatte. Der Hurone, der mit jener spielerischen Leichtigkeit paddelte, die die Weißen immer wieder beeindruckte, winkte zurück.

Marie lachte vor Freude. »Siehst du, wie nett sie sind! Gleichgültig, was Monsieur Picot sagt, ich glaube nicht, daß einer von ihnen Suzanne ermordet hat.«

»Aber irgend jemand muß es getan haben …«

»Ich werde ihre Sprache lernen«, fuhr Marie fort, als hätte sie Victor nicht gehört. »Und sie werden mich alles über die wunderbare Wirkung ihrer Pflanzen lehren.«

»Lerne du lieber von den Ordensfrauen«, entgegnete Victor. Er erinnerte sich, daß Marie schon früher allem Fremden gegenüber aufgeschlossen war. Sooft eine Galeone oder eine Fleute vor der Île Feydeau vor Anker gegangen war und spanische oder englische Wörter durch die Luft geschwirrt waren, hatte sie den Wunsch geäußert, die betreffende Sprache zu erlernen. Die Begeisterung für den Dialekt der Indianer würde sich nach einer Weile von selbst wieder legen.

»Ich will Schuhe tragen wie die Huronen«, erklärte sie mit Bestimmtheit. »Und ich werde Mokassins dazu sagen, wie sie.«

Da erzählte Victor ihr von Guillaume, dem Waldläufer.

»Er kann dir sagen, wo du solche Schuhe findest.«

»Mokassins, keine Schuhe! In der Kaufhalle der Kompanie natürlich.«

»Aber er kann dir sagen, ob du ein gutes Geschäft machst. Besser gesagt, ob ich ein gutes Geschäft mache. Ich will sie dir nämlich schenken, deine Mokassins. Du brauchst richtiges Schuhwerk, damit du mein Patenkind möglichst oft besuchen kannst. Und deinen Lohn hast du ja noch nicht bekommen ...«

Marie seufzte. Sie würde auch keinen bekommen. Doch sie hütete sich davor, Victor etwas davon zu sagen: Wenn er es erführe, wüßte er sofort, daß sie sich eine andere Arbeit suchen würde. Die Amme wurde glücklicherweise von Horace Bontemps bezahlt, der sich auf diese Weise für seine Rettung aus dem Fluß und die Behandlung seines Fußes erkenntlich zeigen wollte. Aber irgendwann würde diese Quelle versiegen, daher mußte sie sich beizeiten etwas anderes überlegen. Sie könnte Emeline freilich auch den Pelz geben, den Victor ihr geschenkt hatte; ihr waren die begehrlichen Blicke der Amme nicht entgangen. Doch der Gedanke widerstrebte ihr, denn der Winter in Québec, das hatte sie mittlerweile oft genug gehört, war bitterkalt und erforderte zusätzliche warme Kleidung. Nein, von dem Pelz würde sie sich nicht trennen, zumal sie eine Decke für ihre Kleine damit einfassen wollte. Die einzige Möglichkeit war, einen Brotherrn zu finden, der sie für ihre Arbeit entlohnte. Oder aber den Gouverneur davon zu überzeugen, wie wertvoll ihre Dienste für die Bewohner der Stadt waren, damit er ihr dabei behilflich war, sich als weise Frau und Heilkundige niederzulassen.

Dann allerdings hätte Monsieur de Boissy seine Wette gewonnen …

10. KAPITEL

Kapitän Legagneur wurde allmählich ungeduldig. Die Abschiedszeremonie für Pierre Dubois Davaugour zog sich länger hin, als seiner Ansicht nach nötig war. Der ehemalige Gouverneur schien auf einmal keine Eile mehr zu haben, das Land zu verlassen. Was Legagneur sehr erstaunte. Er hatte damit gerechnet, der in seinem Stolz verletzte Davaugour werde sich in aller Stille davonmachen, nachdem man ihn wie einen gewöhnlichen Dienstboten entlassen hatte. Statt dessen empfing er die Honoratioren der Stadt, nahm ihre Glückwünsche entgegen und Post für die Heimat. Wenn das so weiterging, würden sie die nächste Flut abwarten müssen!

Der Kapitän trat neben den Baron und fragte ihn, ob er die Absicht habe, auf seinen Nachfolger zu warten. Er werde ihm sicherlich noch begegnen, wenn er sich nicht ein wenig spute, denn das Schiff, das Bischof Laval und den neuen Gouverneur aus Frankreich brachte, werde in Kürze die Küste erreichen.

»Es kann sich nur um Stunden handeln«, log Legagneur. »Der Wind steht günstig. Ich denke, wir sollten diesen Umstand ebenfalls nutzen.«

Dubois Davaugour antwortete nicht. Er hatte die Drohung verstanden. Eilig entließ er die Bürger, die sich weniger aus Freundschaft als vielmehr aus Sorge um ihre

Zukunft und ihre Privilegien um ihn geschart hatten. Hocherhobenen Hauptes und mit festem Schritt folgte er dem Kapitän. Seine ganze Haltung drückte tiefe Verachtung seiner unwürdigen Untertanen aus. Er war von allen verkannt worden. Sogar vom apostolischen Vikar, der ihn verraten und beim König diskreditiert hatte. Einzig General Turenne hatte Verständnis für ihn gezeigt. Trotz seiner bitteren Niederlage sah Davaugour der Rückkehr ins Soldatenleben mit freudiger Erwartung entgegen.

Ein Raunen ging durch die Menge, als die Anker gelichtet wurden. Die Abreise des Gouverneurs lenkte die Menschen vorübergehend vom Mord an Suzanne Dion ab, der nach wie vor die Gemüter bewegte. Und doch hörte Germain Picot, wie Antoine Souci und Michel Dupuis erneut die Geschichte ihres makabren Fundes zum besten gaben. Er atmete tief durch und zwang sich zur Ruhe. Niemand ahnte etwas. Als Suzanne Dions Leiche entdeckt worden war, hatte er das Gefühl gehabt, sie könne jeden Augenblick wieder zum Leben erwachen, um ihn des Mordes an ihr zu beschuldigen. Aber sie war tot, unwiderruflich tot. Er war zu ihrer Beerdigung gegangen und hatte sogar eine Messe für sie lesen lassen. Warum nur hatte sie sich umgedreht, genau wie Madeleine Faucher damals? Ihm war keine andere Wahl geblieben, als sie zu töten und das Verbrechen als die Tat eines Wilden zu tarnen. Sie hatte ihn erkannt, hatte ihn beim Namen genannt, kurz bevor er ihr die Hände um den Hals legte und zudrückte. Eine Haarsträhne von ihr hatte er lange mit sich herumgetragen, sich ihrer dann aber doch entledigt. Mit Bedauern, denn er liebte schönes Haar. Er hätte nie eine Frau mit schütterem Haarwuchs getötet. Man mußte etwas zu fassen haben, wenn man die Kopfhaut abziehen wollte. Das war überaus mühsam, deshalb konnte er sich nicht vorstellen, daß die Indianer jeden ihrer Feinde skalpierten.

Die Menge rings um ihn her geriet in Bewegung. Einige klatschten Beifall, andere lachten, wieder andere taten lauthals ihren Unmut oder ihre Freude kund. Bewundernde Pfiffe übertönten den Lärm, Picot drehte sich um und sah, daß Boissy und d'Alleret jetzt die Aufmerksamkeit Maries auf sich zu lenken versuchten. Die Füchsin lächelte. Sie zweifelte nicht einen Moment daran, daß die Pfiffe ihr galten.

Sie hielt Ausschau nach Victor. Als sie ihn am Kai entdeckte, in ein Gespräch mit Kapitän Dufour vertieft, wandte sie sich ab und begann an ihren kupferroten Locken zu zupfen. Hoffentlich war ihr Haar bald wieder ganz nachgewachsen! Ihr Blick fiel auf zwei Herren, die trotz der Hitze tadellos gekleidet waren und höflich den Hut zogen, während sie sie gleichzeitig lüstern musterten. Marie tat, als bemerkte sie die beiden nicht. Sie schaute über sie hinweg und winkte Germain Picot zu, der hinter ihnen stand. Boissy drehte sich um. D'Alleret hingegen wandte keinen Blick von ihr, und da wußte sie, er war der Spieler von beiden: Er hatte sich nicht von ihrer Finte täuschen lassen. Er lächelte ihr zu, wobei er sich, gleichsam anerkennend, leicht verneigte, und sagte schmunzelnd etwas zu seinem Begleiter, der Marie erst einen finsteren Blick zuwarf, dann aber ebenfalls lachte.

Die Menge zerstreute sich langsam. Gemächlich schlenderte Marie in Richtung Kai. Als sie an den beiden Edelleuten vorbeikam, wandte sie sich ohne jede Scheu an d'Alleret und erkundigte sich nach dem Weg zum Kaufhaus.

»Wenn Ihr durch diese Gasse dort geht«, sagte er und deutete auf eine Einmündung in der Rue Saint-Pierre, »gelangt Ihr zum Dorfplatz. Linker Hand befindet sich die alte Kaufhalle, zur Rechten, gleich neben dem Haus von Sevestre, seht Ihr das neue. Das Angebot an Waren ist reichhaltig, sogar Putz für Euch, mit Verlaub, allzu schlichte Kleider werdet Ihr dort finden. Ich weiß allerdings nicht, ob man Euch auch mit Pulvern und Salben dienen kann.«

»Mein Anliegen ist ein anderes. Ich danke Euch, meine Herren.« Sie eilte weiter.

»Soll das heißen, die Kranken müssen von nun an auf Eure Pflege verzichten?« Der größere der beiden Männer folgte ihr. »Ich bin Baron Nicolas de Boissy, und das hier ist Vicomte Louis-André d'Alleret. Der Ärmste braucht Eure Hilfe. Könnte Ihr ihm nicht eine Arznei verordnen?«

»O ja, bitte!« stöhnte der Vicomte. »Mein Herz fängt an zu rasen, sooft ich Euch erblicke.«

Marie beschleunigte den Schritt. An den Umgang mit vornehmen Herrschaften nicht gewöhnt, wußte sie nicht, wie sie sich verhalten sollte. Wenn sie die Ängstliche mimte, würden sie sich sicherlich über ihre kindliche Einfalt lustig machten; wenn sie ihnen jedoch über den Mund führe, wie sie es mit einem Mann ihres Standes täte, würden der Baron und der Vicomte sie für gewöhnlich oder dumm halten. Folglich war es das beste zu schweigen. Erleichtert nahm sie zur Kenntnis, daß Germain Picot sich ihnen anschloß. Er würde bestimmt eingreifen, falls die beiden zu aufdringlich wurden.

»So habt doch Mitleid, schönes Kind«, flehte d'Alleret.

Boissy faßte sie am Arm. »Wie könnt Ihr so grausam sein und ihn seinem Schicksal überlassen?«

Marie schlug ihm auf die Hand, als wollte sie ein lästiges Insekt töten, und ging weiter. Da hörte sie Boissy zu seinem Freund sagen:

»Alles eine Frage der Gewohnheit: Hat sie nicht bereits ihren Mann auf einem Schlachtfeld zurückgelassen?«

Marie zuckte zusammen, blieb aber nicht stehen, sondern eilte, gefolgt von Germain Picot, auf Victor zu, der sich mit einem Mann von hünenhafter Gestalt unterhielt. Guillaume Laviolette war noch größer als Kapitän Dufour, und der überragte seine Seeleute bereits um Haupteslänge. Mehr noch als die Körpergröße aber waren es die breiten Schultern, die diesen überwältigenden Eindruck von Kraft und Stärke vermittelten. Zwei aneinandergefügte Rehfelle waren nötig, um den Rücken des Waldläufers zu bedecken, und die Muskeln darunter spannten so sehr, daß die Nähte jeden Augenblick zu platzen drohten. Der massige Hals mit den hervortretenden Venen erinnerte Marie an den Zeus – das Pferd Geoffroys de Saint-Arnaud, ein prachtvoller, feuriger, ausdauernder Hengst. Hatte das schwarze Haar nicht auch eine gewisse Ähnlichkeit mit einer Mähne? Trotz der kohlschwarzen Augenbrauen, der braunen Augen und der Hakennase wirkten seine Züge fast weiblich weich. Die runden Wangen und der volle Mund verstärkten diesen Eindruck noch. Marie vermutete, daß es die kräftige Statur war, die Guillaume den nötigen Respekt verschaffte, und nicht etwa sein Blick.

Doch da irrte sie sich. Guillaume wurde von den Siedlern aus verschiedenen Gründen geschätzt, gefürchtet, gehaßt oder geliebt: Er hatte Beziehungen zu den Indianern, war ein begnadeter Erzähler und immer zu einem Scherz aufgelegt, und er hatte unglaubliches Glück. Manche sahen in ihm sogar eine Art Glücksbringer und hofften, etwas davon werde durch den Umgang mit ihm auf sie abfärben. Guillaume war etliche Male dem Tod entronnen. Er hatte einen Schiffbruch, zwei Irokesenüberfälle und einen Kampf mit hungrigen Wölfen überlebt, von dem er tiefe Narben an den Unterarmen zurückbehalten hatte. Er hatte den Wald bezwungen und den Fluß und hatte so weise zu den Agnier-Indianern gesprochen, daß sie ihm ihren französischen Gefangenen aushändigten. Ein Geistlicher, der eine Zeitlang mit Guillaume unterwegs gewesen war, behauptete, die Abenaki hätten ihm den Namen Sasagi Molsem, Weiser Wolf, gegeben, weil die Horde ihn als Führer anerkannte.

Als sie näher kam, sah Marie einen von zwei bläulichen Perlen eingerahmten Zahn an einer Lederschnur von Guillaumes Hals baumeln. Marie, die das Ungewöhnliche liebte, fühlte sich auf Anhieb zu diesem Mann hingezogen und schenkte ihm ihr bezauberndes Lächeln. Victor brach es fast das Herz. Als hätte sie es bemerkt, lächelte sie auch ihm zu. Dann erzählte sie von ihrer Begegnung mit Boissy und d'Alleret.

Guillaume schnaubte verächtlich. »Das reicht, einem den schönsten Tag zu verderben!«

»Kennt Ihr die beiden vornehmen Herren denn?« flötete sie geziert.

Guillaume sah sie lange an. Er sei nicht dumm und sie auch nicht, meinte er dann, sie brauche also nicht die Unwissende oder die Einfältige zu spielen. Victor mußte sich das Lachen verbeißen. So hatte noch niemand mit Marie geredet! Nicht einmal Kapitän Le Morhier, als er ihr vorgehalten hatte, wie töricht es sei, nach Dieppe zu fliehen.

Zu seiner Überraschung brach Marie in Gelächter aus und schlug einen anderen Ton an, als sie Guillaume ihren Namen nannte.

»Ah, Ihr seid das! Victor hat mir viel von Euch und Eurer Gabe zu heilen erzählt. Germain Picot auch. Ihr habt ihm das Augenlicht wiedergegeben, wie's scheint.«

»Das stimmt!« versicherte Picot. »Und ich bin ihr auch sehr dankbar. Und der ›Herzog‹ erst! Er ist voll des Lobes über sie.«

»Ich hoffe trotzdem, daß ich Eure Dienste nicht in Anspruch nehmen muß«, meinte Guillaume.

»Aber vielleicht könnt Ihr mir einen kleinen Dienst erweisen. Würdet Ihr mir raten, Mokassins in der Kaufhalle zu erwerben?«

»Kommt drauf an. Ist es sehr eilig?«

»Nein.« Marie hob den Fuß, damit Guillaume einen

Blick auf ihre Schuhe werfen konnte. »Da ich auf der *Alouette* mehr Zeit kniend und betend als gehend verbracht habe, sind sie noch fast wie neu.«

Wenn es ihr recht sei, antwortete Guillaume daraufhin, werde er sich an eine Huronin aus der Siedlung wenden. »Sie hat mir zum Beispiel auch diesen Gürtel hier gearbeitet. Seht nur, wie sorgfältig die Himmelskörper gearbeitet sind ...«

Als Marie sich bückte, um den perlenverzierten Gürtel aus der Nähe zu betrachten, tastete sie unwillkürlich nach dem silbernen Mond und der goldenen Sonne, die sie in einer Rocktasche versteckt hatte. Sie wußte noch nicht, welchen Gebrauch sie von den Tiegeln machen würde. Sollte sie die Victor anvertrauen, damit er sie Guy Chahinian zurückgeben könnte? Nein, besser nicht: Wenn sie den Beweis für die Schuld des Goldschmieds lieferten, würde sie Victors Leben gefährden, denn falls man die Tiegel bei ihm fände, würde man ihn ebenfalls der Ketzerei bezichtigen, in den Kerker werfen und foltern.

Sie schaute auf und sah Victor durchdringend an. Ihr Blick wühlte ihn bis ins Innerste auf. Dachte sie an den Kuß, den sie tags zuvor getauscht hatten? Zärtlich drückte sie seinen Arm. Dann wandte sie sich Guillaume zu. Sie lobte die Kunstfertigkeit der Indianerin und sagte:

»Ich würde gern meine Mokassins von ihr nähen lassen. Sprecht Ihr eigentlich die Sprache der Indianer?«

Guillaume nickte.

»Ich werde sie gleich bezahlen«, warf Victor ein.

Guillaume lachte auf. Der erste Franzose, der es mit dem Bezahlen eilig hatte! Weshalb wollte er sein Geld so schnell loswerden? Seine Münzen seien doch hoffentlich echt?

»Das mußt du Kapitän Dufour fragen, von dem hab' ich sie«, erwiderte Victor. »Nun komm schon, Laviolette, du weißt doch, daß ich bald in See stechen werde.«

»Dein Entschluß steht also fest?«

»Ich habe eine Mission zu erfüllen«, antwortete Victor leise, den Blick unverwandt auf Marie gerichtet. Sie zwinkerte ihm in stillem Einverständnis zu.

Als sie die Gasse zum Dorfplatz durchschritt, mußte sie an die Rue des Mauvais-Garçons in Paris denken, die von drei oder vier Häusern gesäumt wurde. Hier standen sich sogar nur zwei gegenüber: Das eine gehörte Pierre Miville, das andere Eléonore de Grandmaison, die Guillaume ihres Mutes wegen sehr bewunderte. Niemand hätte es für möglich gehalten, daß sie ihrem zweiten Mann, Monsieur de Chavigny, auf die Westspitze der Île d'Orléans folgen würde, weil die Gegend wegen der zahlreichen Indianerüberfälle berüchtigt war. Aber Eléonore de Grandmaison war mit gutem Beispiel vorangegangen und mitsamt ihren Kindern auf die Insel gezogen. Dort hatte sie im Jahr 1651 sogar von Irokesen verfolgten Huronen Zuflucht gewährt. Und jetzt, nach dem Mord an Suzanne, bemühte sie sich, die Gemüter zu beruhigen. Es gebe keinerlei Beweise dafür, daß ein Indianer aus Québec die Tat begangen habe, mahnte sie unermüdlich.

»Eine bemerkenswerte Frau«, sagte Guillaume. »Sie trägt ihr Schicksal, ohne zu klagen. Dabei hat sie wirklich genug durchgemacht. Ihr zweiter Mann kam auf See um, ihr dritter, Jacques Gourdeau, wurde letztes Frühjahr von einem ihrer Dienstboten ermordet. Danach steckte er das Haus in Brand, um sein Verbrechen zu vertuschen. Seht Ihr, das Dach ist neu. Es ist erst Anfang Sommer aufgesetzt worden.«

Marie hob den Kopf: Die Zedernholzschindeln waren heller als die der anderen Häuser rings um den Platz. Sie wünschte, Madame de Grandmaison würde sich an einem der Fenster zeigen. Eine tatkräftige, mutige Frau wie sie wäre ihr vielleicht bei der Verwirklichung ihrer Pläne behilflich. Es sei denn, dieser letzte Schicksalsschlag hätte ihren Willen endgültig gebrochen.

»Keineswegs, sie hat sich ihre Würde bewahrt«, versicherte Guillaume. »Sie sagt immer, Guillemette Couillard habe sehr viel mehr erdulden müssen als sie, während Guillemette behauptet, Eléonore sei die beklagenswertere von beiden.«

Marie fragte sich, ob dieser Zusammenhalt unter den Siedlerinnen üblich sein. Sie hoffte es, ohne recht daran zu glauben. Sie begegnete ihren Geschlechtsgenossinnen eher mißtrauisch, und Hilfe hatte sie von ihnen, von Myriam Le Morhier einmal abgesehen, noch nie erfahren. Dennoch war sie auf sie angewiesen. Umgekehrt galt freilich das gleiche, denn die Frauen brauchten eine Hebamme. Und Marie war fest entschlossen, ein Mittel zur Linderung der Geburtswehen zu finden, irgend etwas, das weniger verdächtig wäre als die Tollkirsche – sie würde nicht die gleichen Fehler machen wie Anne LaFlamme.

Der Platz kam ihr ungeheuer groß vor: Er maß fast hundert auf hundert Fuß. Die etwa fünfzehn Häuser waren in ausreichendem Abstand um ihn herumgebaut, so daß sie ihn nicht, wie es in der Alten Welt oft der Fall war, erdrückten. Sie erweckten vielmehr den Eindruck, als hätten sie sich eingefunden, einen Reigen zu tanzen, zu dem auch die Sonne geladen war. Marie schaute blinzelnd zum Himmel hinauf. Das Licht in Neufrankreich war von einer belebenden und zugleich niederschmetternden Klarheit. Kein Wunder, daß die Irokesen selbst aus großer Entfernung die Geschütze auf den Bergkämmen erkennen konnten und lieber die ungesicherte Île d'Orléans angriffen.

»Marie! Marie?«

Geblendet vom grellen Licht, das die weißgekalkten Mauern zurückwarfen, kniff sie einen Moment die Augen zusammen. Als sie sich umdrehte und die Augen wieder aufmachte, sah sie eine Frau bei Victor, Guillaume und Germain Picot stehen.

»Marie, das ist Madame Couillard.«

»Wir kennen uns bereits«, sagte die Witwe lächelnd.

Marie erwiderte ihr Lächeln. »Wir sind sozusagen Nachbarinnen.«

Guillemette Couillard erklärte den Männern, was Marie damit meinte: Ihr Land grenzte an den Besitz der Hospitaliterinnen.

»Ich hätte eine Bitte, Marie. Würdest du dir einmal meine Enkelin ansehen? Ich könnte sie freilich ins Hospital schicken, aber mir wäre es lieber, du kämst zu mir nach Hause.«

Marie hätte vor Freude beinah in die Hände geklatscht. Eine Einladung von Madame Couillard – das war mehr, als sie zu hoffen gewagt hätte! Ihrer Kleidung nach zu urteilen war die Witwe recht vermögend. Zwar trug sie zum Zeichen der Trauer immer noch einen schwarzen Rock, doch den warmen Kittel aus brauner Serge hatte sie gegen eine feine Spitzenbluse eingetauscht. Und statt der mit schwarzem Taft abgesteppten Haube hatte sie einen auf cremefarbene Gaze gefütterten Strohhut aufgesetzt.

»Du solltest auch einen tragen«, riet sie Marie. »Die Sonne läßt sich nur kurze Zeit bei uns sehen, aber wenn sie uns mit ihrem Besuch beehrt, dann gibt sie sich wahrlich … majestätisch! Und wir müssen uns ihrem Regiment beugen, deshalb geht hier niemand ohne Kopfbedeckung aus dem Haus.«

Die Witwe schlug die Hutkrempe nach unten und fügte hinzu: »Und so wird's gemacht, wenn es regnet.«

Marie nickte höflich. Sie dachte gar nicht daran, ihr Haar unter einem Hut zu verstecken! Sie wollte wissen, was für Beschwerden die Mamsell denn habe.

Guillemette Couillard beugte sich vor und flüsterte: »Sie leidet an der gleichen Krankheit, von der Frauen zuweilen während einer Seereise befallen werden.«

Sie meinte offensichtlich das Ausbleiben der Monatsblutung. Marie wunderte sich über die verschämte Andeutung. Die Witwe war etwa im gleichen Alter wie ihre Großmutter und hätte eigentlich an die unter Heinrich IV. übliche deftige Sprache gewohnt sein müssen. Wie oft hatte die gute Nanette ihre Enkelin mit ihren schlüpfrigen Abzählreimen zum Lachen gebracht! Aber vielleicht hielt man sich hierzulande in dieser Beziehung ein wenig zurück.

Von einem Kranken hatte sie gehört, wie streng gotteslästerliche Reden geahndet wurden: Seinem Vetter sei deswegen Exkommunikation angedroht worden; nur weil seine Frau Fürbitte für ihn eingelegt habe, dürfe er wieder eine Kirche betreten.

Marie fragte sich, ob es nicht noch einen andern Grund für Guillemette Couillards Zurückhaltung gebe. War möglicherweise ein Fehltritt schuld am Leiden ihrer Enkelin? Sie nahm sich vor, die junge Dame sobald wie möglich aufzusuchen, um der Ungewißheit ein Ende zu machen.

»Ich will mir Eure Enkelin gern ansehen, Madame. Mir ist es sogar lieber, wenn ich einen Kranken in seiner vertrauten Umgebung untersuchen kann.«

»Ach, krank ist sie ja gar nicht, es ist nur … Oh, ich wünschte, mein Vater wäre noch am Leben! Er wüßte sofort, was ihr fehlt. Er war nämlich Apotheker. Wie schon sein Vater vor ihm. Sogar Maria von Medici hat sich von ihm behandeln lassen.«

Sie fühle sich sehr geschmeichelt, von ihr zu Rate gezogen zu werden, versicherte Marie der Witwe und sagte ihr ihre Hilfe zu.

»Ich will versuchen, Wermut zu besorgen.«

»Wermut?« wiederholte Guillaume, der ein gutes Gehör hatte, ungläubig. »Ihr wollt dem jungen Ding Wermut zu trinken geben?«

»Aber nein! Ich meine die Pflanze! Ich brauche frische Blätter für einen Absud.«

Marie sah ihre Mutter vor sich, wie sie auf der ausgedörrten Erde kniete und Wermut pflückte. Die stark verästelte Pflanze hatte helle, gezähnte Blätter und kleine Blüten, die denen des Beifußes ähnelten. Selbst auf kargstem Boden könne man wahre Schätze finden, hatte Anne LaFlamme immer gesagt. Wo mochte es hier einen derartigen Boden geben? Das Land, das die Blanchards bestellten, war fruchtbar, die Erde feucht und fett. Sie würde weiter landeinwärts suchen müssen. Als sie Guillemette Couillard erklärte, worauf es ihr ankam, erzählte die Witwe ihr von einem Stück Land im Norden, das nie etwas anderes als kümmerliche Ähren, fahle Möhren und verschrumpelte Riesenkürbisse hervorgebracht habe. Charles-Aubert de La Chesnaye beabsichtige, das Land zu erwerben, um ein Kaufhaus darauf zu errichten, aber zum gegenwärtigen Zeitpunkt liege es brach.

»Wir können jetzt sofort hingehen, wenn Ihr wollt«, schlug Marie vor. »Ich habe noch ein wenig Zeit, bevor ich ins Hospital zurück muß.«

Germain Picot bot ihr eilfertig seine Begleitung an.

»Nein, nein«, erwiderte die Witwe. »Bleib du nur bei deinen Freunden. Ich werde der Mutter Oberin eine Nachricht schicken und sie bitten, dir die Erlaubnis zu erteilen, das Hospital verlassen zu dürfen.«

»Das würdet Ihr tun? Aber die Mutter Oberin …«

»… kann mich gut leiden. Ich erwarte dich vor meinem Haus.«

Maries Augen strahlten. Was für eine seltsame Farbe sie haben, dachte die Witwe. Das kräftige Violett erinnerte sie an den Abendhimmel, an jenen schmerzlichen Augenblick, da die Nacht ihre Schwingen über die Sonne breitet.

Germain Picot achtete nicht auf Maries Augen. Er sah nur ihre leuchtendroten Haare. Er mußte sich zwingen, sie nicht in einem fort anzustarren.

11. KAPITEL

Victor Le Morhier hatte Kapitän Dufour die gesamte ihm anvertraute Post übergeben, damit er sie in seiner Kajüte für ihn aufbewahre. Lediglich Maries Brief an Simon Perrot hatte er bei sich behalten: Sobald sich die *Alouette* weit genug vom Quai de Champlain entfernt hätte, würde er ihn zerreißen und die Schnipsel in den Fluß werfen.

Das Schiff hatte ohne irgendwelche Schwierigkeiten abgelegt. Warum sie denn bei der Ankunft vor der Île d'Orléans vor Anker gegangen seien, wollte Victor wissen.

»Auf die paar Stunden für das Kalfatern wäre es auch nicht mehr angekommen. Die *Alouette* wäre schon nicht untergegangen!«

»Du vergißt das zerrissene Großsegel. Wenn ein Sturm heraufgezogen wäre, hätte die Reise unter Umständen ein schlimmes Ende genommen. Stell dir vor, die *Alouette* wäre vor der Küste Quebecs gesunken!«

Victor mußte dem Kapitän recht geben; sein Vater hätte vermutlich nicht anders gehandelt.

Als sie gemeinsam zurück auf die Schanze gingen, lobte Dufour seine Beobachtungsgabe: Das sei eine nützliche Eigenschaft für einen Mann, der Marineoffizier werden wolle. Vor sich hin lächelnd, wandte sich Victor den Betinghölzern zu, an denen die Taue befestigt waren. Wenigstens einer, der seine Vorzüge erkannte und zu schätzen wußte! Im Gegensatz zu Marie, die in ihm nichts weiter als einen Boten sah. Es schien ihr nicht im mindesten peinlich gewesen zu sein, daß sie gerade ihm eine Nachricht für Perrot anvertraute. Und ihr Kuß? Hatte er den nur geträumt? Oder hatte sie dabei an diesen verfluchten Simon gedacht und sich gewünscht, er statt seiner hielte sie in den Armen?

Der Gedanke ließ Victor frösteln. Er schob seine Skrupel beiseite und erbrach das Briefsiegel.

Lieber Simon,
ich weiß, Du bist inzwischen verheiratet. Aber ich weiß auch, daß Du ohne mich nicht glücklich sein kannst, so wie ich nicht ohne Dich glücklich sein kann. Victor wird Dir sagen, wo Du mich findest: in einem Land, wo uns niemand daran hindern wird, uns zu lieben, wo wir noch einmal ganz von vorn beginnen können, Du und ich. Viele wagen hier einen neuen Anfang, Arbeit gibt es genug. Ich bin zuversichtlich, in absehbarer Zeit in der Lage zu sein, Land zu erwerben. Dann können wir uns ein Haus bauen, größer und schöner noch als das des Reeders.
Ich liebe Dich, und ich werde auf Dich warten.
Deine Marie

Victor starrte auf das Papier. Es kam ihn so vor, als bewegten sich die Buchstaben, als wimmelten sie über das Blatt wie die Maden im Schiffszwieback. Er war noch nie im Leben seekrank gewesen, aber jetzt beugte er sich über die Reling und übergab sich. Er war so weiß im Gesicht, daß einer der Matrosen ihn stützte und besorgt fragte, was ihm fehle. Nichts Ernstes, stammelte Victor, er habe nur dem Essen und dem Wein zu kräftig zugesprochen, aber es gehe ihm schon wieder besser.

Welch eine Lüge! Es würde ihm niemals bessergehen, nicht, solange Maries ganzes Denken von Simon Perrot beherrscht wurde.

Guy Chahinian hockte zusammengekrümmt auf dem schmutzstarrenden Strohsack. In den vergangenen zwei Wochen hatte er sich so oft erbrechen müssen, daß er sich nicht ausstrecken konnte, ohne von heftigen Bauchschmerzen geplagt zu werden. Er war verwirrt, suchte nach einer Erklärung. Einen ganzen Monat lang war er nicht gefoltert worden. Man hatte ihm sogar anständiges Essen vorgesetzt. Das Geld, das Leutnant Tardieu einstrich, Geld, das Martin Le Morhier ihm durch Michelle Perrot zukommen ließ, schien seine Wirkung zu tun. Der Leutnant hatte es sich nicht nehmen lassen, dem Gefangenen höchstpersönlich frisches Verbandszeug zu bringen und seine Wunden zu versorgen. An Mariä Himmelfahrt hatte Simon Perrot ihn aufgesucht. Sein Gesicht trug einen grausamen, entschlossenen Ausdruck. Er sei mit seiner Geduld am Ende, hatte er ihn angeherrscht. Was wisse er über den Schatz von Marie LaFlamme? Chahinian solle endlich den Mund aufmachen, sonst werde er die Antwort aus ihm herausprügeln.

Chahinian hatte ihm das gleiche geantwortet wie die unzähligen Male davor: Er wisse nichts von einem Schatz. Da holte Simon Perrot die Eisenstange hervor, die er hinter dem Rücken versteckt hatte. Eine Stange, wie die Folterknechte sie benutzten, um die Gefangenen zu züchtigen. Sie wog gut und gern zwanzig Pfund. Chahinian war vor Schreck wie gelähmt. Bevor er sich aus seiner Erstarrung gelöst hatte, war die Stange auf sein linkes Bein herabgesaust. Der Goldschmied brüllte auf vor Schmerz und Entsetzen. Panische Angst packte ihn. Würde der nächste Schlag ihn zum Krüppel machen oder der Tod ihn von seinen Qualen erlösen?

»Wirst du jetzt endlich reden? Ich werde dir sämtliche Knochen brechen, wenn du mir nicht sagst, was du weißt!«

Perrot hatte sich drohend vor ihm aufgebaut und

schwang die Stange über dem Kopf, bereit, zuzuschlagen und ihm auch das rechte Bein zu zerschmettern. Nein! Nein! Er werde alles sagen, schrie Chahinian.

Simon Perrot hatte die Stange fallen lassen. Mit metallischem Klirren rollte sie über die feuchten Pflastersteine auf den Gefangenen zu. Chahinian fuhr zurück und drückte sich an die Wand, als fürchtete er, die Eisenstange könnte sich von allein aufrichten und zuschlagen. Bei der ruckartigen Bewegung hatte sich sein zersplittertes Schienbein durch das Fleisch gebohrt. Der Goldschmied stieß einen langgezogenen Klagelaut aus und starrte voller Entsetzen auf das Blut, das aus der Wunde strömte und den Strohsack durchnäßte. Es fühlte sich warm an, wie es über seine Haut rann, sehr warm sogar, während er gleichzeitig vor Kälte schlotterte.

Als Perrot sah, daß seinem Gefangenen der Schweiß ausbrach, schüttete er ihm einen Krug Wasser ins Gesicht. Chahinian schnappte nach Luft, verschluckte sich, hustete und erbrach sich.

Perrot hatte wüste Verwünschungen ausgestoßen. Der Gestank allerdings störte ihn nicht, er war daran gewöhnt. Nach einer Prügelstrafe mußten die Gefangenen sich selbst dann übergeben, wenn sie nichts im Magen hatten. Er wartete, bis Chahinian zu Atem gekommen war, und versprach ihm dann, nach einem Wundarzt zu schicken, sobald er ihm alles über den Schatz erzählt hätte.

Guy Chahinian schloß die Augen und versuchte, Kraft zu sammeln. Er hatte sich schon vor einiger Zeit eine Geschichte für seine Peiniger ausgedacht, eine vereinfachte Fassung des Rätsels, das Anne LaFlamme gestellt hatte. Wäre sie zu hintersinnig, würde sie Perrot unglaubhaft erscheinen, und er würde ihn töten. Er hatte bislang geschwiegen, weil er sich unter dem Schutz Tardieus glaubte, aber entweder hatte der Polizeileutnant das

Interesse an ihm verloren, oder aber Perrot war so dreist, sich über den Befehl seines Vorgesetzten hinwegzusetzen. Vielleicht hatte er längst andere Pläne; vielleicht wollte er sich in Zukunft ausschließlich der Suche nach dem sagenhaften Schatz widmen.

Der Goldschmied hatte also Teile des Rätsels weggelassen. Bei dem Schatz handele es sich im wesentlichen um Edelsteine, Rubine, Diamanten, Saphire, Smaragde, aber auch Perlen, Opale und Goldgeschmeide gehörten dazu, behauptete er. Den Sinn von Anne LaFlammes letzten Worten gab er verfälscht wieder: Simon sollte glauben, Marie habe den Schatz noch nicht entdeckt, und er könne sich mit ihr gemeinsam auf die Suche machen. Der Priester, der von Le Morhier für seinen Besuch im Kerker bezahlt worden war, hatte ihm erzählt, Marie sei nach Neufrankreich geflüchtet. Es stand folglich nicht zu befürchten, daß Perrot sie finden würde. Er habe keine Ahnung, wo sie sich aufhalte, beteuerte Chahinian, in Nantes sei sie jedenfalls nicht mehr.

»Aber der Schatz ist dort«, entgegnete Perrot.

»Geoffroy de Saint-Arnaud auch. Deshalb ist Marie geflohen. Sie will ihren Reichtum nicht mit ihm teilen, sondern mit dir, das hat sie mir auf unserer Reise mehr als einmal versichert.«

Ein Lächeln war über Simons Gesicht gehuscht. Doch seine Miene hatte rasch wieder verfinstert. Was, wenn es bereits zu spät war? Hätte er die Wahrheit doch früher aus diesem verfluchten Ketzer herausgeprügelt!

»Der Seemann, der Marie die Auflösung des Rätsels überbringen wird, trifft voraussichtlich Ende April in Nantes ein.«

»So spät? Du hast doch gesagt, Marie werde drei Monate nach ihrer Hochzeit im Besitz des Schatzes sein!«

»Vorausgesetzt, sie verpaßt den Seemann nicht. Sonst muß er im darauffolgenden Frühjahr wiederkommen.«

»Hat sie keine Angst, der Reeder könnte versuchen, sich seinen Anteil zu holen? Und sie bestrafen, weil sie ihm weggelaufen ist?«

»Nun, sie ... sie sagte, sie werde sich bei der Schwester ihrer Amme in Le Croisic verstecken und bis Anfang Mai dortbleiben.«

»Nanette hat eine Schwester?«

Der Goldschmied bejahte mit einem schwachen Kopfnicken. Dann verlor er das Bewußtsein. Simon Perrot betrachtete ihn nachdenklich. Vielleicht sollte er zur Sicherheit darauf bestehen, daß Chahinian seine Geschichte wiederholte. Er verwarf den Gedanken jedoch sogleich wieder: Es würde vermutlich Stunden dauern, ehe er wieder zu sich kam. Sein Mund verzog sich zu einem höhnischen Grinsen. Das sollte der Großmeister eines Geheimbundes sein? Dieser hilflose, gebrechliche Geist? Der angeblich in der Lage war, ein Pfund Blei in einen Goldbarren zu verwandeln? Wie hatte der Polizeileutnant nur so töricht sein können, den Prahlereien des Gefangenen Glauben zu schenken. Ein Glück, daß er sich noch rechtzeitig auf seinen Verstand besonnen hatte. Tardieu war seit dem letzten Vollmond nicht mehr im Châtelet gewesen.

Guy Chahinian röchelte. Was Perrot zu einem tiefen Seufzer veranlaßte: Wer hätte gedacht, daß ein kleiner Schlag ein Bein zertrümmern könnte? Er würde dem Wundarzt erzählen, der Gefangene sei die Wendeltreppe hinuntergefallen. Oder er habe sich mit einem anderen Häftling geprügelt. Der Arzt stellte ohnehin kaum je Fragen.

Pfeifend schob Simon den Riegel an der Kerkertür vor. Er hatte genug erfahren. Die Suche nach Marie und ihrem Schatz würde sich nicht allzu schwierig gestalten. Und die Trennung von der Baronin war leicht zu verschmerzen. Er hatte es schon lange satt, sich wie einen Dienstboten behandeln und von ihr verspotten zu lassen. Wegen seines Eheweibs bräuchte er sich keine Gedanken zu machen. Mit ein bißchen Glück würde sie den nächsten Monat nicht mehr erleben. Erst hatte es den Anschein gehabt, als würde sie sich schnell von der Fehlgeburt erholen: Bereits am Tag danach hatte sie ihrer Herrin wieder gedient. Aber dann hatte sie sehr viel Blut verloren und starkes Fieber bekommen. Sie würde bestimmt nicht mehr lange durchhalten.

Simons Ahnung sollte sich leider bestätigen. Zwei Tage lag Josette danieder und phantasierte im Fieber. Man schickte nach dem Arzt und dem Priester. Michelle wachte an ihrem Bett, als sie wenige Stunden später bei Einbruch der Dunkelheit verstarb. Simon hatte sie nicht ein einziges Mal besucht. Seine Gefühllosigkeit zerstörte den letzten Rest von Zärtlichkeit, den Michelle für den älteren Bruder noch hegte, jene Verbundenheit, die von verklärten Erinnerungen an ihre gemeinsame Kindheit in Nantes und an das Elternhaus herrührte.

Michelle strich seufzend das Laken unter Josettes erkaltetem Körper glatt. Ihr Elternhaus hatte Simon nie etwas bedeutet. Dankbarkeit war ihm fremd. Er hatte Vater und Mutter vergessen, kaum daß er die Heimat verlassen hatte.

Die junge Frau bekreuzigte sich dreimal zum Schutz gegen die gotteslästerlichen Gedanken, die sich ihr aufdrängten, seit sie die Totenwache hielt. Warum ließ Gott zu, daß es so böse Menschen gab wie ihren Bruder? Was hatte Josette getan, daß sie sterben mußte? Warum kam Simon immer ungeschoren davon, obwohl er anderen soviel Böses antat, obwohl er von Grund auf schlecht war?

Ein furchtbarer Gedanke durchzuckte sie: Hatte vielleicht Satan Besitz von seiner Seele ergriffen? Hatte Simon seinem Glauben abgeschworen? Michelle erinnerte sich nicht, wann er sie zum letztenmal in die Kirche begleitet hatte. Und sein flüchtiges Kreuzzeichen, als sie ihm die Nachricht vom Tod seiner Frau überbrachte! Jetzt fiel ihr auch ein, daß er das Tischgebet, das er früher laut und deutlich gesprochen hatte, nur noch unverständlich vor sich hin murmelte, als könnte er sich nicht mehr richtig an den Wortlaut erinnern. Und als sie ihm von ihrer Bewunderung für Vincent de Paul erzählte, hatte er nur gelacht und gemeint, die Armen seien alle Bettler, die Bettler ein faules Pack und die Faulenzer Dummköpfe, die kein Mitleid verdienten.

Zutiefst beunruhigt über ihren Verdacht, legte sie sich dennoch die Antwort auf das Angebot des Marquis de Saint-Onge zurecht: Falls er erreicht hatte, daß dem Gefangenen Chahinian künftig eine bessere Behandlung widerführe, würde sie den Marquis nach Vincennes begleiten und der Marquise ein Jahr lang als Zofe dienen. Danach würde sie den Schleier nehmen. Zu diesem Schritt hatte sich Michelle nach einem langen Gespräch mit ihrem Beichtvater entschlossen. Sie habe nichts zu befürchten, hatte er ihr zu verstehen gegeben: Die große Leidenschaft des Marquis für die Musik sei allgemein bekannt, gewiß hege er keine anderen als die lautersten Absichten. Er habe sich überdies nie mit einer Mätresse gezeigt, was allerdings, wie der Spiritual einräumte, weniger an seinen zärtlichen Gefühlen für seine Gemahlin liege als vielmehr an einer gewissen Neigung, die er mit Ludwig XIII. gemein habe, auch wenn er sich nicht mit einem Cinq-Mars oder einem weniger bekannten Günstling schmücke. Aber, so fuhr der Geistliche fort, habe der Marquis mit ihr jemals über etwas anderes als über Kantaten, Menuette, Rondos und Arien gesprochen? Michelle verneinte.

Am darauffolgenden Abend unterhielt sie den Marquis und seine Freunde mit ihrem Flötenspiel. Als der Beifall verklungen war, nahm sie an der Seite ihres Gönners Platz. Während die übrigen Gäste sich die Zeit mit einer Partie Pharo vertrieben, plauderte André de Saint-Onge über die kompositorischen Verdienste Couperins und Boulangers, schwärmte von einem Ballett von Lully, das er im königlichen Theater gesehen hatte, und bat Michelle, ihm zu erläutern, wo für sie die Schwierigkeiten in der Interpretation einer Kantate von Bénigne de Bacilly lägen. Nach ungefähr einer Stunde erkundigte sie sich leise nach Guy Chahinian.

Der Marquis runzelte die Stirn und blickte zu seinem Bruder Pierre hinüber, der lachend die Würfel über den Filz rollen ließ. Wie er ihn um seine Unbekümmertheit beneidete! Er wünschte, er könnte Michelle sagen, er hätte nichts über Guy Chahinian herausgefunden, oder er könnte schwören, der Gefangene befände sich wieder auf freiem Fuß, oder behaupten, es gehe ihm gut. Aber André de Saint-Onge hatte noch nie gelogen, und er wollte nicht jetzt damit beginnen. Daher sagte er nur, er habe leider keine guten Nachrichten.

»Ist Monsieur Chahinian tot?«

»Nein, aber vielleicht wäre es besser für ihn. Ein Folterknecht hat ihm das Bein zerschmettert und ihn dann einfach liegenlassen. Zwei Tage mußte er ausharren, ohne Wasser, ohne ärztliche Versorgung. Als mein Diener ihn fand, war er dem Tode nahe. Er verständigte sofort den Kerkermeister, und der schickte nach einem Arzt. Trotz der Arzneien, die ihm unverzüglich verabreicht wurden, bekam Euer Schützling hohes Fieber, weil die Wunde brandig geworden war. Sein Bein war nicht mehr zu retten.«

Michelle schloß die Augen und faltete die Hände. Würde der Herr die Gebete, die sie im Kloster sprechen wollte, erhören und die schrecklichen Erinnerungen aus Guy Chahinians Gedächtnis auslöschen? Oder würde er für den Rest seines Lebens Nacht für Nacht aufs neue die Augenblicke durchleben, da seine Knochen splitterten, das Fleisch durchtrennt und das Wadenbein zersägt wurde? Würde er nicht immer wieder den Stumpf betasten und den Verlust, das Gefühl der Leere als mindestens ebenso schmerzhaft empfinden wie den Schlag, der ihn das Bein gekostet hatte?

»Vielleicht kommt er durch«, hörte sich der Marquis sagen, obgleich er es im Innersten bezweifelte. »Benoit ist ein ausgezeichneter Wundarzt. Ich werde veranlassen, daß Euer Goldschmied in die Bastille gebracht wird, sobald er transportfähig ist. Warum habt Ihr mir verschwiegen, daß er der Großmeister der Lichtkreuz-Bruderschaft ist?«

Michelle zuckte zusammen. Ihr sei klargewesen, daß Chahinian kein guter Katholik sei, gestand sie, aber über seine Glaubenszugehörigkeit habe sie nichts gewußt. Er habe Marie, ihrer besten Freundin, das Leben gerettet, das allein zähle, und das sei auch der Grund, weshalb sie ihm habe helfen wollen.

Der Marquis hörte nur mit halbem Ohr hin. Er fragte sich, wie er der jungen Frau beibringen solle, daß Chahinians Peiniger kein anderer als ihr Bruder Simon war. Eine betretene Stille entstand. Michelle ahnte den Grund für sein Schweigen.

»Was geschieht mit dem Mann, der Monsieur Chahinian folterte?«

»Ich weiß es nicht. Er hat seinen Dienst heute nicht angetreten. Anscheinend ist er verschwunden.«

Michelles Finger schlossen sich so fest um die Flöte, daß der Marquis fürchtete, sie werde sie zerbrechen. Er legte ihr sanft die Hand auf den Arm.

»Euer Bruder sollte Paris verlassen.«

»Wie habt Ihr es herausgefunden?«

»Ach, wißt Ihr, nichts in diesem Leben läßt sich geheimhalten. Glaubt mir, ich weiß, wovon ich spreche.«

Seine Stimme klang unendlich traurig. Michelle fielen die Worte von Abbé Brun ein. Offensichtlich war es dem Marquis trotz aller Vorsichtsmaßnahmen nicht gelungen, seine Neigungen für das eigene Geschlecht vor der Öffentlichkeit verborgen zu halten. Warum hatte Baronin de Jocary dann aber darauf gedrängt, sie mit dem Marquis zusammenzubringen? Wozu diese Komödie?

Michelle schickte sich an aufzustehen.

»Ich möchte mir nur eine Bergamotte holen«, sagte sie, als Saint-Onge sie bat zu bleiben.

Auf einen Wink des Marquis eilte sein Diener herbei. Genauso rasch entfernte er sich wieder. Von einem mit Obstkörben und Konfektschalen beladenen Tisch brachte er Michelle die größte Birne, die er finden konnte. Sie schnitt sie in zwei Hälften und bot eine dem Marquis an. Gierig biß sie in das saftige Fruchtfleisch, nicht weil sie hungrig gewesen wäre, sondern um den üblen Geschmack im Mund zu vertreiben. Obgleich sie von der Perlhuhnpastete und dem Döbelragout kaum gekostet hatte, empfand sie ein merkwürdiges, ekliges Gefühl des Übersättigtseins. Der milde, volle Geschmack der Birne erinnerte sie an früher, an jene glücklichen Tage, als sie mit Simon durch die Felder streifte und er die Früchte von den Bäumen schüttelte. Eine tiefe Traurigkeit erfüllte sie.

Fast hätte sie sich beim letzten Bissen verschluckt, so erschrak sie über den Triumphschrei, den der Bruder des Marquis ausstieß: Er hatte die Partie gewonnen und strich ein hübsches Sümmchen ein. Als seine Mitspieler Revanche forderten und eine Partie Lotto vorschlugen, stimmte er lachend zu. Beifall und Jubelrufe erschollen.

Saint-Onge beugte sich zu Michelle hinüber und fragte sie, ob sie ihn nach Vincennes begleiten wolle.

»Liebt Ihr die Musik so sehr, daß Ihr keinen Tag auf mein Flötenspiel verzichten wollt?«

»Keinen Tag? Keine Stunde! Die Musik bedeutet mir alles. Ich liebe nichts so sehr wie sie. Was Euren Freund Guy Chahinian betrifft, so rechnet nicht damit, daß man ihn freiläßt, denn Ketzerei ist ein schweres Vergehen. Ich kann jedoch seine Verlegung in die Bastille erwirken, wo er besser behandelt werden wird als im Châtelet.«

»Falls er überlebt«, sagte Michelle leise.

12. KAPITEL

»Er wird sterben!« jammerte die junge Frau, während sie dem Kind unablässig übers Haar strich. »Er ist so schwach.«

Marie LaFlamme redete beruhigend auf die gerade erst Angekommene ein und fügte hinzu, sie habe dem Jungen einen Aufguß aus Kresse zu trinken gegeben.

»Die Pflanzen waren ganz frisch. Hab keine Angst, der Skorbut wird dir deinen Jungen nicht nehmen.«

»Seine Schwester hat ihn angesteckt!«

Marie machte den Mund auf, um zu widersprechen, doch da fuhr die Frau kreischend fort:

»Wir werden alle sterben! Genau wie die anderen! Ihr Mund ist ganz schwarz geworden! Und als sie in den Schiffszwieback bissen, fielen ihnen die Zähne aus! Und ihre Haut ... Verflucht sind wir! Verflucht! Gott hat uns im Stich gelassen, unser Schicksal kümmert Ihn nicht ...«

Marie gab der armen Frau zwei Ohrfeigen. Einige

Kranke glaubten, ihre gotteslästerlichen Worte seien der Grund dafür, und bekreuzigten sich vorsichtshalber. Marie bemerkte es nicht. Sie hatte genug damit zu tun, die junge Frau aus dem Poitou, die ohnmächtig wurde, aufzufangen. Sie ließ sie neben ihrem Kind auf den nackten Boden gleiten. Seit die beiden Schiffe des Königs eingetroffen waren, standen keine Strohsäcke mehr im Spital zur Verfügung. Von den einhundertneunundfünfzig Passagieren, die am 15. September in Québec von Bord gegangen waren, litten etliche an Skorbut, der Ruhr oder am Fieber. Etwa sechzig waren bereits auf See ums Leben gekommen. Die Siedler, die sehnsüchtig auf die Neuankömmlinge aus Bordeaux, aus der Charente oder der Perche gewartet hatten, setzten ihre ganze Hoffnung auf die Heilkunst der Ordensschwestern. Die Kolonie brauchte gesunde, kräftige Männer zur Urbarmachung des Landes, und die Junggesellen hofften, unter den achtunddreißig unverheirateten Mädchen eine Frau zu finden.

Einige Kaufleute und Waldläufer hatten sich von Augustin de Saffray de Mézy, dem neuen Gouverneur, eine Lockerung der Bestimmungen über den Handel mit Alkohol erhofft. Doch sie wurden enttäuscht. Nicht einmal drei Tage nach seiner Ankunft ernannte der Gouverneur in Absprache mit Bischof de Laval und auf dessen Anregung hin La Ferté, Ruette d'Auteuil, Legardeur de Tilly, Chauffours, Bourdon sowie Peuvret de Menu zu Mitgliedern des Obersten Rats, und dieser erließ umgehend eine Verordnung, die den Alkoholverkauf an die Indianer untersagte.

»Ich hab's doch gleich gesagt«, meinte Antoine Souci, als er Marie seinen blutenden Daumen hinhielt. »Er wird uns das Leben genauso schwermachen wie Davaugour.«

Der Schuster steigerte sich so sehr in seine Empörung über den ehemaligen Gouverneur hinein, daß er von der Behandlung seiner Verletzung nichts mitbekam.

»Wie in aller Welt kann man sich einen Nagel derart in den Finger hauen?«

»Das ist in meinem Beruf fast unvermeidlich. Aber vielleicht hab' ich gerade an Euch gedacht, und das hat mich abgelenkt.«

Marie zuckte mit den Schultern und lenkte das Gespräch auf Saffray de Mézy zurück.

»Er frißt Bischof Laval aus der Hand«, raunte Souci ihr zu. »Wie könnte es auch anders sein, schließlich hat er ihm seinen Posten zu verdanken. Er wollte ihn angeblich erst gar nicht antreten, aber der Bischof ließ ihm keine Ruhe. Und der König bezahlte sogar seine Schulden, nur um ihm das Amt des Gouverneurs schmackhaft zu machen. Ich wünschte, er würde meine auch so bereitwillig begleichen! Aber dafür müßte ich ein Loblied auf Monseigneur anstimmen, und das will mir nicht über die Lippen bei meiner garstigen Stimme.«

»Ich fand Eure Stimme sehr schön, damals, beim Maisessen.«

Die Erinnerung an jenen Spätsommertag zauberte ein Lächeln auf Maries Gesicht. Als sie die vier Männer einen riesigen Kessel zum Dorfplatz tragen sah, hatte sie an ihre Mutter gedacht, die in einem ähnlichen Bottich die Wäsche der Kranken in geschwefeltem Wasser gewaschen hatte. Neugierig hatte sie hineingeschaut: Im Wasser schwammen Maiskolben. Einer, der es nicht erwarten konnte, zog seinen Dolch, spießte einen Kolben auf und blies darüber, damit er schneller abkühlte. Andere Siedler traten hinzu und bedienten sich ebenfalls. Marie, die zum erstenmal in ihrem Leben jemanden Mais essen sah, nagte vorsichtig am ersten Kolben, ließ sich, auf den Geschmack gekommen, einen zweiten und einen dritten schmecken und hätte gern noch einen vierten verzehrt, wenn sie nicht schon so satt gewesen wäre. Eléonore de Grandmaison freute sich über ihren gesunden Appetit.

»Frauen, die wie ein Spatz essen, sind mir nicht geheuer. Ich bin sicher, sie stopfen heimlich alles in sich hinein.«

»Die Schwestern nicht, das könnt Ihr mir glauben«, antwortete Marie lachend. »Aber ich habe nicht die Absicht, ihrem Beispiel zu folgen und mehr als einen Tag in der Woche zu fasten!«

»Kranke zu pflegen erfordert viel Kraft und eine robuste Gesundheit. Ich hoffe, die Entbehrungen, die unsere Hospitaliterinnen auf sich nehmen, halten sich in Grenzen. In den nächsten Tagen wird sehr viel Arbeit auf euch zukommen.«

Auf Maries fragenden Blick hatte Madame de Grandmaison erklärt, die Schiffe von Kapitän Gargot und Kapitän Guillon, die von La Rochelle aus in See gestochen waren, hätten Tadoussac erreicht und würden bald am Quai de Champlain anlegen.

»Ein Großteil der Passagiere soll erkrankt sein.«

»Wir werden uns schon um sie kümmern«, erwiderte Marie leichthin.

Sie wollte sich den herrlichen Tag nicht mit Gedanken an die armen Menschen verderben, denen sie Absude und Arzneien würde verabreichen müssen. Am liebsten wäre sie bereits bei Tagesanbruch zum Fluß hinuntergelaufen. Da sie an der Loire aufgewachsen war, übte der Saint-Lorenz-Strom eine magische Anziehungskraft auf sie aus. Seine unendliche Weite spendete ihr Kraft und Trost wie einst die freundlichen Worte der Mutter, die Blicke des Vaters, die Liebkosungen der Amme. Sie nahm sich vor, hundert Fenster in das Haus, das sie einmal haben würde, einsetzen zu lassen, damit sie den Fluß jederzeit sehen könnte. Selbst Simon, der das Meer haßte, würde früher oder später seinem Zauber erliegen. Niemand vermochte sich ihm zu entziehen! Auch Eléonore de Grandmaison nicht: Obgleich einer ihrer Ehemänner auf See geblieben war, führte ihr täglicher Spaziergang sie am Ufer des Stromes entlang.

Marie wußte schon ganz genau, wo sie ihr Haus bauen wollte: an der nordwestlichen Seite des Cap aux Diamants, in der Nähe von Notre-Dame. Sie würde Martin Prévost, der dort ein schönes Stück Land besaß, überreden, ihr eine Parzelle zu überlassen. Ein Jammer, daß das Gelände oben am Hang den Siedlern als letzte Ruhestätte diente. Was nutzte den Toten die herrliche Aussicht? Wie wunderbar wäre es, von dort oben an Simons Seite die Sonne aufgehen zu sehen!

Simon, Simon, Simon ... Wo mochte er sein, während sie von einem Haus träumte, das noch größer sein sollte als das von Geoffroy de St. Arnaud? Sie überlegte, wie lange Victor schon fort war. An die vierzig Tage. Nein, dreißig. Der Tag, an dem sein Schiff abgelegt hatte, war der heißeste des Sommers gewesen. Sie erinnerte sich, daß sie am gleichen Nachmittag den kleinen Jérémie behandelt hatte, weil ihm ein Schwein auf den Fuß getreten war. Viermal hatte sie seitdem seinen Verband gewechselt. War Victor also erst zwanzig Tage fort? Ihr war es viel länger vorgekommen. Vermutlich, weil sie ihn seit ihrer Ankunft in Québec fast so oft gesehen hatte wie früher in Nantes, bevor er zur See gefahren war. Als Kind hatte er seine Patentante Anne mindestens einmal täglich besucht und dann immer mit Marie und Michelle, den unzertrennlichen Freundinnen, gespielt.

Michelle! Daß Victor sie geküßt hatte, würde Marie für sich behalten.

Sie würde ihr nur unnötig weh tun. Der Kuß hatte keinerlei Bedeutung. Sie würde ihn bald vergessen haben und Victor auch. Er würde nach Paris zurückkehren und seine Michelle heiraten. Halt, nein, das konnte er nicht machen, schließlich hatte er ihr versprochen, ihr bei der Suche nach ihrem Schatz behilflich zu sein. Irgendwann würde er nach Québec zurückkommen. Und sie abermals küssen.

Marie spürte, wie sie rot anlief. Sich vorzustellen, daß sie in Victors Armen lag, wo sie doch Simon liebte! Daran war nur die elende Hitze schuld. Sie machte auch den Kranken zu schaffen. Der Einbeinige zum Beispiel hatte sie gebeten, ihm einen Maiskolben mitzubringen, dabei hatte er kaum noch Zähne im Mund! Sie war gespannt, wie er ihn essen wollte. Das würde bestimmt lustig werden.

Der Mann hatte die Maiskörner mit dem Messer abgeschabt und zu einem Brei zerdrückt. Aber zuerst hatte er sich zwanzigmal bei Marie bedankt. Und jetzt erzählte er jedem, der es hören wollte, wie freundlich und hilfsbereit sie sei und wie sehr sie sich um ihn kümmere. Das hatte sogar Mutter Catherine zu einem Lob veranlaßt:

»Du hast begriffen, daß die Seele genauso der Zuwendung bedarf wie der Körper. Durch deine barmherzige Geste hast du viel zur Heilung des Kranken beigetragen.«

Der gütige Blick der Ordensfrau beschämte sie. Hastig wandte sie sich ab und machte sich daran, den Margeritenabsud für Guillemette Couillard abzuseihen. Der zahlreichen erkrankten Neuankömmlinge wegen würde sie ihr das Abführmittel nicht persönlich vorbeibringen können, aber sie wollte es sich nicht mit ihrer einflußreichen Nachbarin verderben, hatte sie ihr doch vergangenen Sonntag nach dem Kirchgang versprochen, sie von ihren Kopfschmerzen zu befreien. Guillemettes Enkel würde die Arznei am Nachmittag abholen.

Als sie die Phiole schon mit einem Korkpfropfen verschließen wollte, hielt sie inne und beschloß nach kurzer Überlegung, die Hälfte des Absuds für Mutter Catherine aufzuheben. Seit einigen Tagen beobachtete sie nämlich, wie die Ordensfrau immer wieder beide Hände an die Schläfen preßte, als könnte sie dadurch die bohrenden

Schmerzen dämpfen. Zudem war sie sehr blaß. Aber die Mutter Oberin hatte auf ihre besorgten Hinweise hin nur gemeint, Mutter Catherine sei schon immer von zarter Gesundheit gewesen, und ihr Zustand sei seit Monaten unverändert.

Sie habe schließlich Augen im Kopf, hätte Marie da fast entgegnet; Mutter Catherine gehe es erst schlechter, seit sich das Laub an den Bäumen färbte. Doch sie zügelte sich angesichts der sorgenvollen Miene der Oberin. Sie teilte ihre Meinung ganz offensichtlich, wollte es aber nicht zugeben.

Aus welchem Grund? fragte sich Marie, nicht zum erstenmal an diesem Tag. Lehnte Mutter Catherine eine Behandlung ab, weil sie dem Allmächtigen ihre Leiden als Sühneopfer darbringen wollte? Gleichsam als Buße für ihre Sünden? Sünden? Was für Sünden? Mutter Catherine hatte gewiß noch nie das Mißfallen des Herrn erregt. Sie war sanft und geduldig, mutig und tatkräftig, gütig und herzlich. Und sie lachte gern. Sie besaß vielleicht nicht Maries Gespür für die Herstellung und Verordnung von Arzneien, doch dafür hatte sie die seltene Gabe, selbst die aufgeregtesten Kranken zu beruhigen. Marie beneidete sie um diese Fähigkeit, die sie von Anne LaFlamme kannte.

Sie mußte Mutter Catherine unbedingt dazu bringen, daß sie sich behandeln ließ. Was sollte aus den Kranken werden, wenn sie selbst bettlägerig würde? Der Allmächtige würde es ihr sicher nicht übelnehmen, wenn sie einen Gänseblümchenabsud oder einen Beifußtee trank.

Entschlossen trat Marie auf Mutter Catherine zu. Doch da faßte eine Kranke sie am Saum ihrer Schürze und bat um einen Schluck zu trinken, weil sie schrecklich durstig sei.

Ein Lächeln umspielte Maries Lippen, als sie der Frau einen Becher schwachgesüßten Saftes brachte, wie ihn früher Nanette zubereitet hatte. Den Sommer über war sie so sehr mit ihrem neuen Leben beschäftigt gewesen, daß Marie nicht daran gedacht hatte, selbst welchen herzustellen, aber sie nahm sich vor, das im nächsten Jahr gemeinsam mit Emeline nachzuholen. Dann wäre Noémie alt genug, um Säfte trinken zu können. Und bis zum Herbst wäre sie sicher schon so weit, daß sie sie zum Fluß hinunter und bis an den Waldrand begleiten könnte. Wie würde sie über die Farbenpracht der Bäume staunen, über das kräftige Scharlachrot des Ahorns und das heitere Orangerot der Espen! Sie würde den Blättern nachlaufen, die der Wind aufwirbelte und vor sich her trieb, sie würde um die goldenen Reigen, die sie tanzten, herumhüpfen und fröhlich kreischend mit ihren kleinen Füßen in dem roten Laubteppich stochern. Wieviel angenehmer die verschwenderische Fülle der Farben für das Auge doch war als das triste herbstliche Grau zu Hause in Nantes. Merkwürdig, daß ihr niemand von diesem Naturschauspiel erzählt hatte. Kapitän Dufour, die Seeleute, Antoine Souci, alle hatten ihr ausführlich die langen Wintermonate geschildert, aber keiner hatte ein Wort über den Herbst verloren. War ihnen seine Pracht denn nicht aufgefallen? Er schmückte die Bäume mit Gold und Granaten, mit Amethysten und Beryllen, mit Hyazinthen und Rubinen. Die Luft schien erfüllt von kupferfarbenem Staub, der sich über die Dächer der Häuser legte und sie ein letztes Mal mit dem Glanz des Sommers überzog.

Gold und Edelsteine … Maries Pulsschlag beschleunigte sich, als sie an ihren Schatz dachte. Wo mochten ihre Rubine versteckt sein? Wann würde sie den Schmuck endlich ihr eigen nennen? Die roten Blätter der Bäume waren zwar hübsch anzusehen, aber ein Haus konnte sie damit nicht bauen. Und von ihrer Arbeit im Hospital würde sie bestimmt nicht reich werden.

Als sie, abgeschirmt hinter einem Vorhang, am Abend saubere Tücher, Pulver und Wundsalben bereitlegte, hörte sie, wie jemand ihren Namen flüsterte. Alphonse Rousseau erzählte wieder einmal die Geschichte vom Maiskolben.

»Marie LaFlamme ist wirklich eine gute Seele.«

»Und eine hübsche dazu«, bemerkte Paul Fouquet, Boissys Diener. »Mir ist zu Ohren gekommen, daß Monsieur eine Wette mit Monsieur d'Alleret abgeschlossen hat.«

»Eine Wette? Was für eine Wette?«

»Kannst du dir das nicht denken? Meiner Meinung nach wird er sie verlieren. Und die Füchsin auch.«

»Wie meinst du das?«

»Nun, sie scheint großen Wert auf ihre Tugendhaftigkeit zu legen, sonst würde sie sich nicht so zieren. Wenn sie gescheit wäre, könnte sie ihren Vorteil aus Monsieurs Wohlhabenheit ziehen.«

»Ich dachte, er hätte alles verspielt.«

»In dieser Hinsicht eifert er Monsieur d'Alleret nach, das ist schon wahr, aber er hat eine Erbschaft gemacht. Charles Aubert de La Chesnaye hat ihn davon in Kenntnis gesetzt, als er Ende Juli aus Frankreich zurückkehrte. Und er ist sehr großzügig. Dieses Messer hier hat er mir am gleichen Tag geschenkt, an dem er seinen ersten Elch tötete. Wenn die Füchsin ein bißchen nett zu ihm wäre, würde sie es bestimmt nicht bereuen.«

»Aber heiraten wird er sie nie.«

»Nein, das natürlich nicht. Selbst wenn sie ihre graue Tracht gegen ihr schönstes Kleid eintauschte und die Hübscheste im ganzen Land wäre, würde sie ihre niedere Herkunft nicht verleugnen können.

»Irgendwann wird dein Herr ihrer überdrüssig sein. Und was soll dann aus ihr werden? Alle werden sie verachten.«

»Bis dahin wird sie genug gespart haben, daß sie nach Frankreich zurückkehren kann.«

»Wie kommst du dazu, Marie LaFlamme mit einer ganz gewöhnlichen Dirne gleichzusetzen?« empörte sich Alphonse Rousseau.

Fouquet grinste höhnisch. »Sie ist auch nur eine Frau! Behäng sie mit Schmuck, und du wirst sehen, wie sie dir schöne Augen macht.«

»Nein, das glaube ich nicht.«

»Und warum haben wir beide dann noch keine Frau gefunden? Hättest du ein Stück Land, hätte ich ein Haus, wären wir schon seit geraumer Zeit verheiratet! Sogar du mit deinem einen Bein! Aber so … Ich sage dir, unter den achtunddreißig, die neu angekommen sind, wird auch diesmal keine für uns dabei sein.«

Er habe es nicht eilig mit dem Heiraten, entgegnete Alphonse Rousseau. Daß er genug auf die Seite gelegt hatte, um drüben bei Beaupré ein Stück Land pachten zu können, behielt er für sich.

Der Chevalier behandelte ihn nicht wie einen Diener, sondern eher wie einen Freund. Warum also sollte er seine Stelle aufgeben? Seine Unterhaltung mit Fouquet hatte eine Wendung genommen, die ihm nicht behagte. Dennoch würde es ihm nie einfallen, Marie LaFlamme zu berichten, was er erfahren hatte.

Marie stand ganz still da und wagte kaum zu atmen. So so, Monsieur de Boissy hatte ein Auge auf sie geworfen. Sie lächelte vor sich hin. Dann durfte sie ihn nicht enttäuschen. Eile war geboten, wenn sie sich seine Großzügigkeit zunutze machen wollte, solange er sein Vermögen noch besaß. Bei der Geschwindigkeit, mit der er sein Geld verschleuderte, würde er bald vor dem Nichts stehen!

Aber vielleicht hatte ja Germain Picot etwas erreicht. Als sie ihn vor dem Kaufhaus getroffen und ihm von ihren Plänen erzählt hatte, hatte er ihr versprochen, mit Monsieur Peuvret de Menu, dem Gerichtsschreiber und Sekretär des Obersten Rates, zu sprechen und ihm ihr Anliegen, als häusliche Krankenpflegerin tätig zu werden, vorzutragen. Zu tun gäbe es genug: Etliche Kranke waren, sei aus Furcht vor Ansteckung, sei es aus Platzmangel, im Spital abgewiesen worden; andere wiederum weigerten sich, dort Hilfe zu suchen, weil das Krankenhaus für sie gleichbedeutend war mit Gefängnis oder Sterbehaus. Picot gab zu bedenken, daß die Bevölkerung, die über gewisse, unlängst getroffene Entscheidungen alles andere als glücklich war, den Einsatz einer so erfahrenen Kraft wie Marie sicher begrüßen würde. Das von Bischof Laval, dem die Abberufung Davaugours und die königlichen Machtbefugnisse den Rücken gestärkt hatten, durchgesetzte Verbot des Alkoholverkaufs an die Indianer hatte niemanden überrascht. Betroffen waren die Siedler lediglich über die drakonischen Strafen: Wer gegen das Verbot verstieß, dem drohten eine Geldbuße in Höhe von dreihundert Pfund, Auspeitschung, Verbannung und Exkommunikation! Obgleich er die Verordnung befürworte, kämen ihm derartige Strafen doch recht hart vor, bemerkte Germain Picot. Da habe er gewiß nicht unrecht, räumte der Sekretär ein, fügte jedoch hinzu, daß sie nichtsdestoweniger verhängt würden.

»Seht Ihr? Und um die Ausgepeitschten zu versorgen, werdet Ihr Marie LaFlamme brauchen!«

Peuvret de Menu rang nach Atem. Wie konnte Picot ihn mit derlei Nebensächlichkeiten belästigen, wo im Obersten Rat soviel Arbeit auf ihn wartete!

»O ja, ich weiß, Ihr seid ein vielbeschäftigter Mann«, erwiderte Picot spöttisch. »Den Fall Péronne Dumesnil habt Ihr Euch vom Hals geschafft, aber mit den siebzehn Personen, die ihren Vertrag mit Gouverneur Davaugour abschlossen, werdet Ihr kein so leichtes Spiel haben!«

»Dem ehemaligen Gouverneur Davaugour!«

»Und was ist mit Jean Bourdon und Legardeur de Tilly? Sie haben sich ihre Verträge sowohl vom alten als auch vom neuen Gouverneur unterzeichnen lassen. Glaubt Ihr, sie werden freiwillig auf ihre Privilegien verzichten?«

»Ich wüßte nicht, warum ich diese Dinge mit Euch besprechen sollte. Und das Spital genügt vollauf für die Versorgung der Kranken.«

Als Germain Picot einen Tag später Marie im Hospital aufsuchte, war sein Zorn noch nicht verraucht.

»Dieser Peuvret de Menu ist ein Dummkopf! Auf dem Heimweg hatte ich das Gefühl, mir müßte gleich der Kopf platzen! Der Mann verschanzt sich hinter seiner Stellung, um jedem Streitgespräch aus dem Weg zu gehen. Nicht er treffe die Entscheidungen, er sei nur Sekretär und Gerichtsschreiber, das war alles, was er mir zu sagen hatte. Ich konnte es mir nicht verkneifen, ihn daran zu erinnern, daß der Wilde, der die Frauen ermordet, immer noch frei herumläuft.«

»Ihr habt Euer Bestes getan, Monsieur Picot.«

Germain konnte sich nicht beruhigen. »Er war nicht einmal in der Lage, mir zu erklären, wie die Monopolverträge aufgelöst werden sollen. Heute morgen allerdings habe ich erfahren, daß Staatsanwalt Bourdon von Mathieu Hubout abgelöst werden soll, weil er in die Affäre verwickelt ist.«

»Was für eine Affäre?«

»Habe ich Euch nicht von den siebzehn Männern erzählt, die Monopolverträge mit Davaugour abgeschlossen hatten? Der Oberste Rat will die Entscheidung widerrufen, mit der Begründung, der Gouverneur sei nicht zum Abschluß der Verträge ermächtigt gewesen, er hätte die Angelegenheit vor den Rat bringen und die Verträge gegen Höchstgebot vergeben müssen. Dabei hat

Bischof Laval nichts anderes getan: Als er den Vertrag mit der Normannischen Kompanie auflöste und an Nicolas Juchereau vergab, fand auch keine Versteigerung statt ...«

Marie hörte seinen Ausführungen nur mit halbem Ohr zu. Picot hatte nichts erreicht, das war das einzige, was für sie von Belang war. Während er prophezeite, der Oberste Rat werde keine andere Wahl haben, als die Rechte am Pelzhandel neu zu vergeben und den Vertrag von Tadoussac zu bekräftigen, überlegte sie, ob sie Nicolas de Boissy nach dem Sonntagsgottesdienst ansprechen solle. Sie schloß sich oft der Witwe Couillard an, denn sie zeigte sich gern in Begleitung einer Dame, die von ihrem Vater das Privileg geerbt hatte, auf der vordersten Kirchenbank Platz nehmen zu dürfen. Dummerweise konnte die Witwe den Baron nicht ausstehen, sie durfte also nicht darauf hoffen, daß sie sie miteinander bekannt machte. Der ›kleine Baron‹, wie Guillemette ihn trotz seiner stattlichen Größe zu nennen pflegte, hatte ihren Vetter sowie zwei ihrer Freunde aus nichtigem Anlaß, einer falsch verstandenen Bemerkung wegen, zum Duell gefordert. War es wirklich nötig, sich aus gekränktem Stolz gegenseitig umzubringen oder zu verwunden, wo es der Kolonie ohnehin an gesunden Männern mangelte? Marie stimmte der Witwe zu. Ihre Verachtung für Nicolas de Boissy würde sie jedoch nicht davon abhalten, ihm ihre Dienste als Dienerin anzubieten. Wenn sie schon arbeiten mußte, dann für jemanden, der gut bezahlte. Er würde freilich versuchen, sie zu verführen, doch sie verstand sich auf dieses Spiel: Sie würde ihm Hoffnungen machen und ihn so lange wie möglich hinhalten. Wenn er dahinterkam, daß sie keineswegs die Absicht hatte, würde er sie hinauswerfen, das war ihr klar. Aber bis dahin würde sie ihr Ziel erreicht haben: einen festen Kreis von Kranken zu betreuen, die sie in ihren Bestrebungen unterstützen und sich beim Obersten Rat für sie verwenden würden. Sie wollte ihre eigene Offizin! Sie wußte schon genau, wie ihr Schild aussehen sollte: von Leinkraut umrankt, wie das von Jules Pernelle. Und damit jeder sehen konnte, daß sie auch den Skorbut zu heilen verstand, würde sie zusätzlich Thujazweige darauf malen lassen.

13. KAPITEL

»Marie? Hört Ihr mir überhaupt zu?«

»Entschuldigt, ich dachte gerade an Nicolas de Boissy.«

Germain Picot legte die Stirn in Falten. »Was hat er sich diesmal zuschulden kommen lassen?«

»Nichts. Ich hörte zufällig, wie sein Diener von einer bedeutenden Erbschaft sprach, die er gemacht haben soll. Ist es nicht traurig, daß ausgerechnet einem verschwendungssüchtigen Mann wie ihm ein solches Vermögen zufällt? Wie viele Siedler würden es dringender benötigen und sinnvoller verwenden!«

»Noch hat er es nicht, das hätte sich herumgesprochen«, entgegnete Picot. »Ein begüterter Mann ist er freilich dennoch. Und er hat Zeit im Überfluß. Ich habe ihn noch nie arbeiten sehen. Es macht mich ganz krank, daß sie uns derlei gottlose Leute herüberschicken, so als sei es eine Strafe, hier leben zu müssen. Wer von hohem Stand ist, hat anscheinend nichts übrig für unser Land, von einigen wenigen gläubigen Katholiken wie Madame d'Aiguillon einmal abgesehen. Dabei ist das Leben in Québec genauso schön wie in Paris, seid Ihr nicht auch der Ansicht?«

»Doch, Monsieur, Ihr habt ganz recht. Schlimmer als die Soldaten sind die Indianer auch nicht, die Stadt ist sauber, und die klirrende Kälte im Winter verhindert die Ausbreitung von Seuchen.«

Marie hütete sich hinzuzufügen, daß die Angehörigen der höheren Stände in Schlössern zu wohnen pflegten und das Fort Saint-Louis kaum als solches bezeichnet werden konnte. Germain Picot war schrecklich stolz auf seine Stadt; daß nicht jeder sie so liebte wie er, war ihm unbegreiflich. Natürlich befanden sich unter den Neuankömmlingen immer welche, die in Frankreich mit dem Gesetz in Konflikt geraten waren, erklärte er, aber nur die wenigsten sorgten für solches Aufsehen wie d'Alleret und Boissy.

»Wird man den Mörder fangen, was denkt Ihr?«

Picot sah sie überrascht an. »Nein, der ist längst über alle Berge«, entgegnete er mit Bestimmtheit. »Das war ein Wilder, der nach der Tat in sein Kanu gestiegen und davongepaddelt ist. Ich muß jetzt gehen. Ich sehe Euch Sonntag nach dem Hochamt. Ihr kommt doch mit den Blanchards zum Essen?«

Marie schaute ihm grimmig nach, als er den Garten des Hospitals durchquerte. Ihre schönen Pläne hatten sich in Luft aufgelöst. Zum erstenmal seit ihrer Ankunft dachte sie daran aufzugeben und bereute, nicht an Bord des Schiffs gegangen zu sein, das am 6. September mit Kurs auf Frankreich in See gestochen war.

Die Enttäuschung nagte den ganzen Tag an ihr. Als man ihr spätabends einen Verletzten brachte, war sie noch immer nicht darüber hinweg. Obgleich das Gesicht des Mannes blutüberströmt war, erkannte sie ihn sofort: Es war Guillaume Laviolette.

»Man fand ihn neben dem Champlain-Brunnen. Ein Wilder hat ihn überfallen und niedergeschlagen.«

»Hat man ihn verhaftet?« fragte Marie, während sie sich nach der Ordensschwester umsah, sie aber nirgends entdecken konnte.

Vermutlich war sie noch in der Kapelle; dort betete sie in jeder freien Minute für die Kranken. Alphonse Rousseau räumte sein Lager für den Verwundeten. Marie dankte ihm und wies die Männer an, den Waldläufer vorsichtig darauf niederzulegen. Nachdem sie vergeblich versucht hatte, ihm ein paar Tropfen Schnaps einzuflößen, säuberte sie behutsam die Wunde, um die Schwere der Verletzung feststellen zu können.

Unterdessen schilderten die beiden Männer, was geschehen war.

»Sie haben ihn von hinten niedergeschlagen.«

»Sie? Ich dachte, es wäre nur einer gewesen.«

»Nein, mehrere. Das waren bestimmt die gleichen, die Malescot ein Huhn gestohlen und Dupuis' Karren beschädigt haben. Und Suzanne Dion haben sie auch auf dem Gewissen!«

»Hat man sie verhaftet?«

»Nein, als wir hinkamen, waren diese Bestien schon auf und davon!«

Marie mußte sich zwingen, ruhig zu bleiben: Sie hatte das Gefühl, die letzten Augenblicke vor der Verhaftung ihrer Mutter noch einmal zu durchleben.

»Woher wißt Ihr dann so genau, daß die Täter Indianer waren?«

»Einer von uns würde so etwas nie tun«, erklärte Paul Fouquet entschieden. Er war ebenfalls aufgestanden und schaute Marie neugierig über die Schulter.

Die junge Frau beugte sich über den verletzten Laviolette und nahm sich vor, Fouquet ein kräftiges Abführmittel zu verabreichen. Sie konnte solche leichtfertig ausgesprochenen, haltlosen Verdächtigungen nicht ausstehen. Und wenn sie ihm schon nicht das Gehirn durchspülen konnte, dann wenigstens die Eingeweide!

»Marie?«

»Der Mann ist schwer verwundet, Schwester. Er hat

viel Blut verloren und ist immer noch ohne Bewußtsein. Ich muß ihm die Haare schneiden, könnt Ihr mir eine Schere bringen? Und ein wenig Alaun? Und sagt den Männern, sie sollen mir aus dem Licht gehen.«

Die beiden, die Laviolette hereingetragen hatten, entfernten sich eilig, froh, den Anblick des blutüberströmten Waldläufers nicht länger ertragen zu müssen. Paul Fouquet machte ein paar zögernde Schritte rückwärts.

»Ich könnte Kerzen aus der Kapelle holen«, bot Alphonse Rousseau an, während er tapfer gegen die aufsteigende Übelkeit ankämpfte. »Sie sind allerdings geweiht ...«

»Mutter Catherine hat bestimmt nichts dagegen. Beeilt Euch!«

Alphonse humpelte zur Kapelle. Marie fühlte dem Bewußtlosen unterdessen den Puls, schaute ihm prüfend in Mund und Augen, öffnete ihm den Hemdkragen und lockerte den Hosenbund, damit sie seinen Bauch abtasten konnte.

»Er hat keine weiteren Verletzungen, wie es scheint«, sagte sie zu Schwester Sainte-Louise. »Dankt dem Herrn, daß er bewußtlos ist, sonst würde er die Schmerzen kaum aushalten. Gebt mir zuerst die Schere.«

»Was habt Ihr vor?« fragte Alphonse und drückte die Kerzen, die er geholt hatte, unwillkürlich noch fester an sich.

»Die Wunde muß genäht werden. Sieht so aus, als hätte jemand versucht, ihm mit einer Axt den Schädel zu spalten.«

»Oder mit einem Tomahawk«, murmelte Paul Fouquet.

Marie fuhr herum. »Den Unterschied werdet Ihr spätestens dann merken, wenn Euch einer trifft! Und zwar völlig zu Recht, wenn Ihr mich fragt.«

»Marie!« Schwester Sainte-Louise sah sie scharf an. »Was ...«

»Haltet seinen Kopf fest«, fiel sie der Ordensschwester ins Wort.

Nachdem sie die Haare rings um die Wunde weggeschnitten hatte, betupfte sie diese mit Alaun. In dem Moment gab Guillaume Laviolette ein leises Stöhnen von sich.

»Schnell, die Nadel! Eine Kerze! Wo ist der Schnaps? Er kommt allmählich zu sich. Ich will nicht, daß er aufwacht, bevor ich fertig bin. Alphonse! Ich brauche mehr Licht! Haltet die Kerzen näher heran! Noch näher! Oh, warum ist er nicht am hellichten Tag überfallen worden!«

»Weil man seine Angreifer im Dunkeln nicht erkennt«, entgegnete Alphonse in belehrendem Ton.

Mit einem Ruck hob Marie den Kopf und sah ihn an. Nie zuvor hatte Alphonse in Augen geblickt, die intensiver gefunkelt hätten. Ihr Blick schien ihn förmlich zu durchbohren, und die Kerzen in seinen Händen zitterten. Er beobachtete Marie, wie sie die Nadelspitze in Schnaps tauchte, sie danach in die Kerzenflamme hielt und dann, ohne zu zögern, begann, die Hautlappen zusammenzunähen. Obgleich er im Pariser Cour des Miracles sehr viel Schlimmeres gesehen hatte, brach Alphonse der kalte Schweiß aus, und seine Knie drohten nachzugeben.

»Es dauert nicht mehr lange, mein Freund«, beruhigte Marie ihn.

Alphonse riß sich zusammen. Er machte die Augen zu, doch das Bild der Nadel, die in die blutige Haut stach, immer und immer wieder, ließ sich nicht verdrängen, und das Stöhnen des Verwundetem war nicht zu überhören. Endlich sagte Marie mit einem Seufzer der Erleichterung:

»So, das wär's. Mehr können wir nicht für ihn tun. Jetzt liegt es allein in Gottes Hand, ob er durchkommen wird. Wir wollen hoffen, daß der Herr unsere Gebete erhört.«

In ihrer Verwunderung versäumte es Schwester Sainte-Louise, Marie dieser respektlosen Bemerkung wegen zu tadeln. Die Ordensschwester konnte kaum glauben, daß eine so junge Frau mit solcher Kaltblütigkeit und so geschickten Händen eine Wunde zu nähen verstand. Diese Gabe erschien ihr geradezu übernatürlich. Die Hospitaliterin bekreuzigte erst sich und machte dann das Kreuzzeichen auf der Stirn des Verwundeten. Wo sie denn diese Fähigkeit erlernt habe, wollte sie wissen.

»Das habe ich von meiner Mutter«, antwortete Marie. »Sie liebte es, kranke Menschen zu pflegen. Und ich auch. Hat Mutter Catherine Euch das nicht gesagt?«

»Mutter Catherine ist sehr verschwiegen«, erwiderte die junge Nonne knapp.

»Das ist sehr weise von ihr ... Kommt und helft mir, seinen Kopf zu verbinden. Und dann wollen wir versuchen, ihm etwas zu trinken einzuflößen. Für einen Mann, der einen Schnaps nicht verschmäht, ist er erstaunlich nüchtern heute nacht!« scherzte sie, obgleich ihr nicht danach zumute war.

Sie fragte sich bange, ob Laviolette, wenn er aus seiner Bewußtlosigkeit erwachte, imstande wäre, sich zu bewegen und zu sprechen. Als Schwester Sainte-Louise ihr anbot, den Verband anzulegen, damit sie ein wenig frische Luft schöpfen könne, nahm sie dankbar an.

»Das ist zwar nicht üblich, aber es wird dir sicherlich guttun. Sei unbesorgt, ich werde solange am Lager des Kranken wachen.«

Marie hastete durch den Saal. Ein beklemmendes Gefühl befiel sie urplötzlich und schnürte ihr die Kehle zu. Sie stolperte durch die Kapellentür nach draußen, tastete sich an den Mauern des Chors und des Klosters entlang bis zum Garten, wo sie sich kraftlos auf die Erde fallen ließ. Die Arme über der Brust verschränkt, blieb sie liegen, bis ihr rasendes Herzklopfen sich gelegt hatte. Eine nasse Laubschicht bedeckte den harten Boden, und ein eisiger Wind fegte über das Land. Marie wünschte, sie könnte die ganze Nacht liegenbleiben und zu den Sternen hinaufschauen. Sie meinte die Stimme ihres Vaters zu hören, wie er ihr die Bedeutung der Gestirne für die Seefahrt erklärte und sich für die Wahrheit jener Legende verbürgte, der zufolge die Sternbilder aus riesigen Diamanten bestanden. Sie hingen nicht einfach so am Himmel, sondern wurden von Seeleuten getragen, die von Freibeutern getötet worden waren. Pierre LaFlamme war nicht durch den Dolchstoß eines Piraten gestorben, er war von Geoffroy de Saint-Arnaud ermordet worden: Hätte der Reeder soviel Lebensmittel wie Handelsware an Bord der *Lion* genommen, wäre nicht ein Drittel der Besatzung an Skorbut gestorben. Saint-Arnaud hätte viele Menschen auf dem Gewissen, sofern er ein solches besessen hätte. Aber kaum daß er die Bedeutung des Wortes Handel begriffen hatte, verkaufte er seine Seele dem Teufel. Ob Satan dabei ein gutes Geschäft gemacht hatte, erschien Marie allerdings fraglich: Saint-Arnaud war ein schlauer Fuchs.

Doch er würde ihr nicht entkommen. Sie war sich nur noch nicht sicher, welches Gift sie verwenden wollte. Auf jeden Fall eines, das sehr langsam wirkte.

Für den Anfang vielleicht Sumpfziest? Der würde ihn für einige Wochen lähmen. Und dann ... Marie riß sich vom schwindelerregenden Anblick des Nachthimmels los und drehte den Kopf nach rechts. In dem Beet dort waren bis vor wenigen Wochen noch Arzneipflanzen gewachsen. Zur Aussaat von Tollkirschen hatte sie die Nonnen nicht überreden können, doch Akelei zur Behandlung von Grind und Krätze hatten sie angepflanzt. Ob sie nichts von der Giftigkeit der Pflanze wußten?

Marie seufzte. Geoffroy de Saint-Arnaud war unerreichbar für sie. Zu dieser Stunde schlief er gewiß friedlich in edler Bettwäsche, die mit seinen Initialen bestickt war, in einem von heißen Steinen vorgewärmten Bett, in einem Raum, in dem ein heimeliges Feuer brannte, in einem Haus mit Dienstboten, in einer Stadt, in der er unumschränkter Herrscher war. Wohingegen sie die Nacht am Lager eines Kranken verbringen würde, in einem Saal, wo ein einziges Feuer vergeblich gegen die Kälte ankämpfte, die durch vier Fenster hereindrang.

Auf dem Weg zurück ins Spital fiel ihr Blick auf die knapp über dem Boden abgeschnittenen Pflanzenstengel, und sie dachte: Wie gut, daß ich darauf bestanden habe, noch vor Herbstbeginn Kräuter und Pflanzen zu sammeln und zu trocknen.

»Mit frischen Pflanzen lassen sich Krankheiten wirkungsvoller behandeln, deshalb ist es klüger, noch zu warten«, hatte eine Novizin ihr entgegengehalten.

»Wenn uns alle erfrieren, haben wir überhaupt nichts davon!« hatte Marie erwidert. »Ich habe immer wieder gehört, daß der erste strenge Frost bereits vor Martini kommt.«

Schwester Sainte-Louise und Mutter Catherine, die Maries medizinisches Urteilsvermögen sehr schätzten, pflichteten ihr bei. Und so hatten sie bereits im Morgengrauen mit dem Ernten von Anis und Klatschmohn, Majoran und Malven, Lobelien und Lorbeer, Knoblauch, Zwiebeln und Engelkraut begonnen. Das brachte Marie auf eine Idee: Sie würde Guillaume einen Aufguß auf Engelwurz zu trinken geben.

Die Angst, der Waldläufer könnte sterben, hatte sie vorübergehend verzagen lassen, aber jetzt keimte neue Hoffnung in ihr. Sie fragte sich, wer ihn überfallen haben mochte. Sie hatte keinen Grund gehabt, die Wilden zu verteidigen, doch sie hoffte, recht zu behalten. Freilich waren auch die Indianer zur Grausamkeit fähig, davon zeugten die zahllosen Berichte über bestialisch gefolterte Missionare: Man hatte ihnen die Zunge herausgerissen, Nase und Ohren abgeschnitten, einen Ring aus glühendem Eisen um den Hals gelegt, kochendes Pech über Kopf und Geschlechtsteile geleert, die Füße verbrannt, die Nägel ausgerissen, die Gliedmaßen zerhackt, die Haut abgezogen, die Augen ausgestochen. Dennoch konnte Marie aus der Luft gegriffene Beschuldigungen nicht ausstehen. Und die Bemerkungen von Paul Fouquet paßten ihr genausowenig, auch wenn sie zugegebenermaßen einen Axt- noch nicht von einem Tomahawkhieb unterscheiden konnte. Sie hatte bisher lediglich einige wenige Verletzungen behandelt, die von Pfeilen herrührten: Entweder kam der Verwundete von der Île d'Orléans, wo die Irokesen die abgelegenen Hütten der Siedler überfielen, oder aus dem Norden, und das war dann ein Waldläufer, der zu ihr kam, nachdem er seine Häute im Kaufhaus abgeliefert und im Wirtshaus einen Schluck getrunken hatte, um ihr eine brandige oder schlecht verheilte Wunde zu zeigen. Guillaume war der erste, den sie wegen einer schweren Schädelverletzung behandelte.

An der Tür zur Kapelle blickte sie zum Armenfriedhof hinüber. Guillaume Laviolette würde nicht in einer der großen Gruben enden, die seit zwei Jahren für die Ärmsten der Armen ausgehoben wurden, schwor sie sich. Als sie Schwester Sainte-Louise an seinem Lager ablöste, wirkte sie so frisch und munter, daß die Ordensfrau einen Augenblick mit dem Gedanken spielte, sich ebenfalls der Nachtluft auszusetzen.

Marie erkundigte sich nach dem Zustand des Verletzten. Im gleichen Moment schallte ein markerschütternder Schrei durch den Saal, der sie schaudern ließ. Sie warf der Nonne einen fragenden Blick zu, doch die hatte die Augen geschlossen und bekreuzigte sich. Abermals war ein Schrei zu hören. Marie sprang auf, um der in Not Geratenen zu Hilfe zu eilen, aber Schwester Sainte-Louise hielt sie zurück.

»Bleib hier!«

»Da braucht jemand Hilfe, hört Ihr das denn nicht? Laßt mich gehen …«

»Nein. Das ist nur eine Schwester, die schlecht träumt.« Die Betreffende leide sehr unter dem Wechsel der Jahreszeiten, fügte sie erklärend hinzu, und werde jedesmal von schrecklichen Alpträumen heimgesucht. »Es wird alles gut werden, du wirst sehen.«

Ihre Stimme klang fest, aber ihr Blick verriet Angst. Marie sah sie prüfend an und zuckte dann mit den Schultern. Warum diese Geheimniskrämerei? Schließlich könnte sie der Schwester ein Heilmittel für ruhigeren Schlaf verordnen.

»Wer ist es denn? Ich werde ihr eine Arznei …«

»Das ist nicht nötig«, unterbrach Schwester Sainte-Louise sie. »Kümmere dich um den Verletzten, während ich nach den anderen sehe.«

Bevor Marie etwas entgegnen konnte, war sie davongeeilt, um hier ein Laken glattzustreichen, dort eine heiße Stirn mit einem feuchten Lappen zu kühlen. Marie beugte sich über Guillaume und säuberte seinen Bart, erst behutsam, dann, in der Hoffnung, den Waldläufer aus seiner Bewußtlosigkeit zu reißen, mit lebhafteren Bewegungen. Als sie fertig war, nahm sie die Schnapsflasche zur Hand und blickte sich suchend nach einer sauberen Schale um, aber alle waren schmutzig. Sie warf einen raschen Blick in die Runde: Die Kranken schliefen, Alphonse Rousseau schnarchte bereits, Paul Fouquet hatte sich auf den Bauch gedreht. Da schob sie verstohlen die Hand unter ihre Röcke, öffnete den kleinen Lederbeutel, den sie immer bei sich trug, und nahm den silbernen Tiegel heraus. Guy Chahinian hätte sicher nichts dagegen, schließlich galt es, ein Menschenleben zu retten. Sie goß etwas Alkohol hinein und schnupperte daran. Der scharfe Geruch, der so gar nichts mit dem Duft des Layoner Weines gemein hatte, der im Haus von Saint-Arnaud aufgetischt wurde, löste einen Hustenanfall aus. Neugierig nippte sie dennoch daran, schluckte, hustete abermals und schloß mit Tränen in den Augen, daß das Getränk den Namen Feuerwasser wirklich verdient habe.

Als sie Guillaumes Lippen damit befeuchtete, hörte sie, wie er leicht mit der Zunge schnalzte. Sofort flößte sie ihm einen kräftigen Schluck ein.

Guillaume verschluckte sich und mußte so sehr husten, daß er Marie den Tiegel aus der Hand schlug. Während sie den Alkohol aufwischte, ließ sie Guillaume nicht aus den Augen. Er warf den Kopf hin und her, ruderte wild mit den Armen, brummte, stöhnte, seufzte und schlug endlich die Augen auf. Verständnislos starrte er Marie an.

»Ich bin es, Marie LaFlamme. Erkennt Ihr mich nicht? Ich war mit Victor Le Morhier unten am Hafen. Kurz bevor sein Schiff in See stach und …«

Sie verstummte, weil ihr die Ermahnung ihrer Mutter einfiel, einen Kranken nicht durch einen Redeschwall zu ermüden. Guillaume musterte sie mit einem Ausdruck grenzenlosen Erstaunens. Nach einer Weile drehte er den Kopf nach rechts. Als er die Krankenbetten sah, hob er die Hand und befühlte vorsichtig seinen Hinterkopf. Das Gesicht schmerzverzerrt, zuckte er zusammen. Er dachte einen Augenblick nach und murmelte dann: »Guillaume …«

»Ja, das ist Euer Name!« rief Marie erleichtert aus.

»Was ist denn passiert?«

»Ihr seid überfallen worden, man hat Euch am Champlain-Brunnen gefunden. Bewußtlos.«

»Wann war das?«

»Vor einigen Stunden. Habt Ihr eine Ahnung, wer Euch nach dem Leben trachtet?«

Guillaume schloß erneut die Augen, und Marie fürchtete schon, er sei wieder ohnmächtig geworden. Aber als sie ihm die Schnapsflasche an die Lippen hielt, öffnete er den Mund und trank einen Schluck.

»Ah, das tut gut! Soll ich Euch etwas übriglassen?«

Marie schüttelte lachend den Kopf. Sie legte den Finger an die Lippen und flüsterte:

»Nicht so laut! Die anderen schlafen schon. Sogar Schwester Sainte-Louise ist auf ihrem Stühlchen eingenickt ... Stimmt es, daß es ein Indianer war, der Euch niedergeschlagen hat?«

Guillaume machte eine ungeduldige Bewegung. »Wärt Ihr froh darüber?«

»Nein, ganz und gar nicht!« entgegnete Marie empört. »Ich habe die Wilden sogar in Schutz genommen! Ich weiß doch, daß Ihr ein Freund der Indianer seid und es nicht gern hättet, wenn sie zu Unrecht beschuldigt würden.«

»Was in diesem hübschen Köpfchen so vor sich geht«, sagte Guillaume lächelnd. »Ihr scheint Euch ja sehr für meine Person zu interessieren.«

Marie gab ihm einen Klaps auf die Hand. Guillaume neckte sie wie eine Schwester oder eine Cousine. Im Gegensatz zu den meisten anderen Männern schien er sie nicht zu begehren, was sie zwar erstaunte, aber nicht kränkte, im Gegenteil, sie empfand sogar Erleichterung darüber.

»Ich habe Euch doch gesagt, daß ich die Sprache Eurer Freunde von Euch lernen möchte. Das heißt, falls sie noch Eure Freunde sind ...«

»Sie sind mir allemal lieber als die Tourainer!«

»Ihr stammt aus Touraine? Victor sagte, aus Le Croisic.«

»Das ist richtig.«

»Nanette kam auch von dort.«

»Wer ist Nanette?«

»Eine Frau, die ich gut kannte. Aber warum haßt Ihr die Touraine so?«

»Weil ich dort verurteilt worden bin«, flüsterte Guillaume. »Wegen Salzschmuggels. Zu einer Geldstrafe von zweihundert Pfund. Und weil ich nicht soviel hatte, haben sie mich ins Gefängnis gesteckt. Eigentlich war ich Truhenmacher, aber kein sehr begabter.«

Ein Lächeln ging über Guillaumes Gesicht, als er an seine schlechtverzapften oder wackligen Truhen dachte. Sie hätten ihm so manche Klage eingebracht, wenn seine Kunden mit der Truhe nicht auch die Gewißheit erworben hätten, billiges Salz zu bekommen. Die Salzsteuer verdroß die Menschen mehr als alles andere, weil die Höhe der Abgabe von Region zu Region beträchtlich schwankte. Während in den Provinzen Maine, Anjou, Nivernais oder Champagne das Salz ungewöhnlich hoch besteuert und damit schier unerschwinglich war, erfreuten sich Bayeux oder Coutances eines erheblich günstigeren Steuersatzes.

»Saint-Arnaud hat jahrelang Schmuggel betrieben, ohne behelligt zu werden«, sagte Marie. »Ihr habt wirklich Pech gehabt.«

14. KAPITEL

»Habt Ihr Saint-Arnaud gesagt?« rief der Waldläufer.

»Ja, mein M ...« Marie besann sich noch rechtzeitig. »Ein Bekannter aus Nantes. Aber Ihr solltet jetzt schlafen. Denkt an Eure Verletzung.«

Guillaume richtete sich auf. Seine Augen funkelten. »Es geht mir schon viel besser. Ihr kennt eine Menge Leute, scheint mir. Erst diese Nanette und jetzt Geoffroy de Saint-Arnaud. Dann seid Ihr also seine Witwe?«

»Wie ... Was ...« stammelte Marie. Das müsse er falsch verstanden haben, fügte sie schroff hinzu. Er solle sich jetzt hinlegen und schlafen.

»Haßt Ihr ihn auch so wie ich?«

Statt einer Antwort sah sie ihn nur an und fragte dann nach dem Grund für seine tiefe Abneigung.

»Sagt mir zuerst, ob er noch am Leben ist.«

»Das will ich hoffen!« Maries Stimme klang ein wenig schrill.

Guillaumes Miene verfinsterte sich. »Ihr haltet ihn nicht für einen verabscheuungswürdigen Menschen?«

»O doch!« entfuhr es ihr lauter als beabsichtigt. Sie verabscheue ihn aus tiefster Seele. »Und was für einen Grund habt Ihr, ihn zu hassen?«

»Er hat meinen Vater ins Verderben gestürzt. Er war Höker in Le Croisic und ließ sich von Saint-Arnaud zu einem waghalsigen Geschäft überreden: Mein Vater übergab ihm eine komplette Takelung und Besegelung, dafür würde Saint-Arnaud ihn später mit der Ware bezahlen, die er von seiner Reise mitbrächte.«

»Euer Vater hätte sich auf diesen Handel nicht einzulassen brauchen«, hielt Marie ihm entgegen.

Guillaume sah sie lange an.

Genau das sei der Grund, weshalb er Saint-Arnaud verwünsche, gestand er: Er habe ihm die Schwäche seines Vaters und sein mangelndes Urteilsvermögen vor Augen geführt.

»Mein Vater hat ihm unbesehen jedes Wort geglaubt. Denn er träumte davon, auch ein schleifenverziertes Wams sein eigen zu nennen. Ich war zwölf, als mein Vater sich erhängte. Auf den Gedanken, sich zu ertränken und einen Unfall vorzutäuschen, war er nicht gekommen. Meine Mutter konnte die Schande nicht ertragen. Sie folgte ihm kurze Zeit später.«

»Und Ihr habt es vorgezogen, nicht in die Fußstapfen

Eures Vaters zu treten und lieber Truhenmacher zu werden.«

»Ich hatte keine andere Wahl. Mein Onkel gab mir Arbeit. Er hielt mich wie einen Sklaven. Das Essen mußte ich mir mit dem Hund teilen. Nur Schläge bekam ich mehr als er.«

Seine traurige Geschichte war kein Einzelfall. Anne LaFlamme hatte immer wieder Knaben behandelt, die von ihren Lehrherren verprügelt worden waren. Marie hörte nur mit halben Ohr zu. Was sollte sie Guillaume über Saint-Arnaud erzählen? Wieweit konnte sie ihm vertrauen?

Ihr Blick schweifte über die Betten, die wie in den großen Krankenhäusern Frankreichs in einer Reihe an der Wand entlang aufgestellt waren, eine Neuerung, auf die Schwester Sainte-Louise sehr stolz war. Marie fragte sich, ob die Kranken sich auch dann noch so bereitwillig von ihr betreuen ließen, wenn sie wüßten, daß sie die Tochter einer Hexe war, ihren Ehemann verlassen hatte und möglicherweise wegen Beihilfe zum Mord gesucht wurde. Bestimmt nicht, gab sie sich selbst zur Antwort und beschloß, sich eine Geschichte für Guillaume auszudenken.

Einen Teil der Wahrheit flocht sie dennoch ein. Vielleicht waren es die regelmäßigen Atemzüge der friedlich schlafenden Kranken, vielleicht auch die Freude über Guillaumes Rettung und die Art, wie er sie ansah, so als könnte er ihre Gedanken lesen, vielleicht die Dunkelheit, die es jedem Menschen erleichtert, sein Innerstes zu offenbaren, vielleicht das beglückende Gefühl, jemanden getroffen zu haben, der Saint-Arnaud ebenso verabscheute wie sie selber – auf alle Fälle fühlte Marie sich ermutigt, ihrem heftigen Abscheu freien Lauf zu lassen. Deutlich stiegen die Bilder der Vergangenheit vor ihr auf. Sie erinnerte sich an das Ränkespiel, das Anne LaFlamme auf den Scheiterhaufen gebracht und sie selbst in den Kerker geführt und danach in Saint-Arnauds Bett gezwungen hatte. Sie erinnerte sich, wie er mit Gewalt in sie eingedrungen war, so daß sie sich vor sich selbst geekelt hatte; fast wäre sie daran zugrunde gegangen. Sie erinnerte sich an ihre Flucht nach Paris und an Guy Chahinian, der für den Versuch, ihr zu helfen, teuer bezahlt hatte. Und an allem war nur Geoffroy de Saint-Arnaud schuld!

In Anbetracht ihrer Schönheit erschien es zwar glaubhaft, daß ein Adliger sie trotz ihres niederen Standes zur Frau genommen hatte. Dennoch fragte sich Guillaume, ob es nicht noch einen anderen Grund gebe. Den Schatz erwähnte sie ebensowenig wie Simon Perrot. Nachdem sich die Szene von der Ermordung Jules Pernelles immer wieder vor ihrem geistigen Auge abgespielt hatte, war sie inzwischen überzeugt, daß Simon keine andere Wahl gehabt hatte, als Guy Chahinian zu verhaften, seiner Pflicht indes nur mit größtem Widerwillen nachgekommen war.

»Dann seid Ihr also vor Eurem Ehemann nach Neufrankreich geflohen. Ich dachte, Ihr hättet erzählt, Ihr seid die Witwe eines gewissen Simon.«

»Das war eine Lüge«, gestand Marie leise. »Ich habe Saint-Arnaud geheiratet, nachdem ich Simon verloren hatte. Aber ich wollte nicht, daß jemand davon erfährt, weil er seine Spione überall hat.«

»Keine Angst, ich werde Euch nicht verraten. Es erstaunt mich jedoch, daß Ihr Eurem Mann nicht den Tod wünscht. Er besitzt ein beträchtliches Vermögen. Wärt Ihr bei ihm geblieben, hättet Ihr sicherlich nicht allzulange darauf zu warten brauchen.«

»Ihr meint, falls er einem bedauerlichen Unfall zum Opfer gefallen wäre …«

»Geht er nicht leidenschaftlich gern auf die Jagd?«

Marie lächelte. Sie bevorzuge Gift, vertraute sie Guillaume an. Damit er länger leiden müsse.

»Ich würde Euch sogar die Schale halten, in die Ihr das Gift gebt, wenn ich je die Absicht hätte, nach Frankreich zurückzukehren.«

»Wollt Ihr für immer hierbleiben?«

»Ich bin zu einer Galeerenstrafe verurteilt worden, konnte aber fliehen. Wenn sie mich fassen, werden sie mich hängen. Außerdem verfolge ich lieber die Spur eines Karibus, eines Wolfs oder Fuchses und jage lieber Niederwild, als den ganzen Tag in einer finsteren, verräucherten Kammer eingesperrt zu sein und gebückt über einer Holzarbeit zu sitzen. Niemand hier weiß, daß ich einmal Handwerker war.«

»Davon gibt es ja auch schon genug«, meinte Marie augenzwinkernd. »Zum Beispiel Boulu, der die kleine Bank hier gezimmert hat. Er war übrigens einer von denen, die Euch herbrachten. Die andern beiden waren Michel Dupuis und Marcel Toussaint.«

Die drei hätten behauptet, er sei von Indianern überfallen worden, fügte sie nach einer Pause hinzu. Guillaume zuckte mit den Schultern.

»Es gibt unter den Indianern einige, die mich hassen, und unter den Siedlern auch. Sie neiden mir meine Messer oder meine Freiheit, meine Schnapsflasche oder meine Geschicklichkeit. Viele haben gewußt, daß ich am selben Morgen im Kaufhaus war, um meine Felle zu verkaufen. Vielleicht dachte einer, meine Geldkatze sei gut gefüllt.«

»War sie es denn nicht?«

Das gierige Funkeln in Maries Augen belustigte ihn. »Nein.«

»Seid Ihr Eure Felle nicht losgeworden?«

Guillaume brach in wieherndes Gelächter aus. »Bisher hat man sie mir noch jedesmal aus den Händen gerissen. Aber ich verkaufe nicht an jeden.«

»An mich aber schon, nicht wahr?« flötete Marie mit kokettem Augenaufschlag.

»Wenn Ihr mich in diesem Ton fragt: nein. Ich bin nicht Victor Le Morhier.«

Sie mache sich nicht das geringste aus Victor, wollte Marie gerade entgegnen, doch da in diesem Augenblick Mutter Catherine an Guillaumes Lager trat, verbiß sie sich die unaufrichtige Antwort. Das beruhigende Lächeln der hübschen Ordensfrau verfehlte seine Wirkung auch dieses Mal nicht. Andächtig lauschte Guillaume ihren Worten. Sein dankbarer Gesichtsausdruck erzürnte Marie: Schließlich hatte sie ihn wieder zusammengeflickt und nicht Mutter Catherine.

Schwester Sainte-Louise eilte auf ihre Ablösung zu. Marie wunderte sich über ihre angstvolle Miene, doch bevor sie die Nonne nach dem Grund fragen konnte, hatte sie Mutter Catherine am Arm gefaßt und ein Stück beiseite gezogen.

Was verheimlichte man ihr? Sie drehte sich zu Guillaume um, aber der war eingeschlafen und hatte nichts mitbekommen. Marie preßte grimmig die Lippen zusammen. Alle ließen sie im Stich! Nach allem, was sie für sie getan hatte!

Sie stürmte ans andere Ende des Saals und warf sich auf den Stuhl, auf dem Schwester Sainte-Louise ein Schläfchen gehalten hatte. Sie würde ihn nicht für Mutter Catherine räumen wie alle andern. Sollte sie nur kommen und ihr Recht fordern!

Marie war im Nu eingeschlafen. Mutter Catherine näherte sich leise und legte ihr einen wollenen Umhang um die Schultern. Dann kehrte sie an Guillaumes Lager zurück. Sie hatte das Gefühl, der Teufel werde sie in Ruhe lassen, solange sie am Bett eines Kranken wachte, deshalb war sie froh, daß die Reihe nun an ihr war. Sie seufzte. Wie lange würde man ihr die Geschichte von den Alpträumen noch glauben? Schwester Sainte-Louise fürchtete bereits, ebenfalls von beängstigenden Träumen heimgesucht zu werden. Sie hatte sie zwar zu beruhigen vermocht, doch für wie lange? Sie dankte dem Herrn, daß Er gerade sie für diese schwere Prüfung ausgewählt hatte, auch wenn sie ihre Kräfte zu übersteigen drohte. Von all den Schicksalsschlägen im Laufe der Jahre hatte keiner sie so zermürbt wie die Besitznahme ihrer Seele durch dämonische Mächte: nicht der Eintritt ins Kloster im zarten Alter von zwölf Jahren, nicht die beschwerliche Überfahrt im Jahr 1649, als die Pest wütete, nicht der verheerende Brand im Kloster zwölf Monate später, nicht die Krankheit, die sie beinah zur Rückkehr nach Bayeux gezwungen hätte, nicht die Angriffe der Irokesen, ja nicht einmal das Erdbeben. Sooft sich die Engel des Bösen in ihr einnisteten, brachte sie ihre Qualen dem Herrn als Sühneopfer für die in der Kolonie verübten Verbrechen dar. Und da sie seit jeher eine tiefe Abneigung gegen alles Unreine verspürte, verursachte die Anwesenheit der bösen Geister ihr wahre Höllenqualen. Obgleich sie sich einerseits davor fürchtete, sehnte sie andererseits die Pein herbei, damit ihr Opfer noch wertvoller würde.

Sie betete aber auch um die Kraft, ihrer neuen Aufgabe als erste Hospitaliterin gerecht zu werden. Am 4. Oktober, nachdem Mutter Marie Forestier de Saint-Bonaventure-de-Jésus zur Oberin ernannt worden war, hatte sie ihr Amt angetreten. Sie schätzte die Ordensfrau zwar, zögerte jedoch, sich ihr hinsichtlich Marie LaFlammes anzuvertrauen. Das Kloster war kein Platz für die junge Frau. Marie erinnerte sie an ein Reh. Es kam ihr so vor, als wartete sie nur auf eine günstige Gelegenheit, sich mit einem Satz durchs Fenster vor einem allzu geregelten Leben zu retten. Über zuviel Arbeit klagte sie nie: Sie wäre sicher schon längst vor Langeweile gestorben, wenn sie nicht die Kranken zu betreuen hätte. Wahrscheinlich war sie insgeheim froh über Laviolettes Unfall.

Mutter Catherine betrachtete die Schlafende. Wie sollte es weitergehen? Sie wußte, daß Marie nicht die Wahrheit über ihre Vergangenheit in Frankreich erzählte, aber sie hatte nie versucht, ihr durch hartnäckiges Fragen eine Lüge nachzuweisen. Was ihre Begabung auf dem Gebiet der Heilkunde betraf, hatte sie jedenfalls nicht übertrieben, und Mutter Catherine widerstrebte es, sie gehen zu lassen. Aber jemanden wie Marie konnte man auf Dauer nicht halten. Sie hoffte, sie würde wenigstens noch bis Weihnachten bleiben.

Die Ordensfrau streckte und reckte sich. Stundenlang war sie fast regungslos im Gebet verharrt. Sie machte ein paar Schritte, schüttelte die tauben Glieder aus und setzte sich dann wieder zu Guillaume. Ein dünner Sonnenstrahl spielte über seinen Bart. Welch ein Glück, daß das Spital nach Osten hin lag! Die wärmende Sonne tat den Kranken gut. Natürlich wäre es schön gewesen, wenn sie bereits vom frühen Morgen an in die benachbarte Kapelle scheinen würde und nicht erst um die Mittagszeit. Ein Lächeln huschte über Mutter Catherines Gesicht: Das Licht Gottes leuchtete zu jeder Stunde in ihrem Herzen, und nur darauf kam es an.

Guillaume Laviolette mußte niesen, als hätte der Sonnenstrahl ihn gekitzelt. Mutter Catherine erhob sich, um Marie zu wecken. Da sie eifersüchtig über ihre Patienten wachte, würde sie sicherlich die erste sein wollen, die mit dem Verletzten sprach.

Die Ordensfrau irrte nicht. Marie sprang auf, bückte sich rasch nach dem Umhang, der ihr von den Schultern gerutscht war, drückte ihn Mutter Catherine mit einem hastig gemurmelten Dankeswort in die Hand und lief zu Guillaume.

Es dauerte einige Augenblicke, bis er sich zurechtgefunden hatte. Er lächelte Marie zu und sagte:

»Ich bin ja immer noch hier! Gefalle ich Euch so sehr, daß Ihr mich dabehalten wollt?«

Marie erwiderte sein Lächeln. »Laßt mich Euren Verband erneuern, dann sehen wir weiter. Warum genießt Ihr es nicht, einmal richtig auszuruhen?«

»Weil es gefährlich ist, nichts zu tun und sich mästen zu lassen. Ich könnte mich daran gewöhnen, und dann würde ich nie wieder auf die Jagd gehen können. Ich wäre nicht einmal mehr imstande, mein Kanu von einem See zum nächsten zu tragen. Dafür muß man nämlich in guter körperlicher Verfassung sein. Ich hoffe, Ihr habt mich anständig gepflegt.«

Er betastete seinen Verband. »Allmächtiger!« stieß er mit schmerzverzerrtem Gesicht hervor. »Wenn ich den zu fassen kriege, der mich …«

»Schsch!« machte Marie und legte ihm den Finger auf die spröden Lippen. »Haltet Eure Zunge im Zaum! Oder wollt Ihr, daß man Euch wegen Gotteslästerung auspeitscht?«

Guillaume versprach, vorsichtiger zu sein, solange er in der Stadt weilte.

»Heißt das, Ihr wollt bald wieder aufbrechen?« fragte Marie sichtlich enttäuscht.

»So schnell wie möglich!«

»Ich werde mich langweilen ohne Euch.« Sie riß ein Stück Verband mit einem Ruck herunter.

Guillaume stieß einen Schmerzensschrei aus. »Deshalb braucht Ihr nicht gleich so grob zu werden!«

»Ich dachte, Ihr wärt an ein rauhes Leben gewöhnt«, spottete sie.

»Das stimmt auch. Aber mit Euch ist das Leben auch nicht gerade sanft umgegangen, wenn ich das, was Ihr mir gestern erzählt habt, nicht geträumt habe.«

Marie hielt kurz inne, ehe sie den Wundverband behutsam ablöste. Eine Blutkruste hatte sich darunter gebildet, aber zu ihrer Erleichterung eiterte die Wunde nur wenig. Es war also richtig gewesen, sie mit Seifenlauge auszuwaschen. Die fransigen Hautlappen konnte man ebenso deutlich erkennen wie den Faden, der sie zusammenhielt.

»Nun, wie sieht es aus?« fragten Guillaume und Mutter Catherine, die sich zu ihnen gesellt hatte, wie aus einem Munde.

»Ich werde die Wunde säubern und frisch verbinden. Aber auf Fuchsjagd könnt Ihr heute noch nicht gehen.«

»Und morgen?«

»Werdet Ihr Euch auch noch schonen müssen.«

»Das ist aber schade. Ich wollte Euch nämlich zu Eléonore de Grandmaisons Hochzeit einladen.«

Marie machte große Augen und sah die Ordensfrau ungläubig an. Hatte sie richtig gehört? Mutter Catherine deutete ihren Blick falsch. Sie dachte, Marie wolle um Erlaubnis bitten, und meinte, sie müsse die Angelegenheit mit der neuen Oberin klären.

Guillaume setzte sich für sie ein: »Immerhin hat Marie LaFlamme mir das Leben gerettet.«

Mutter Catherine unterdrückte ein Lächeln. Das war nun doch ein wenig übertrieben. Niemand würde bestreiten wollen, daß Marie ihr Handwerk verstand, aber der Waldläufer befand sich auch in einer bemerkenswert guten Verfassung. Die Ordensfrau hatte den Hünen des öfteren wegen einer kleineren Verletzung behandelt und seine Widerstandskraft und seine außergewöhnliche Leistungsfähigkeit bewundert. Er scheute vor keiner Arbeit zurück, und die Schwestern konnten, wenn er sich in Québec aufhielt, immer auf seine Hilfe rechnen. Er hatte Berge von Holz für sie gehackt und ihren Garten von Unkraut und Gestrüpp befreit, ohne ins Schwitzen zu kommen.

»Sie hat es verdient, einmal für ein paar Stunden hier herauszukommen«, beharrte Guillaume. »Wir werden mit Madame Couillard und ihrer Familie hingehen.«

Die Entscheidung liege nicht bei ihr, wiederholte Mutter Catherine, aber sie habe nichts dagegen einzuwenden. Vorausgesetzt, Marie sei vor Einbruch der Dunkelheit wieder zurück und bleibe immer in Madame Couillards Nähe.

»Das verspreche ich Euch«, beteuerte Guillaume.

Als die Ordensfrau die beiden allein gelassen hatte, murrte Marie, sie könne für sich allein entscheiden.

Guillaume lachte auf. »Das fällt Euch jetzt ein, wo Mutter Catherine auf dem Weg zur Mutter Oberin ist?«

»Ich habe ja nicht gesagt, daß ich nicht mitkommen will auf den Ball.«

»Na also. Ob es allerdings ein Ball nach Euren Wünschen wird, kann ich nicht versprechen. Unsere Freundin Eléonore feiert zum viertenmal Hochzeit, da schickt es sich nicht, ein großes Fest auszurichten. Aber lustiger als hier wird es allemal werden!«

Marie schob mechanisch die Hand unter ihre Schürze, um sich zu vergewissern, daß die Schmelzgefäße noch da waren. Erst als sie das Metall berührte, wurde ihr die Geste bewußt, und sie hielt erschrocken inne. Guillaume, der sie beobachtete, neckte sie:

»Was habt Ihr denn unter Eurer Schürze versteckt? Pillen?«

»Nein, ich … ich dachte, ich hätte einen Becher bei mir. Damit ich Euch etwas zu trinken geben kann.«

»Dort, auf dem Tisch, direkt vor Eurer Nase. Ihr seid ja ganz durcheinander. Doch nicht etwa, weil ich Euch eingeladen habe?«

Marie zwang sich zu einem Lächeln. »Warum denn sonst?« scherzte sie. »Alle Frauen werden mich beneiden: Ihr wirkt so vornehm mit Eurer neuen Kopfbedeckung.

Vielleicht sollten wir noch ein paar Federn hineinstecken.«

Sie wurde plötzlich ernst. Sie erzählte Guillaume einen Traum, den sie gehabt hatte: Geoffroy de Saint-Arnaud, der Federschmuck an seinen Hüten trug, wurde von den Vögeln angegriffen, deren Gefieder er geplündert hatte. Strauße, Reiher, Ibisse, Grünspechte, Papageien, Brachvögel, Milane, Seeschwalben und Quetzals stürzten sich auf ihn, um ihm die Augen auszuhacken und ihm das Gesicht zu zerfleischen. Marie stand am vergitterten Schlafzimmerfenster und schaute zu. Bei jedem Schmerzensschrei ihres Ehemannes klatschte sie Beifall. Und dann flog eine Ammer herbei und ließ einen zuckenden Fleischfetzen in ihre Hand fallen.

»Als ich aufwachte, hatte ich noch die Faust geballt.«

Guillaume rieb sich den Bart. »Ich schätze, die Zeremonie der Indianer würde Euch nicht gefallen.«

»Wegen des Federschmucks, meint Ihr? Nein, das ist etwas anderes. Ich habe nichts gegen die Indianer, und ich nehme an, sie töten die Vögel in erster Linie, weil sie ihnen als Nahrung dienen, und nicht wegen ihres Gefieders. Saint-Arnaud wäre imstande, einen Menschen um der Federn auf seinem Hut willen zu töten.«

»Mir scheint, Ihr haßt ihn noch mehr als ich.«

Marie seufzte. »Ruht Euch lieber noch ein wenig aus, wenn Ihr mich zum Tanz ausführen wollt«, sagte sie und deckte ihn zu. »Was tanzt man hier eigentlich?«

Guillaume machte die Augen zu und tat, als hätte er nicht gehört. Er hatte noch nie im Leben getanzt und verspürte wenig Lust, auf Eléonores Hochzeit damit anzufangen. Es würden sich genug Männer finden, die Marie zu einem Menuett oder einem Kotillon auffordern könnten. In der Zwischenzeit würde er sich am Saft laben. Niemandem gelang der so gut wie Madame de Grandmaison, und Guillaume hätte um einen Schneefuchs gewettet, daß sie ihn mit Schnaps verfeinerte. Er hatte oft ein Gläschen mit Gourdeau de Beaulieu, ihrem dritten Ehemann, einem Notar, getrunken und sich dabei an seinen Geschichten über hinterhältige Erben oder um ihren Besitz besorgte Bürger ergötzt. Was er zu hören bekam, bestätigte ihm immer wieder aufs neue, daß seine Entscheidung für ein Leben in Freiheit richtig gewesen war. Er kam gern in die Rue St. Pierre, um zu plaudern, einen Saft oder einen Becher spanischen Wein zu trinken, aber ebensogern ging er auch wieder.

Ob Eléonores Zukünftiger, ein Mann aus uraltem Adel, sich auch so gastfreundlich zeigen würde? Er wußte nicht viel über Jacques Cailhault de la Tesserie. Wie hatte er wohl die Auflösung seines mit Davaugour geschlossenen Vertrags aufgenommen? Die Enttäuschung hatte er sicher noch nicht verwunden. Guillaume würde ihn ermuntern, ihm sein Herz auszuschütten: Er wußte, Ärger machte oft redselig. Und er hätte zu gern mehr über die neuen Vertragsbedingungen erfahren. Vieles an den alten Verhältnissen war ihm ein Dorn im Auge gewesen. Ein großer Bewunderer von Pierre-Esprit Radisson und Médard Chouart des Groseilliers, hatte er von ihren Kenntnissen des Westens profitiert und war zutiefst empört gewesen über das Verhalten Gouverneur d'Argensons. Der hatte die Felle der beiden Waldläufer nach ihrer Rückkehr beschlagnahmt und sie zu einer Geldstrafe verurteilt, anstatt ihnen zum Erfolg ihres Unternehmens zu gratulieren. Guillaume vermutete, er war neidisch auf ihre erfolgreichen Bemühungen, die Kolonie vor dem Ruin zu retten. Er hatte nie wieder etwas von den berühmten Abenteurern gehört, doch er hielt es für durchaus denkbar, daß sie nach ihrer Heimkehr ihre Dienste an die Engländer verkauft hatten. Und er konnte es ihnen nicht verübeln, auch wenn andere von Verrat sprachen. Der erste Verrat war von d'Argenson begangen worden. Es blieb abzuwarten, was sich Saffray de Mézy einfallen ließe, um die Wirtschaft Neufrankreichs wieder in Schwung zu bringen. Im Augenblick hatte es den Anschein, als sei er Bischof Laval bedingungslos ergeben.

Genau wie Davaugour bei seinem Amtsantritt …

Guillaume wäre jede Wette eingegangen, daß es zwischen Mézy und dem Bischof zu Streitigkeiten kommen würde. Von wenigen Ausnahmen abgesehen, hatte jeder irgendeinen Grund, wütend auf ihn zu sein. Charles-Aubert de La Chesnaye war so eine Ausnahme. Er hatte vor kurzem auf die Rechte am Pelzhandel und den Vertrag von Tadoussac geboten. Seine Chancen standen nicht schlecht, aber mit Claude Charron und Jean Bourdon mußte man ebenfalls rechnen. Guillaume hätte zu gern gewußt, ob es zutraf, daß das Mindestgebot bei dreißigtausend Pfund festgesetzt worden war. Vielleicht könnte er auf der Hochzeit etwas in Erfahrung bringen.

Während er darüber nachsann, wie weit wohl der Preis in die Höhe getrieben und welchen Gewinn der Käufer der Pachtrechte erzielen würde, schlief er ein. Er träumte davon, Geoffroy de Saint-Arnaud fünfzigtausend Pfund abzunehmen und bei der Versteigerung den Zuschlag zu erhalten.

15. KAPITEL

»Fünfhundert Pfund!« Martin Le Morhier schüttelte den Kopf. »Saint-Arnaud hat demjenigen, der ihn zu Marie führt oder sie zu ihm bringt, fünfhundert Pfund versprochen. Er wird herausfinden, daß Victor sie in Paris getroffen hat …«

Myriam tätschelte beruhigend seinen Arm und versuchte, sich nichts von ihrer tiefen Sorge um den Sohn anmerken zu lassen. Sie hatte nur einen Blick auf Victor zu werfen brauchen und sofort gewußt, daß sie kein frohes Wiedersehen feiern würden. Irgend etwas bedrückte ihn. Und der Grund für seine Niedergeschlagenheit hatte einen Namen: Marie LaFlamme.

Gemeinsam mit der Magd bereitete sie das Festessen zu, backte Pilze und Artischocken aus, schickte den Nachbarjungen zum Markt, wo er Frösche kaufen sollte, spickte den Fasan, achtete darauf, daß Zimt und Anis unter die Äpfel und Birnen für den Kuchen gemischt wurden, und mengte selber noch Korinthen und geraspelte Zitronenschalen darunter. Sie redete sich ein, Victor müsse einen Bärenhunger haben, so wie einst sein Vater, wenn er von einer Seereise zurückgekehrt war. Sorgfältig deckte sie den Tisch, schmückte ihn mit Blumen, breitete eine Spitzendecke aus, die so weiß war wie die Perlen, die ihr Mann ihr zu Victors Geburt geschenkt hatte, und stellte zusätzliche Kerzenleuchter auf. In dem auf Hochglanz polierten Silbergeschirr spiegelten sich die Kerzenflammen. Der matte Widerschein war blendend hell, verglichen mit dem Schimmer in Victors Augen. Er lachte zwar über die Scherze seines Vaters und drückte der Mutter immer wieder liebevoll die Hand, aber über seine grenzenlose Traurigkeit konnte er nicht hinwegtäuschen. Myriam stellte keine Fragen. Später, sie dachte, Victor sei ausgegangen, sprach sie mit ihrem Mann.

»Was hältst du davon?«

»Er scheint auch an diesen verwünschten Schatz zu glauben!«

»Aber von ihm wird Saint-Arnaud nichts erfahren. Er liebt Marie, vergiß das nicht.«

»Ein Glück, daß sie in Québec ist!«

»Ja, dort ist sie in Sicherheit«, pflichtete Myriam ihm

bei. »Anne wäre stolz auf sie, wenn sie wüßte, wie begabt sie für die Behandlung und Pflege der Kranken ist.«

»Sie ist mindestens ebenso begabt dafür, sich und andere in Schwierigkeiten zu bringen. Ich habe Angst um unseren Sohn. Wenn Saint-Arnaud erfährt, daß sich Victor unter den Seeleuten umhört, um denjenigen ausfindig zu machen, der mit Pierre LaFlamme gesprochen hat und den Schlüssel zur Lösung des Rätsels kennt, kann er sich doch denken, daß er mit Marie in Verbindung steht.«

»Was, glaubst du, wird er unternehmen?«

»Er wird versuchen, Victor auszufragen.«

»Victor wird nichts verraten.«

»Es sei denn, Saint-Arnaud setzt ihn unter Druck«, sagte Le Morhier langsam.

»Wie? Womit?«

»Zuerst wird er ihm Geld anbieten. Oder ihm vorschlagen, den Schatz mit ihm zu teilen. Victor wird ablehnen. Also muß sich Saint-Arnaud etwas anderes einfallen lassen. Er könnte ihm zum Beispiel etwas versprechen. Natürlich nur zum Schein.«

Martin Le Morhier setzte sich ans Feuer und streckte die Beine aus. Bei seinem morgendlichen Spaziergang zur Loire hinunter hatte er sich nasse Füße geholt, was er aber erst jetzt bemerkte, weil seine Gedanken unentwegt um die Zukunft seines Sohnes gekreist waren.

Er legte die Hand auf Myriams Knie und sagte, es werde Saint-Arnaud nicht verborgen bleiben, daß Victor in Marie verliebt war. Er würde ihm vermutlich die Auflösung seiner Ehe und die Rücknahme der gegen sie vorgebrachten Beschuldigungen im Tausch gegen den Schatz anbieten.

»Wenn ich mir vorstellen, daß er sie des Mordes an Nanette bezichtigte ...«

»Was für Dummköpfe müssen das sein, die das ernst nehmen!« entgegnete Martin aufbrausend. »Marie liebte ihre Amme abgöttisch. Sie mag für ihren Tod verantwortlich sein, aber sie hat sie nicht umgebracht.«

»Ich bezweifle, daß sich Saint-Arnaud wie so mancher König die Auflösung seiner Ehe von der Geistlichkeit erschmeicheln wird.«

»Marie könnte erklären, die Ehe sei nicht vollzogen worden.«

»Wer wird das glauben, wo Saint-Arnaud bereits eine ganze Reihe von Dienerinnen geschwängert hat!« rief Myriam aus.

»Gegen gute Bezahlung findet sich immer ein Rechtsgelehrter, der unterschreibt, was ihm vorgelegt wird. Der Reeder kennt genug Advokaten.«

Myriam seufzte. Was sollte sie darauf erwidern? Victor war verliebt; er würde alles tun, um Marie für sich zu gewinnen. »Victor wird versuchen, Saint-Arnaud hinters Licht zu führen«, sagte Martin langsam. »Aber der ist nicht der Mann, das gleichmütig hinzunehmen. Seine Rache wird fürchterlich sein.«

Myriams Finger schlossen sich um sein Handgelenk. Sie umklammerte es so fest, daß sich ihre Nägel in sein Fleisch bohrten, aber Martin zeigte keine Regung.

»Victor wird dem Reeder weismachen, er werde den Schatz heben und ihn uneigennützig ihm überlassen, sobald er Marie die Freiheit wiedergegeben habe«, sagte Myriam leise. »Aber er wird es nicht tun.«

»Er kann es gar nicht, weil es keinen Schatz gibt ...«

»Selbst wenn es ihn gäbe: Marie würde nicht verstehen, daß Victor nur ihr Bestes will. Sie wollte es damals nicht einsehen, so daß wir sie gegen ihren Willen aus der Stadt schaffen mußten, warum sollte sie es jetzt begreifen?«

»Ja, warum?« Victor schob den Vorhang zurück, der das Eßzimmer vom Nebenzimmer abteilte.

Myriam lächelte ihm bedauernd zu. »Ich dachte, du seist ausgegangen.«

»Ich habe alles mit angehört. Seid unbesorgt, ich werde nicht versuchen, den Reeder hereinzulegen, das wäre nicht nur gefährlich, sondern auch sinnlos. Marie würde mich nie heiraten, auch dann nicht, wenn Saint-Arnaud die Ehe für ungültig erklären ließe ...«

»Liebt sie Simon Perrot immer noch?« fragte Myriam.

Victor nickte. »Ich weiß, daß es den Schatz nicht gibt, deshalb werde ich auch nicht durch Fragen unnötig die Aufmerksamkeit auf Marie lenken. Saint-Arnaud darf auf keinen Fall erfahren, wo sie sich aufhält. Er wäre imstande, jemanden nach Québec zu schicken.«

»Aber wenn er nun Kenntnis davon erhielte, daß der Schatz nur eine Erfindung ist?«

Die beiden Männer schüttelten den Kopf: Der Reeder hatte Anne LaFlamme in den Tod geschickt und ihre Tochter zur Frau genommen, weil er nicht einen Augenblick an Pierre LaFlammes Geschichte gezweifelt hatte. Er würde sich niemals davon abbringen lassen. »Nicht einmal dann, wenn ich Beweise brächte«, sagte Victor düster.

Myriam sah ihn erstaunt an. »Was für Beweise denn?«

»Ich habe Euch doch erzählt, daß ich von St. Malo aus auf der *Licorne* hierhergefahren bin, erinnert Ihr Euch? An Bord befand sich ein Kalfaterer namens Péridot. Als ich nach dem Ablegen die Leinen losmachte, merkte ich, wie er mich in einem fort beobachtete. Schließlich kam er her und fragte, ob ich dich kenne.«

»Schiebt er einen großen Bauch vor sich her? Und hat ungewöhnlich hellgrüne Augen? Und blondes Haar?«

»Fast weiß, würde ich sagen.«

Ein Lächeln ging über Martin Le Morhiers Gesicht. Den braven blonden Blähbauch hätten sie ihn genannt, worüber Péridot sich immer fürchterlich aufgeregt habe, sagte der Vater schmunzelnd.

Dann habe sich Péridot nach Pierre LaFlamme und seiner Familie erkundigt, fuhr Victor fort.

»Ich war erst mißtrauisch, aber in Nantes ist unsere Freundschaft ja kein Geheimnis. Er sei ein Freund von Pierre LaFlamme gewesen, vertraute er mir daraufhin an. Sein Tod habe ihn tief getroffen. Er fragte, wie seine Frau den Verlust verkrafte. Als ich ihm erzählte, sie sei auf dem Scheiterhaufen umgekommen und Marie sei nach der Zwangsheirat mit dem Reeder nach Paris geflohen, starrte er mich ungläubig an und murmelte: ›Das kann doch nicht sein, das kann doch nicht sein.‹ Ich mußte ihm schwören, daß ich die Wahrheit sagte. Am nächsten Tag erzählte er mir ›seine‹ Wahrheit.«

»Wie meinst du das?«

»Er war mit Pierre LaFlamme auf der *Lion* gefahren. Und LaFlamme hatte ihn in seinen Plan eingeweiht: Er wollte Saint-Arnaud glauben machen, er wisse, wo ein Schatz verborgen lag. Den Schatz vom Cap d'Aigle hatte es tatsächlich gegeben, ein Korsar hatte LaFlamme davon berichtet. Aber LaFlamme selbst hat ihn nie besessen. Das sollte Saint-Arnaud nur glauben.«

»Aber aus welchem Grund?« fragten Martin und Myriam Le Morhier wie aus einem Mund.

»Ganz einfach: Pierre LaFlamme war am Skorbut erkrankt und hoffte, der Reeder werde sich anstecken, wenn er ihm nur lange genug seinen Atem ins Gesicht bliese.«

Myriam stöhnte auf. »Das ist ja schrecklich! Wie hätte die arme Anne das ahnen sollen!«

»Was war mit Péridot? Er hielt sich doch in Nantes auf. Warum hat er nichts unternommen, als Anne verhaftet wurde?«

Der Kalfaterer habe unmittelbar nach seiner Ankunft wieder angeheuert, auf einem Frachtkahn, erklärte Victor, und sei anschließend nach Neufundland gefahren. Über ein Jahr sei er fort gewesen.

»Zuerst wollte ich Saint-Arnaud alles erzählen. Aber er

würde mir ohnehin nicht glauben. Er würde denken, ich hätte mir das alles ausgedacht, um den Schatz nicht teilen zu müssen. Und außerdem wüßte er dann, daß ich Maries Aufenthaltsort kenne.«

»Péridot könnte bezeugen, daß du die Wahrheit sagst.«

»Geoffroy Saint-Arnaud würde behaupten, ich hätte mir seine Aussage erkauft. Nein, ich will ihn nicht in Gefahr bringen. Er wird schweigen, es ist besser so. Und wir auch.«

Und was wird aus Marie? dachte Myriam. Sie wird diese Geschichte ebensowenig glauben.

»Marie ist in Sicherheit«, sagte Victor. »Solange ihr Aufenthaltsort geheim bleibt.«

»Von uns erfährt Saint-Arnaud bestimmt nichts«, versicherte sein Vater. »Aber möglicherweise von jemand anderem. Auch Guy Chahinian weiß, wo sie steckt. Als wir aus Paris abfuhren, war er noch immer Simon Perrots Gefangener im Grand Châtelet.«

»Wir konnten nichts für ihn tun«, fügte Myriam mit erstickter Stimme hinzu. »Michelle Perrot weiß übrigens auch, wo sich Marie versteckt hält.«

Sie erhob sich schwerfällig, um eine Kerze anzuzünden. Der Tod von Anne LaFlamme, die Reise nach Paris, die lange Abwesenheit des Sohnes, das alles war nicht spurlos an ihr vorübergegangen. Zudem hatte das fortwährende Bemühen, die Stimmung bei Tisch aufzuheitern und die düstere Ahnung von bevorstehendem Unheil zu verdrängen, sie ermüdet. Es tat ihr in der Seele weh, Victor so leiden zu sehen. Sie hätte sich gewünscht, daß er eine Frau finde, mit der er genauso glücklich wäre wie sie mit seinem Vater. Wer weiß, vielleicht war das Glück ihr zu lange gewogen gewesen, und der Allmächtige befand, es sei an der Zeit, ihr eine Prüfung aufzuerlegen – durch das Unglück ihres Kindes. Sie hatte lange mit sich gerungen, ob sie den Namen Simon Perrot erwähnen sollte, sie wußte, was sie ihrem Sohn damit antat. Aber ein eitriges Geschwür muß aufgeschnitten werden, damit es heilen kann, pflegte Anne LaFlamme zu sagen. Marie war in Simon verliebt, sie lebte in Québec und konnte nicht in die Heimat zurückkehren. Sie würde niemals Victors Frau werden. Aber auch nicht die von Simon …

»Simon Perrot hat geheiratet und lebt im Haus von Baronin Jocary. Marie ist ihm immer gleichgültig gewesen. Vergiß nicht, er denkt, sie sei arm. Er weiß nicht einmal, wo sie ist. Sie wird ihn vergessen.«

»So wie wir sie vergessen werden«, bekräftigte Le Morhier. »Das ist für uns alle das beste!«

Victor widersprach seinem Vater nicht. Könnte er doch aufhören, Marie zu lieben! Daß sie Simon einen Brief geschrieben hatte, verletzte ihn tief, aber hassen konnte er sie deswegen nicht, und er würde sie niemals verraten. Seine Freude darüber, daß er den Schatz nicht zu suchen brauchte, weil es ihn gar nicht gab, war gedämpft worden durch den Gedanken an Maries Enttäuschung. Sie sollte ihren Schatz haben, beschloß er. Er würde ihn verdienen mit seiner Hände Arbeit. Er hatte auch schon eine Idee: Warum sollte er nicht in den Pelzhandel einsteigen? Er würde versuchen, seinen Onkel in Paris und die Kaufleute, mit denen er befreundet war, für sein Vorhaben zu gewinnen. Er wollte ihnen vorschlagen, nach Québec zurückzukehren, wo er sich mit Guillaume Laviolette zusammentun und ihnen nur allerbeste Rauchwaren liefern würde. Zwei, drei Jahre, dann hätte er genug beisammen, um sich ein Schiff kaufen zu können und Neufrankreich mit allem zu versorgen, was die Siedler brauchten. Er hatte selbst erlebt, wie abhängig die Kolonie vom Mutterland war. Weshalb sollte er diesen Umstand nicht ausnutzen?

Falls es ihm nicht gelang, in Saint-Malo oder La

Rochelle anzuheuern, würde er sich an Kapitän Dufour wenden. Er hatte ihn oft genug wegen seiner Unerschrockenheit gelobt.

Aber zuerst auf nach Paris!

Schwester Sainte-Louise hatte recht: Erst beim drittenmal blieb der Schnee liegen. Beim erstenmal waren die Schneeflocken rasch in Regen übergegangen; beim zweitenmal, vor einer Woche war das gewesen, an dem Tag, an dem man den Chevalier du Puissac ins Spital gebracht hatte, war die weiße Decke innerhalb weniger Stunden wieder geschmolzen. Marie wünschte sich nichts sehnlicher als richtigen Schnee, schöne große weiche Flocken, nicht diesen unangenehmen Eisregen, der zuweilen in Nantes fiel. Ein einziges Mal in ihrem Leben hatte sie sich mit Michelle, Simon und Victor eine Schneeballschlacht liefern können.

Jetzt war ihr Wunsch in Erfüllung gegangen. Seit zwei Tagen bedeckte eine makellos weiße Schneedecke das Land. Die Sträucher im Garten waren noch als dunkle Flecken zu erkennen, aber wenn Marie zu den Ländereien von Raté, Touchet oder Roy hinüberschaute, sah sie nichts als eine gleichmäßige, sahnig weiche weiße Fläche. Sie verspürte eine unbändige Lust, sich hineinfallen zu lassen und darin zu wälzen, brachte es jedoch nicht über sich, diese Vollkommenheit zu zerstören. Nie zuvor hatte sie etwas so Reines gesehen. Von den glitzernden Kristallen ging etwas Beruhigendes und Erregendes zugleich aus, etwas, das sie einerseits mit Gelassenheit erfüllte und sie andererseits zu wildem Gelächter und lautem Kreischen reizte. Sie wäre gern zum Saint-Lorenz-Strom hinunterspaziert, um sein spitzengesäumtes Bett zu bewundern, sie hätte sich gern die alabasternen Krempen über den Häusergiebeln angesehen und den Platz, der durch seine helle Decke sicherlich noch größer wirkte, sie hätte gern in lachende Gesichter unter roten Wollmützen oder dunklen Pelzkapuzen geblickt und den schneegedämpften Geräuschen vom Hafen gelauscht. Statt dessen riß ein Klagelaut sie aus ihren Gedanken.

Chevalier du Puissac bat mit brüchiger Stimme um einen Schluck Wasser. Marie beugte sich zu ihm hinab, bevor er die anderen aufwecken konnte. Seine Genesung machte nur langsame Fortschritte. Sie tupfte ihm die Stirn ab und befeuchtete seine Lippen, während sie sich gleichzeitig nach der Trinkschale umschaute. Die ist schon wieder unauffindbar, dachte sie ärgerlich. Als ob ein Kobold sich einen Spaß daraus machte, sie immer wieder zu verstecken! Marie blickte sich verstohlen um. Schwester Sainte-Louise hatte sich in ihr Gebetbuch vertieft, und die drei anderen Patienten schliefen. Da schob sie die Hand unter ihre Schürze und kramte den silbernen Tiegel, der tiefer war als der goldene, aus dem Lederbeutel hervor. Sie benutzte die Gefäße jetzt häufiger, nicht allein aus Notwendigkeit oder aus Faulheit, sondern weil das verbotene Tun ihr einen angenehmen Nervenkitzel verschaffte. Ihr Leben in den vergangenen drei Wochen war entsetzlich eintönig verlaufen. Nach Guillaumes Kopfverletzung hatte sie zwar noch eine Brustfellentzündung behandelt, die unglücklicherweise einen tödlichen Ausgang genommen hatte, einen Armbruch und jetzt den Chevalier, der einen Irokesenpfeil in den Rücken bekommen hatte, aber sie fragte sich, womit sie sich den Winter über, wenn keine Schiffe in Québec anlegten, die Zeit vertreiben sollte.

Ein Tiegel war, wie sie zugeben mußte, kein geeignetes Trinkgefäß. Während sie behutsam Wassertropfen vom Bart des Kranken tupfte, redete sie beruhigend auf ihn ein. Die Absude aus fiebersenkenden Pflanzen hatten bisher keine Wirkung gezeigt. Dabei hatte Marie die Wunde gründlich gesäubert. Aber die Pfeilspitze war eben sehr tief eingedrungen: Sie selbst hatte nicht die Kraft gehabt, sie herauszuziehen, sie hatte einen Mann darum bitten müssen. Es sei ein Wunder, daß der Chevalier überhaupt noch lebe, behaupteten die Schwestern, und Marie mußte ihnen recht geben: einen Fingerbreit weiter nach links, und der Pfeil hätte ins Herz getroffen.

Abermals hielt sie den Tiegel an den Mund des Kranken. Da schlug Julien du Puissac die Augen auf und sah sie verwirrt an. Marie lächelte ihm zu. Er sei in Sicherheit und habe nichts zu befürchten, sagte sie sanft.

»Trinkt noch einen Schluck, das wird Euch guttun.«

Als der Chevalier das silberne Gefäß erblickte, riß er die Augen auf, versuchte den Kopf zu heben und eine zitternde Hand auszustrecken. Aber er war zu schwach.

»Das Licht … das Licht der Brüder …« flüsterte er. Dann fiel sein Kopf nach hinten. Er schloß die Augen und war im nächsten Moment eingeschlafen.

Marie deckte ihn zu. Als sie den Tiegel einstecken wollte, schaute sie auf und bemerkte, daß Schwester Sainte-Louise sie beobachtete. In ihrem Blick lag eine tiefe Traurigkeit. Ob der Tiegel ihr gehöre, wollte sie wissen. Marie nickte.

»Dann kennst du sicher auch seine Bedeutung.«

Marie, die ihre Unwissenheit nicht eingestehen wollte, zuckte mit den Schultern.

Schwester Sainte-Louise seufzte. »Du kannst nicht länger hierbleiben.«

Da überwand Marie ihren Stolz und sagte: »Mein Lehrer gab mir diesen Tiegel und einen anderen auf seinem Sterbelager. Ich hatte sie aber nie vorher gesehen. Was bedeuten sie denn?«

»Das sind Kennzeichen der Ketzer, Marie! Du darfst sie auf keinen Fall behalten!«

»Aber ich habe versprochen, sie sorgsam zu hüten!

Und ich habe noch nie ein Versprechen gebrochen. Eher verlasse ich das Spital.«

Schwester Sainte-Louise holte tief Luft. Sie werde Maries Geheimnis für sich behalten, sagte sie dann. »Das ist sicherlich ein Fehler. Es steht mir nicht zu, eine Entscheidung zu treffen, und ich lade dadurch die Sünde des Hochmuts auf mich, die ich beichten muß. Aber wir brauchen tapfere Frauen wie dich. Ich hoffe nur, dein Aufenthalt hier bei uns wird dich auf den rechten Pfad zurückführen. Und du mußt mir schwören, daß du nicht versuchen wirst, die Indianer zu dieser Irrlehre zu bekehren.«

»Ich verstehe gar nicht, was Ihr damit meint! Ich bin eine gute Katholikin, und das werde ich auch bleiben. Diese Tiegel befinden sich in meinem Besitz, weil ein Sterbender sie mir anvertraut hat, und ich werde sein Vermächtnis ehren.«

Die Hospitaliterin faltete die Hände und betete stumm um göttlichen Beistand, damit sie die Kraft fände, Marie aus dem Kloster zu weisen. Fast bedauerte sie, die vermaledeiten Gefäße gesehen zu haben. Aber sie betrachtete es als ihre Pflicht, ihren Orden gegen das Böse zu verteidigen. Und da Marie sich uneinsichtig zeigte, konnte sie nicht länger bei ihnen bleiben.

»Ich würde gern heute morgen noch zu Madame Couillard gehen. Sie hat mir schon vor längerem eine Stelle angeboten«, log sie.

»Aber sicher. Du kannst bis zum Ende der Woche bleiben.«

Das Angebot aber lehnte Marie ab; sie wollte die unerfreuliche Situation so rasch wie möglich beenden.

16. KAPITEL

Als Marie auf dem Weg zur Witwe Couillard durch den Schnee stapfte, war ihr die Freude an der weißen Pracht vergangen, aber sie dachte voller Dankbarkeit an Victor, der ihr Mokassins geschenkt hatte. Vergeblich redete sie sich ein, daß sie richtig gehandelt habe. Je näher sie dem Haus von Guillemette Couillard kam, desto beklommener wurde ihr zumute. Was, wenn die Witwe ihr erklärte, sie könne sie höchstens für ein, zwei Tage bei sich aufnehmen?

Sie stampfte sich den Schnee von den Füßen, bevor sie an die Tür klopfte. Einer von Guillemettes zahlreichen Enkeln öffnete. Als er Marie sah, strahlte er. Er liebte sie innig, seit sie seinen Tigris gesund gemacht hatte, anstatt ihm wie die anderen Erwachsenen zu sagen, was sei denn schon dabei, wenn er stürbe, dann solle er sich eben einen neuen Kater suchen.

Die fröhliche Atmosphäre, das gütige Lächeln der Witwe und ihre köstliche Limonade heiterten Marie ein wenig auf. Doch dann erfuhr sie, daß Guillemettes jungverheiratete Enkelin und ihr Mann bei der Großmutter einziehen würden.

»Ich lasse Euch rufen, wenn ich mein Kind zur Welt bringe«, versprach die junge Frau.

Marie lächelte höflich. Sie stellte ihren leeren Becher auf dem Kieferntisch ab und betrachtete versonnen den Alkoven am anderen Ende des Zimmers. Die Schlafstelle hinter den dicken Vorhängen befand sich zum Schutz gegen die Feuchtigkeit auf einem Podest. Daneben wartete bereits eine neue Kirschbaumwiege auf die Kinder, die vom sanften Schaukeln und einem Lied der Mutter in den Schlaf gewiegt würden.

Noémic hat es nicht so gut, dachte Marie, die sie seit zwei Wochen nicht besucht hatte, schuldbewußt. Aber was sollte sie machen? Bei ihr konnte die Kleine nicht bleiben, und Emeline sorgte gut für sie. Sie gab ihr noch immer die Brust, fütterte sie inzwischen aber auch mit gekochtem Fleisch und Kartoffelbrei, was ihr offensichtlich glänzend bekam: Sie lachte viel und hielt sich für ein fünf Monate altes Kind sehr gerade. Zudem fühlte sie sich in Gesellschaft ihres Milchbruders Jean-Jean augenscheinlich wohl, so daß Marie es als selbstsüchtig empfunden hätte, sie aus dieser Familie herauszureißen.

»Solange ich nicht einmal weiß, wohin«, sagte sie laut.

Guillemette sah sie fragend an.

»Ich will mir eine neue Arbeit suchen. Der Augenblick ist günstig, es sind nur wenig Kranke im Spital. Die Schwestern sind sehr gütig zu mir gewesen, aber ich muß unbedingt Geld verdienen ...«

»Warum versucht Ihr es nicht bei Monsieur de Boissy«, schlug der Schwiegersohn vor. »Ich habe gehört, er sucht eine Dienstmagd. Und was die Bezahlung angeht, so ...«

»Was für eine törichte Idee!« fuhr Guillemette dazwischen. »Ein junges Mädchen gehört nicht ins Haus dieses Gottlosen!«

»Ein junges Mädchen bin ich wahrlich nicht mehr«, widersprach Marie seufzend. »Ich bin über zwanzig!«

»Und Witwe, ich weiß«, bemerkte Guillemette spitz. »Aber du wirkst so ... so ... Jedenfalls kann ich dir Boissy nicht empfehlen.«

»Ich werde schon mit ihm auskommen. Mutter Catherine wird mir sehr fehlen, und über die Schwestern kann ich nur Gutes berichten. Aber ich muß einfach Geld verdienen, wenn ich meine Tochter eines Tages zu mir nehmen und mich irgendwo mit ihr niederlassen will.«

»Du wirst einen Mann finden und heiraten! Ein hübsches Mädchen wie du!«

»Wo wohnt Monsieur de Boissy eigentlich?«

Guillemette Couillard seufzte, erklärte Marie dann aber den kürzesten Weg zu Boissys Haus:

»Er wohnt in der Rue Saint-Louis, ganz in der Nähe von Ruette d'Auteuil und Denis Duquet. Dessen Sohn ist übrigens der erste Notar hier, hast du das gewußt?«

»Ja, ich werde Jean Duquet aufsuchen, sobald ...«

»Du zu Wohlstand gekommen bist?« ergänzte die Witwe. »Mehr als ein paar Sous am Tag wirst du bei Boissy kaum verdienen.«

»Aber da sind ja noch die Kranken, die sie zu sich nach Hause rufen werden!« sagte ihre jüngste Enkelin eifrig, um Marie Mut zu machen.

Guillemette wünschte ihr zum Abschied viel Glück. »Vergiß nicht, daß die Tage nach Allerheiligen recht kurz sind. Und gib acht auf den Weg, es schneit, seit du hier bist.«

»Ich fürchte mich nicht vor der Dunkelheit. Und vor dem Schnee auch nicht. Und jetzt muß ich mich beeilen, damit ich heute noch bei Monsieur de Boissy vorstellig werden kann.«

Marie gab sich zuversichtlicher und selbstbewußter, als sie in Wirklichkeit war. Was sollte sie machen, wenn Nicolas de Boissy sie nicht nehmen würde? Oder sie gleich am ersten Abend zu verführen versuchte? Sie würde ihn abweisen und ihre Stelle verlieren, kaum daß sie diese angetreten hatte. Nein, das durfte auf keinen Fall geschehen. Wenn es Eléonore de Grandmaison trotz ihrer vielfältigen Beziehungen nicht geglückt war, ihr Arbeit zu besorgen (›es sei denn, auf einem Pachtgut, aber selbst das ist nicht so leicht, der Winter steht vor der Tür, die Ernte ist eingefahren‹), dann würde es niemandem gelingen. Marie wußte, sie würde äußerst vorsichtig vorgehen müssen. Endlich kämen ihr die im Umgang mit Geoffroy de Saint-Arnaud gesammelten Erfahrungen zugute! Ein zweites Mal würde man eine LaFlamme nicht hinters Licht führen.

Trotzig straffte sie die Schultern. Der Schnee fiel in immer dichteren Flocken. Statt den von Guillemette beschriebenen Weg, der westlich am Landbesitz der Jesuiten und der Ursulinnen vorbeiführte, einzuschlagen, stieg Marie bis zur Huronen-Siedlung hinauf. Entgegen ihrer Gewohnheit blieb sie dieses Mal jedoch nicht vor dem Palisadenzaun stehen, sondern hastete weiter. Im Schneegestöber sich gegen den böigen Wind stemmend, der ihr immer wieder den Schal vom Kopf riß, kämpfte sie sich bis zum höchsten Punkt der Klippen hinauf.

Marie war nicht leicht zu beeindrucken, aber das Schauspiel der Naturgewalten versetzte sie in ehrfürchtiges Staunen. Der Schneesturm hatte die Grenzen von Himmel und Erde verwischt. Die natürliche Ordnung der Dinge schien im wirbelnden Tanz der Schneeflocken außer Kraft gesetzt.

Bis ins Innerste aufgewühlt, fühlte Marie sich an dieses Land gebunden und gelobte, daß sie, bevor sie Pierre und Anne LaFlamme folgen würde, noch tausend Stürme wie diesen erleben wolle, Stürme, die ihr ins Gesicht peitschten und sie auf die Knie zwangen und sie dennoch mit Wonne erfüllten. Sie fühlte eine tiefe Verbundenheit mit den tobenden Elementen, weil sie ein Abbild dessen waren, was sich oft in ihrem Innern abspielte. Ihre neue Heimat, so kam es ihr vor, hatte sie in ihr Herz geschlossen, und sie schwor sich, ihre Königin und ihre Sklavin, ihre Mutter und ihre Tochter zugleich zu sein.

Und mußte sie, um ihr Ziel zu verwirklichen, Nicolas de Boissy dienen, so sei es. Es wäre ja nur bis zum Sommer, dann würde Victor zurückkommen. Mit ihrem Schatz. Und dann könnte sie endlich Simon nachkommen lassen. Sie zweifelte nicht einen Moment daran, daß alles so eintraf, wie sie es sich vorstellte. In Gedanken sah sie immer wieder, wie sie den Deckel der mit Gold und Edelsteinen gefüllten Schatztruhe öffnete. Es war eine Truhe wie aus einem jener Märchen von Charles Perrault, die Jules Pernelle ihr einmal des Abends in der leeren Apotheke vorgelesen hatte.

Ihre Augen funkelten in grimmiger Entschlossenheit, als sie an den Klippen entlang bis zum Grundbesitz von Denys de La Trinité marschierte, dieses Stück Land mit geschmeidigen Schritten überquerte und den Weg einschlug, der sie zu Nicolas de Boissy führen würde.

Paul Fouquet beobachtete abschätzig Marie, die gerade mit dem Polieren einer Silberschüssel beschäftigt war. Wie lange würde es dauern, bis sie ihrer Rolle als Dienstmagd überdrüssig wäre? Sie hatte immer ein Lächeln auf den Lippen, gleichgültig, ob sie die Mahlzeiten servierte, Rock und Hut des Barons ausbürstete oder seine Hemden bügelte. Nichtsdestoweniger verrichtete sie diese Arbeiten mit unübersehbarem Widerwillen.

Als sie vor vier Wochen vorstellig geworden war, hatte Fouquet nur mit Mühe einen herzhaften Fluch zu unterdrücken vermocht: Hätte er doch auf seiner Wette mit Alphonse Rousseau bestanden! Er hatte Marie LaFlamme richtig eingeschätzt: Sie war nichts weiter als eine Dirne. Welch eine Unverfrorenheit, hierherzukommen und ihre Dienste anzubieten! Obgleich Boissy keine weiteren Bediensteten benötigte, hatte er die Füchsin angestellt. Noch am selben Abend war sie in der Rue Saint-Louis eingezogen.

Wider Erwarten hatte die vornehme Umgebung sie keineswegs beeindruckt. Sie ließ den Blick anerkennend durch die großen Räume schweifen, betrachtete liebevoll den Eichenschrank, die Kirschbaumkommode, die wuchtige, mit einem Schloß versehene Truhe, die vier Stühle und die beiden Sessel mit Fransenbehang. Dieses Saffianleder, sagte sie, während sie über den Truhendeckel strich, sei Rindsleder in jedem Fall vorzuziehen. Sie lobte auch den Windfang an der Feuerstelle.

»Ich verbrenne mir beim Kochen nicht gern das Gesicht.«

»Um so besser«, bemerkte Boissy und fragte im nächsten Atemzug, ob sie ihm nicht etwas gegen sein Leberdrücken verordnen könne.

Ein Tee aus Borretschblättern sei genau das richtige, erwiderte Marie lächelnd. Boissy hatte am Abend zuvor mit seinem Kumpan d'Alleret gezecht, davon zeugte sein aufgedunsenes, graues Gesicht. Sein Verstand jedoch war nicht getrübt, denn er ahnte, was Marie vor allen Dingen beschäftigte: Wieviel Lohn würde sie bekommen? Er drückte ihr einen Beutel mit fünf Pfund in die Hand.

»Das sollte für den Anfang genügen. Dafür läßt du dir einen Rock aus Tuch und einen zweiten aus blauer Serge machen. Und einen Kittel. Diese graue Schwesterntracht will ich nicht mehr sehen. Dein Platz ist im Erdgeschoß bei Lison und Paul. Und da ich weiß, daß du dich gern der Kranken annimmst, laß dir gesagt sein, daß ich keinen hier sehen will. Aber ich habe nichts dagegen, wenn du sie besuchst – freilich erst nach getaner Arbeit. Du wirst das Haus in Ordnung halten, die Wäsche sticken und Lison in der Küche zur Hand gehen. Die Schlüssel zum Wein- und Vorratskeller hat Paul in Verwahrung. Einkäufe wirst du mit ihm besprechen.«

Marie hatte das Geld eingesteckt und versprochen, Borretsch mitzubringen. Drei Stunden später war sie mit ihren Habseligkeiten zurückgekommen.

Sie teilte den Alkoven mit der Köchin, die sie freudig aufgenommen hatte. Marie verordnete ihr dies und jenes, und im Gegenzug hob Lison Naschwerk für sie auf und erzählte jedem, der es wissen wollte, was für eine begabte

Heilerin sie sei. Auf diese Weise, so hoffte sie, werde allmählich die Schamlosigkeit, mit der Marie ihre Dienste angeboten hatte, in Vergessenheit geraten.

Bald wurde es für die Köchin zur Gewohnheit, sich an Marie zu wenden, wenn ein Mann sich bei der Arbeit verletzte, eine Frau im Fieber redete oder ein Kind hartnäckig die Essensaufnahme verweigerte. Die winterliche Kälte bescherte ihr viele Fälle von Erfrierungen und Erkältungen, so daß sie regelmäßig zu Krankenbesuchen aus dem Haus ging. Kein Sturm hätte sie davon abhalten können. Sie kannte die Stadt inzwischen wie ihre Heimatstadt und liebte es, durch die Gassen und Straßen zu schlendern.

Marie merkte, daß Fouquet sie anstarrte. Sie hielt einen Moment inne, musterte den Diener kühl und fuhr dann fort, die Silberschüssel mit dem Ratinétuch zu polieren. Was für ein unausstehlicher Mensch dieser Lakai doch war! Sie hatte das Gefühl, daß er sie ohne Unterlaß überwachte, und sie fragte sich, ob er ihr aus eigenem Antrieb nachspionierte oder auf Befehl seines Herrn. Vermutlich letzteres. Sie konnte sich Boissys Verhalten nicht erklären: Er versuchte es nie so einzurichten, daß er mit ihr allein war, er machte ihr nie ein Kompliment, ließ nie eine schlüpfrige Bemerkung in ihrer Gegenwart fallen und schenkte ihr nicht mehr Beachtung als der Köchin. Was für eine merkwürdige Art von Verführer war das? Hatte er tatsächlich mit d'Alleret gewettet, sie werde sein Bett wärmen?

Fouquet riß sie aus ihren Gedanken. Sie brauche das Geschirr nicht einzuräumen, sagte er, Monsieur erwarte Monsieur d'Alleret und zwei andere Gäste zum Essen und wünsche, daß sie Silbergeschirr auftrage.

Marie nickte, während sie ihr Spiegelbild in der Schüssel betrachtete. Das hatte sie als Kind immer getan, weil es im Haus ihrer Mutter keinen Spiegel gab. Später war Marie ihr Spiegelbild gleichgültig geworden. Im Haus des Reeders in Nantes hatten mehrere große Spiegel gehangen, bei Jules Pernelle hing ein kleiner, im Hospital ein noch kleinerer, und hier gab es drei mittelgroße. Sooft sie an dem ebenholzgerahmten im Speisezimmer vorbeikam, schaute sie hinein und grüßte sich lachend. Boissy stand oft davor, um den Sitz seines Rockkragens zu überprüfen.

An diesem Morgen hatte er sich jedoch für einen Pelz entschieden, denn es war über Nacht empfindlich kalt geworden. Marie konnte einen Ausruf der Bewunderung nicht unterdrücken, als sie ihn erblickte.

»Was für ein prachtvoller Mantel, Monsieur! Ist das Fuchs?«

»Nein, Wolf. Aber der hier wird keinem Rotkäppchen mehr etwas zuleide tun.« Lachend strich er über das lange, silbergraue Fell.

Marie wunderte sich über den ungeheuren Reichtum ihres Herrn. Um in der Lage zu sein, das Geld derart zu verprassen, mußte er entweder eine Erbschaft angetreten haben oder aber regelmäßig eine stattliche Summe von seinem Vater erhalten. Nicht einmal Saint-Arnaud, der großen Wert darauf legte, seine Gäste zu beeindrucken, hatte für ein Essen soviel ausgegeben wie Boissy. Und dann dieser Mantel! Und Hut und Handschuhe aus Nerz. Irgend jemand ließ es sich eine Menge kosten, damit er in Neufrankreich blieb. Boissy machte keinen Hehl daraus, daß er sich hier zu Tode langweilte. Er beklagte sich oft genug darüber, nie Ziel eines Indianerangriffs geworden zu sein – denen würde er es schon zeigen! –, und spielte sogar mit dem Gedanken, sich als Waldläufer zu versuchen.

Marie bezweifelte, daß es ihm wirklich ernst damit war. Ein Mann, der sich allabendlich das Bett vorwärmen läßt und ausschließlich Hemden aus feinster Baumwolle trägt, eignet sich nicht für die Wildnis. Nicht einmal dann, wenn er ausgezeichnet mit dem Degen umzugehen versteht.

»Was ist, träumst du?« fragte Fouquet, als er sah, daß Marie in ihrer Arbeit innegehalten hatte.

»Ja«, antwortete sie nur. Sie konnte sein hochnäsiges Gehabe nicht ausstehen. Kaum hatte Boissy das Haus verlassen, spielte er sich als Herr auf! Wenn sie Wein brauchte oder Geld für den Schneider, schwenkte er ihr hämisch seinen Schlüsselbund vor der Nase hin und her. Sie verspürte dann stets eine unbändige Lust, auf ihn einzudreschen. Wie oft hatte sie schon bereut, ihn von seiner Krätze geheilt zu haben! Aber über den Erfolg des Abführmittels, das sie ihm am Tag nach Guillaumes Unfall heimlich verabreicht hatte, freute sie sich heute noch.

Während sie eifrig das Silber polierte, kam ihr ein Gedanke: Sie würde Fouquet die Schlüssel stibitzen und sie verstecken.

Nicolas de Boissy würde glauben, er hätte sie verloren, und seinem Diener tüchtig die Meinung sagen.

Als sie an diesem Abend das Essen auftrug, dachte sie voller Genugtuung an die Lektion, die sie Fouquet erteilen wollte. Sie lächelte ständig. Boissy und seine Freunde fragten, weshalb sie so guter Dinge sei. Marie errötete. Es sei ein Vergnügen, endlich einmal so hochgestellte Persönlichkeiten bedienen zu dürfen und nicht Kranke füttern zu müssen, antwortete sie. Die Männer lachten. Nicht mehr lange, und die Wette sei gewonnen, raunte der Baron Boissy selbstsicher Monsieur d'Alleret zu, als Marie das Zimmer verließ, um den Hasenpfeffer zu holen.

»Noch habt Ihr sie nicht verführt!«

»Spätestens bis zum Dreikönigsfest ist das geschehen.«

»Ich halte dagegen«, murmelte einer der andern Gäste.

»Man sagt, sie sei eine richtige Wildkatze. Sie hat, seit sie hier ist, nicht einen einzigen Mann an sich herangelassen.«

»Auch nicht diesen Waldläufer, diesen Guillaume Laviolette? Mein Diener hat mir berichtet, sie hätte sich im Hospital rührend um ihn gekümmert.«

Louis-André d'Alleret schüttelte den Kopf. Laviolette sei zwar in Maries Begleitung auf Eléonore de Grandmaisons Hochzeit erschienen – zu der man viel zuviel unbedeutende Leute geladen habe –, aber getanzt hätten sie kein einziges Mal miteinander. Und seit Laviolette nach Saguenay zurückgekehrt war, hätten sie sich nicht wiedergesehen.

»Sie macht nicht den Eindruck, als ob sie sich vor Sehnsucht nach ihm verzehrte. Neulich beobachtete ich, wie sie Daniel Perron zulächelte.«

»Dem Protestanten? Weiß sie denn nicht, daß er kommenden Sonntag zum katholischen Glauben übertreten wird, weil er heiraten will?«

»Worauf wartet Ihr? Nehmt sie Euch, und damit ist die Angelegenheit erledigt!«

»O nein, so einfach geht das nicht«, widersprach d'Alleret hämisch lächelnd. »Nicolas de Boissy hat mit mir gewettet, daß sie sich ihm aus freien Stücken hingeben wird. Er muß sie schon verführen.«

Der angesprochene Edelmann strich sich mit verschlagenem Gesichtsausdruck über seinen Schnurrbart.

Nachdem die Gäste sich verabschiedet hatten, suchte er Lison und Marie auf, lobte die Kochkunst der einen und dankte der anderen für die freundliche Bedienung bei Tisch. Er fügte hinzu, über Weihnachten hätten sie zwei Tage frei, und zog sich dann zurück. Wie er es vorausgesehen hatte, erklärte Lison, sie werde die Feiertage bei ihrem Bruder verbringen. Fouquet würde mit Freunden feiern. Das bedeutete, er wäre mit Marie allein. Sie hatte zwar gesagt, sie wolle Weihnachten bei den Blanchards feiern, doch das nahm Boissy nicht allzu ernst. Eine tugendhafte Frau ausgerechnet an Heiligabend zu verführen verlieh der Sache in seinen Augen einen besonderen Reiz. D'Alleret, der keine Gelegenheit ausließ, die Religion zu verspotten, würde sich gewiß köstlich darüber amüsieren.

17. KAPITEL

Während Boissy siegessicher mit genüßlichen Gedanken an seinen Triumph einschlief, sann Marie darüber nach, wie sie es anstellen könnte, die Schlüssel zu entwenden. Fouquet trennte sich nie von seinem Schlüsselring: Tagsüber trug er ihn am Gürtel, und nachts versteckte er ihn vermutlich unter seinem Kopfkissen. Und da er, wie sie schon feststellen mußte, einen leichten Schlaf hatte – einmal war sie nachts aufgestanden, um etwas zu trinken, und schon stand er hinter ihr –, blieb ihr nichts anderes übrig, als ihn zu betäuben. Sie mißbrauchte ihr Wissen nicht gern für solche Zwecke. Ihre Mutter würde das nicht gutheißen, das wußte sie, aber Anne LaFlamme mußte auch nicht diesen gräßlichen Menschen ertragen ...

Am darauffolgenden Tag hatte sie so viel zu tun, daß sie ihr Vorhaben fast vergessen hätte. Dreimal wurde sie im Laufe des Nachmittags zu einem Kranken gerufen. Sie behandelte einen Blutandrang, eine Verstauchung und eine Magenverstimmung. Der kleine Lachance hatte die ärgerliche Angewohnheit, alles zu schlucken, was ihm in die Finger kam. Im August wäre er fast gestorben, weil er sich Lobelienblätter in den Mund gestopft hatte. Diesmal hatte er Asche und Schnee gegessen, doch Marie konnte die Mutter beruhigen: Das sei ungefährlich und daher kein Anlaß zur Sorge. Auf dem Weg zurück in die Rue Saint-Louis hörte si e jemanden ihren Namen rufen. Alphonse Rousseau eilte aufgeregt auf sie zu: Sein Herr habe das Bewußtsein verloren, sie möge schnell kommen.

»Das geht jetzt nicht, ich muß zurück!«

»Monsieur ist umgefallen, als hätte ihn der Schlag getroffen. Bitte kommt mit, ich flehe Euch an! Ich kann niemanden sonst um Hilfe bitten!«

»Und warum nicht?«

»Das erkläre ich Euch später.«

Neugierig geworden, erkundigte sich Marie, wo er denn wohne.

»Nicht weit vom Haus Monsieur de Boissys. Es wird nicht lange dauern, Ihr seid bald wieder zurück.«

Äußerlich unterschied sich das Haus, das Julien du Puissac gemietet hatte, in nichts von all den anderen in der Rue Saint-Louis. Doch als sie es betrat, glaubte sich Marie in das Alchimistenkabinett von Guy Chahinian versetzt. Ein ätzender Geruch von Metall, Pulver, Feuer hing in der Luft. Tische und Regale waren übersät mit Kupellen, Tiegeln, Phiolen, allerlei merkwürdigen Geräten und Büchern. Da es im Dezember bereits drei Stunden nach dem Abendessen zu dunkeln begann und das Zimmer überdies nach Osten hin lag, war es trotz der beiden Fenster so düster, daß man das Gefühl hatte, eine Höhle zu betreten.

Julien du Puissac lag neben einem Lehnstuhl zusammengekrümmt auf dem Boden. Als sich Marie über ihn beugte, schlug er die Augen auf.

»Was ist passiert?«

»Ihr seid ohnmächtig geworden. Laßt mich einen Blick

auf Eure Verletzung werfen. Vielleicht habt Ihr Wundfieber bekommen.«

»Nein, nein, laßt nur, es geht mir schon viel besser.«

»Dann braucht Ihr mich ja nicht mehr.« Marie richtete sich auf. Die vorgebliche Ohnmacht hatte nur als Vorwand gedient, sie hierherzulocken, das wurde ihr nun klar, als sie die gesunde Gesichtsfarbe des Chevaliers sah.

»Einen Augenblick!« Puissac hielt Marie an einem Mantelzipfel fest. »Ich muß mit Euch reden. Meine Unpäßlichkeit war nur vorgetäuscht, ich ...«

»Was hat diese Komödie zu bedeuten?«

»Ich habe zweimal versucht, Euch nach dem Gottesdienst anzusprechen. Und auf dem Markt. Ich habe Euch in mein Haus eingeladen, aber Ihr wolltet es ebensowenig betreten wie das irgendeines anderen Junggesellen hier.«

»Ganz recht, Monsieur. Und dabei bleibt es auch! Ich wünsche einen angenehmen Abend!« Sie wandte sich zum Gehen.

»Glaubt Ihr wirklich, ich hätte ein Interesse an Eurer Person, Marie LaFlamme?« rief der Chevalier ihr spöttisch nach.

Verwundert drehte sie sich um. Sie hatte seine List in der Tat für einen Versuch gehalten, sie näher kennenzulernen. Seit sie in den Diensten des Barons stand, hatte sie jeden Mann abgewiesen. Da sie sich im kommenden Sommer als Hebamme niederlassen wollte, mußte sie auf ihren Ruf achten. Die Art und Weise, wie sie sich Boissy angedient hatte, hatte ihr bereits genug geschadet. Daher lehnte sie Einladungen unverheirateter Männer strikt ab. Die Kirchenbehörde würde die kleinste Verfehlung zum Anlaß nehmen, ihr die Ausübung ihrer Tätigkeit zu untersagen. Außerdem liebte sie doch Simon! Schon allein aus diesem Grund würde sie sich nie auf ein Liebesabenteuer einlassen.

»Eure Tiegel sind es, die meine Neugier geweckt haben …«

»Tiegel? Was für Tiegel?«

»Die, die Ihr in einem Beutel unter Eurer Schürze versteckt habt.«

»Ich weiß wirklich nicht, wovon Ihr sprecht.«

»Ein goldener und ein silberner«, beharrte Puissac. »Ich sah sie mit eigenen Augen.«

»Das Fieber hat Euch einen Streich gespielt«, erwiderte Marie mit fester Stimme.

Seufzend setzte sich der Chevalier in den Lehnstuhl und forderte Marie mit einer Handbewegung auf, ebenfalls Platz zu nehmen. »Ich habe die Tiegel genau wiedererkannt. Ich weiß, daß Ihr sie bei Euch habt.«

»Und ich sage Euch, Ihr irrt Euch, Monsieur.«

»Seht Euch doch um.« Seine Geste schloß das ganze Zimmer ein. »Ihr braucht mir nichts vorzumachen, die Lichtkreuz-Brüder sind mir wohlbekannt.«

»Ich höre diesen Namen zum erstenmal.«

Und wenn sie die Wahrheit sagte? Aber wie waren die Tiegel in ihren Besitz gelangt? Und wie könnte er sie bewegen, sie ihm auszuhändigen? Die junge Frau schien noch eigensinniger als er selbst. Er beschloß, die Taktik zu ändern.

»Ich weiß nicht, ob es richtig ist, Euch ins Vertrauen zu ziehen. Aber ich fürchte, ich habe keine andere Wahl. Es stimmt schon, das Fieber hatte meinen Geist verwirrt.«

»Was Ihr nicht sagt«, bemerkte Marie spitz.

»Aber der Silbertiegel war keine Einbildung. Im Hospital wurde ich mir dessen nicht gewahr. Erst später erinnerte ich mich an etwas Silbernes, etwas Kupferrotes und etwas Graues. Das Kupferrot war Euer Haar und das Grau Eure Tracht. Und da wurde mir klar, daß das Silberne nur der Tiegel sein konnte und daß Ihr mich aus ihm trinken ließet. Woher habt Ihr ihn? Wollt Ihr endlich reden! Ich …«

»Ich weiß nicht, wovon Ihr sprecht«, wiederholte Marie.

»Warum belügt Ihr mich? Ich bin ein geduldiger Mensch, aber ich schätze es nicht, wenn man sich über mich lustig macht.«

»Und ich schätze es nicht, getäuscht, beleidigt und gegen meinen Willen festgehalten zu werden. Gehabt Euch wohl, Monsieur!«

Sie erhob sich, raffte ihren Mantel und eilte zur Tür. Alphonse bequemte sich erst, ihr zu öffnen, als Puissac aus dem Nebenzimmer schrie, er solle sie gehen lassen, sie käme gewiß bald wieder.

Maries Entrüstung war nur gespielt. In Wahrheit brannte sie darauf, mehr über die Tiegel zu erfahren. Aber was würde Julien du Puissac von ihr denken, wenn sie sein unhöfliches Benehmen gleichmütig hinnähme? Wie könnte er sie dann noch respektieren? Er habe keine andere Wahl, als ihr zu vertrauen, hatte er gesagt. Nun, dieses Vertrauen mußte auf Gegenseitigkeit beruhen. Und erworben werden. Daß er sie nicht nach den Tiegeln hatte durchsuchen lassen, betrachtete sie als einen ersten Schritt dahin. Bei ihrer nächsten Begegnung könnten sie sich vernünftiger miteinander unterhalten. Hoffentlich ließe sie nicht allzulang auf sich warten! Sie fürchtete, das Geheimnis der Tiegel werde noch ihr ganzes Denken beherrschen, wenn sie ihm nicht bald auf die Spur käme.

Als sie das Haus des Barons betrat, herrschte Fouquet, der ihr an der Türe aufgelauert hatte, sie an: »Wo hast du dich so lange herumgetrieben? Monsieur hat Gäste heute abend, und Lison schafft die Arbeit nicht allein.«

»Aber bevor ich ging, sagte der Baron, er werde im Wirtshaus zu Abend essen!« verteidigte sich Marie.

»Er hat schließlich das Recht, seine Pläne zu ändern.

Und du hast dich gefälligst danach zu richten. Monsieur war äußerst ungehalten.«

Marie ließ ihn stehen und ging in die Küche. Hastig schälte sie sich aus ihrem Mantel. Lison nahm ihre Entschuldigung mit einem Achselzucken entgegen: Fouquet müsse immer übertreiben, meinte sie.

»Aber jetzt wollen wir uns sputen, Monsieur de La Chesnaye wird bald dasein.«

»Hast du gewußt, daß er Catherine Couillard heiraten wird?«

»Nein. Wann soll die Hochzeit denn stattfinden?«

»Anfang Februar. Er soll sehr viel Land besitzen. Ist das wahr?«

»Das will ich meinen! Mehr, als wir beide zusammen jemals haben werden. Und jetzt geh und hol mir Mehl und Eier. Und sag Fouquet, er soll dir eine Flasche Pflaumenlikör geben.«

Vor Angst, sie werde zu lachen anfangen, wagte Marie nicht, dem Diener in die Augen zu sehen. Sie stellte sich nämlich sein verdutztes Gesicht vor, wenn er den Verlust des Schlüsselrings bemerkte.

Während sie Lison bei der Zubereitung der Blätterteigpastete half, fragte Marie die Köchin über Charles Aubert de La Chesnaye aus. Sie hatte gehört, er verfüge über einen ausgeprägten Geschäftssinn, und da sie sich seit neuestem mit dem wirtschaftlichen Gefüge der Kolonie beschäftigte, interessierte sie alles, was damit zusammenhing. Sie beneidete die Frauen, die, wie Eléonore de Grandmaison, Guillemette Couillard oder Marie Favery, die Witwe von Pierre Legardeur de Repentigny, ein eigenes Haus besaßen. Das wenige, was sie bei Boissy verdiente, sparte sie eisern. Sie brauchte so gut wie nichts davon auszugeben, weil ihre Patienten sie in Naturalien bezahlten: Die einen nähten ihr einen Rock oder strickten ihr ein Paar Handschuhe, die anderen schenkten ihr einen

Kapaun oder Früchte, die Lison ihr sogleich abkaufte. Marie träumte oft von ihrem Schatz, aber Victor würde frühestens im Sommer wiederkommen. Und selbst wenn er ihr den Schlüssel zu des Rätsels Lösung und die Nachricht brächte, sie bräuchte St. Arnaud nicht mehr zu fürchten und könne nach Frankreich zurückkehren, so wäre sie noch lange nicht in Nantes. Nein, es war besser, jetzt Vorsorge zu treffen, damit sie sich das Grundstück kaufen könnte, auf dem sie und Simon sich nach ihrer Rückkehr aus Frankreich ihr Haus bauen würden. Marie wollte nicht den gleichen Fehler machen wie Anne La-Flamme: Sie war davon überzeugt, daß ihre Mutter, hätte sie ein bißchen Geld besessen, ihre Richter hätte kaufen können. Vielleicht wäre sie nicht einmal vor Gericht gestellt worden. Boissy hatte etliche Männer im Duell getötet und war lediglich mit Verbannung bestraft worden, wobei die Bedingungen, unter denen er seine Strafe verbüßte, alles andere als hart waren. Anne dagegen, mittellos und obendrein eine Frau, hatte nicht auf Pardon hoffen dürfen.

Eine Frau war Marie freilich auch, aber in Armut wollte sie nicht leben, niemals.

»Charles Aubert ist einer der wenigen, die ein gutes Verhältnis zu Bischof Laval haben«, fuhr Lison fort.

»Denis Malescot hat mir erzählt, es habe schon die erste Auseinandersetzung zwischen dem Bischof und dem Gouverneur gegeben. Dabei hat er ihn doch für diesen Posten vorgeschlagen, nicht wahr?«

Lison zuckte mit den Schultern. »Was den Verkauf von Alkohol an die Wilden betrifft, sind sie sich schon einig. Aber unser Gouverneur ist der Ansicht gewesen, man zahle ihm nicht genug. Zu guter Letzt hat er sich zwar mit der Summe, die der Oberste Rat ihm bewilligte, einverstanden erklärt, aber ich könnte mir denken, daß der Zwist sein Verhältnis zum Bischof ziemlich abgekühlt hat.« Sie schüttelte den Kopf. »Als ob zwanzigtausend Pfund ein Almosen wären!«

»Zwanzigtausend Pfund! Da sollte es ihm nicht schwerfallen, mich dafür zu bezahlen, daß ich die Kranken pflege.«

»Bis es soweit ist, kümmerst du dich erst einmal um das Huhn«, meinte Lison. »Zerleg es, damit ich es für die Pastetenfüllung entbeinen kann.«

»Und wir? Was essen wir?«

Lison beruhigte sie: Von der Wurzelgemüsesuppe und der Geflügelpastete würde genug übrigbleiben. Sie werde ihr einen Teller für später hinstellen.

»Ich werde mich früh schlafen legen, weil ich morgen vor Tagesanbruch auf dem Markt sein will. Monsieur wünscht Fasan zu Weihnachten, und ich muß alles vorbereiten, bevor ich zu meinen Bruder gehe. Fouquet wird dir beim Aufräumen helfen.«

»O nein«, entfuhr es Marie.

»Ach, er ist kein schlechter Kerl.«

»Meinst du?«

»Bestimmt nicht. Er wird dir zur Hand gehen, du wirst sehen.«

Marie machte ein verzweifeltes Gesicht. Fouquet könnte ihr gar nicht helfen, weil er da bereits tief und fest schliefe. Der Stechapfelsaft in seiner Suppe würde seine Wirkung nicht verfehlen. Marie hatte den Saft vergangene Woche von Mani bekommen, im Tausch gegen die Rezeptur der Basilikumsalbe, von deren wunderbarer Heilkraft die Witwe Couillard ihr berichtet hatte. Marie war erstaunt gewesen, daß die Huronin das Mittel nicht kannte, verwendeten die Indianer doch auch Peche, Harze, Wachse und Öle. Wie auch immer, sie kam ohne Betäubungsmittel nicht aus, und von Bruder Bonnemère erhielt sie viel zuwenig.

Sooft sie an jenem Abend die Küche betrat und Fouquet den Löffel zum Mund führen sah, hätte sie am liebsten laut aufgelacht. Der Diener gähnte immer öfter. Er reckte und streckte sich, aber seine Lider wurden schwerer und schwerer. Bald versuchte er vergeblich, die Augen aufzuhalten. Als Marie den Nachtisch servierte, schleppte sich Fouquet mit schweren Schritten in seine Kammer. Er war nicht der einzige, der in dieser Nacht einen guten Schlaf hätte: Boissy, d'Alleret und Charles Aubert de La Chesnaye hatten dem Wein tüchtig zugesprochen.

»Wir werden noch ein Gläschen Schnaps trinken«, wandte sich der Baron an Marie. »Du kannst dich zurückziehen, wir brauchen dich nicht mehr.«

Marie lauschte ungeduldig in die Dunkelheit. Eine Stunde später hörte sie, wie Boissy in den Keller hinabstieg, um, wie sie vermutete, einen weiteren Krug Wein zu holen. Kurz danach brachte er seine Gäste zur Tür und zog sich dann in sein Schlafgemach im ersten Stock zurück. Marie rieb sich die Hände: Der große Augenblick war gekommen.

Sie huschte in die Kammer des Dieners. Als sich ihre Augen an die Dunkelheit gewöhnt hatten, trat sie ans Bett des laut schnarchenden Schläfers. Fouquet hatte sich nicht die Mühe gemacht, seine Kleider abzulegen. Den Schlüsselring von seinem Gürtel loszumachen war ein Kinderspiel.

Die Schlüssel an die Brust gepreßt, eilte sie in die Küche und überlegte, wo sie sie verstecken sollte. Im Schein des glimmenden Herdfeuers fiel ihr Blick auf den Kellerschlüssel. Warum eigentlich nicht, dachte sie. Hatte sie sich nach einem Monat treuer Dienste nicht ein Gläschen spanischen Wein verdient? Sie war es leid, immer nur Saft oder, des Sonntags, billigen Bleichert zu trinken. Eine Kerze in der Hand, schob sie mit der anderen den Schlüssel ins Schloß. Die Tür öffnete sich knarrend.

Vorsichtig stieg Marie die wenigen Stufen hinunter. Als

sie unten angelangt war, blieb sie staunend stehen. In dem Gewölbe stapelten sich Dutzende von Fässern. Gleichgültig, wie lange Boissy in Québec bliebe, an Wein würde es ihm jedenfalls nicht mangeln. Sie trat vor eins der Eschenfässer, hielt den Silbertiegel unter den kleinen Hahn, kostete, verzog das Gesicht und hätte die Flüssigkeit am liebsten wieder ausgespuckt, wenn sie nicht hätte befürchten müssen, verräterische Spuren zu hinterlassen. In dem Faß war nicht Wein gelagert, sondern ein Schnaps, der ihr wie Feuer in der Kehle brannte, schlimmer noch als der, den sie im Hospital probiert hatte. Das mußte dieses Feuerwasser sein, das nicht an die Indianer verkauft werden durfte!

Nun war ihr auch klar, weshalb Boissy so oft Gäste hatte und warum er darauf bestand, daß sie und Lison sich zurückzogen, bevor die Herren sich verabschiedeten. Deshalb also verwehrte Fouquet den beiden Frauen den Zutritt zum Keller! Der Diener war offensichtlich eingeweiht und an den Geschäften seines Herrn beteiligt. Vermutlich füllte er auch den Alkohol in Fäßchen und Schläuche ab und stellte sie für die Gäste zum Mitnehmen bereit. Jetzt machten auch die Gerüchte über eine angebliche Erbschaft und eine Glückssträhne im Spiel einen Sinn: Sie dienten als Erklärung für das Geld, das Boissy am Alkoholverkauf verdiente.

Marie zählte die Fässer, bevor sie die Kellertreppe wieder hinaufstieg. Sie beschloß, Fouquet die Schlüssel zurückzugeben, damit er keinen Verdacht schöpfte. Ihre Entdeckung war sehr viel mehr wert als der Streich, den sie einem garstigen Lakaien spielen wollte. Wieviel würde sich Boissy ihr Schweigen kosten lassen?

Sie wünschte, Guillaume wäre hier. Er könnte ihr sagen, wie viele Felle sie für ein Fläschchen Schnaps bekäme.

Mit hoffnungsvollen Gedanken an die Zukunft schlief

sie ein. Gleich nach Weihnachten, nach ihrem Besuch bei Noémie, würde sie mit Boissy reden, nahm sie sich vor. Sie würde sehr viel schneller zu viel Geld kommen, als sie gedacht hatte!

Vor Aufregung schlief sie kaum in jener Nacht. Dennoch war sie guter Dinge, als sie am andern Morgen aufwachte. Lison und Fouquet verließen alsbald das Haus, um Weihnachten bei Angehörigen oder Freunden zu feiern. Marie wartete auf Nicolas de Boissy. Er hatte ihr nämlich angeboten, sich ihm und Charles Aubert de La Chesnaye und seiner Braut – die drei wollten nach Sillery – anzuschließen, da die Hütte der Blanchards auf ihrem Weg lag. Nach einer Stunde kam er endlich.

»Na, ganz allein zu Haus? Und das, obwohl du dich so fein gemacht hast?«

Marie lächelte erfreut. Er hatte ihre hübsche Spitzenhaube, ein Geschenk von Eléonore de Grandmaison, also bemerkt. Sie ging, um ihren Mantel zu holen.

»Warum so eilig? Was hältst du von einer kleinen Stärkung, bevor wir aufbrechen? Wir haben einen weiten Weg vor uns.«

»Eben deshalb sollten wir keine Zeit verlieren. Und Monsieur de La Chesnaye wartet sicherlich schon.«

»Was ist mit dir, behagt dir meine Gesellschaft nicht?« neckte der Baron sie.

Marie spürte, wie ihr Herzschlag sich beschleunigte und ihre Schläfen zu pochen anfingen. Weshalb das plötzliche Interesse an ihrer Person? Hatte Boissy irgendeinen Verdacht geschöpft?

»Ihr seid ein guter Herr«, antwortete sie ausweichend.

»Dann wird es dir gewiß ein Vergnügen sein, mit mir zu Abend zu essen.«

»Aber ich muß zu meiner Tochter!«

Boissy wandte sich zur Küche. »Komm, Lison hat einen Fasan gebraten.«

»Aber Ihr wolltet doch zu den Jesuiten!«

»Dann gehe ich eben morgen«, erwiderte der Baron leichthin.

»Aber Monsieur ...«

»Es wird heute noch Schnee geben, und bei Nacht und Schneefall ist der Weg zu gefährlich. Ich schlage vor, wir bleiben hier.«

Die Dinge hatten eine Entwicklung genommen, die Marie ganz und gar nicht gefiel. Sie mußte handeln, und zwar schnell.

Sie setzte ein gewinnendes Lächeln auf und sagte: »Wie Ihr wünscht, Monsieur. Ihr erlaubt doch, daß ich das Schuhwerk wechsle?«

Nicolas de Boissy, der mit größerem Widerstand gerechnet hatte, stieg pfeifend in den Keller hinunter. Er beschloß, nicht nur Wein, sondern auch gleich Schnaps mit hinaufzunehmen, damit das Schäferstündchen nicht durch einen weiteren Gang in den Keller unnötig unterbrochen würde. Er zweifelte nicht daran, daß er Marie noch vor Sonnenuntergang verführt hätte. Und am 25. Dezember ging die Sonne sehr früh unter ...

Marie hatte ein Stilett in ihrem Haarknoten versteckt und die Spitzenhaube wieder zurechtgerückt. Den siegessicheren Ausdruck in Boissys Augen hatte sie oft genug bei Geoffroy de Saint-Arnaud gesehen. Dann war es also wahr, was man sich erzählte? Daß er gewettet hatte, sie werde ihm zu Willen sein?

Nun, er würde die Wette verlieren. Aber erst wollte sie den Fasan kosten; ihr war das Wasser im Mund zusammengelaufen, als Lison ihn zubereitet hatte.

Sie war bemüht, sich ihren Widerwillen nicht anmerken zu lassen, wenn Nicolas de Boissy bei Tisch wie zufällig ihre Hand berührte. Er war jedoch, wie sie zugeben mußte, ein fesselnder Erzähler, und sie lauschte gebannt den Abenteuern, die er als Fechter und Spieler erlebt hatte.

»Das Leben in Québec muß Euch doch fad erscheinen nach all den aufregenden Dingen, die Ihr in Frankreich erlebt habt«, sagte Marie LaFlamme. »Warum habt Ihr Euch nicht in Ville-Marie niedergelassen? Dort sollen die Irokesen für Zerstreuung sorgen, habe ich gehört.«

»Weil es auf der Insel mehr Ordensleute als hübsche Frauen gibt. Die Sulpizianer, Jeanne Mance, Marguerite Bourgeoys, die Rekollekten, die Gesellschaft Mariens ...«

»Letztere soll aufgelöst worden sein.«

»Für mich sind es trotzdem noch zu viele. Hast du das Spital nicht aus dem gleichen Grund verlassen? Um dem klösterlichen Leben zu entfliehen?«

»Nein, mir gefiel es dort ganz gut«, behauptete Marie, aber es klang nicht sehr überzeugend. »Ich bin nur fortgegangen, weil ich mehr Geld verdienen muß. Ich brauche es für meine Tochter.«

»Und wie gefällt es dir hier? Bist du zufrieden mit deinem Lohn?«

»Ihr seid überaus großzügig. Aber Geld kann man nie genug haben.«

Boissy rückte seinen Stuhl näher heran. »Ich könnte dir mehr geben«, flüsterte er schmeichelnd.

Absichtlich zögernd, fragte sie: »Und ... was muß ich dafür tun?«

»Ein bißchen nett zu mir sein, mein schönes Kind!«

Boissy lächelte. Das Zittern in ihrer Stimme war ihm nicht entgangen.

Marie war kurz davor, der Versuchung zu erliegen, dessen war er sich völlig sicher. Sie würde ihm nicht mehr lange Widerstand leisten! Er ergriff ihre Hand und drehte die Handfläche nach oben. Dann zog er einen kleinen Beutel aus seinem Wams, aus dem er Goldmünzen herausschüttelte. Einige fielen klimpernd in einen Silberteller.

»Das kann ich nicht annehmen«, rief Marie.

»Aber sicher kannst du das. Als Gegenleistung verlange ich nur, daß du mich heilst.«

»Heilen? Wovon denn?«

»Von dieser schrecklichen Langeweile. Es wird dir gewiß nicht schwerfallen, etwas Freude in mein ödes Dasein zu bringen.«

Als sie ihm die Goldmünzen zurückgeben wollte, faßte er sie blitzschnell am Hals, riß sie an sich und preßte die Lippen brutal auf ihren Mund. Marie setzte sich heftig zur Wehr. Nach Atem ringend, hämmerte sie mit den Fäusten gegen seine Brust, bis er sie losließ. Sie flüchtete ans andere Ende des Zimmers.

Boissy schritt langsam auf sie zu. »Du bist ganz reizend als verschreckte Jungfrau. Du verstehst dich auf diese Spielchen, nicht wahr? Schließlich warst du verheiratet. Hast du sie nicht vermißt?«

»Wie könnt Ihr es wagen!«

»Wie? Ganz einfach: Ich bin der Herr in meinem Hause. Und du bist begierig darauf, mir einen Kuß zu geben.«

Boissy drückte sie gegen die Wand. Aber als er den Kopf neigte, um sie abermals zu küssen, spürte er plötzlich einen spitzen Gegenstand am Hals und erstarrte mitten in der Bewegung.

»Nehmt sofort Eure Hände weg, oder ich steche zu. Ich warne Euch, verfehlen werde ich Euch nicht!« Um ihren Worten Nachdruck zu verleihen, bohrte sie die Spitze des Stiletts ein bißchen tiefer in seine Haut. »Zwingt mich nicht weiterzumachen, sonst bewegt Ihr Euch nie wieder.«

Boissy lächelte. Er brauchte nur ruckartig die Arme hochzureißen, um ihr die Waffe aus der Hand zu schlagen. Dieses Mädchen war wirklich zu komisch.

»Die Spitze des Stiletts ist übrigens vergiftet«, fuhr Marie da fort. »Also macht keine überhastete Bewegung, sonst werdet Ihr alsbald eine lähmende Schwere in den Gliedern verspüren, gefolgt von Krämpfen und blutigem Erbrechen. Und dann werdet Ihr sterben. Wart Ihr das nicht, den es nach Abwechslung verlangte?«

Boissy nahm langsam die Arme herunter und trat vorsichtig einen Schritt zurück. »Du liederliches Weibsstück! Verschwinde aus meinem Haus!«

Marie schüttelte den Kopf und bedeutete dem Baron, er möge sich setzen. »Ich glaube nicht, daß das gut wäre. Warum arbeiten wir statt dessen nicht zusammen?«

Boissy starrte sie finster an. Jetzt sah sie wirklich aus wie eine Füchsin, die sich ihrer Beute sicher ist.

»Ich fürchte, Eure Wette mit Eurem Freund Louis-André d'Alleret werdet Ihr verlieren, da ich Euch nicht erlauben kann, mich in Verruf zu bringen. Aber vielleicht gewinnt Ihr dafür eine Verbündete.«

Der Baron schnaubte verächtlich.

»Eine Verbündete«, fuhr Marie unbeirrt fort, »die schweigen kann.«

Sie berichtete ihm von ihrer Entdeckung im Keller und ihren Schlußfolgerungen. »Ich werde Bischof Laval nicht darüber unterrichten, daß Ihr Alkohol an die Indianer verkauft, weil ich annehme, Ihr werdet Euch für mein Schweigen erkenntlich zeigen. Ich denke da an einige Felle, zusätzlich zu diesen Goldstücken hier.«

»Felle?« wiederholte Boissy verblüfft.

»Die Indianer werden Euch kaum in Pfund bezahlen«, sagte sie und gestand mit einem koketten Lächeln, sie wolle auch so einen prächtigen Pelzmantel wie er haben. Boissy verzog spöttisch den Mund. Was für unbedarfte Geschöpfe die Frauen doch waren! Marie hatte nicht einmal ungefähre Vorstellungen von den Gewinnen, die der Alkoholschmuggel seit Monaten abwarf, sonst würde sie sich nicht mit einem Pelzmantel, und sei es ein Nerz, zufriedengeben.

»Einen Mantel willst du? Ist das alles?«

»Und eine Decke für meine Tochter. Und mehr Lohn. Ich werde natürlich weiter für Euch arbeiten. Wenn ich aufhörte, würde sich jeder fragen, warum. Ich habe oft genug beteuert, wie gern ich bei Euch bin, und überall herumerzählt, was für ein guter, anständiger Herr Ihr seid. Und so großzügig. Deshalb wird sich niemand wundern, wenn ich plötzlich einen schönen warmen Mantel besitze. Wir werden auch kein Geheimnis daraus machen, daß wir heute abend hiergeblieben sind. Wir werden sagen, Ihr hättet fürchterliche Schmerzen in der Brust bekommen und wärt dem Ersticken nahe gewesen. Und weil ich Euch wieder gesund gemacht habe, habt Ihr mir zum Dank dafür ein paar schöne Biberfelle geschenkt.«

Nicolas de Boissy stieß eine Verwünschung aus: So unbedarft, wie er gehofft hatte, war Marie keineswegs! »Du hast wirklich an alles gedacht.«

»Als arme Witwe muß man sich absichern«, erwiderte sie höhnisch. »Wölfe gibt es nicht nur im Wald.«

Ich muß sie zum Schweigen bringen, dachte Boissy, den Blick starr auf die lächelnde junge Frau geheftet. Sie wird mehr fordern, immer mehr. Und nichts dafür geben.

Er begehrte sie mehr denn je. Ihre Listigkeit erzürnte ihn nicht nur, sondern erregte ihn auch. Er liebte es, sich zu duellieren, und das hier war eine neue Spielart. Er zweifelte nicht daran, daß er als Sieger aus diesem Kräftemessen hervorginge. Er würde zum Schein auf Maries Forderungen eingehen und sie unter dem Vorwand, ihr die Felle zeigen zu wollen, an einen abgelegenen Ort locken. Niemand würde sie schreien hören, wenn er sich nähme, was ihm zustand. Niemand würde ihr zu Hilfe kommen, wenn er ihr den Dolch ins Herz stieße.

Der Schnee würde alle Spuren verwischen. Ihre Leiche würde frühestens im Frühjahr gefunden werden. Falls die Wölfe etwas von ihr übrigließen.

18. KAPITEL

Victor Le Morhier lächelte Emile Cléron zu, doch der ließ sich davon nicht täuschen: Dem Freund, das spürte er, war nicht nach Feiern zumute.

»Willst du nach Hause? Ich merke doch, daß es dir kein Vergnügen macht.«

»Das ist nicht deine Schuld«, entgegnete Victor seufzend. »Du hast dir alle Mühe gegeben, mich auf andere Gedanken zu bringen.«

»Wie willst du Marie je vergessen, wenn es dich immer wieder an die Orte zieht, an denen sie gelebt hat? Was für ein Narr bist du nur! Läufst einer einzigen nach, wo ein Dutzend andere auf dich warten!«

Victor zuckte die Achseln und warf einen Blick auf die Auslage eines Spielzeugmachers. Er würde Noémie einen kleinen Bären mitbringen, wenn er nach Neufrankreich zurückführe. Ob sie dann schon sprechen könnte?

»Die Dunkelhaarige im *Bons enfants* zum Beispiel, wie die dich angeschaut hat! ... Ihr Begleiter grollte ihr deswegen sogar. Weißt du, wer das war?«

Victor schüttelte den Kopf.

»Monsieur Molière höchstpersönlich! Viele Schauspieler und Tänzer zählen zu den Stammgästen in dieser Schenke. Ich mag Frauen, die auf der Bühne stehen. Ich habe den Eindruck, daß sie im wirklichen Leben weniger zum Schauspielern neigen. Du nicht?«

»Kann ich nicht sagen, ich hab' nie eine kennengelernt.«

Schweigend gingen sie weiter. Ihr Weg führte sie am Park des Palais-Royal vorbei in die Rue des Vieilles-Etuves-Saint-Honoré, wo Monsieur Beaumont, Victors Onkel, wohnte.

Emile stieß den Freund mit dem Ellbogen an. »Warum kommst du nicht mit ins *Fosse aux lions*? Ich werde gewinnen, ich fühle es.«

»Du hast dich nicht verändert, wie ich sehe.«

»Jetzt ist genau der richtige Zeitpunkt. Die schlechten Spieler haben verloren und brennen darauf, ihr Geld zurückzugewinnen. Und wenn sie glauben, sie könnten mich über den Löffel barbieren, so werde ich sie gewiß nicht daran hindern.«

»Damit du sie hinterher um so leichter ausnehmen kannst. Das Glück ist dir immer treu gewesen, nicht wahr? Ich wünschte, du könntest Boissy und d'Alleret einmal eine Lektion erteilen.«

»Jederzeit, mein Freund.«

»Sie leben in Québec.«

»Sapristi! Das ist ein bißchen weit.«

Victor nickte. Das war in der Tat weit weg. Sehr weit weg sogar, viel zu weit weg von Marie.

Emile faßte ihn am Arm. »Eines Tages wirst du nach Neufrankreich zurückkehren.«

Victor machte sich nichts aus Glücksspielen, verspürte andererseits aber auch wenig Lust, sich mit seinem Onkel zu unterhalten.

»Warum, langweilt er dich so sehr?«

»Ach, er redet von nichts anderem mehr als vom Pelzhandel. Ich soll mich immerzu über die Felle äußern, die er hier gekauft hat. Die, die er dir gezeigt hat. Ich habe ihm gesagt, daß ich sie schön finde, was gibt es sonst noch dazu zu sagen?«

»Kennst du dich denn nicht damit aus?«

Da erzählte Victor ihm, wie der Waldläufer Laviolette ihn davor bewahrt hatte, auf einen Schwindler hereinzufallen.

»Ich kann in der Zwischenzeit ein gutes von einem schlechten Biberfell unterscheiden, aber ich habe nicht die

Erfahrung eines Laviolette. Woher denn auch, in der kurzen Zeit! Aber mein Onkel erwartet von mir die Bestätigung, daß er einen guten Kauf getan hat. Ein Glück, daß du seine Wahl gelobt hast. Ich wünschte, ich hätte ihm noch das eine oder andere Fell mitbringen können. Marie hab' ich auch eins geschenkt.«

»Marie, Marie, Marie! Du bist jetzt in Paris, nicht in Québec, und so wahr ich Cléron der Küchenjunge bin, du wirst deine Marie heute nacht vergessen!«

Victor seufzte. Dann erst dämmerte ihm, was der Freund gesagt hatte, und er fragte: »Warst du wirklich einmal Küchenjunge?«

»Und was für einer! Ich habe alles anbrennen lassen. Der Wirt vom *Cheval blanc*, der eine wahre Engelsgeduld hatte, behielt mich ganze sieben Tage. So lange hielt es keiner mit mir aus«, gestand Emile fröhlich.

»Es scheint, als hättest du fürs Essen eine größere Begabung als fürs Kochen! Wenn ich daran denke, wie du nach den Schleien Haselhühner und nach den Haselhühnern auch noch einen Braten verdrückt hast!« meinte Victor kopfschüttelnd. »Du kannst genausoviel essen wie Guillaume Laviolette, und das ist ein Hüne von Mann!«

Emile klopfte sich lachend auf die Rippen. Er aß vier Mahlzeiten am Tag, trank etliche Schoppen Wein und nahm dennoch nicht zu. Er wäre gern groß und stattlich gewesen, weil die Frauen solche Männer bevorzugen, doch seit er seine Leidenschaft für das Glücksspiel entdeckt hatte, hatte sich seine kleine, schmale Gestalt immer wieder als äußerst segensreich erwiesen. Es kam nämlich vor, daß er die Schenke oder das Bürgerhaus, in dem er seinem Beruf gerade nachging, in aller Eile verlassen mußte. Wieselflink, wie er war, hatte er es bisher stets geschafft, seinen erbosten Opfern zu entkommen oder sich einer drohenden Verhaftung zu entziehen. Er achtete darauf, sein Äußeres regelmäßig zu verändern, und hatte sich zum Grundsatz gemacht, niemals zwei Abende hintereinander im gleichen Etablissement zu spielen. Außerdem, das gebot die Vorsicht, arbeitete er allein. Er vertraute niemandem. Außer Victor. Aber erstens hatte Victor ihm das Leben gerettet, und zweitens machte er sich nichts aus dem Glücksspiel. Von den Schlichen, die er dem Freund verraten, und den Taschenspielereien, die er ihm gezeigt hatte, hatte Victor nicht einmal die Hälfte verstanden.

Er musterte ihn aus dem Augenwinkel. Victor machte noch immer ein sorgenvolles, ernstes Gesicht. Es war offenkundig, daß er an Marie LaFlamme dachte. Wie konnte man nur so dumm sein! Sein Herz an eine Frau hängen, die einen anderen liebte, und ihr auch noch bis ans Ende der Welt folgen! Diese Marie mußte ihn regelrecht verhext haben.

In der Rue de la Grande-Truanderie blieb Victor vor der Ladenwerkstatt eines Drechslers stehen. Marie hatte ihm einmal von diesem Handwerker erzählt.

»Er soll die schönsten Holzknöpfe weit und breit herstellen.«

»Und Rosenkränze! Vielleicht solltest du dir einen kaufen und beten, daß du sie endlich vergißt, diese Marie.«

»Nein, ich bete darum, daß sie Simon Perrot vergißt. Wie kann sie nur so töricht sein und ihr Herz an diesen Banditen hängen?«

Emile rollte mit den Augen und schickte ein Stoßgebet zum Himmel hinauf: Möge er ihn vor derart blinder, den Verstand umnebelnder Leidenschaft bewahren! Victor merkte nicht einmal, daß seine Zuneigung zu Marie ebenso unsinnig war wie die ihre zu Perrot. Wenn die beiden nicht bald zur Vernunft kämen, würden sie noch ihr ganzes Leben verträumen, anstatt es in vollen Zügen zu genießen. Victor war schließlich noch ein junger Bursche. Emile überredete ihn, ihn ins *Marquis doré* zu begleiten. Er war überzeugt, Victor werde sich köstlich über die braven Bürger amüsieren, die dort an den Würfeltischen saßen, mit Damen von zweifelhaftem Ruf schäkerten und den prickelnden Reiz des Verbotenen mit geradezu kindlichem Vergnügen auskosteten. Emile suchte sich jeden Abend ein Opfer aus. Eins, mehr nicht; Habgier, das wußte er, könnte ihm zum Verhängnis werden. Er erhöhte seinen Gewinn lieber durch einen schwunghaften Handel mit Uhren, Ringen, Knöpfen, die ihm gelegentlich zur Begleichung einer Spielschuld überlassen wurden.

»Neulich ist mir ein neues Wams aus englischem Tuch angeboten worden, aber es war mir leider zu groß. Wenn ich gewußt hätte, daß du kommst, hätte ich es für dich aufbewahrt.«

Victor bedankte sich mit einer knappen Verbeugung, war insgeheim aber erleichtert: Mit Emiles dunklen Geschäften wollte er nichts zu tun haben. Er begleitete ihn gern auf seinen Streifzügen, sonderte sich jedoch ab, sobald der Freund sich ein Opfer ausgesucht hatte, das er ausnehmen konnte. Victor schlenderte unterdessen umher. Der Jubel der Gewinner, das Wehgeschrei der Verlierer, die Weisen der Musikanten, das Klirren und Scheppern der Becher bildeten eine geräuschvolle Kulisse, die ihn auf angenehme Art ermüdete. Nach einem Besuch im Wirtshaus schlief er stets tief und fest.

»Wir sind gleich da«, sagte Emile. »Da hinten ist es. Was ist? Was hast du?«

Victor war abrupt stehengeblieben und schaute nach rechts. »Die Rue Vieille-du-Temple ist doch hier ganz in der Nähe.«

»Und? Ah, ich weiß schon! Marie hat dort gewohnt, hab' ich recht?«

Victor warf ihm einen ärgerlichen Blick zu, woraufhin der Freund sich für seine Frotzelei entschuldigte.

»Michelle Perrot wohnt nicht weit von hier, in der Rue du Bourubourg.«

»Simons Schwester?«

Victor antwortete nicht. Er hatte sich bereits in Bewegung gesetzt und strebte eilig der Place aux Veaux entgegen.

»He, warte auf mich!« Emile lief ihm nach. Als er ihn an der Ecke Rue des Mauvais-Garçons eingeholt hatte, stellte er voller Genugtuung fest, daß er im Gegensatz zu Victor, der heftig keuchte, nicht im mindesten außer Atem geraten war.

»Dort«, stieß Victor abermals hervor, »dort oben wohnt sie.« Die Vorhänge hinter dem Fenster, auf das er zeigte, waren nicht ganz zugezogen, so daß ein schmaler Lichtstreifen das dunkle Rechteck teilte.

Emile fluchte und sah Victor prüfend an. Wollte er ihn auf den Arm nehmen? Nein, es war ihm ernst. Da schüttelte er lachend den Kopf. Das Glück war ihm gewogen, wie es schien: Die betreffende Wohnung gehörte Armande de Jocary.

»Wie kommt es, daß Michelle Perrot bei der Baronin wohnt?«

»Michelle ist ihr Mündel. Die Baronin ermöglicht es ihr, ihre Kunst zu betreiben, sie ist nämlich Flötenspielerin.«

»Und während sie ihre Konzerte gibt, vertreibt man sich die Zeit mit Kartenspielen oder Würfeln. Laß uns hinaufgehen!«

»Wie stellst du dir das vor, ich kenne die Baronin überhaupt nicht! Michelle hat mich immer bei meinem Onkel besucht, sie weiß, daß ich Simon hasse, und wollte vermeiden, daß wir uns begegnen.«

»Und wenn du sagst, du willst zu Michelle?«

»Zu dieser Stunde?«

Emile nickte und schob seinen Freund energisch zum Eingang. »Du sagst, du bist heute angekommen und wolltest es nicht versäumen, ihr gleich deine Aufwartung zu machen und ihr Nachricht von ihren Eltern zu geben.«

»Sie weiß, daß ich in Paris bin. Sie hat gestern meine Tante besucht und von ihr erfahren, daß ich heute komme. Ich bin sicher, sie wird mich morgen ohnehin besuchen kommen.«

»Aber wir wecken doch niemanden«, beharrte Emile. »Hörst du nicht die Stimmen? Sie sind alle noch wach.«

Vor sechs Monaten hatte er zum erstenmal von der Baronin gehört, und seitdem wünschte er sich, ihre Bekanntschaft zu machen. Er bewunderte diese Frau: Nicht nur, daß sie die vornehme Gesellschaft dazu gebracht hatte, sie als ihresgleichen anzuerkennen, nein, es war ihr auch gelungen, sie in ihren Salon zu ziehen und zum Glücksspiel und damit zum Geldausgeben zu verleiten. Und das alles, ohne jemals von der Polizei behelligt zu werden. Oder von Unbekannten. Als Victor dem Diener erklärte, er wünsche Michelle zu sprechen, entgegnete der, um diese Zeit empfange Madame niemanden mehr, Fremde schon gar nicht, und schlug ihnen die Tür vor der Nase zu.

»Unerhört, der behandelt uns, als wären wir Lumpengesindel!«

Victor nahm den Freund am Arm und zog ihn mit sich. »Ich werde morgen mit Michelle reden. Es ist besser so. Wenn ich da drinnen auf Simon getroffen wäre, ich hätte ihm den Hals umgedreht!«

»Vor zwanzig Zeugen? Das hätte ich nicht zugelassen. Wenn du ihn wirklich loswerden willst ...«

Victor schnitt ihm das Wort ab: Er wolle nichts davon hören. Er lehne es ab, einen Mörder zu dingen, nicht einmal für einen Mann wie Perrot.

»Mir ist kalt. Wollen wir nicht lieber ins *Croix de Lorraine*?«

»Meinetwegen.«

Unterwegs erzählte Emile seinem Freund, was er über Baronin Jocary wußte. Als sie sich im Wirtshaus an einem der Tische niederließen, fragte Victor, wie er auf den Gedanken käme, Armande de Jocary hätte ihren Adelstitel unrechtmäßig erworben.

»Das sagt mir mein Gefühl. Und ich finde sie sehr überzeugend in ihrer Rolle. Michelle muß uns unbedingt miteinander bekannt machen.«

»Ich werde … Bei Morgana!«

»Was ist? Was hast du denn?«

Doch da war Victor schon aufgesprungen. Als wären tausend Teufel hinter ihm her, hetzte er mit Riesensätzen die Treppe hinunter und zur Tür hinaus.

Er hatte Simon Perrot gesehen.

Und Simon hatte ihn gesehen. Und war geflüchtet. Als Victor in die Rue François-Miron einbog, war Simon verschwunden. Er konnte nicht weit gekommen sein, vermutlich versteckte er sich ganz in der Nähe, drückte sich in einen Hauseingang oder kauerte in einem finsteren Winkel und lachte sich ins Fäustchen, während er Victor beobachtete, wie er zwei Schritte vor und wieder zurück machte, unschlüssig, in welche Richtung er sich wenden solle, und dabei angestrengt in die Dunkelheit starrte. Es war wie früher, wenn sie Verstecken gespielt hatten.

Emile Cléron hatte den Freund eingeholt und reichte ihm Hut und Mantel.

Halb wütend, halb verwundert sagte Victor: »Er ist weg! Wie vom Erdboden verschluckt! Das ist reinste Hexerei. Er hat immer schon mit Satan im Bunde gestanden.«

»Es gibt keine Hexerei, das weißt du so gut wie ich.«

»Simon schafft es noch, mich vom Gegenteil zu überzeugen. Warum ist er weggelaufen? Er kann doch gar nicht wissen, wie sehr ich ihn hasse.«

»Vielleicht hat er dich mit jemand anders verwechselt.«

Nein, ausgeschlossen. Sie kannten sich von Kindesbeinen an. Was führte er diesmal im Schilde?

»Ich werde gleich morgen zu Michelle gehen«, sagte Victor.

Und Emile dachte: Bis bald, Baronin! Er drängte den Freund, ihn ins *Fosse aux lions* zu begleiten. Noch hatte er kein Geld gesehen an diesem Abend, und jetzt galt es, sich zu sputen: Wer von auswärts oder aus einem der besseren Viertel kam und am Spieltisch gewonnen hatte, legte aus Furcht vor einem Überfall Wert darauf, vor neun Uhr abends wieder zu Hause zu sein. Manch einer bezahlte dafür, den Heimweg nicht allein antreten zu müssen, und Emile trug den Herren nicht selten seine Dienste an, ließ sich doch auf diese Weise leicht herausfinden, wo sie wohnten. Erweckten sie den Anschein von Wohlhabenheit, gab Emile seine Kenntnisse an seine Komplizen weiter, und die suchten die betreffenden Häuser dann einige Wochen später auf.

Wäre er nicht mit Victor befreundet gewesen, hätte Emilie seinen Helfershelfern auch von den zwanzig Pelzen im Haus Monsieur Beaumonts erzählt. Die Felle von Biber, Nerz, Wolf und Fuchs waren hervorragend zugerichtet. Sogar ein Robbenfell war dabei; seit fünf Jahren hatte er keins mehr gesehen!

»Also was ist? Kommst du mit ins *Fosse aux lions*?«

Victor verneinte gähnend. »Die Reise von Nantes hierher war anstrengend. Ich geh' lieber schlafen. Wir sehen uns dann morgen. Nachdem ich mit Michelle gesprochen habe.«

»Soll ich dich nicht besser zurückbegleiten?«

»Keine Angst, ich kann mich meiner Haut wehren. Hätte ich sonst noch meinen Skalp?«

Auf Emiles fragenden Blick hin erklärte er, die Indianer trennten ihren Feinden mit der Axt die Kopfhaut ab, die bei ihnen als Siegestrophäe galt. Emile griff sich mit entsetzte Miene ins Haar. Warum er ihm denn nicht früher von dem Indianerüberfall erzählt habe, wollte er wissen.

»Das war nur ein Scherz. Québec ist eine ruhige Stadt und gut geschützt. Die Irokesen halten sich fern von ihr. Wenn sie angreifen, dann auf der Île d'Orléans. Und in Ville-Marie.«

»Dann brauchst du dir ja keine Sorgen zu machen.«

Victor antwortete nicht. Er winkte seinem Freund zu und machte sich auf den Heimweg. Von den Wilden hatte Marie in Québec nichts zu befürchten, das war schon richtig, aber was war mit Boissy? Der quälende Gedanke, er könnte die geliebte Frau verführen, würde ihn bis in den Schlaf verfolgen. Er überlegte, ob er Michelle einfach Maries Brief an Simon zeigen sollte. Unzählige Male war er versucht gewesen, ihn zu zerreißen, aber er hatte Marie versprochen, Simon die Nachricht zu überbringen, und er hatte noch nie sein Wort gebrochen. Warum war Simon vor ihm weggelaufen? Das konnte nur bedeuten, daß er irgendeine Schandtat plante, etwas, das ihn, Victor Le Morhier, betraf. Aber was?

Am anderen Morgen wußte er es. Sein Onkel weckte mit seinem Geschrei das ganze Haus auf. Kurz darauf stürzte Louise Beaumont im Nachthemd in seine Kammer und bat ihn inständig, sofort herunterzukommen, ihr Mann sei im Begriff, den Verstand zu verlieren: »Die Pelze sind fort!«

»Was?«

»Man hat uns bestohlen! Nachdem du und dein Freund gestern abend fort wart, haben wir zu Abend gegessen und sind dann zu Bett gegangen. Irgendwann danach muß der Dieb hier eingedrungen sein. Wann bist du nach Hause gekommen?«

»Lange vor Mitternacht.«

»Sind die Pelzballen da noch an ihrem Platz gewesen?«

Victor setzte sich auf und dachte nach. Jetzt erinnerte er

sich wieder, daß er sich noch gewundert hatte, warum sein Onkel die Pelze an einen anderen Platz geschafft hatte.

»Dann muß der Dieb in der Zeit gekommen sein, als du fort warst!«

»Bei Morgana!« Victor sprang aus dem Bett und stieg in seine Oberschenkelhose. »Wollt Ihr damit sagen, jemand hat sich meine Abwesenheit zunutze gemacht?«

Louise Beaumont blickte Victor bange an. Könnte er ihren Mann davon überzeugen, daß er mit der Sache nichts zu tun hatte? Daß sein Freund Emile, der sich mit Pelzen auszukennen schien, kein Gauner war? Die Umstände sprachen unglücklicherweise gegen ihn. Louise hielt Victor zwar für unschuldig, konnte indes die Verzweiflung ihres Mannes begreifen. Sie wagte sich nicht vorzustellen, wie ihr Bruder Martin es aufnähme, wenn er von den Verdächtigungen gegen seinen Sohn erführe.

Wie sie vermutet hatte, bezichtigte Octave Beaumont jetzt Emile Cléron des Diebstahls und verlangte von Victor, ihn unverzüglich zu ihm zu führen.

»Ich werde die Polizei verständigen, und dann schnappen wir uns den gemeinen Dieb. Wo wohnt er? Die Straße! Das Viertel! Willst du wohl den Mund aufmachen?«

Victor, außer sich vor Empörung, weigerte sich, zu den Vorwürfen Stellung zu nehmen. Erst der flehende Blick seiner Tante bewog ihn, seinem Onkel zu antworten. Er werde Emiles Unschuld beweisen, erklärte er, und den wahren Täter finden.

»Ich kenne den wahren Täter! Und du kennst ihn auch«, schrie Octave aufgebracht.

»Ich glaube ihn zu kennen, ja. Aber ich weiß nicht, wo er sich versteckt hält.«

»Das erfindest du doch nur, um deinen Freund zu schützen! Verlaß auf der Stelle mein Haus! Ich dulde keinen Verräter unter meinem Dach.«

»Mein lieber Freund, ich bitte Euch«, mischte sich nun Louise ein. »Victor hat uns noch nie belogen.«

»Ich danke Euch für Euer Vertrauen, Tante. Aber da Euer Herr Gemahl voreilige Schlüsse zu ziehen pflegt, halte ich es für besser zu gehen.« Er wandte sich ab und eilte in seine Kammer, um seine Habseligkeiten zusammenzupacken.

»Und komm mir nicht ohne die Felle wieder!« donnerte sein Onkel.

Als Victor wieder nach unten kam, war Octave in seine Werkstatt zurückgekehrt. Louise, der die Tränen übers Gesicht liefen, reichte dem Neffen einen kleinen Geldbeutel.

»Hier, damit du dir ein Zimmer in einer Herberge nehmen kannst, bis du nach Nantes zurückfährst.«

Victor umarmte seine Tante. Die Angelegenheit werde sich sicherlich aufklären, und sie würden sich bestimmt bald wiedersehen, tröstete er sie. »Ich bitte Euch nur um eins: Richtet Michelle Perrot aus, daß ich sie heute abend bei der Kirche Saint-Louis erwarte.«

Als er draußen auf der Straße stand, schüttelte er ungläubig den Kopf. Die Dinge hatten eine ebenso unerwartete wie gefährliche Wendung genommen. Er fragte sich, ob er sein Versprechen, die Felle wiederzubeschaffen, nicht ein wenig vorschnell gegeben hatte. Was, wenn Simon sie bereits verkauft hatte?

Voller Wut stapfte er davon. In seiner Erbitterung merkte er erst nach einer Weile, daß es geschneit hatte. Als ob Schnee etwas ganz Alltägliches für ihn wäre! Er mußte über seine Zerstreutheit lachen. Er beschloß, sich in der Rue des Blancs-Manteaux oder der Rue des Rosiers eine Herberge zu suchen, weil beide Straßen nicht weit von der Rue du Bourubourg entfernt lagen und er sich dann leichter mit Michelle treffen könnte.

Die Gleichmäßigkeit, mit der die Schneeflocken vom

Himmel fielen, übte eine beruhigende Wirkung auf ihn aus. Als er sich im *Cerf qui rit* einmietete, dachte er an Marie. Ob es in Québec wohl auch gerade schneite? Er wünschte, er fände den Mut, ihr einen Brief zu schreiben. Er hätte ihr Paris unter seiner Decke aus eisigem Staub beschrieben, hätte ihr von den bleichen Inselchen in den Gärten erzählt, vom glockenhellen Gelächter rotwangiger Kinder, dem eleganten türkisfarbenen Handschuh in der Rue Audry-de-Boucher, den opalbesetzten Mistelhecken, dem Hund, der ein Huhn aus seinem umgestürzten Käfig gestohlen hatte, und dem Schneeball, den er übermütig nach einer Statue geworfen hatte.

Nachdem er seine Sachen auf sein Zimmer gebracht hatte, ging er wieder nach unten und legte sechzig Sous für das Essen auf den Tisch: einen Teller Bohnensuppe, eine Truthahnkeule und ein Stück Geflügelpastete. Dann warf er seinen Mantel über, schlug den Kragen hoch und verließ die Herberge noch einmal. Bis zu seinem Treffen mit Michelle hatte er noch ein wenig Zeit. Zeit für einen Besuch bei Emile.

Als Victor durch den Hof in der Rue de la Verrerie stapfte, erinnerte er sich, wie er ihn das erste Mal betreten hatte. Damals hatte er Emile aus der Seine gefischt und nach Hause gebracht. Der Hof war ihm wie ein Gang ins Erdinnere vorgekommen, wie ein rußiger Pfad in den Schlund der Hölle. Aber dann hatte Emile ihm aus seinem bewegten Leben erzählt, und die Angst war vergessen. Daß man ihm nach dem Leben trachtete und er nur knapp dem Tod entronnen war, schien ihn nicht sonderlich zu beeindrucken. Als Vertrauensbeweis gestand er Victor, womit er seinen Lebensunterhalt verdiente, und schwor ihm ewige Freundschaft. Und dieser Mann sollte seinen Onkel Octave bestohlen haben?

Victor klopfte einmal, dann ein zweites und ein drittes Mal. Als niemand antwortete, öffnete er die Tür und fand seinen Freund mit einer jungen blonden Frau beschäftigt. Peinlich berührt blieb Victor stehen, doch Emile, nicht im mindesten verlegen, bot ihm großzügig seinen Platz an.

»Hast du schon einmal ein solches Blond gesehen? Sie kommt aus dem Norden. Ich habe sie gewonnen, für eine Nacht.«

»Ich komme später wieder«, murmelte Victor.

»Ist es schon hell draußen?«

»Ja. Und es sogar geschneit.«

Emile zwinkerte der jungen Frau zu und gab ihr einen Klaps auf den Po. »Du kannst gehen.«

Die Flämin sprang aus dem Bett, streifte mit erstaunlicher Geschwindigkeit ihre Kleider über und wieselte aus dem Zimmer.

Während Emile sich ebenfalls anzog, schaute sich Victor unauffällig um. Zufrieden dachte er bei sich, daß er jederzeit beschwören könnte, keine Pelze bei seinem Freund gesehen zu haben. Noch im gleichen Augenblick schämte er sich wegen dieses Gedankens. Er lächelte Emile zu und sagte:

»Ich brauche deine Hilfe.«

»Jederzeit. Ich weiß, was ich dir schuldig bin. Ich würde mein Leben für dich geben.«

»Soviel verlange ich gar nicht. Du muß mir nur helfen, die Pelze meines Onkels wiederzufinden.« Er berichtete, was sich zugetragen hatte.

»Und du meinst, dieser verwünschte Perrot ist deswegen gestern abend vor dir davongelaufen? Weil er deinen Onkel bestohlen hat?«

»Ich bin überzeugt, er hat das Haus beobachtet und gewartet, bis wir fort waren. Mit meinem Onkel hätte er es notfalls aufnehmen können, aber gegen uns beide hätte er nichts auszurichten vermocht. Vielleicht hat er sogar gehofft, den Verdacht dadurch auf uns zu lenken.«

»Auf mich«, verbesserte Emile.

»Das kommt auf dasselbe heraus.«

»Danke, mein Freund. Allmählich verstehe ich deine Abneigung gegen diesen Perrot.«

Victor nickte und sagte bedächtig: »Ich muß diese Felle wiederfinden. Die Frau hat er mir bereits genommen, aber ich werde nicht zulassen, daß Simon Perrot mir auch noch meine Ehre raubt!«

19. KAPITEL

Marie trällerte munter vor sich hin, während sie die Glut im Kamin schürte. Seit Neujahr war sie auffallend guter Dinge, und Lison fragte sich, ob ein Mann dahintersteckte. Im Geist ging sie alle möglichen Verehrer durch, erriet jedoch nicht, um wen es sich handeln mochte. Guillaume Laviolette konnte es nicht sein, weil er noch nicht wieder von der Jagd zurückgekehrt war. Jules Malescot, den sie dreimal wegen seines gebrochenen Handgelenks besucht hatte, auch nicht. Und Jobin war ihrer Meinung nach zu alt. Es gab nur eine Möglichkeit herauszufinden, wer es war: Sie mußte Marie nachgehen.

Marie fühlte Lisons prüfenden Blick auf sich ruhen und schaute auf. Sie hätte der Köchin gern von ihrer Unterhaltung mit Nicolas de Boissy erzählt, damit sie sie zu ihrer Gewitztheit hätte beglückwünschen und sich mit ihr hätte freuen können. Aber dann hätte sie auch ihre Entdeckung im Keller preisgeben müssen.

»Du bist so fröhlich in letzter Zeit«, begann Lison.

Marie schob die Glut hinter das Schutzgitter, hängte den Schürhaken an seinen Platz zurück und wandte sich der Köchin zu. »Ich werde bald meine kleine Noémie besuchen. Und Monsieur de Boissy hat versprochen, sich beim Obersten Rat für mich einzusetzen.«

»Tut er das um Gotteslohn oder um seine Wette zu gewinnen? Oder hat er sie am Ende bereits ge...«

Weiter kam sie nicht. Marie hatte sie am Arm gepackt und schüttelte sie. Lison stieß einen spitzen Schrei aus. »Laß mich los, das tut weh! Das war doch nur ein Scherz! Aber die Leute reden, und einige munkeln, Monsieur d'Alleret hätte seine Wette an Weihnachten, als du mit Monsieur allein warst, verloren.«

»Entschuldige«, sagte Marie, als sich Lison den schmerzenden Arm rieb, »aber ich kann so törichtes Gerede nun einmal nicht ausstehen.«

»Dann erklär mir, aus welchem Grund Monsieur sich beim Obersten Rat für dich verwenden will.«

»Weil es ihm schlechtging und ich ihm geholfen habe. An eben jenem Weihnachtstag. Zum Dank will er mir obendrein einen Pelz schenken.«

Den Zeigefinger auf sie gerichtet, sagte Lison streng: »Du verheimlichst mir etwas. Du machst ein Gesicht wie ein Huhn, das ein goldenes Ei gelegt hat.«

Marie beteuerte, sie habe ihr alles erzählt, und wandte sich eilig wieder dem Feuer zu. Sie wünschte, sie könnte ihr Geheimnis jemandem anvertrauen. Jemandem wie Schwester Sainte-Louise. Aber sie wußte, die Ordensfrau würde ihr Vorhaltungen machen: Durch ihr Schweigen mache sie sich schuldig, und ihr Ungehorsam gegenüber Bischof Laval werde möglicherweise mit Exkommunikation bestraft. Ganz zu schweigen von dem Leid, das sie den Indianern zufüge. Und zum Schluß würde die Nonne ihr raten, jenen zu vergeben, die ihr Böses angetan hatten.

Aber Marie würde niemals einem Mann vergeben, der Gewalt gegen sie gebrauchte. Und bis sich eine Gelegenheit böte, den gemeinen Reeder Saint-Arnaud zur Rechenschaft zu ziehen, würde sie sich an Boissy schadlos halten. Zwei Felle hatte er ihr versprochen; nach dem Dreikönigsfest, sobald er sein Feuerwasser gegen Biberpelze eingetauscht hätte, sollte sie die bekommen. Marie hoffte nur, daß dieses Tauschgeschäft nicht mit den Huronen in der Siedlung getätigt würde. Obgleich sie keine engere Beziehung zu ihnen hatte, wäre ihr der Gedanke, daß sie an Boissys Schnaps erkrankten, furchtbar. Denn daß sie davon krank werden mußten, stand für sie fest – sie erinnerte sich noch zu gut an den widerlichen Geschmack des Gebräus.

»Nun? Heraus mit der Sprache!« drängte Lison. »Ich weiß, daß du einen Verehrer hast. Sag schon, wer es ist?«

Marie packte die Gelegenheit beim Schopfe. Sollte Lison ruhig glauben, sie hätte einen Liebsten. Wenn sich das herumspräche, hätte sie endlich ihre Ruhe. Guillemette Couillard, Emeline oder Schwester Sainte-Louise würden ihr nicht mehr ständig in den Ohren liegen, es sei Zeit, ans Heiraten zu denken, und sie könnte ungestört von Simon träumen. Sie wußte auch schon einen geeigneten Mann für die Rolle des vorgeblichen Herzallerliebsten: Guillaume Laviolette. Im Frühjahr, wenn er zurückkäme, würde sie ihm die ganze Geschichte beichten. Sie konnte ihn jetzt schon lachen hören!

Sie zögerte, so als zierte sie sich, und hauchte dann: »Guillaume Laviolette.«

»Was? Aber der ist doch schon seit Monaten fort.«

»Das weiß ich auch. Aber ich habe an Weihnachten von ihm geträumt. Es war wie im Märchen. Er trug einen langen Mantel mit Hermelinbesatz, wie ein König, und kam langsam auf mich zu. In der Hand hielt er eine diamantenbesetzte Krone, und er sagte: ›Ich werde dich zur Königin des Waldes machen, über seine Untertanen sollst du herrschen‹ …«

Lison begann zu kichern. »Und wegen eines albernen Traums glaubst du, Guillaume wird dich heiraten? Der heiratet nie, das hat er oft genug verkündet. Daß er dich zur Hochzeit von Eléonore de Grandmaison eingeladen hat, heißt noch lange nicht, daß er dich zur Frau will.«

»Du wirst doch nicht eifersüchtig sein?«

»Ich? Eifersüchtig? Lächerlich!« Lison zwang sich zu lächeln. »Ich würde niemals einen Mann wollen, der sich bei den Wilden herumgetrieben hat. Außerdem will er von Französinnen nichts wissen.«

»Das werden wir ja sehen!« erwiderte Marie siegessicher. Dann stieß sie einen tiefen Seufzer aus. Sie habe ja recht, sagte sie zur Köchin, es sei töricht, von einem Mann wie Guillaume zu träumen, aber er sei ihr nun einmal von allen der liebste. »Und mein Traum war so wunderschön! Die Rehe kamen und fraßen mir aus der Hand. Und die Wölfe legten sich zu meinen Füßen nieder. Und weißt du, wo wir wohnten? Auf dem Stück Land neben Legardeur de Tilly!«

»Dann war es wirklich ein Traum. Denn Land wirst du niemals besitzen, weder in Villeray noch sonstwo.«

»Und warum nicht? Mehr als die Hälfte des Bodens gehört den Witwen der Grundherren.«

»Soviel ich weiß, bist du aber nicht die Witwe eines Grundherrn. Und Guillaume besitzt weder Titel noch Land. Grundzins und Bürgerstand sind Fremdwörter für ihn. Du kannst dich nicht einfach niederlassen, wo es dir paßt. Allein die Kompanie ist zur Landvergabe befugt. Und die Ländereien am Cap sind bereits alle vergeben worden.«

»Aber die Kompanie der hundert Teilhaber ist doch aufgelöst worden! Es heißt, der König will jeden Abtretungsvertrag widerrufen, wenn die betreffende Seigneurie sechs Monate lang nicht bewirtschaftet worden ist.«

»Selbst wenn das wahr wäre: Meinst du, du wärst reich genug, um dir ein paar Morgen kaufen zu können? Jetzt träumst du schon mit offenen Augen! An die Bewirtschaftung einer Flußhufe kannst du vielleicht in ein paar Jahren denken.«

»Und was müßte ich dafür tun?«

»Mir scheint, du hast von diesen Dingen genausowenig Ahnung wie dein Guillaume. Ich werde es dir erklären: Eine Seigneurie besteht aus der Domäne des Grundherrn, an den das Land vergeben wurde, und aus Flußhufen, die der Grundherr wiederum gegen Zins und Pacht an Siedler vergibt.«

»Das ist ja wie in Frankreich! Ich habe aber keine Lust, an Martini Pachtzins an einen Grundherrn zu zahlen!«

»Dann wird dir nicht anderes übrigbleiben, als einen Adligen zu heiraten«, spottete Lison. »Aber vorher gibst du die Knochen in den Kessel.«

Marie tat, wie geheißen. Im stillen faßte sie noch einmal zusammen, was sie gelernt hatte, und meinte dann: »Monsieur de Boissy könnte dem Obersten Rat erklären, daß ich gern eine Art Laden eröffnen würde, damit ich dort die Kranken mit meinen Kräutern und Pulvern behandeln könnte. Glaubst du nicht, man würde mir eine Räumlichkeit zur Verfügung stellen? So wie den Hospitaliterinnen? Freilich nicht so groß!«

»Du bist nicht Madame d'Aiguillon und auch nicht Mademoiselle Mance. Du bist weder besonders gottesfürchtig noch besonders reich. Besuch du deine Kranken zu Hause, und sei es zufrieden.«

Sei es zufrieden – wie oft hatte sie das schon gehört! Als müßte man sich damit abfinden, auf ewig ein armer Schlucker zu sein, wenn man ins Elend hineingeboren wurde. Sie würde sich nicht damit abfinden, niemals! Die Felle, die sie von Boissy erwartete, würde sie Guillaume verkaufen. Und vom Erlös Kräuter, Pülverchen, heilkräftige Steine, Salben, Phiolen, Waagen kaufen. Dann könnte sie ihre eigenen Arzneien herstellen und wäre nicht mehr auf Bruder Bonnemère angewiesen. Der Verkauf der

Pflanzen, die sie im Sommer gesammelt und sorgfältig gelagert hatte, brachte nur wenig ein, aber wenn es ihr gelänge, ein Mittel gegen die unangenehmen Folgen des Alkoholgenusses zu finden, würde sie das Geld nur so scheffeln. Und einer meiner besten Kunden, dachte sie lächelnd, wird Boissy sein. Es verging fast kein Abend, an dem er nicht mit Louis-André d'Alleret zechte. Und war er betrunken, suchte er Händel. Marie, die nur noch mit einem Messer unter dem Kopfkissen schlief, dankte dem Himmel, daß sie kein Mann war, sonst hätte er sie sicherlich zum Duell gefordert. Er werde es den Indianern schon zeigen, grölte er und erhob sich schwankend. Den wüsten Drohungen gegen seinen Vater, der ihn nach Neufrankreich verbannt hatte, folgten unweigerlich solche gegen Bischof Laval wegen seiner Verordnungen über den Handel mit Alkohol. Sowie er Anstalten machte, zur Tür zu taumeln, schenkte Fouquet ihm nach, damit er draußen nicht friere, woraufhin er sich erneut auf seinen Stuhl fallen ließ und zu guter Letzt einnickte. Fouquet, das mußte Marie ihm zugestehen, verstand seinen Herrn geschickt zu lenken. Als Boissys Helfershelfer handelte er freilich in seinem eigenen Interesse.

Und sie selber? Hatte sich der Mitwisserschaft schuldig gemacht. Von Erpressung ganz zu schweigen. Ob Frauen genauso hart bestraft würden wie Männer? Aber mit dem Geld, das sie von Boissy erpreßte, wollte sie doch nur Gutes tun. Sie brauchte es nicht, um Spielschulden zu begleichen so wie er, und hatte auch nicht die Absicht, Reichtümer anzuhäufen wie Fouquet. Es erboste sie heute noch, wenn sie daran dachte, wie er im Hospital über seine Bedürftigkeit wehgeklagt hatte. So ein Heuchler!

Und Alphonse Rousseau, gutgläubig wie er war, hatte jedes Wort für bare Münze genommen und ihm unentwegt Mut gemacht. Alphonse … Das erinnerte Marie an den Streich, den sie ihm mit dem Maiskolben hatte spielen wollen. Sie griff nach dem Schürhaken und stocherte mit fahrigen Bewegungen in der Glut. Sie habe es doch nicht böse gemeint, beschwichtige sie ihr Gewissen. Außerdem hatte sie ihm für seine Hilfe nach dem Überfall auf Guillaume gedankt, und wenn sie ihn des Sonntags nach der Messe traf, hatte sie immer Zeit für einen kleinen Plausch. Seine Einladung ins Haus des Chevaliers hatte sie allerdings mit der Begründung, sie sei sehr beschäftigt, abgelehnt. Vermochte sie einerseits ihre Neugier kaum zu zügeln, so war sie andererseits nicht erpicht darauf, mit Puissac und der Bruderschaft der Lichtkreuzer in irgendeinen Zusammenhang gebracht zu werden. Ketzer wurden unerbittlich verfolgt, und sie wußte, was die Leute über den Chevalier munkelten. Er besuchte zwar regelmäßig den Gottesdienst, aber er war auch bekannt dafür, daß er unverblümt seine Meinung sagte, und Bischof Laval schätzte diese Offenheit ganz und gar nicht. Wenn Marie dem Chevalier auch insgeheim in vielem zustimmte, offen zugegeben hätte sie das aus Furcht, ihre Zukunftspläne zu gefährden, nie.

»Willst du Späne aus dem Holzscheit machen?«

Marie fuhr zusammen. Sie hatte Boissy nicht kommen hören. Sein Mund verzog sich zu einem hämischen Lächeln: Es bereitete ihm sichtlich Vergnügen, ihr Angst einzujagen.

Er machte einen Schritt auf sie zu und lachte schallend, als sie den Schürhaken gegen ihn erhob.

»Dumme Gans, willst du mir den Mantel ansengen?«

Sie stellte den Schürhaken an seinen Platz zurück. »Nein, es wäre schade um das schöne Stück. Ich werde mich mit meinem Mantel nie so nah ans Feuer wagen. Aber erst muß ich ihn haben. Und dafür brauche ich die Felle. Bis spätestens Aschermittwoch.«

Boissy kam näher. Marie straffte sich, hielt seinem Blick jedoch stand. »Komm in die Mühle«, flüsterte der Baron.

»Ich werde nach Anbruch der Dunkelheit dort auf dich warten.«

Marie verbeugte sich höhnisch und kehrte in die Küche zurück. Der gnädige Herr habe ihr noch einmal für ihre Hilfe danken wollen, erklärte sie Lison. Die drückte ihr mürrisch ein Huhn in die Hand, damit sie es rupfe.

Der strahlende Januartag schien kein Ende nehmen zu wollen. Als das gleißende Licht schwächer wurde und der Schnee sich mit schillernden Farben überzog, hielt es Marie nicht mehr im Haus. Warm eingemummt, eilte sie zur Mühle, obgleich es noch viel zu früh war: Boissy würde sich nur im Schutz der Dunkelheit mit ihr treffen.

Die beißende Kälte drang so mühelos durch ihre Kleidung, daß sie überlegte, ob es nicht besser sei, die Felle zu behalten und sich einen Mantel daraus nähen zu lassen. Je klarer der Himmel, desto strenger der Frost – jetzt wußte sie, was die Leute damit gemeint hatten. Jeder tiefe Atemzug brannte wie Feuer in der Brust, und die Kinder wurden ermahnt, nicht mit der Zunge über Glas oder Metall zu lecken, weil sie sonst anfrieren könnte. Marie hatte so rätselhafte Naturerscheinungen wie Nebensonnen und Nordlichter beobachtet, aber am meisten verzauberten sie die Elmsfeuer. Sie nahm sich vor, demnächst eine Fahrt in einem dieser langen Schlitten zu unternehmen, und eine bessere Behandlungsmethode bei Erfrierungen wollte sie sich auch ausdenken. Ein Glück, daß sie bisher noch nicht gezwungen gewesen war, eine Amputation vorzunehmen. Verzückt lauschte sie dem Knirschen des Schnees unter ihren Füßen. Das brachte sie auf einen Gedanken: Sie würde eine Geschichte für Noémie erfinden, in der Schuhe sich über ihre Besitzer unterhielten. Sie wußte auch schon, was ihre Mokassins sagen würden: Sie würden sich darüber beklagen, daß sie, mit der Nase an die Steinmauer einer Mühle stoßend, so lange regungslos im Schnee ausharren mußten.

Als Boissy endlich kam, sah Marie trotz der Dunkelheit das triumphierende Leuchten in seinen Augen. Sie ballte die Hände in ihrem Muff und dachte: Wenn du glaubst, du kannst mich hereinlegen, hast du dich getäuscht.

Er faßte sie hart an die Schulter und sagte: »Komm, der Indianer wartet mit den Fellen am Kap auf uns.«

Marie machte sich mit einer schroffen Bewegung los. »Ich gehe nirgendwohin. Es war abgemacht, daß ich die Felle hier bekomme.«

»Entweder du kommst mit, oder du bekommst gar nichts. Ich will, daß dieser Indianer aussagen kann, er habe dir die Felle gegeben. Falls ich jemals wegen Alkoholschmuggels angeklagt werden sollte, wird es mir ein Vergnügen sein, meine Kerkerzelle mit dir zu teilen. Hübsch siehst du aus mit deinen roten Wangen und deinen …«

»Ich werde nicht mit Euch gehen. Der Weg am Kap entlang ist gefährlich.«

»Was willst du damit sagen?«

»Daß ich einen bedauerlichen Unfall haben könnte. Ich könnte von den Klippen in die Tiefe stürzen und mir das Genick brechen. Und Ihr würdet mir gewiß keine Träne nachweinen.«

Boissy packte sie und schüttelte sie so heftig, daß ihr die Mütze vom Kopf rutschte. »Du verkommenes Weibsbild, du elende Dirne, du Hexe, du!«

»Laßt mich auf der Stelle los!« schrie Marie und trat nach ihm. »Wollt Ihr, daß man uns hört?«

»Hier kann uns niemand hören, und das weißt du auch.«

Sie habe Vorsorge getroffen für den Fall, daß er sich ihrer zu entledigen suche, warnte sie ihn da mit fester Stimme. »Ich habe Schwester Sainte-Louise von den Hospitaliterinnen von unserem Handel erzählt. Sollte mir etwas zustoßen, wird sie die Behörden davon unterrichten.«

»Was hast du?« brüllte Boissy völlig außer sich. »Hast du den Verstand verloren? Diese verwünschte Nonne wird doch dem Bischof sofort alles zutragen!«

»Vom Schwarzhandel habe ich nichts gesagt. Ich deutete lediglich an, daß Ihr versucht habt, mich zu verführen, und sehr ärgerlich wurdet, als ich Euch abwies und mich zur Wehr setzte. Dann habe ich noch gesagt, ich hätte Angst vor Euch und würde mir lieber eine andere Stelle suchen, wenn Ihr mich nicht so gut bezahltet und ich das Geld nicht bräuchte ... Eine Frau zu schänden wird mit dem Tod bestraft, nicht wahr! Wird Robert Hache durch die Hakenbüchse oder durch den Strang sterben?«

»Hache ist ein Wilder!«

»Das wird ihn nicht davor bewahren, sein Leben zu verlieren, wenn der Henker das Urteil vollstreckt. Seid versichert, daß Schwester Sainte-Louise nicht zögern wird zu handeln, falls mir ein Unglück widerfährt. Ich glaube, es würde ihr sogar ein gewisses Vergnügen bereiten, denn ein besonders wertvolles Mitglied der Kolonie seid Ihr nicht gerade! Und jetzt gebt mir endlich die Felle, die Ihr mir schuldet.«

Nicolas de Boissy preßte in ohnmächtiger Wut die Lippen zusammen. Den Spitznamen Füchsin hatte dieses listige Frauenzimmer in der Tat verdient. Am liebsten hätte er sie auf der Stelle erwürgt. Unwillkürlich streckte er die Hände nach ihrem Hals aus, aber statt erschrocken zurückzuweichen, verschränkte Marie die Arme über der Brust und sah Boissy herausfordernd an. Ihre Haltung demütigte ihn mehr als alles andere. Er würde ihr ihre Dreistigkeit schon noch austreiben!

»Wartet tatsächlich ein Indianer mit den Fellen auf Euch, oder geht Ihr jetzt nach Hause?«

»Ich werde mir erst einmal bei Boisdon die Kehle anfeuchten und versuchen, dich zu vergessen!«

»Hauptsache, Ihr vergeßt meine Felle nicht, das ist alles, worum ich Euch bitte.«

Marie bewegte sich so schnell fort, wie ihre Schneeschuhe es erlaubten. Als sie Godefroys Land erreichte und ein gemäßigtes Tempo anschlug, fiel ihr ein kleines, dunkles, zuckendes Knäuel inmitten der verschneiten Landschaft auf.

Sie näherte sich vorsichtig: Es war ein junger Hase, der an einer Pfote und an einem Ohr verletzt war. Behutsam packte sie das Tier in ihre Wollmütze, so daß nur noch das rotbraune, vor Angst, Kälte und Schmerz bebende Näschen hervorschaute, und stapfte weiter, ihr Bündel an sich gedrückt.

Sie beschloß, den Hasen zu behalten. Sie würde ihn gesund pflegen und dann wieder aussetzen. Als sie die Mütze mitsamt ihrem kostbaren Inhalt auf dem Küchentisch ablegte, schaute Lison sie verblüfft an.

»Er ist verletzt«, erklärte Marie. »Ich konnte ihn doch nicht da draußen liegenlassen.«

»Als ob du nicht schon genug Kranke zu pflegen hättest«, spottete Lison. »Mach ihn lieber tot, und wir essen ihn am Sonntag als Ragout.«

Marie zwang sich zu einem Lächeln. Sie hatte mit diesem Vorschlag gerechnet und sich bereits eine Antwort zurechtgelegt. Bevor er auf den Tisch käme, müsse er erst hochgepäppelt werden, er sei doch viel zu mager, meinte sie. »Außerdem müssen wir sichergehen, daß er nicht krank ist, sonst stecken wir uns alle an.«

Während sie das Tier abtastete, erzählte sie Lison eine erfundene Geschichte von einem Rebhuhn, das Akelei gefressen habe, bevor es erlegt wurde, und mit seinem Fleisch eine ganze Familie vergiftet habe.

»Falls er überlebt und sich gut herausmacht, kommt er

in den Kochtopf. Und wenn nicht, habe ich wenigstens das Fell.«

»Das gäbe ein wunderschönes Paar Handschuhe«, bemerkte Lison neidisch.

»Halt ihn, ich will ihm das Bein schienen«, entgegnete Marie, bemüht, sich ihre Empörung nicht anmerken zu lassen. Sie würde es nicht zulassen, daß dem Tier ein Leid geschah. In der Hoffnung, seine Schmerzen ein wenig zu lindern, bestäubte sie die Stoffstreifen, mit denen sie die Schiene befestigte, mit zerstoßenem Bärlapp. Der kleine Hase hatte zwar aufgehört zu zittern, doch sie beobachtete voller Sorge, wie seine Augen sich trübten, die langen Ohren schlaff herabhingen, die Nase trocken wurde. Ob eine Möhre seine Lebensgeister wieder wecken würde? Mit den frischen Porreestengeln und wilden Artischocken, mit denen Nanette ihre Kaninchen gefüttert hatte, war das freilich nicht zu vergleichen. Sie fischte eine Mohrrübe aus dem Suppentopf und hielt sie dem Tier hin. Es knabberte nicht einmal versuchsweise daran.

Der inzwischen heimgekehrte Boissy spottete über Maries verzweifelte Bemühungen, den Hasen zu retten. »Mach ihn lieber gleich tot!«

»Das habe ich ihr auch gesagt, Monsieur.«

Der unterwürfige Ton der Köchin ließ Marie verwundert aufhorchen. Was war denn in Lison gefahren?

»Nicht wahr, Lison? Das Tier ist nicht mehr zu retten, aber als Braten wird es uns schmecken.«

Boissy lachte über seinen Reim. Sie dürfe auf keinen Fall den Speck an seinem Hasenragout vergessen, ermahnte er Lison.

»Das Tier ist zu retten«, widersprach Marie verzweifelt. »Ich kann es wieder gesund machen, ich weiß es!«

»Es ist ja schon halb tot. Da ist nichts mehr zu machen.«

»Ich wette mit Euch, daß ich es retten werde. Nehmt Ihr die Wette an?«

Boissy musterte sie kurz, beugte sich dann über den Hasen und befühlte seine Schnauze. »Und worum willst du wetten?« fragte er mit breitem Lächeln.

»Um das Tier natürlich! Wenn es wieder gesund wird, gehört es mir. Wenn es stirbt, gehört es Euch. Dann habt Ihr einen Braten und ein Fell obendrein.«

»Ein Hasenfell?« Boissy setzte eine verächtliche Miene auf. »Was soll ich damit? Ich besitze genug Schnaps, um …«

»Es ist ein wunderschönes Fell«, unterbrach Marie ihn.

Er starrte sie an. Fast hätte er sich verraten. Marie hatte es zu verhindern gewußt. Um seine Verlegenheit zu überspielen, streckte er die Hand aus: »Einverstanden. Die Wette gilt.«

»Gut, Monsieur.«

Ein betretenes Schweigen entstand. Nach einem Augenblick fügte Boissy hinzu, er erwarte, daß sie ihm beim Hasenessen Gesellschaft leiste, falls sie die Wette verlöre. Marie überraschte das nicht. Sie entdeckte immer mehr Ähnlichkeiten zwischen Boissy und Geoffroy de Saint-Arnaud, und sie fragte sich, ob denn alle Adligen wie die beiden seien.

20. KAPITEL

Der Hase Januar überlebte. Bereits nach wenigen Tagen hoppelte er munter kreuz und quer in der Küche umher. Lison schimpfte unentwegt über das Tier.

»Der frißt einem ja die Haare vom Kopf! Wo sollen wir denn so viele Rüben hernehmen?«

Mit den Kräutern, den Broten und dem Geflügel, das

sie von ihren Kranken bekomme, steuere sie genug zum Speiseplan bei, erwiderte Marie. Ein so kleines Tier werde sie sicher nicht arm essen. Sie war ganz vernarrt in Januar und konnte es kaum erwarten, ihn Noémie zu zeigen. Die Kleine würde begeistert sein. Januar war wirklich ein ungewöhnlicher Hase: Er lief Marie nach wie ein Hund, sprang auf ihren Schoß, wenn sie ihn rief, und fraß ihr aus der Hand. Lison behauptete, er hocke regungslos in einer Ecke, wenn sie nicht da war, fange aber fünf Minuten, bevor sie zurückkäme, plötzlich an, heftig die Ohren aneinanderzureiben.

Auf ihre Freude über den kleinen Hasen fiel jedoch ein Schatten. Boissy würde ihr niemals verzeihen, daß er ihretwegen zum zweitenmal eine Wette verloren hatte. Fünf Biberfelle hatte sie von ihm bekommen, fünf weitere hatte er ihr für Mitte Februar versprochen. Danach sei endgültig Schluß: »Betrachte es als dein Opfer zur Fastenzeit.«

Marie hatte die Felle zu einem Bündel gerollt und es vorgezogen zu schweigen. Boissy, das fühlte sie, konnte nicht einmal mehr den Klang ihrer Stimme ertragen. Kam er zufällig hinzu, wenn sie Januar streichelte, machte er ein so grimmiges Gesicht, daß sie jeden Tag damit rechnete, er werde dem Tier den Hals umdrehen. Dafür würde man ihn gewiß nicht vor Gericht stellen! Und sie würde nichts gegen ihn unternehmen, weil sie noch Gewinn aus ihrem Wissen um seine unsauberen Geschäfte zu ziehen gedachte. Nach jedem Besuch im Hospital erzählte sie Lison von Schwester Sainte-Louise: Boissy sollte nicht vergessen, daß sie mit der Nonne befreundet war. Gelegentlich erwähnte sie auch wie beiläufig den Namen du Puissac. Der Chevalier hatte sie eines Tages aufgesucht und gebeten, schnell zu kommen: Alphonso Rousseau habe einen Unfall gehabt. Da Boissy und Fouquet zugegen waren, konnte Marie ihm ihre Hilfe nicht verweigern. Sie ging mit ihm und nahm zu guter Letzt seine Entschuldigung an. Über die Tiegel sprachen sie allerdings nicht mehr. Du Puissac war davon überzeugt, daß Einbein sich die Brandwunde absichtlich zugefügt hatte, um Marie ins Haus seines Herrn zu locken. Wie oft hatte er ihm gesagt, seine Ergebenheit gehe zu weit, doch es war zwecklos: Es gab nichts, was Alphonse Rousseau nicht für seinen Herrn getan hätte.

Julien du Puissac hatte ihn bei sich aufgenommen, als er elf Jahre alt war. Er arbeitete damals für Jacquot Douville, genannt der Hund. Douville hatte ihn dem Wirt abgekauft, bei dem er seit seiner Geburt lebte. Er war noch nicht einmal fünf gewesen, da schrubbte er bereits den Boden und kratzte den Dreck von den Schuhen der Gäste. Der spindeldürre Junge gefiel Douville, der davon lebte, Kinder zum Betteln auf die Straße zu schicken. Denn je schmächtiger sie waren, desto mehr brachten sie ein. Als sich Alphonse auf der Flucht vor einem Bürgersmann den Knöchel verstauchte, entschied Douville, der Fuß müsse abgenommen werden, wenn das Kind nicht am Wundbrand sterben solle. Ein Bader, der nicht davor zurückschreckte, die Amputation durchzuführen, war schnell gefunden. Von nun an streckte Alphonse an seinem Platz vor dem Kirchenportal den vornehmen Damen seinen Stumpf hin. Obgleich er jetzt mehr nach Hause brachte, bekam er genausoviel Schläge und mußte genauso hungern wie vorher, damit er auch weiterhin einen mitleiderregenden Anblick bot. An einem regnerischen Dezemberabend 1647 brach Einbein, nachdem er den ganzen Tag mit knurrendem Magen im Marais umhergeirrt war, vor dem Haus Julien du Puissacs zusammen. Der Chevalier hatte den Abend bei seinem Freund Chahinian verbracht. Wie alle Alchimisten hofften sie, dem Geheimnis der Umwandlung von unedlem Metall in Gold auf die Spur zu kommen. Sie arbeiteten außerdem an einem Verfahren zum Einfangen des Lichts und stellten zu diesem Zweck allerlei Versuche mit Steinen an.

Puissacs Gesicht war noch gerötet von der Hitze des Schmelzofens, als er im eisigen Regen nach Hause eilte. Als er die vor seinem Eingang kauernde, schemenhafte Gestalt entdeckte, stutzte er. War das eine Falle? Mimte da ein Bandit den Schlafenden, um gleich über ihn herzufallen und ihn auszurauben? Er griff nach seinem Dolch. Im gleichen Augenblick sah er die Krücke, die ein Stück entfernt zu Boden gefallen war. Sie war sehr kurz und konnte folglich nur einem Kind gehören. Da trat er entschlossen näher und beugte sich über den Bewußtlosen. Einbein war leichenblaß und atmete nur noch ganz schwach. Puissac warf seinen Umhang über den Jungen, hob ihn hoch und trug ihn ins Haus. Seine Frau weinte, als sie das verstümmelte Kind sah. Während sie eine Schale Apfelwein heiß machte, bettete Puissac den Jungen neben die Feuerstelle.

»Mir scheint, er kommt zu sich. Hoffentlich überlebt er.«

»Wo habt Ihr ihn gefunden?«

»Er lag hier vor dem Haus. Seht nur den eiternden Stumpf, es kann noch nicht lange her sein, daß er sein Bein verloren hat.«

Als sie dem Jungen die Flüssigkeit einflößten, bewegte er die blau verfärbten Lippen und schlug die Augen auf. Niemals würde der Chevalier das namenlose Entsetzen in seinem Blick vergessen. Die Augen voll Tränen, redete Catherine du Puissac beruhigend auf den Knaben ein: Er brauchte sich nicht zu fürchten, niemand werde ihm ein Leid tun. Sie fragte ihn, ob er hungrig sei, und bot ihm einen Eierkuchen und Nüsse an, aber er antwortete nicht.

»Wo sind deine Eltern?« wollte Puissac wissen. »Wir müssen sie doch benachrichtigen.«

Der Junge blieb stumm. Als er die Schale ausgetrunken

hatte und sich anschickte, nach seiner Krücke zu greifen, hielt Catherine du Puissac ihn zurück:

»Du bist ganz heiß, du hast Fieber, und deine Wunde ist schwärig. Willst du nicht bei uns bleiben, bis es dir bessergeht?«

»Hab keine Angst, wir bringen dich nicht ins Findelhaus.«

Der Junge war sichtlich erleichtert. Douville hatte ihm immer wieder eingeschärft, den Häschern unbedingt aus dem Weg zu gehen: »Wenn sie dich fangen, stecken sie dich ins Findelhaus, und dort schlachten sie Knirpse wie dich und verspeisen sie!«

Den Eierkuchen, den Madame du Puissac ihm vorsetzte, teilte er in zwei Hälften und ließ sich auch durch das Versprechen, er bekomme noch einen, nicht davon abhalten, die eine in seine zerlöcherte Tasche zu stopfen. Während er aß, wandte er keinen Blick von dem adligen Paar. Was hatten die beiden mit ihm vor? Nur Gutes, das begriff er in den darauffolgenden Tagen. Sie pflegten ihn, sie gaben ihm Kleidung und Nahrung. Er durfte im Garten spielen und später, nach der Ermahnung, sich nicht allzuweit von der Rue Hautefeuille zu entfernen, da Douville sicherlich nach ihm suche, auch das Grundstück verlassen. Madame du Puissac hatte ihm in einer Woche mehr freundliche Worte gesagt, als er in seinem ganzen bisherigen Leben gehört hatte. Und dennoch erschien nie ein Lächeln auf Alphonses Gesicht: Er konnte sich nicht von der Angst befreien, daß der Tag käme, da man seiner überdrüssig würde. Das war auch der Grund, weshalb er vorsorglich stets einen Teil seines Essens für schlechte Zeiten hortete und jeden Sou, den er fand, aufhob und zurücklegte, damit er etwas hätte, um Douvilles Zorn zu besänftigen, falls er ihn doch noch ausfindig machen sollte.

Sechzehn Jahre waren seitdem vergangen, und

Alphonse Rousseau lebte noch immer im Haus des Chevaliers. Er hatte ihm Trost gespendet, als die schwangere Catherine an der Rue Galande von einer Kutsche überrollt worden war; er hatte den Soldaten getötet, der den Auftrag hatte, seinen Herrn wegen Ketzerei zu verhaften, und war mit Puissac über die Bretagne nach London und von dort nach Québec geflohen. Und jetzt gäbe er mit Freuden seinen zweiten Fuß, wenn er es ungeschehen machen könnte, daß sein Herr diese verwünschten Tiegel gesehen hatte. Da dies nicht möglich war, wollte er ihm wenigstens helfen herauszufinden, wie Marie LaFlamme in ihren Besitz gelangt war. Also verbrühte er sich absichtlich die Hand, um Marie ins Haus seines Herrn zu locken.

Nachdem sie die Wunde verbunden hatte, erzählte sie von Januar und fügte hinzu, sie traue sich kaum noch, ihn allein zu lassen, aus Angst, ihn bei der Rückkehr tot vorzufinden. Julien du Puissac bot ihr daraufhin an, den Hasen bei sich aufzunehmen.

»Ich kenne Boissy nur flüchtig, aber sein Ruf ist nicht der beste. Warum arbeitet Ihr für ihn?«

»Weil er gut zahlt«, entgegnete Marie abweisend.

»Fouquet ist ein Feigling, ein Hundsfott«, stieß Einbein hervor. »Er würde nicht davor zurückschrecken, Januar zu erschlagen, und dann sagen, der Kochtopf oder der Stein habe das Tier versehentlich am Kopf getroffen ...«

Sie wußte, Alphonse hatte recht. Sie durfte Januar nicht behalten, wollte sie sein Leben nicht aufs Spiel setzen.

Schweren Herzens entschloß sie sich, das Tier in die Obhut von Alphonse zu geben. »Er hat auch ein kaputtes Bein gehabt, genau wie du«, flüsterte sie Januar zu, während sie ihm die langen Ohren kraulte, »aber er hat nicht soviel Glück gehabt. Deshalb hat er heute ein Holzbein.«

Sie verstummte, als sich Lisons abgehackte Schritte näherten.

Einen Tag vor Fastnacht brachte sie Januar zu Julien du

Puissac. Der Abschied fiel ihr trotz der Zusage, sie könne ihn besuchen kommen, wann immer sie wolle, sehr schwer. Nicht genug damit, daß sie von ihrer Tochter getrennt war, mußte sie jetzt auch noch auf das Tierchen verzichten. Auf dem Heimweg hätte sie fast wieder kehrtgemacht und Januar zurückgeholt. Abends vermißte sie ihn besonders, sie war daran gewöhnt, daß er sich zum Schlafen an sie schmiegte.

Eines Morgens teilte Fouquet ihr sichtlich erfreut mit, Schwester Sainte-Louise sei in der vergangenen Nacht gestorben.

»Das … das kann doch nicht sein!« stammelte Marie. »Vor fünf Tagen war ich doch noch bei ihr!«

»Vor fünf Tagen hatte sie auch noch keine Rippenfellentzündung.«

»Eine Rippenfellentzündung? Aber warum …«

»Warum was?«

Marie senkte den Kopf und bekreuzigte sich. Die Schwester war noch so jung gewesen. Wie konnte sie innerhalb so kurzer Zeit krank werden und sterben? An einer Rippenfellentzündung! Warum hatte man sie nicht gerufen? Sie hätte … sie hätte gebetet. Wie die Ordensfrauen. Eine Rippenfellentzündung nahm fast immer einen tödlichen Ausgang. Sie hätte Schwester Sainte-Louise zur Ader gelassen, hätte ihr Beruhigungsmittel verabreicht, aber hätte sie sie zu heilen vermocht? Das wäre, selbst unter Anwendung der berühmten Chinarinde, fraglich gewesen. Anne LaFlamme war es in zwanzig Jahren ein einziges Mal gelungen, einen an einer Rippenfellentzündung Erkrankten wieder gesund zu machen. Mutter Catherine hatte sie wahrscheinlich deshalb nicht rufen lassen, damit ihr der Anblick ihrer sterbenden Gefährtin erspart bliebe.

»Wo willst du hin?« fragte Fouquet.

»Ins Hospital. Für Schwester Sainte-Louise beten.«

»Aber nicht jetzt! Monsieur erwartet morgen Gäste zum Mittagessen. Du wirst hierbleiben und Lison helfen. Das Geflügel muß ausgenommen, das Fleisch gespickt, das Geschirr geputzt werden.«

»Hast du nicht gesehen, wie es stürmt?« warf Lison ein. »Du könntest dich verlaufen. Seit heute morgen ist ein Fuß Schnee gefallen. Das Dach ist so schwer, daß sich die Tür kaum noch öffnen läßt.«

»Das ist mir egal! Ich will Schwester Sainte-Louise noch einmal sehen, bevor sie beerdigt wird.«

Da erklärte Fouquet ihr, im Winter, wenn der Boden gefroren war, könnten keine Gräber ausgehoben werden. Die Tote werde in einem Holzsarg aufgebahrt und im Frühjahr bestattet. »Du siehst, es hat keine Eile«, schloß er fröhlich.

Marie biß die Zähne zusammen. Sie würde Fouquet nicht den Gefallen tun und in Tränen ausbrechen. Sie griff sich ein Huhn und machte sich mechanisch daran, die Eingeweide zu entfernen. Lison versuchte vergeblich, ein Gespräch mit ihr anzuknüpfen: Marie sprach an diesem Tag kein Wort mehr. Auch nicht am darauffolgenden, aber als Baron d'Alleret erzählte, er sei beim Verlassen seines Hauses beinah von einem großen Eiszapfen erschlagen worden, ging ein Lächeln über ihr Gesicht. Sie wünschte, der Tod hätte ihn getroffen anstatt die Ordensfrau.

»Marie!« rief Lison. »Marie! Du kannst die Fleischklöße servieren.«

Im gleichen Augenblick, als sie die Platte mit dem dampfenden Gericht auf den Tisch stellen wollte, kniff Monsieur d'Alleret sie ins Bein. Marie fuhr zusammen, die Platte glitt ihr aus den Händen, und die Fleischklöße rollten kreuz und quer über die Tischdecke. Wie könne man nur so ungeschickt sein, schalt Boissy, während sie die Klöße unter dem Gelächter der Gäste hastig wieder einsammelte und dann in die Küche eilte.

Fouquet, der den Wein kredenzte, erklärte ihre Zerfahrenheit damit, daß ihr der Tod von Schwester Sainte-Louise sehr nahegegangen sei. Kopfschüttelnd fügte er hinzu: »Die Frauen wissen einfach nicht, was sie wollen! Erst wollte sie unbedingt fort aus dem Kloster, weil es ihr bei den Nonnen zu eintönig war, und jetzt trauert sie um eine von ihnen!«

Monsieur d'Alleret pflichtete ihm bei. »Nichtsdestoweniger scheint sie Gefallen zu finden an ihrer keuschen Lebensweise. Seit vergangenem Sommer ist sie nun schon hier, aber noch hat kein Mann sie ...«

»Laßt sie doch im Frieden«, mischte sich Charles Aubert de La Chesnaye ein. »Tugendhafte Frauen kann unsere Kolonie gut brauchen.«

»Ihr habt ein Juwel geheiratet, La Chesnaye, das ist uns bekannt, aber Marie LaFlamme ist nicht Catherine Couillard. Ihr wißt alles über die Herkunft und die Vergangenheit Eurer Angetrauten. Aber was wissen wir über Marie?«

»Sie ist eine sittsame, unbescholtene Witwe.«

»Diese Frömmelei steht Euch gar nicht gut zu Gesicht, La Chesnaye«, spottete d'Alleret. »Wir wissen, daß Ihr unserem Herrn Bischof sehr nahesteht, aber deshalb braucht Ihr nicht gleich die Tugend aller Frauen zu verteidigen.«

Charles Aubert behielt seine Antwort bei sich. D'Allerets Lächeln gefiel ihm nicht. Ahnte er etwas von seiner geschäftlichen Beziehung zu Laval? Die Hospitaliterinnen hatten ihm nämlich auf Betreiben des Bischofs den achten Teil ihres Grundbesitzes bei Beaupré und auf der Île d'Orléans verkauft. Die Kosten für den Unterhalt der Seigneurie, so hatte der Bischof seine Befürwortung begründet, stünden in keinem Verhältnis zum Gewinn. Mit dem Erlös aus dem Verkauf ließe sich den Armen wirkungsvoller helfen. Das Geschäft war von Michel Filion im Korridor des Hospitals abgewickelt worden; Zeugen waren keine zugegen gewesen. Die Oberin, Mutter Marie Forestier de Saint Bonaventure de Jésus, und die Verwalterin der Armengüter, Mutter Marie Renée de la Nativité, hatten eintausendzweihundertfünfzig Pfund erhalten. Ein Teil des neu erworbenen Landes sollte unter La Chesnayes Verwaltung gestellt werden. Als Vertreter der königlichen Gewalt gehörte es andererseits zu seinen Pflichten, sich um die Seigneurien bei Beaupré und auf der Île d'Orléans zu kümmern. Er würde nicht den Fehler machen, den erklärten Willen des Königs hinsichtlich nicht bewirtschafteter Seigneurien zu mißachten. Was die Landvergabe betraf, so dachte La Chesnaye an etwa fünfzehn Siedler. Er hoffte, die Angelegenheit unauffällig abwickeln zu können. Um zu vermeiden, daß die Rede noch einmal auf Bischof Laval käme, wechselte er das Thema:

»Marie LaFlamme soll ihre Gunst dem Waldläufer Laviolette geschenkt haben.«

»Das habe ich auch gehört«, bemerkte Boissy. »In meinem eigenen Haus.«

D'Alleret konnte der Versuchung, La Chesnaye in sittliche Entrüstung zu versetzen, nicht widerstehen. An Boissy gewandt, stichelte er.

»Worauf wartet Ihr noch? Wärmt sie vor, Laviolette wird es Euch zu danken wissen. Sagtet Ihr nicht, Ihr würdest sie vor dem Dreikönigsfest bestiegen haben? Seitdem ist ein ganzer Monat verstrichen, mein Bester ... Vielleicht vor Ostern?«

Zu seinem Erstaunen reagierte Boissy gelassen. Das war ungewöhnlich, denn normalerweise durfte sich niemand, nicht einmal ein Freund, solche Spitzen erlauben. Aber Boissy, den die Nachricht vom Tod Schwester Sainte-Louise in gute Laune versetzt hatte, war nicht gewillt, sich diese verderben zu lassen.

Als die Gäste fort waren, rief er Fouquet, Lison und Marie zu sich und drückte jedem ein Pfund in die Hand.

»Das ist für die Fastnacht. Warum macht ihr es nicht wie ich und geht aus und feiert?«

»Wünscht Monsieur, daß ich ihn zum Gouverneur begleite?«

»Nein, Paul, nicht nötig. Es ist ja nicht weit.«

»Aber es hat wieder zu schneien angefangen.«

»Und es ist bitterkalt draußen«, jammerte Lison. »Wir werden uns alle Glieder erfrieren!«

»Ihr müßt euch warm tanzen, dann friert ihr nicht mehr!« meinte Boissy. Als er sich zurückzog, um ein Schläfchen zu halten, hörte er, wie Marie der Köchin zuflüsterte, sie werde den Chevalier besuchen.

Ausgeruht und in aufgeräumter Stimmung wählte Boissy wenig später ein Batisthemd und zog das samtene, bestickte Wams darüber. Er wollte als einer der ersten beim Gouverneur eintreffen, da er das Château St. Louis auch als einer der ersten wieder verlassen würde, um vor seinem Diener, seiner Köchin und dieser unverschämten kleinen Plage zu Hause zu sein.

Er warf seinen Wolfspelz über und schlug sorgfältig den Kragen hoch; er haßte es, seine Aufwartung mit tropfender Nase und reifüberzogenem Schnurrbart zu machen. Der Gedanke, der eleganteste Mann auf dem Empfang zu sein, erfüllte ihn mit Stolz. Einzig d'Alleret in seinem brokatenen Rock mit passender Hose wäre in der Lage, ihm den Rang abzulaufen. Aber da er ein leidenschaftlicher Tänzer war und der schwere Stoff ihn in seiner Bewegungsfreiheit einschränkte, würde er sich vermutlich für etwas anderes entscheiden. »Diese heidnischen Ausschweifungen werden mit Sicherheit Monseigneurs Mißfallen erregen«, hatte er gespottet. »Aber Saffray de Mézy scheint immer weniger gewillt, sich ihm zu beugen. Nicht mehr lange, und sie werden sich bekriegen wie einst Laval und Davaugour!«

Obgleich ein Sturm heraufzuziehen drohte, waren alle Gäste erschienen. Das Fest im Gouverneurspalast war die letzte Gelegenheit, sich vor der Fastenzeit noch einmal zu vergnügen. Nur ein Erdbeben wie das im vorigen Winter hätte die Menschen davon abhalten können zu kommen. Boissy ließ den Blick mit Genugtuung über die Menge schweifen: In diesem Gewühl würde niemand seine Abwesenheit bemerken. Aber zunächst galt es, dafür zu sorgen, daß sich alle an ihn erinnerten. Er forderte jede Frau zum Tanz auf und plauderte in den Pausen mit den Männern. D'Alleret raunte er zu:

»Noch eine Stunde, dann habe ich unsere Wette gewonnen, mein Freund! Sie wartet zu Hause auf mich. Morgen wird sie Euch bestätigen, daß sie nie einen besseren Liebhaber hatte als mich.«

»Ihr habt ihr einen Pelz versprochen, nicht wahr? Es war abgemacht, daß sie sich Euch aus freien Stücken hingeben soll.«

»Die paar Biberfelle!« Boissy machte eine abschätzige Handbewegung. »Wir haben schließlich genug davon.«

Da die Felle zur Hälfte ihm gehörten, sei es nur gerecht, wenn auch er sich mit Marie vergnügen dürfe, erwiderte Baron d'Alleret daraufhin. Als seinem Teilhaber stünde ihm die Hälfte des Gewinns zu, wie dieser Gewinn auch immer aussehen mochte ...

Boissy ließ den Einwand nicht gelten. »Ihr werdet zugeben, daß ich das weitaus größere Risiko trage. Schließlich lagern die Fässer in meinem Keller.«

D'Alleret verzog zwar das Gesicht, mußte sich aber geschlagen geben.

»Seid morgen mein Gast«, lud Boissy ihn ein. »Ich verspreche Euch, sie wird sich viel umgänglicher zeigen!«

Während ihrer Unterhaltung hatte er seine Schritte

zum Ausgang gelenkt. Er schlüpfte unbemerkt hinaus. Nachdem er den Marktplatz überquert hatte, begann er zu laufen. Der heulende Sturm peitschte ihm den Schnee ins Gesicht und machte ihn fast blind, aber Boissy beklagte sich nicht, denn er verwischte auch seine Spuren. Hoffentlich würde Marie bald zurückkommen! Ihren Hasen wolle sie besuchen, hatte sie gesagt. Und das sollte er glauben? Hielt sie ihn für so einfältig? Er wußte genau, was sie vorhatte: sich die Gunst des Chevaliers erschmeicheln, ihm, Boissy, zum Hohn!

Aber einen Baron Boissy verhöhnte man nicht ungestraft, das würde sie bald begreifen.

In der Rue Saint-Louis angekommen, griff er sich eilig ein Seil und einen Eisenhaken, stellte eine Leiter an die Hauswand und kletterte aufs Dach hinauf. Fast hätte er sich bei d'Alleret für die Anregung, wie er Marie aus dem Weg räumen könne, bedankt.

Der Schnee lag so hoch, daß er den Schornstein erst beim dritten Anlauf erreichte. Er stieß die Leiter weg, befestigte den Eisenhaken am Seil und warf ihn über den Schornsteinrand. Das andere Seilende wickelte er sich um die Taille. Vorsichtig stieg er die Dachschräge über dem Eingang hinunter. Hinter dem hochaufgetürmten Schnee würde er von der Straße aus nicht zu sehen sein. Bei diesem Schneetreiben war ohnehin kaum jemand unterwegs. Und wer schaute schon nach oben, zu den Dächern hinauf? Jeder achtete darauf, wo er hintrat, um nicht vom Weg abzukommen oder auf dem Eis auszugleiten. Nur die wenigsten hatten ihre Stiefel oder Mokassins mit den spitzen Eisendornen, die der Schmied preiswert anfertigte, ausgerüstet.

Boissy legte sich flach auf den Bauch und wartete auf Marie. Ein kräftiger Tritt würde genügen, die Eiszapfen abzuschlagen. Fast zwei Dutzend, von denen der größte zwei Fuß maß und mindestens fünf Pfund wog, hatten sich nach einem kurzen Wärmeeinbruch Anfang Februar an der Dachkante gebildet. Fouquet hatte den größten aus Sicherheitsgründen entfernen wollen, aber Lison hatte ihn gebeten, es nicht zu tun: Er sei so hübsch anzusehen, man müsse eben achtgeben beim Betreten und Verlassen des Hauses, und außerdem hätte sie gewettet, daß sich der größte Eiszapfen in ganz Québec in der Rue Saint-Louis bilden würde. Um Fouquet zu ärgern, hatte Marie Partei für die Köchin ergriffen, und zu guter Letzt hatte Boissy, der sich an jeder Wette erfreute, entschieden, der Eiszapfen solle bleiben.

Die gute Lison! Die guten Eiszapfen!

Sapperlot, war das eine Kälte! Wenn er noch lange hier ausharren mußte, würde er sich in einen Schneemann verwandeln. Seine Laune verschlechterte sich von Minute zu Minute. Als er Marie endlich kommen sah, hatte er einen solchen Zorn, daß er sich nur noch eins wünschte: ihr den Garaus zu machen, damit er vom Dach herunterklettern, in den Gouverneurspalast zurückkehren und d'Alleret auf ein Glas zu Boisdon einladen könnte.

Marie stapfte eilig durch den Schnee auf das Haus zu. Boissy brachte sich vorsichtig in Stellung. Noch zwei Klafter bis zur Tür, noch einen, vier Fuß ... jetzt! Boissy trat mit aller Kraft zu.

Aber unmittelbar bevor die Eiszapfen klirrend auf den Boden krachten, erscholl ein Schrei. Ein Warnruf. Von seinem Versteck aus beobachtete Boissy, wie Marie auf eine schlanke Gestalt zulief, auf die Frau, die seinen Plan mit ihrem Schrei vereitelt hatte. Eine Indianerin.

Eine verdammte Wilde hatte diesem verdammten Luder das Leben gerettet! Er konnte nicht erkennen, wer es war, er sah nur einen fransenbesetzten Umhang. Aber er würde es herausfinden! Ungeduldig wartete er darauf, daß Marie ins Haus ging, damit er vom Dach steigen und die Leiter an ihren Platz zurückstellen könnte.

Was machte sie nur so lange, sapperlot!

Vor Schreck wie gelähmt, war Marie stehengeblieben und hatte auf die Eisstücke vor ihren Füßen gestarrt. Schließlich hob sie den Kopf und sah die Indianerin. Sie begriff, daß die Frau ihr das Leben gerettet hatte. Hatten Schwester Sainte-Louise und Guillaume nicht immer wieder den Mut der Indianerfrauen hervorgehoben? Sie brächten ihre Kinder ohne einen Schmerzenslaut zur Welt, berichteten sie, ertrügen Hunger und Kälte, ohne zu klagen, und senkten nicht die Stimme, wenn sie mit den Männern redeten. Marie stand tief in ihrer Schuld. Hoffend, daß sie sich verständlich machen könnte, lief sie zu ihr hin, um ihr zu danken.

21. KAPITEL

Baronin Jocary strich über einen der Pelze, die Simon Perrot ihr vor mehr als einem Monat als Beweis seiner Liebe zu Füßen geworfen hatte. Sie hatte Tränen gelacht über seine gestotterte Liebeserklärung, was ihn sehr erboste. Seine Wut hatte ihr ein noch größeres Vergnügen bereitet. Da riß er ihr eine Schleife von ihrem Kleid ab, um sie damit zu knebeln. Sie ohrfeigte ihn, er schlug zurück. Daraufhin stürzte sie sich auf ihn und hämmerte mit den Fäusten gegen seine Brust, bis er sie packte und übers Knie legte. Sie schrie nicht, aus Angst, Michelle oder das neue Dienstmädchen könnten sie hören, aber sie wehrte sich aus Leibeskräften. Der Anblick ihres prallen Hinterteils, das sich hin und her bewegte, um den Schlägen zu entgehen, erregte ihn. Er schob ihr den Rock über die Hüften, zwang sie auf die Knie und drang in sie ein. Ihre erstickten Schreie und ihr vergeblicher Versuch, sich ihm zu entziehen, steigerten seine Erregung noch. Er grub seine Nägel in ihre Haut, als er zum Höhepunkt gelangte, und ließ sich dann auf sie fallen. Nach einer Weile löste sie sich von ihm. Er betrachtete sie prüfend, konnte aber nicht erkennen, ob ihr diese Spielart gefallen hatte oder nicht. Bisher hatte sie sich jedenfalls nie beklagt.

»Wo hast du diese Felle her?« fragte sie atemlos, während sie ihre Kleidung in Ordnung brachte.

Ihre Stimme klang ungewohnt ernst. Simon war verunsichert. Zögernd antwortete er: »Gewonnen. Beim Kartenspielen.«

»Lügner! Du bist der schlechteste Spieler, den ich kenne. Ich wäre schon längst bankrott, würdest du an meinen Tischen spielen!«

»Ich habe sie einem Händler abgenommen. Unweit der Île aux Vaches.«

»Und er hatte nichts dagegen?«

»Es war niemand da, der ihm hätte zu Hilfe eilen können«, erklärte Simon in überheblichem Ton. »Ich ließ ihm seine Kleider, sie hätten mir ohnehin nicht gepaßt. Hier wird er die Felle bestimmt nicht suchen. Er hat mich nicht einmal richtig gesehen.«

»Hast du ihn getötet?« fragte die Baronin und dachte im gleichen Moment: Was für eine törichte Frage! Er würde mir niemals einen Mord gestehen.

»Aber nein! Nur ein wenig betäubt. Die Leute werden glauben, er hätte zuviel getrunken. Es wird ihm schon nichts passiert sein. Wenn Ihr die Felle für mich aufbewahrt, schenke ich Euch zwei davon.«

»Die Felle kannst du dalassen, aber du …«

Simon war auf sie zugegangen und hatte die Hand nach ihrer Brust ausgestreckt. Er streichelte sie zärtlich, doch zu seiner Verwunderung sprach die Baronin ungerührt weiter.

»… du wirst nicht hierbleiben.«

»Und wo soll ich Eurer Meinung nach hin?«

»Das ist mir gleichgültig. Ich will nicht, daß man dich hier sieht. In meinem Haus verkehren nur vornehme Herren. Henkersknechte haben keinen Zutritt!«

Simon stürzte sich auf sie. Er hätte sie niedergeschlagen, wenn sie nicht zu ihrer Verteidigung einen bronzenen Kerzenleuchter ergriffen hätte. Im gleichen Augenblick schrie jemand: »Haltet den Dieb!«, und Simon erstarrte. Die Baronin lachte verächtlich.

»Das kam von draußen. Hast du gedacht, du wärst gemeint? Dieses Mal nicht. Wie dem auch sei, ich lege keinen Wert darauf, die Häscher hier zu sehen, ob sie nun wegen gestohlener Pelze oder einem angeblich von dir ermordeten Gefangenen kommen.«

»Mir scheint, meine Schwester redet zuviel.«

Die Baronin seufzte. »Ich habe sie gefragt, warum sie in letzter Zeit soviel betet. Sie sprach sogar davon, dem Orden von Jeanne de Chantal beitreten zu wollen.«

»Was? Wie kommt sie auf diesen törichten Gedanken?«

»Daran bist nur du schuld! Sie fleht zu Gott, Er möge dir deine Sünden vergeben. Man sollte nicht glauben, daß ihr Bruder und Schwester seid! Sorgen bereitet ihr mir allerdings beide. Aber Michelle hat mich wenigstens nicht soviel gekostet wie du. Da wir gerade von Geld sprechen: Die Pelze behalte ich, als Gegenwert für das Geld, das du mir neulich, als du dachtest, ich schliefe, gestohlen hast.«

»Was?«

»Du hast mich richtig verstanden. Ich werde die Pelze behalten.«

»Ich werde Euch wegen Hehlerei verklagen!« brüllte Simon.

»Der Polizeileutnant wird sich freuen, dich zu sehen. Da kann er dir gleich ein paar Fragen über den vorgeblichen Unfall von Guy Chahinian stellen.«

»Der Kaufmann, dem die Felle gehören, wird sie sich mit Hilfe der Polizei zurückholen!«

Sie hatte also richtig vermutet: Simon hatte einen Einbruch verübt und die Felle aus einem Bürgerhaus entwendet. Das erhöhte das Risiko zwar, aber schließlich hatte sie schon immer gern mit dem Feuer gespielt.

»Und woher soll er erfahren, wo sie sind? Willst du es ihm verraten? Glaubst du, ich wäre so dumm, sie hier im Haus zu behalten? Ich würde sie an einem sicheren Ort verstecken, du müßtest dich für eine falsche Anschuldigung verantworten, und die Polizei würde sich fragen, woher du von diesen Fellen weißt.«

»Ich werde sagen, ich hätte sie bei Euch gesehen, als ich meine Schwester besuchte, und ich hätte Euch schon lange in Verdacht, eine Diebin zu sein. Und eine falsche Baronin.«

Armande de Jocary fühlte, wie ihr Puls sich beschleunigte. Wie hatte sie so leichtsinnig sein können, mit einem Mann wie Perrot eine intime Beziehung einzugehen? Nach Jahren hinter Klostermauern, Jahren unfreiwilliger Abgeschnittenheit von der Welt hatte sie einen unstillbaren Hunger nach dem Leben verspürt, aber warum mußte ihre Wahl ausgerechnet auf Simon fallen?

»Du magst die Diebin kennen, doch wie willst du erklären, daß du den Eigentümer der Felle kennst? Du bist nicht einmal in der Lage, einen anonymen schriftlichen Hinweis zu geben. Und an einen öffentlichen Schreiber wirst du dich mit deinem Anliegen kaum wenden ...«

Sie schob die Hand unter ein großes Kopfkissen und zog einen Geldbeutel hervor, den sie Simon mit den Worten zuwarf: »Hier, das ist mehr, als irgendein kleiner Gauner dir für deine Felle geben würde.«

»Ich habe Kunden, die bereit sind, einen hohen Preis dafür zu bezahlen«, stieß Simon, blaß vor Wut, hervor.

»Mir kannst du nichts vormachen. Du wirst zum Temple gehen und die Ware für einen Spottpreis an einen Beutelschneider verschleudern. Nimm lieber mein Geld – und dann geh mir aus den Augen.«

»Aber ...«

»Verschwinde aus meinem Leben«, sagte sie langsam und deutlich. »Ich will dich hier nicht mehr sehen. Leb wohl, Simon Perrot. Und komm nicht auf den Gedanken, mir Unannehmlichkeiten bereiten zu wollen. Ich habe einflußreiche Gönner. Und einen Diener, der mir unerwünschte Gäste vom Halse hält.«

Einen Augenblick hatte sie geglaubt, er werde sie abermals schlagen, aber er hatte nur die Faust geballt und Rache geschworen. Sie hatte ihn getäuscht und betrogen, hatte keins ihrer Versprechen gehalten: Weder war er Musketier geworden, noch hatte er etwas über Marie LaFlammes Schatz in Erfahrung gebracht. Und jetzt setzte sie ihn vor die Tür wie einen Hund. Aber ein Hund, der gereizt wird, beißt sogar seine Herrin. Das sollte sie nicht vergessen.

»Wir werden uns wiedersehen!«

Nach dieser Auseinandersetzung hatte die Baronin eine Zeitlang ziemlich schlecht geschlafen. Erst nach einigen Wochen fühlte sie sich sicherer. Simon war ein Rohling, der kaum Gebrauch von seinem Verstand machte, aber offensichtlich war sogar ihm klar, daß er in ernsthafte Schwierigkeiten geriete, wenn er sich an einer Frau vergriffe, bei der der Adel verkehrte. Mit Adelstiteln konnte man einen kleinen Halunken wie ihn tief beeindrucken. Er war imstande, in einer finsteren Gasse über jemanden herzufallen und ihn seiner Stiefel oder seines Degens wegen zu töten, aber er war nicht fähig zum Umgang mit der feinen Gesellschaft. Schlau mochte er sein, doch an

Scharfsinn mangelte es ihm entschieden. Sein Geist war starr und unbeweglich.

Während sie über das Nerzfell strich, aus dem sie sich einen Muff fertigen lassen wollte, überlegte sie, ob sie die anderen Pelze Emile Cléron zeigen sollte. Michelle hatte ihr den jungen Mann vor kurzem vorgestellt. Da Simons Schwester, die ihre Absicht, ins Kloster zu gehen, endgültig aufgegeben hatte, sie in absehbarer Zeit verlassen und dem Marquis de Saint-Onge folgen würde, nutzte Armande de Jocary die Zeit für weitere Einladungen zu Konzerten ihres musikalischen Genies. Unter welchem Vorwand sie die vornehmen Herren danach in ihr Haus und an die Spieltische locken würde, wußte sie noch nicht. Vielleicht sollte sie Clérons Angebot noch einmal überdenken.

Sie hatte viel über ihn nachgegrübelt. Er tat sehr geheimnisvoll, was sie überaus aufregend fand. Er gab sich als Raritätenhändler aus und schien auch recht wohlhabend, doch für einen echten Bürgersmann aß er zu gierig. Armande de Jocary hatte ihn beobachtet: Er versuchte zwar, sich zu beherrschen und langsam zu essen, hielt es jedoch nie lange durch. Er stopfte alles mit einer Hast in sich hinein, als fürchtete er, die Speisen könnten abgeräumt werden, bevor er sie gekostet hatte. Die Baronin, eine geborene Poulet, hatte diese im Kloster angenommene Gewohnheit selbst nur mit Mühe abzustreifen vermocht. Sie hätte eins ihrer neuen Kleider darauf verwettet, daß der kleine Cléron eine Zeitlang seiner Freiheit beraubt worden war. Aber unter welchen Umständen? Ein Findelhaus, der Kerker, ein gnadenlos strenger Lehrherr? Es mußte jedenfalls einige Jahre zurückliegen, denn Cléron hatte in der Zwischenzeit die Angehörigen des Bürgertums genau studiert. Er hatte sich ihren Gang, ihre Haltung, ihre Sprache, ihre Eigenarten angeeignet, hatte ihre aus Angst und Verachtung gewobene Gesinnung übernommen, er kopierte ihre Kleidung und ahmte sie in jeder Hinsicht in Vollendung nach.

Die Baronin hatte ihn erst nach einer Weile entlarvt. Victor Le Morhier, den Michelle ihr ebenfalls vorgestellt hatte, entsprach nämlich ganz dem Bild, das sie sich von ihm gemacht hatte, und so war sie Cléron zunächst ohne Argwohn begegnet. Zudem war sie zutiefst gerührt gewesen über sein Geschenk: ein Beutelchen mit kostbaren Kaffeebohnen. Während sie sich entzückt ausmalte, welchen Eindruck sie auf ihre Gäste machen würde, wenn sie ihnen das nächste Mal eine Tasse Kaffee servierte, hatte Cléron den Blick unauffällig im Zimmer umherschweifen lassen und den Wert eines jeden Gegenstands innerhalb kürzester Zeit geschätzt. Insgeheim zollte er der Baronin Anerkennung. Kein Zweifel, sie hatte reüssiert in diesen Kreisen, die, dessen war er sich nun völlig sicher, nicht die ihren waren. Armande de Jocary selbst hatte sich verraten, als sie vor Freude gejauchzt hatte über das Beutelchen Kaffeebohnen. Eine echte Adlige hätte bestenfalls ›danke‹ gesagt. Madame de Jocary war genausowenig Baronin wie er Bürgersmann. Raritätenhändler dagegen war er in gewissem Sinne schon.

Mit jedem Besuch war der junge Cléron ihr sympathischer geworden. Er überraschte sie jedesmal mit einem ungewöhnlichen Mitbringsel, er war ein aufmerksamer Zuhörer und drängte sich nicht auf. Bei ihrer dritten Begegnung lud sie ihn zu ihrer nächsten Abendgesellschaft ein. Er fühle sich sehr geehrt, hatte er geantwortet und hinzugefügt, er hoffe, man merke ihm die zehn Jahre im Findelhaus nicht an. Sie ging nicht darauf ein, sondern lächelte ihm nur verständnisinnig zu. Dann klagte sie ihm ihr Leid: Da habe sie ihr Mündel Michelle bei sich aufgenommen, habe gut für sie gesorgt, sie von den besten Lehrern unterrichten lassen, und was sei der Danke dafür?

Sie ließe sie einfach im Stich. Victor hatte Michelle in Schutz genommen, Emile Cléron hingegen stimmte der Baronin zu: Was der Marquis als Entschädigung zu leisten bereit sei, wiege den Verlust und die ihr dadurch entstehenden Nachteile nicht auf.

»Aber ich wüßte vielleicht, wie Abhilfe zu schaffen ist.«

Er fragte, wie viele ihrer Gäste Musik oder Gesang studiert hätten.

»Fast alle Frauen, nicht nur die der Spieler, und einige Männer.«

»Und wie viele Frauen langweilen sich, während ihre Ehemänner sich die Zeit mit endlosen Kartenspielen vertreiben? Bittet sie, zur Harfe oder zur Viola zu greifen oder zu singen, das wird sie zerstreuen. Sie werden ihre Männer nicht mehr drängen, rasch zum Ende zu kommen, und sie werden sich nicht mehr sträuben, sie zu Euch zu begleiten. Bisher hat sie ausschließlich die Hoffnung hierhergetrieben, man werde sie umschwärmen wie die Damen im Salon von Mademoiselle de Scudéry, doch in Eurem Hause verkehren nicht die gleichen Leute. Eurem Kreis werden immer nur begüterte Bürger und einige wenige Vicomtes angehören, die an jedem Spieltisch anzutreffen sind.«

»Aber Marquis de Saint-Onge zählt zu meinen Stammgästen!« widersprach die Baronin entrüstet.

»Er kommt, um Michelle zu hören, und er wird Euch nicht mehr Kunden zuführen als die, die er Euch bisher gebracht hat. Weshalb legt Ihr solchen Wert darauf, den Aristokraten das Geld aus der Tasche zu locken? Mancher Bürger verfügt über ein größeres Vermögen und begleicht seine Schulden zuverlässiger und schneller. Und wie viele Eurer adligen Gäste haben die Versprechen, die sie Euch gaben, tatsächlich gehalten?«

Nur die wenigsten, gab die Baronin zu. Sie befinde sich nicht in einer Position, in der sie Forderungen stellen könne, und solange der Adel in ihrem Haus verkehre, sei sie zumindest vor gewissen Verdrießlichkeiten sicher.

»Das ist richtig. Aber eine neue Flötistin werdet Ihr dadurch nicht finden. Ihr seid auf diese Konzerte angewiesen, also fordert die Frauen zum Singen und Musizieren auf.«

»Sie werden ablehnen.«

»Nicht, wenn die erste, die auftritt, so schön ist wie Michelle begabt. Ich werde Euch eine Komödiantin besorgen. Sie wird nur Englisch sprechen, die Witwe eines Lords sein und ein dünnes Stimmchen haben, aber einen Körper, der selbst den Teufel erröten ließe. Die Männer werden hingerissen und die Frauen davon überzeugt sein, daß sie sehr viel besser singen können. Was glaubt Ihr, wie schnell sie Eurer Einladung folgen werden!«

Die Baronin hatte schallend gelacht und versprochen, über den sonderbaren Vorschlag nachzudenken.

Noch hatte sie nichts entschieden. Sie griff nach einem Luchsfell und strich sich nachdenklich mit der Schwanzspitze übers Gesicht. Cléron hatte nicht unrecht. Sie würde zwar nur ungern auf ihre adlige Kundschaft verzichten, aber der Gedanke, ihre Einkünfte zu erhöhen, indem sie ihren Salon für das wohlhabende Bürgertum öffnete, war verlockend. Falls sie auf Clérons Vorschlag einginge, würde sie Musikinstrumente kaufen müssen. Sie hatte sich bereits bei einem Geigenbauer in der Rue Court-Vilian nach den Preisen erkundigt und war, als er ihr Zahlen nannte, einen Augenblick sprachlos gewesen. Vielleicht war der Zeitpunkt gekommen, sich von Simons Pelzen zu trennen. Cléron wüßte sicherlich einen Abnehmer für diese Art von Raritäten.

Sie breitete die Felle auf ihrem Bett aus, berührte eins nach dem andern und betrachtete sie wehmütig. Wie sehr hatte sie es genossen, sich hineinzukuscheln und zu wärmen! Sie nahm sich vor, neue zu kaufen, noch ehe das

Jahr um war, so viele, daß sie den Alkoven damit auslegen könnte.

Sie griff nach dem Silberglöckchen, das Cléron ihr bei seinem letzten Besuch mitgebracht hatte, und läutete nach ihrem Dienstmädchen.

»Sag Michelle, sie soll zu mir kommen.«

Jeanne senkte den Kopf. Michelle hatte wieder einmal das Haus verlassen, ohne der Baronin Bescheid zu geben, und nun würde sich der Zorn der Herrin über sie entladen. Vielleicht kürzte sie ihr gar den Lohn, und dann hätte sie kein Geld für den Markt Saint-Germain. Diese Michelle opferte viel Zeit für die Mühseligen und Beladenen, für die Armen und die Kranken, aber daß eine Dienerin ihretwegen gescholten wurde, das kümmerte sie nicht.

»Was ist, worauf wartest du?«

»Sie ist ausgegangen, Madame. Ohne ein Wort zu sagen, wie üblich«, fügte Jeanne bitter hinzu.

»Wie oft habe ich dir schon erklärt, daß du mir Bescheid geben sollst, wenn sie ausgehen will! Ich würde mich nicht so einfach abspeisen lassen.«

»Es ging alles viel zu schnell. Ich war in der Küche und habe Eurer rotes Kleid gebügelt, da hörte ich, wie die Tür ging. Hätte ich ihr vielleicht nachlaufen sollen? Es hätte ja doch nichts genützt. Ihr wißt doch, wie eigensinnig sie ist, Madame. Ich habe ihr gesagt, es schickt sich nicht für eine junge Dame, allein einen Gefangenen zu besuchen. Da hat sie geantwortet, viele Frauen seien ganz allein im Kerker eingesperrt, und niemand kümmere sich um sie, man kenne nicht einmal ihren Namen.«

»Sie werde ich auch einsperren, wenn sie so weitermacht«, stieß die Baronin hervor.

Sie öffnete eine Ebenholzschachtel, deren Deckel mit einer Einlegearbeit verziert war, nahm ein Kartenspiel heraus und begann, eine Patience zu legen. Seit der Marquis sich Michelles angenommen hatte, kam und ging sie, wie es ihr beliebte. Nur gut, daß ihre Fürsorge nicht den Aussätzigen oder Pestkranken galt, sondern Guy Chahinian. Merkwürdig, daß der Ketzer noch nicht hingerichtet worden war. Er schien ein kostbares Geheimnis zu hüten. Vielleicht die Umwandlung von Blei in Gold? Der Gedanke verleitete die Baronin zum Träumen, und sie verlor das erste Spiel gegen sich selbst. Ärgerlich fegte sie die Karten vom Tisch. Der Tag hatte nicht gut angefangen. Erst das Geschrei der Obsthändlerin an der Straßenecke, dann die Tasse Kaffee, die sie umgestoßen hatte, und jetzt durchkreuzte Michelle ihre Pläne. Sie mußte warten, bis sie zurückkam, denn Cléron erreichte sie nur über Michelle und Victor Le Morhier. Der kleine Cléron hatte offensichtlich etwas zu verbergen – aber wer hatte das nicht?

Sogar die engelsgleiche Michelle schwieg sich über ihre Gespräche mit Chahinian aus. Nur soviel gab sie preis: Der Goldschmied beteuerte immer wieder, er habe gelogen, es gäbe überhaupt keinen Schatz. Die Baronin hatte es mit Entzücken vernommen: Simon gründete seine großen Hoffnungen auf eine erfundene Geschichte! Marie LaFlamme würde er möglicherweise wiederfinden, aber zu Reichtum würde er dadurch nicht kommen.

Guy Chahinian hatte Michelle bei ihrem ersten Besuch von Anne LaFlammes List berichtet. Dann hatte er das Thema gewechselt, hatte sich mit ihr über die Musik, über Lulli und Charpentier unterhalten und ihr herzlich für seine Verlegung in die Bastille gedankt. Hier war er nicht nur in einer größeren Zelle untergebracht, sondern wurde auch besser behandelt. Sein Strohlager wurde täglich erneuert, er hatte zusätzlich einen Tisch und zwei Stühle und bekam soviel Papier, wie er wollte. Wenn er nicht zeichnete, schrieb er seine Erinnerungen nieder. Er schrieb nicht gern, aber als Großmeister der Bruderschaft hielt er es für seine Pflicht, den Brüdern vom Lichtkreuz ein geistiges Vermächtnis zu hinterlassen.

Er sprach weder über die erlittenen Folterungen noch über seine Gefangenschaft: Er war nicht der erste, der verfolgt wurde, und er würde nicht der letzte sein. Vielmehr versuchte er die Entdeckung darzulegen, die er kurz vor seiner Verhaftung gemacht hatte: die Möglichkeiten, die die Verwendung des Merkuriums eröffnete, und die durch Reibung von Glas erzeugten Lichtblitze. In dieser Richtung mußte weitergeforscht werden, mit dem Ziel, eine beständige Lichtquelle hervorzubringen.

Er vermißte nichts so sehr wie sein alchimistisches Instrumentarium, seine Kolben, Retorten, Waagen, Gewichte, Erze, Pulver. Und seinen Schmelzofen! Wie wunderbar wäre es, seine sengende Hitze im Gesicht zu spüren! Im Châtelet hatte eine so grimmige Kälte geherrscht, daß er glaubte, er werde nie wieder richtig warm werden. Oft träumte er, er drang ins Erdinnere vor und hielt seine eiskalten Hände an den glühenden Kern, jenes Urfeuer, das Steine und Metalle zum Schmelzen brachte.

»Chahinian! Besuch für dich!« schrie der Kerkermeister.

Das Knirschen des Schlüssels im rostigen Schloß ließ Michelle schaudern. Sie trat ein und stellte den Jutesack auf den wackligen Tisch.

»Ich habe Euch eine Pastete mitgebracht. So wie Nanette sie früher immer gemacht hat! Bestimmt habt Ihr sie bei Marie schon einmal gekostet.«

Chahinian nickte. Wie verschieden die beiden Frauen doch waren! So gegensätzlich wie Wasser und Feuer, Sommer und Winter, Zucker und Salz, Schwarz und Weiß, Leben und Tod.

»Ihr habt Marie sehr gern, nicht wahr?«

Michelle, die die Pastete aufschnitt, hielt betreten inne. »Ich weiß, Ihr habt keine gute Meinung von ihr. Und Ihr habt Eure Gründe. Ich will nicht daran denken, was sie Euch angetan hat. Ich fürchte, Simon war ihr ein schlechtes Vorbild. Ich denke nur an unsere Kindheit in Nantes. Marie hat mich immer beschützt. Sie war fröhlich, lustig, lebhaft, mutig, stark. Genau das Gegenteil von mir. Sie hat mich schwimmen gelehrt, sie hat meinen Vogel gesund gemacht, sie hat mich zum Flötenspielen ermutigt, sie hat mir zugeraten, nach Paris zu gehen.«

Michelle lief rot an, als ihr einfiel, wie Marie sie bedrängt hatte, der Baronin zu folgen, damit sie diese über jeden Schritt von Simon unterrichten könne. Ihre Hand begann zu zittern, und die Pastete fiel herunter. Wie ungeschickt von ihr, stammelte sie; Marie wäre so etwas nie passiert.

»Aber Marie versteht nichts von Musik«, entgegnete der Goldschmied. »Und Marie wird nicht im Palast eines Marquis wohnen.«

Michelle kicherte. Marie in solch einer vornehmen Umgebung? Was für eine erheiternde Vorstellung! Nur reden, wenn man gefragt wurde, die Augen schamhaft zu Boden schlagen, Vergnügen bei langweiligen Spielen heucheln, Kleider tragen, in denen man aussah, als hätte man einen Stock verschluckt – nichts und niemand auf der Welt würde Marie dazu bringen.

»Sie ist glücklich in Neufrankreich. Das steht jedenfalls in dem Brief, den Victor mir von ihr gab.«

»Bestimmt sehnt sie sich auch nach Eurem ... Eurem ...«

Chahinian brachte das Wort ›Bruder‹ nicht über die Lippen. Der Gedanken an seinen Folterknecht Simon Perrot weckte eine entsetzliche Angst, die ihm die Kehle zuschnürte.

»Simon ist nicht länger mein Bruder. Ich habe Marie geschrieben, daß sie ihn vergessen muß. Ich habe ihr berichtet, was er Euch angetan hat. Verzeiht, ich wollte nicht an diesen schmerzlichen Erinnerungen rühren ...«

»Wann habt Ihr ihr diesen Brief geschrieben?«

»Am Sonntag. Er ging mit der Postkutsche nach Saint-Malo. Ich will, daß er mit dem ersten Schiff nach Neufrankreich gelangt. Wenn Marie nicht bereit ist, zurückzukommen, um für Euch auszusagen, ist es besser, sie bleibt in Québec. Dort kann sie sich wenigstens nützlich machen. Ich wollte ihr auch schreiben, daß es den Schatz gar nicht gibt, daß alles nur Erfindung ist, aber Victor war dagegen. Ich begreife nur nicht, warum.«

»Glaubt Ihr, Victor würde mich besuchen kommen, wenn Ihr ihn darum bittet?« fragte Chahinian hoffnungsvoll.

Michelle sah ihn an. Eine grenzenlose Zärtlichkeit lag in ihrem Blick. Sie versprach, Victor das nächste Mal mitzubringen, und fragte sich zugleich, was sich der Goldschmied von seinem Besuch erhoffte. Er könnte ihm nichts anderes sagen, als daß Marie Zeugin des Mordes an Jules Pernelle geworden war und kurz darauf von ihrem Versteck aus beobachtet hatte, wie er, Chahinian, verhaftet worden war. Und daß die Angst sie zur Flucht nach Dieppe bewogen hatte.

Den Goldschmied aber beschäftigte nur eine einzige Frage: Was war aus den heiligen Tiegeln geworden? Er dachte an nichts anderes mehr. Simon Perrot hatte sie nicht an sich genommen. Aber vielleicht waren sie dem Toten aus der Tasche gerollt, und ein Unbeteiligter hatte sie eingesteckt? Chahinian hoffte inständig, daß Marie neben Pernelle niedergekniet war, ihm die Augen geschlossen, ein Gebet gesprochen, die Tiegel entdeckt und mitgenommen hatte. Und daß sie sie nicht bei der ersten Gelegenheit zu Geld gemacht hätte!

Chahinian war entschlossen, den Kampf fortzusetzen, vorausgesetzt, die heiligen Tiegel befanden sich noch immer in Maries Besitz. Er würde sein Leben der Suche nach der wahren Lehre widmen. Er war beseelt von dem einen Wunsch, die in die Tiegel eingravierten Inschriften zu entziffern. Den Anfang hatte er bereits gemacht, aber dann war er verhaftet worden. Er hatte die Zeichen zwar säuberlich abgeschrieben, aber Perrot hatte damit geprahlt, daß er seine Sachen – »du brauchst sie sowieso nicht mehr« – aus seiner Wohnung geschafft, ein Flanellwams sowie einen schönen grünen Hut behalten und Polizeileutnant Tardieu seine Bücher und Aufzeichnungen als Beweisstücke beschlagnahmt habe. In einem dieser Notizbücher hatte er die Inschriften in einer Geheimschrift niedergeschrieben.

Alles hing davon ab, ob Marie im Besitz der Tiegel war.

Victor kamen die Fragen des Goldschmieds recht merkwürdig vor. Hatte Marie Geld bei sich, als sie in Dieppe an Bord gegangen waren? Wie hatte sie die Überfahrt bezahlt? War sie in Québec plötzlich zu Geld gekommen? Hatte sie angedeutet, daß sie irgendwelche wertvollen Dinge besaß?

»Abgesehen von ihrem Schatz? Nein.«

»Könnte sie nicht Saint-Arnaud bestohlen haben?«

Victor schüttelte den Kopf. »Die Überfahrt hat sie mit dem Ring, den Ihr angefertigt habt, bezahlt.«

»Hat sie vielleicht im Laden meines Freundes Pernelle etwas entwendet?«

»Meines Freundes Pernell ...« Victor fand es bewundernswert, daß er ihm den Verrat verziehen hatte. Er begriff, weshalb der Goldschmied so große Wertschätzung bei seinen Eltern genoß. Aber wie könnte er ihm helfen?

»Versucht Euch zu erinnern, Victor«, drängte Chahinian. »Hat Marie irgend etwas aus dem Laden mitgenommen?«

Victor wußte nicht, worauf er hinauswollte. Er sah Marie vor sich, wie sie im Hafen von Dieppe auf einem aufgerollten Tau saß. Da Pernelle ihr keinen Lohn gezahlt habe, sagte sie, habe sie sich erlaubt, Samenkörner, Kräuter, Pulver und Salben mitzunehmen.

»Sie hatte einen Schnappsack bei sich. Der ihr sehr nützlich war auf der Reise. Sie hat sogar eine Frau entbunden! Als die Ärmste starb, nahm sie das Mädchen an Kindes Statt an. Und ich bin sein Pate! Sie verdient nicht viel im Hospital, deshalb habe ich ihr einen warmen Pelz für den Winter geschenkt. Das Geld reicht kaum, um Emeline Blanchard, die Amme, zu bezahlen.«

»Vielleicht hat sie Schmuck besessen, den sie zu Geld machen konnte?«

»Ausgeschlossen. Ihr habt sie entführt, ihr blieb gar keine Zeit, Saint-Arnaud zu bestehlen. Sie gab allerdings zu, daran gedacht zu haben, Pernelles Taschen nach ein paar Büchern zu durchsuchen. Sie habe es dann aber doch dabei bewenden lassen, ihm die Augen zu schließen. Sie habe ihm nicht einmal mehr die Hände auf der Brust falten können, weil die Leichenstarre sehr schnell eingetreten sei.«

Zu seinem Erstaunen spiegelte das Gesicht des Goldschmieds Erleichterung und Freude wider. Mit einem verklärten Ausdruck starrte er auf die Wand hinter seinem Besucher, und Victor durchzuckte der absonderliche Gedanke, der Gefangene habe eine Erscheinung. Die Muttergottes? Oder eine Fee? Von Michelle wußte er, daß Chahinian der Großmeister eines Geheimbundes war. Verfügte er über magische Kräfte? Konnte er Geister beschwören? Vielleicht den Geist von Anne LaFlamme? Victor fuhr herum und kam sich im gleichen Moment albern vor: Die Mauer war grau und schmutzig wie alle Gefängnismauern und wurde nicht von einer übernatürlichen Erscheinung in helles Licht getaucht.

Zum erstenmal seit seiner Verhaftung verspürte Guy Chahinian den Wunsch, allein zu sein. Er faßte sich an seinen Stumpf, sagte, er sei erschöpft und müsse sich ein wenig ausruhen, und dankte Victor aufrichtig für seinen Besuch.

In der Rue Saint-Antoine starrte Victor verdutzt zu den Zinnen der Bastille hinauf. Sein Besuch beim Goldschmied kam ihm unwirklich vor, als hätte er geträumt. Chahinian hatte von nichts anderem gesprochen als von Marie. Hatte er Anne LaFlamme geliebt, daß er sich so um ihre Tochter sorgte? Obwohl sie sein Leben zerstört hatte? Chahinian litt große Schmerzen, das war Victor nicht entgangen; zudem wäre er für den Rest seines Lebens auf Krücken angewiesen. Dieser Mann mußte ein Heiliger sein, sonst wäre er kaum fähig, Pernelle und Marie zu vergeben.

Und ich, ich bin ein Idiot, weil ich diese Frau immer noch liebe, dachte Victor, während er seine Schritte zur Place Royale lenkte, wo er mit Emile Cléron verabredet war. Ein Dummkopf, ein Narr, ein Tor bin ich!

Er bog in die Rue Royale ein. Der vor ihm sich öffnende Platz beeindruckte ihn jedesmal aufs neue durch die Harmonie seiner Gestaltung. Begrenzt wurde das Rechteck von Prachtbauten mit identischen Fassaden. Den Mittelpunkt bildete eine Statue Heinrichs IV., die von einem Palisadenzaun umgeben war. Sandbestreute Wege führten durch die Grünanlage, und zahlreiche Bänke luden zum Verweilen ein. Emile Cléron hatte ihm erzählt, die vornehmen Damen aus dem Viertel Le Marais, darunter die Comtesse de Fiesque und Mademoiselle d'Haucourt, träfen sich hier des Nachmittags zum Plausch mit ihren Freundinnen. Die Damen, die abends durch die Anlage flanierten, hatten wenig mit ihnen gemein: Sie gehörten der Halbwelt an und waren käuflich.

An diesem feuchtkalten Februartag lag der Platz beinah verlassen da. Lediglich ein Bettler auf der Suche nach Opfern war unterwegs. Als er Victor erkannte, zwinkerte er ihm zu. Er hatte ihn mit Cléron gesehen und wußte, er würde niemandem seinen Kunstgriff verraten. Um Mitleid zu erregen, schob er sich nämlich ein Stückchen Seife in den Mund und wälzte sich wild zuckend am Boden, woraufhin die Bürger sich erbarmten und dem vermeintlich Fallsüchtigen ein Almosen zuwarfen.

Victor schauderte; einen Augenblick glaubte er den widerlichen Geschmack von Seife auf der Zunge zu haben. Wieviel besser erging es ihm da! Bald, vielleicht noch vor dem Sommer, würde er sich auf den Weg nach Nantes, Dieppe oder Saint-Malo machen und auf irgendeinem Schiff Heuer nehmen. Er konnte das tun, was er am liebsten tat – zur See fahren –, und wurde obendrein dafür bezahlt.

Ein Mann, der eine Muschel am Hals trug, kam auf ihn zu. Victor griff auf der Suche nach einer Münze in seine Tasche, als der andere ihn fragte: »Bist du Victor aus Nantes?«

Victor nickte. Das Herz schlug ihm bis zum Hals. Der falsche Pilger wollte ihm hoffentlich nicht mitteilen, daß sein Freund verhaftet worden war, während er auf ihn gewartet hatte. Emile hatte ihm zwar geschworen, er sei kein Beutelschneider, aber …

»Cléron läßt dir ausrichten, daß er in der Rue Pas-de-la-Mule auf dich wartet.«

Victor stieß einen Seufzer der Erleichterung aus. Mit Emile befreundet zu sein bedeutete, sich ständig am Rande des Gesetzes zu bewegen. Zwar entlockten ihm die Gaunereien des Freundes nicht selten ein Schmunzeln, doch seiner Erziehung waren andere moralische Maßstäbe zugrunde gelegt worden. So hatte er sich dem Wunsch seiner Eltern gefügt und war in das Haus seiner Tante zurückgekehrt, aber er brannte darauf, endlich wieder Schiffsplanken unter den Füßen zu spüren. Menschen konnte man betrügen, das Meer nicht.

22. KAPITEL

Antoine Souci machte es wie Marcel Toussaint: Er wischte sich den Schweiß von der Stirn und bedeutete Pierrot, er möge ihm noch einen Schoppen Apfelwein bringen. Als Michel Dupuis kurz darauf die Schenke betrat, wunderte er sich über die ungewohnte Stille.

»Sie hätten sich fast duelliert«, antwortete Souci auf seine Frage.

»Boissy und d'Alleret«, ergänzte Toussaint.

»Sie hätten mir alles kurz und klein geschlagen«, jammerte Denys de La Ronde händeringend, während er im stillen gelobte, in Notre-Dame de la Paix eine Kerze anzuzünden. Pierrot hatte noch versucht, Öl auf die Wogen zu gießen, indem er den beiden Streithähnen etwas zu trinken anbot, aber sie hatten ihn überhaupt nicht beachtet. Angefangen hatte es damit, daß Boissy seinen Kumpan beleidigte.

»Er warf ihm vor falschzuspielen.«

»Was? Und d'Alleret hat ihm nicht auf der Stelle seinen Degen in den Leib gerammt?«

»Er weiß genau, daß Boissy die beste Klinge in ganz Québec schlägt. Aber er hätte ihn mit einem Fausthieb niederstrecken können.«

Antoine Souci seufzte. »Ein Jammer, daß d'Alleret ihn nicht getötet hat, dann wären wir die beiden endlich los.«

»Wieso beide?«

»D'Alleret wäre zum Tode verurteilt worden, oder etwa nicht?«

Michel Dupuis, der ans Fenster getreten war, um sich aufzuwärmen, pflichtete ihm bei. »Boissy hat mich vorhin draußen vor der Tür umgerannt. Aber ich habe mir das gleiche gedacht wie d'Alleret: Ich bin kein so guter Fechter wie er. Ich habe gewartet, bis er fort war, und bin dann erst aufgestanden. Ich glaube, ich habe ihn noch nie so wütend gesehen!«

»Er ist schon mit einer verdrießlichen Miene hereingekommen«, bemerkte Souci. »Er war ganz rot im Gesicht, und das lag nicht an der Kälte.«

»Und d'Alleret grinste schadenfroh!«

Als er den beiden ein Spiel Karten gebracht habe, berichtete der Wirt in vertraulichem Ton, habe er d'Alleret zu Boissy sagen hören, bei soviel Pech in der Liebe müsse er aber außergewöhnlich viel Glück im Spiel haben.

Pierrot nickte eifrig. »Das stimmt, das habe ich auch gehört!«

»Boissy?« rief Toussaint lachend aus. »Ihr müßt euch verhört haben!«

La Ronde zuckte die Achseln. Was gingen ihn die Liebschaften von Nicolas de Boissy an. Solange er ihm nicht die Einrichtung zertrümmerte ... Der Streit zwischen ihm und d'Alleret war für ihn überraschend ausgebrochen, auch wenn, wie ihm aufgefallen war, die Freundschaft der beiden Männer sich in letzter Zeit merklich abgekühlt hatte. Manchmal sahen sie sich an, als wollten sie einander gleich an die Kehle fahren.

Der Wirt hatte richtig beobachtet. Boissy war sich allerdings erst in dem Moment, als er d'Alleret des Falschspiels beschuldigt hatte, seiner Mordlust bewußt geworden. D'Alleret hatte mit seinen geschmacklosen Anspielungen auf sein mangelndes Glück in der Liebe das Faß zum Überlaufen gebracht. Und dann auch noch seine Absicht, ihn zum Duell zu fordern, durchkreuzt, indem er geschickt einlenkte: Mehr oder weniger entschuldigend hatte er gemeint, er habe eben unerhörtes Glück. Boissy wußte das sehr wohl. Er hatte d'Alleret nicht beschuldigt, weil er ihn ernsthaft des Betrugs verdächtigte, sondern weil er gehofft hatte, der Beleidigte werde sich auf ihn stürzen und Genugtuung verlangen. Hätte er ihn in diesem Moment getötet, hätten zehn Personen bezeugen können, daß er in Notwehr gehandelt habe. Wenn er d'Alleret jetzt umbrächte, würden die Zeugen von ihrem Streit berichten. Ihm blieb nichts anderes übrig, als sich mit ihm zu versöhnen. Dabei hätte er sich den Teilhaber zu gern vom Hals geschafft, um seine dunklen Geschäfte künftig allein zu treiben.

Unmittelbar vor seinem Haus glitt Boissy aus, stürzte und verstauchte sich das Handgelenk. Zeternd kam er ins Haus gepoltert. Was für ein Abend! Erst Marie, dann d'Alleret und jetzt diese unfreiwillige Rutschpartie!

Fouquet eilte in den Keller, um einen Becher Schnaps zu holen. Zwei Jahre kannte er Boissy bereits, aber so hatte er ihn noch nicht erlebt. Er reichte seinem Herrn das Trinkgefäß und zog dann blitzschnell, als fürchtete er, Boissy könnte zubeißen, die Hand zurück. Der Baron leerte den Becher in einem Zug, holte Luft und befahl seinem Diener, Marie zu wecken, damit sie sich um seine Hand kümmere.

Lison war von dem Lärm aufgewacht, Marie hatte noch gar nicht geschlafen. Sie mußte unentwegt daran denken, daß sie nur knapp dem Tod entronnen war, und sie dankte ihrer Mutter, Nanette, Julie und Schwester Sainte-Louise dafür, daß sie sie von dort oben beschützt hatten. Als sie Boissy ihren Namen rufen hörte, streifte sie sich rasch das Mieder über ihr Leibchen. Da riß Fouquet auch schon die Tür auf.

»Steh auf, beeil dich, dein Herr hat sich den Arm gebrochen! Jetzt werden wir ja sehen, ob du auch gebrochene Glieder richten kannst!«

Empört über seine Zweifel an ihren Fähigkeiten, trat Marie ihm absichtlich auf den Fuß, als sie aus der Kammer eilte.

Sachkundig tastete sie Boissys Handgelenk ab. In diesem Augenblick war sie keine Dienstmagd mehr, sondern eine gelehrte Frau, die die Macht zu heilen besaß. Boissy kam es so vor, als hätte selbst ihre Stimme sich verändert.

»Es ist nur eine Verstauchung. Ich werde das Gelenk mit Fichtenbalsam einreiben, das hält es warm, und Wärme ist heilsam. Geh und hol mir meine Tasche, Fouquet!«

Der Diener schluckte. Sie wagte es, ihm Befehle zu erteilen? Was erlaubte sie sich? Er sah Boissy an, und der nickte unmerklich. Er hatte Schmerzen und wünschte sich nichts als baldige Linderung, was kümmerten ihn da die Empfindlichkeiten seines Dieners!

Marie verband rasch das verstauchte Gelenk, riet ihrem Patienten, die Hand beim Schlafen hochzulegen, und zog sich in ihre Kammer zurück. Ein unbehagliches Gefühl erfüllte sie. Obgleich sie Boissy verabscheute, hatte sie alles getan, um ihm die Schmerzen zu nehmen. Warum hatte sie seine vorübergehende Schwäche nicht ausgenützt?

In der Nacht hatte sie einen seltsamen Traum. Sie träumte, Anne LaFlamme spreche mit der Indianerin, die sie vor dem herabfallenden Eiszapfen gewarnt hatte. Aber die Indianerin war jetzt so alt wie ihre Mutter, und sie hatte Fenchelwurzeln in der Hand, die sie ihr gab. Anne lief über den Fluß auf die *Lion* zu und schrie: ›Pierre! Pierre! Pierre!‹ Plötzlich tauchte eine riesige Schildkröte aus dem Sankt-Lorenz-Strom auf, und Anne ritt auf ihrem Rücken bis zum Schiffsdeck. Dort waren Betten aufgestellt worden, in einer Reihe wie im Hospital, und über die Skorbutkranken, die darin lagen, hatte man Hasenfelle gebreitet. Als Anne sie mit Thujaholzstäbchen berührte, wurden sie lebendig, sie hüpften um die Kranken herum, die sich von ihrem Lager erhoben und Anne zu ihrem Mann führten. Pierre stand in der Kajüte; vor ihm am Boden lag Saint-Arnaud und starrte entsetzt auf die Würmer, die aus seinem Beinstumpf krochen. Endlich hätte er seine gerechte Strafe bekommen, sagte Pierre zu Anne. Sie lächelte ihm zu, bückte sich dann aber und bestrich den offenen Stumpf mit einer Salbe. Pierre versuchte sie daran zu hindern, doch sie bestand darauf, die Blutung zu stillen. Die Blutgefäße müßten verschlossen werden, sagte sie, das hätte sie von Monsieur Chouart, ihrem trefflichen Lehrer, gelernt.

Als Marie am nächsten Morgen aufwachte, galt ihr erster Gedanke aber jener Lehrerin, die ihr umfangreiches Wissen an sie weitergegeben hatte. Sie begriff, weshalb sie Boissy geholfen hatte, aus Achtung vor dem Vermächtnis ihrer Mutter.

Der Traum beschäftigte sie den ganzen Tag. Es erboste sie, daß die Indianerin mit ihrer Mutter gesprochen hatte, und sei es nur im Traum, und mit ihr nicht. Die Huronin hatte sie lange angesehen, aber kein Wort gesagt. Sie schien genauso verstört wie sie selber. Noch am ganzen Leib zitternd, hatte sie sich bei ihr bedankt und ihr spontan das rote Schultertuch aus Taft geschenkt, das sie von Myriam Le Morhier zum Abschied bekommen hatte. Sie würde Victor schreiben, er solle ihr ein neues mitbringen. Aber wahrscheinlich hätte er, wenn ihr Brief einträfe, Frankreich schon längst wieder verlassen und wäre auf dem Weg nach Québec. Ganz sicher sogar. Die Indianerin hatte ihre Wange an dem weichen Stoff gerieben und dann das Tuch um den Kopf geschlungen. Sie hatte gelächelt, als Marie sagte, es stehe ihr gut, und sich dann eilig in Richtung der Huronen-Siedlung entfernt. Marie war ihr mit den Blicken gefolgt und nach einer Weile nachdenklich zum Haus zurückgegangen, wo sie die Eisstücke mit dem Absatz zertrat, bevor sie hineinging.

Als sie Lison am Morgen von dem Erlebnis erzählte, beschrieb sie ihr auch die Indianerin und fragte, ob sie sie kenne. Aber die Köchin stammelte nur ein ums andere

Mal, das sei ja furchtbar, sie hätte tot sein können, wenn der Eiszapfen sie getroffen hätte.

»Mich hätte er fast erschlagen, nicht dich!« entgegnete Marie gereizt. »Und alles nur wegen deiner törichten Wette! Wäre diese Indianerin nicht gewesen …«

»Was hatte sie um diese Zeit außerhalb der Siedlung zu suchen?«

Marie sah sie prüfend an. Lison war noch sehr viel später nach Hause gekommen. Warum diese Feindseligkeit?

»Ich mag es nicht, wenn die Wilden um unsere Häuser streunen. Hast du vergessen, was mit Suzanne Dion passiert ist?«

»Sie wollte mich nicht umbringen, sie hat mir das Leben gerettet! Und sie hat sich zu unserem Glauben bekehrt. Es war eine Huronin!«

»Ach ja? Kannst du denn einen Irokesen von einem Huronen unterscheiden? Geredet hat sie nicht mit dir, sagst du. Vielleicht deshalb, weil sie unsere Sprache nicht versteht. Also kann sie auch nicht getauft sein!«

Marie verzog das Gesicht. »Vielleicht ist sie stumm.«

»Ich denke, sie hat geschrien?«

»Das ist doch etwas ganz anderes!«

»Ich werde dir sagen, was das ist: eine List!« Lison fuchtelte mit dem Brotmesser herum, das sie gerade schärfte. »Wenn ein Wilder schweigt, dann überlegt er, wie er einen Weißen am besten skalpieren kann!«

»Wegen eines fehlenden Skalps habe ich noch nie jemanden behandeln müssen«, entgegnete Marie trocken.

»Warte es ab, vielleicht wird Guillaume Laviolette der erste sein.«

Wie gemein, seinen Tod herbeizureden! Marie verlor allmählich die Geduld. Ach, was gäbe sie dafür, könnte sie fort aus der Rue Saint-Louis! Das Haus war größer als viele andere, aber ihr kam es so vor, als rückten die Wände mit jedem Tag näher aufeinander zu, so daß sie gegen Fouquet, Boissy und Lison gedrückt wurde. Seit sie der Köchin erklärt hatte, sie werde sie gern behandeln, falls sie ernsthaft erkrankte, lehne es jedoch ab, ihren Vorrat an Arzneien sinnlos zu vergeuden, richtete Lison nur noch das Wort an sie, um sie wegen ihrer Langsamkeit auszuschelten.

Die Köchin stieß das Messer in einen Käselaib. »So muß es sich anhören, wenn sich ein Pfeil ins Herz bohrt. Und Pfeilwunden hast du ja schon behandelt.« Boshaft fügte sie hinzu: »Es ist wirklich rührend, wie du dich immer noch um Chevalier du Puissac kümmerst. In den letzten zwei Monaten hast du ihn achtmal besucht.«

»Ich besuche nicht ihn, sondern meinen Hasen, das weißt du genau!«

»Ich weiß nur, daß du öfter bei Puissac bist als bei deiner Tochter.«

»Er wohnt ja auch nur ein paar Häuser weiter«, rechtfertigte sich Marie. Sie hatte ein schlechtes Gewissen, weil ihr die Zeit fehlte, Noémie regelmäßig zu besuchen, und konnte Anspielungen auf diesen Umstand nicht ertragen. Aber solange sie bei Boissy diente, sah sie keine Möglichkeit, die Kleine zu sich zu nehmen. Erst müßte sie ein eigenes Haus haben.

»Monsieur schätzt diese Besuche beim Chevalier nicht. Er sagt, der Bischof ist sehr ungehalten über dessen mißbilligende Äußerungen zu seinem jüngsten Erlaß.«

»Der Bischof hat gut reden! Er leistet auch keine Geburtshilfe oder muß versuchen, das Leben der Neugeborenen zu retten. Sie erfrieren doch, wenn sie in diese Kälte hinaus müssen!«

In dem besagten Erlaß drohte der Bischof den Eltern, die ihr Neugeborenes nottauften, anstatt es noch am gleichen Tag in der Kirche taufen zu lassen, die Exkommunikation an.

Chevalier du Puissac hatte sich mit scharfen Worten

gegen diese Verordnung gewandt, und Marie gab ihm recht.

»Du wirst niemals Wehfrau werden! Du hast keine Achtung vor dem Glauben!«

»Ich habe Achtung vor dem Leben!« versetzte Marie. »Ich lehne es ab, Frauen zu entbinden, die gleich nach der Geburt aufspringen und in die Kirche rennen müssen! Es gibt genügend Geistliche, die wie der gute Pater Jean bereit sind, das Sakrament der Taufe auch außerhalb von Kirchenmauern zu spenden.«

»Und du bist sicher, daß du es empfangen hast?«

Marie verabreichte ihr eine Ohrfeige, die sie ihr Leben lang nicht vergessen sollte. Ihr Kopf flog zur Seite, und ihre Wange brannte, als hätte jemand ein glühendes Eisen darauf gedrückt. Die Zähne aufeinandergebissen, ging sie mit gesenktem Kopf auf Marie los. Sie riß sie zu Boden, packte sie an den Haaren und schlug in blinder Wut auf sie ein. Plötzlich merkte sie, daß Marie sich nicht mehr rührte: Sie hatte das Bewußtsein verloren.

Lison sprang auf, wich zurück und ließ sich wimmernd auf einen Schemel fallen. Und wenn sie sie nun umgebracht hatte? Man würde sie einsperren, hängen oder mit der Lilie brandmarken, zu einer Galeerenstrafe verurteilen oder in die Kolonien verbannen. Sie lachte auf: In einer Kolonie befand sie sich bereits. Nein, sie wollte nichts von alledem erleiden, nicht wegen dieser liederlichen Weibsperson. Wenn Marie wirklich tot war, würde sie die Küche verwüsten und erzählen, ein Irokese hätte sie überfallen; sie hätten sich zwar zur Wehr gesetzt, aber Marie sei leider zu Tode gekommen. Näher beschreiben könnte sie den Wilden freilich nicht. Was niemanden mißtrauisch machen würde: Diese Bestien sahen doch alle gleich aus. Braungebrannt, fettig glänzendes Haar, scharfkantige Zähne, die sie in das Herz ihres Feindes schlugen. Wie konnte man Menschen, die ihresgleichen auffraßen,

Vertrauen entgegenbringen? Gleichgültig, ob getauft oder nicht, ob Huronen oder Montagnais, ob Händler oder Jäger, sie waren alle gleich! Da konnte Mutter Marie von der Fleischwerdung Christ sagen, was sie wollte. Was versprach sie sich nur davon, sie in Französisch und im christlichen Glauben zu unterweisen? Und jetzt sollten auch noch ihre Frauen lesen und schreiben lernen!

Lison fragte sich, wozu. Sie hatte ein Kreuz gemacht, als sie sich verpflichtet hatte, und war deshalb nicht unglücklicher. Marie konnte lesen und schreiben, und was nützte ihr das jetzt? Sie lag am Boden und rührte sich nicht. Lison stand auf, atmete tief durch und stieß Marie zaghaft mit der Fußspitze an. Nichts. Sie bückte sich, drehte sie vorsichtig um und streckte die Hand aus, um ihr den Puls am Hals zu fühlen. Da schnellte Marie plötzlich hoch und schleuderte die Köchin mit aller Wucht an die Wand.

Jetzt schuldeten sie einander nichts mehr, sagte Marie. Während sie ihre Kleider ausklopfte, rappelte sich Lison auf und spie vor ihr aus. Marie zuckte zusammen. Sie machte sich nichts vor, sie wußte, sie würden sich nie wieder vertragen. Aber es galt zu verhindern, daß Lison sich bei Boissy beschwerte. Sie würde Verdacht schöpfen, wenn er sich weigerte, Marie hinauszuwerfen. Die Köchin hielt zwar unbeirrt an ihren Vorurteilen fest, aber sie war nicht dumm. Einmal hatte sie zu Marie gesagt, sie habe den Verdacht, Fouquet treibe verbotenen Handel mit Waren, die er im Keller lagere: »Er will nämlich nicht, daß ich sie zähle!«

In den folgenden Tagen schnitt Lison sie so offenkundig, daß Boissy es bemerkte. Das brachte ihn auf den Gedanken, die Köchin gegen Marie auszuspielen. Sie hatte ihn lange genug gedemütigt. Und sie war schuld an seiner Auseinandersetzung mit d'Alleret, die zum Bruch mit dem Freund geführt hatte. Wäre sein Anschlag auf sie geglückt, wäre er nicht wutentbrannt ins Wirtshaus gerannt und hätte d'Alleret beleidigt.

Eines Abends machte sich Marie wieder einmal auf den Weg zu einem Kranken. Lisons mürrisches Gesicht sagte Boissy, der Augenblick für eine kleine Unterhaltung sei günstig. Er begann mit einem Lob für ihre abwechslungsreichen Fastenspeisen, erkundigte sich dann, ob sie gelernt habe, einen Biberpelz zuzurichten, ob Fouquet ihr genügend Geld für die Einkäufe gäbe, ob es ihr in der Rue Saint-Louis gefiele. Die ungewohnte Gesprächigkeit des gnädigen Herrn erstaunte die Köchin.

»Du wunderst dich gewiß, warum ich dir all diese Fragen stelle, nicht wahr? Nun, du bist jetzt fast ein Jahr in meinen Diensten, und ich bin sehr zufrieden mit dir. Und damit du nicht in Versuchung kommst, ein besseres Angebot anzunehmen – ich weiß, wie sehr Charles Aubert de La Chesnaye deine Küche schätzt –, habe ich beschlossen, dir mehr Lohn zu zahlen.«

Lison verbeugte sich so tief, daß sie beinah das Gleichgewicht verloren hätte und umgefallen wäre, wenn Boissy ihr nicht eine hilfreiche Hand hingestreckt hätte. Daß er sich nur mühsam das Lachen verbeißen konnte, sah sie nicht. Bevor er sie entließ, nahm er ihr das Versprechen ab, weder Fouqeut noch Marie etwas von ihrer Abmachung zu verraten.

»Und falls dir jemand Verdruß bereitet, laß es mich wissen.«

Lison kehrte singend in die Küche zurück. Während sie Geflügelinnereien zerkleinerte, rechnete sie sich aus, daß sie sich jetzt einen Sergerock für Ostern leisten könnte. Marie würde nicht die einzige mit einem neuen Gewand sein! Für sie war es leicht, immer adrett auszusehen: Sie wurde mit Tuchen oder Wollstoffen entlohnt, mit Mützen und Strümpfen, sogar mit Unterkleidern. Sie hatte soviel davon, daß sie sie gar nicht auftragen konnte.

»Aber an Ostern werden alle auf mich schauen und meinen roten Rock bewundern«, sagte Lison laut, weil sie sich selbst davon überzeugen mußte.

Und in der Kirche würde sie sich weit weg von Marie einen Platz suchen, denn neben ihr käme sie immer schlechter weg. Wie sie Marie kannte, würde sie es ohnehin so einrichten, daß sie in Begleitung von Madame Couillard die Messe besuchte. Auf diese Weise würde sie noch mehr Aufsehen erregen. Die Männer würden sie anstarren, als hätten sie noch nie eine Rothaarige gesehen, und beim einen oder andern träten plötzliche Beschwerden auf, die es erforderlich machten, Marie um Rat zu fragen. Einzig Boissy schien gefeit gegen ihren Zauber. Diese angebliche Wette, daß es ihm gelingen würde, sie zu verführen, konnte nur eine Erfindung sein. Sein schroffer Ton, als er von Marie gesprochen hatte, verriet seinen Unmut deutlich. Er hatte viel zu lange Nachsicht mit ihr gehabt. Wer außer ihm nähme es schon hin, daß sich die Dienstmagd halbe Tage lang irgendwo herumtrieb?

Marie kam eine Stunde vor der Essenszeit zurück, und Lison, der das Lob ihres Herrn den Rücken gestärkt hatte, ließ ihrem Zorn freien Lauf: Sie sei es leid, eine Küchengehilfin zu haben, die allen Einwohnern der Stadt zur Hand ginge, nur ihr nicht; statt mit Januar zu schmusen, hätte sie lieber dem Hasen für das Abendessen am Samstag das Fell abziehen sollen. Als sie in ihrem Gezeter innehielt, um Luft zu holen, erwiderte Marie müde:

»Laß gut sein. Der kleine Boivin ist gestorben.«

Das sei schließlich nicht ihre Schuld, wolle Lison schon entgegnen, besann sich aber noch rechtzeitig und bekreuzigte sich, als ihr die Ungeheuerlichkeit ihres Gedankens klar wurde. Sie wartete, aber Marie sagte nichts mehr. Schweigend band sie sich ihre Schürze um und begann, den Hasen abzubalgen.

Lison stand kurz vor einem neuerlichen Wutausbruch. Das machte sie absichtlich, nur um sie zu ärgern! Aber wenn sie glaubte, sie würde sie anflehen, ihr mehr über die Ereignisse im Hause Boivin zu erzählen, hatte sie sich getäuscht. Erst kam sie zu spät, und jetzt ließ sie sie auch noch zappeln! Sie würde sich bei Monsieur beschweren, jawohl!

Als sich der Baron am übernächsten Tag entrüstete, weil Marie dem Chevalier schon wieder einen Besuch abstattete, pflichtete Lison ihm beflissen bei.

»Sie weiß einfach nicht, was sich gehört. Und sie nimmt keinerlei Rücksicht auf Euch.«

»Auf dich ja auch nicht, Lison.«

»Ach, das ...« Die Köchin lief rot an. »Das ist nicht so schlimm. Obwohl ich meine Kammer nicht gern mit so einer wie ihr teile. Die Leute sollen nicht denken, ich wäre auch so und würde mich nach Einbruch der Dunkelheit noch draußen herumtreiben.«

Boissy stieß einen tiefen Seufzer aus. Marie könne von Glück reden, einen Brotherrn und eine Lehrmeisterin – denn als solche betrachte er sie – von solcher Duldsamkeit gefunden zu haben, meinte er. Und sie könne sich glücklich schätzen, nie überfallen worden zu sein. Oder einen Unfall gehabt zu haben.

»Am Fastnachtsabend, da wäre ihr beinah etwas zugestoßen«, sagte Lison. Und sie berichtete von dem herabstürzenden Eiszapfen. »An dem Tag ist sie auch bei Puissac gewesen.«

»Du darfst mich nicht falsch verstehen, Lison. Ich hätte nichts gegen ihre häufigen Besuche bei ihm einzuwenden, wenn ich mir seiner ehrlichen Absichten sicher sein könnte. Wenn er Marie heiraten möchte, ist alles gut. Im anderen Fall jedoch ...«

Lison hatte es die Sprache verschlagen. Sie stand da mit offenem Mund, schluckte und stammelte schließlich:

»Aber Marie kann den Chevalier doch gar nicht heiraten! Sie ist von niederem Stande, genau wie ich.«

Achselzuckend erwiderte Boissy, in Neufrankreich sei eben alles anders. In der alten Heimat wäre eine solche Verbindung undenkbar gewesen, aber hier? Nur wenige gehörten dem uralten Adel an; die Grundherren befänden sich nicht seit Jahrhunderten im Besitz ihrer Lehen, oft handele es sich um Kaufleute, die mit dem Handel von Pelzen oder anderen Waren zu Reichtum gekommen waren.

In Neufrankreich werde man nicht vom König, sondern von Glück und Erfolg geadelt.

»Wie viele Grundherren haben bürgerliche Frauen geheiratet! Warum auch nicht. Was ein Mann hier braucht, ist eine Frau, die harte Arbeit nicht scheut. Es erstaunt mich, daß ...« Hüstelnd brach Boissy mitten im Satz ab und lächelt Lison verlegen zu. Der Blick der Köchin verklärte sich. Wunderbar! Der Baron hüstelte abermals. Sie möge ihm seine Kühnheit verzeihen, fuhr er fort, aber warum sei sie eigentlich immer noch unverheiratet?

Lison wurde blaß. Daran sei nur Marie LaFlamme schuld, antwortete sie stockend, während sie ihren Rock in Händen knetete. Marcel Toussaint habe sie zwar zum Johannisfest eingeladen, aber dann sei diese Marie angekommen.

Boissy nickte. Es sei ihm unbegreiflich, sagte er, daß Toussaint nicht alsbald einen Nachfolger gefunden habe. Errötend zupfte Lison an ihrem Barchentrock. Monsieur sei zu gütig, daß er sich für ihre Person interessierte, hauchte sie in größter Verlegenheit. Boissy nahm es zufrieden zur Kenntnis. Er würde dieser kleinen Gans eine Spitzenhaube schenken und immer wieder betonen, wie sehr er sie schätze, bis sie es tatsächlich für möglich hielte, daß ein Boissy eine Köchin zur Frau nahm. Sie könnte ihm sehr nützlich sein bei seinen Plänen, sich Maries endgültig zu entledigen. Lison hatte in der Tat Ähnlichkeit mit einer Gans, stellte er lächelnd fest: kurze Beine, langer Hals, breite Hüften. Die kleinen Augen standen eng an der Hakennase, und ihre kreideweiße Haut wirkte weder vornehm noch zart, sondern schlicht abstoßend.

Lison mißdeutete sein Lächeln. Strahlend schnatterte sie, sie müsse nun aber gehen, sie wolle noch auf den Markt.

»Falls dir Marie begegnet, sag ihr, sie soll unverzüglich nach Hause kommen.«

Mit einem kleinen Knicks, wie er dem gnädigen Herrn so gut gefiel, zog sie sich zurück. Rasch warf sie Mantel und Schultertuch über, vergaß jedoch in ihrer Freude ihre Handschuhe. Endlich wußte Monsieur ihre Ergebenheit zu schätzen!

Endlich hatte er Marie durchschaut und ihre Durchtriebenheit erkannt.

Lison schritt rüstig aus, mußte ihr Tempo aber bald mäßigen: Unter dem Schnee war der Boden stellenweise vereist. Genau wie Marie, dachte sie, nach außen hin harmlos und sanft, aber darunter tückisch und gefährlich. Rachsüchtig hackte sie mit dem Absatz auf dem Eis herum, einmal, zweimal, dreimal. Plötzlich verlor ihr linker Fuß den Halt. Wild mit den Armen rudernd, versuchte sie das Gleichgewicht zu halten. Vergeblich. Sie schlug der Länge nach hin. Der Atem wurde ihr aus der Brust gepreßt, sie spürte, wie ihr Mieder riß, und hörte ein Kind schadenfroh lachen. Einen Augenblick blieb sie auf dem Bauch liegen. Als sie sich aufrappeln wollte, um dem Schlingel die Ohren langzuziehen, rutschte sie abermals aus und fiel auf die Knie. Wimmernd ließ sie sich auf die Seite fallen. Im gleichen Moment sah sie Marie herbeieilen.

Fünfhundert Menschen lebten in Québec, und ausgerechnet Marie mußte ihr zu Hilfe kommen!

»Hast du dich verletzt? Kannst du aufstehen?«

Die Zähne fest zusammengebissen – sie hatte nicht die Absicht, Marie den Gefallen zu tun und in Tränen auszubrechen –, ergriff sie den dargebotenen Arm und zog sich vorsichtig hoch. Marie fürchtete das Glatteis offensichtlich nicht, sie ging mit zügigen Schritten weiter. Als hätte sie ihre Gedanken erraten, lächelte Marie ihr zu und streckte ihr ihren rechten Fuß hin.

»Da, schau! Das hat Einbein für mich gemacht!«

An ihrem Mokassin war eine mit Haken gespickte Eisenplatte befestigt. »Damit rutscht man nicht. Wohin gehst du?«

»In die Kaufhalle. Mehl holen.«

»Ich komme mit«, sagte Marie fröhlich. »Falls du noch mal auf die Nase fällst. Die Côte de la Montagne ist gefährlich glatt.«

Die Angst vor einem neuerlichen Sturz veranlaßte Lison, das Angebot, wenn auch widerstrebend, anzunehmen.

Die beiden Frauen überquerten den Marktplatz. Lison rümpfte die Nase, als sie an der Huronen-Siedlung vorbeikamen, aber Marie bemerkte es nicht. Sie bewunderte die Muster, die der Schnee auf die Palisaden gezaubert hatte, die weißen Wälle rings um das Schloß und die Eisblumen an den Bäumen auf dem Friedhof. Der Schnee hatte die Stadt in eine Märchenlandschaft verwandelt. Ein Blick die steile Côte de la Montagne hinunter ließ die Köchin schaudern. Was, wenn sie den Hang hinunterschlitterte und nicht mehr rechtzeitig bremsen könnte, so daß sie über die verschneiten Dächer der Unterstadt hinweg bis zum eisgesäumten Saint-Lorenz flöge? Sie klammerte sich noch fester an Maries Arm. Ob sie nicht lieber gleich auf dem Po hinunterrutschen sollten, meinte Marie lachend.

»Was für ein alberner Gedanke! Ich ... Marie! Da!« Lison zeigte mit einem zitternden Finger zum Friedhof hinüber. »Hast du gesehen? Da bewegt sich etwas! Das wird doch nicht ein Wolf sein?«

»Dann muß es aber ein sehr kleiner sein. Ich kann nichts erkennen.«

»Rechts! Dort drüben! Siehst du es nicht?«

Marie wollte gerade entgegnen, das erfinde sie doch nur, damit sie umkehrten, als sie unter einer Rottanne eine schwache Bewegung wahrzunehmen meinte.

»Ja, jetzt seh' ich es auch ...«

»Du wolltest mir ja nicht glauben. He! Warte! Wo willst du hin?«

Marie lief zum Friedhof hinüber. Was versteckte sich dort unter der Rottanne? Ein Hund? Ein Fuchs? In einigem Abstand blieb sie stehen und klatschte in die Hände, um das Tier aufzuscheuchen, was immer es sein mochte. Sie hoffte, es wäre ein Wolf, sie hatte noch nie einen lebenden gesehen. Von Guillaume wußte sie, daß Wölfe Menschen nicht angriffen, deshalb hatte sie auch keine Angst. Sie drehte sich zu Lison um und bedeutete ihr, sie solle ruhig sein, und näherte sich dann vorsichtig den Nadelbäumen. Eine Frau lag dort. Marie war mit zwei Sätzen bei ihr. Sie solle Hilfe holen, schnell! schrie sie Lison zu.

Rose Rolland lag auf dem Bauch. Ihr Rock war hochgeschoben, ihre Strümpfe hingen in Fetzen von den Beinen. Die Hände in den Schnee gekrallt, versuchte sie sich auf den Rücken zu drehen. Mantel, Gesicht und Hals waren blutverschmiert. Marie hockte sich neben sie, nahm sie in die Arme und redete beruhigend auf sie ein. Ihre Verletzung blutete zwar stark, war aber nicht sehr tief. Als Marie ihre Stirn befühlte, schlug Rose die Augen auf. Verständnislos starrte sie Marie an.

»Hab keine Angst, es wird alles gut. Bist du gestürzt? Oder hat man dich überfallen?«

Rose sah sie mit stierem Blick an. Dann schüttelte sie plötzlich den Kopf so heftig, daß er von einer Seite zur anderen flog.

»Ruhig, ganz ruhig! Erkennst du mich?«

»Ja. Ja, du bist Marie. Marie. O Marie! Wäre ich doch lieber gestorben!«

»Was ist passiert?«

Rose stöhnte leise. Ihr Blick fiel auf ihre nackten Beine, und sie brach unvermittelt in lautes Schluchzen aus. Marie zog ihren Rock herunter und nahm sie ganz fest in die Arme.

Sie könne gut verstehen, was in ihr vorgehe, sage sie sanft, sie habe vor langer Zeit das gleiche durchgemacht. Alle Farbe wich auf einmal aus Roses Gesicht. Marie drehte sie blitzschnell herum, und sie erbrach sich, befreite sich von ihrem Haß, ihrer Todesangst, ihrem Schmerz, ihrer Scham.

»Lison holt Hilfe, es wird nicht mehr lange dauern.«

»Nein! O nein! Dann werden es alle erfahren!«

»Aber du bist verletzt, du braucht Hilfe.«

»Keiner wird mich mehr zur Frau haben wollen!«

Seufzend tupfte Marie ihr die Stirn ab. Rose war das Opfer, und doch würde sie es büßen müssen, wenn sich herumspräche, daß sie geschändet worden war.

»Weißt du, wer es war? Hast du ihn erkannt?«

Rose schüttelte den Kopf. »Er hat mich von hinten an der Kehle gepackt, zu Boden geworden und mir das Knie in den Rücken gestemmt. Ich mußte an Suzanne Dion denken. Ich habe mich gewehrt, ich habe versucht, mich umzudrehen, und ihm dabei einen Knopf abgerissen ... Hier, das ist er, nimm ihn ... Aber er wurde wütend, und ich hatte Angst, er bringt mich um, und da bin ich ganz still liegengeblieben ...«

Marie legte ihr die Wolldecke, die sie um die Schultern trug, um und rieb ihr den Rücken, um sie zu wärmen. Sie wiegte die weinende Rose in den Armen, bis sie sich gefangen hatte und weitererzählen konnte:

»Als es vorbei war, schlug er mich mit einem Stock auf den Kopf. Aber bevor ich bewußtlos wurde, konnte ich seine Füße sehen. Er trug keine Mokassins. Aber ich werde nichts sagen. Zu niemandem. Und du auch nicht, hörst du?«

Marie schwor es ihr beim Leben ihrer Mutter, um sie zu beruhigen. Eine unsägliche Wut stieg in ihr auf. Eine Frau wurde geschändet, und sie war es, die sich dafür schämen, sich entschuldigen, um Verzeihung bitten mußte. Wenn bekannt würde, was Rose widerfahren war, würden die Leute sie bedauern, um so mehr, wenn der Täter ein Irokese wäre. Man würde den Verbrecher zum Tode verurteilen, falls er gefaßt wurde. Und Rose, sofern man ihr glaubte, hätte ein Anrecht auf mit Ekel vermischtes Mitleid. Niemand würde ihr mehr seine Kinder anvertrauen; jede Berührung mit der Befleckten gälte es zu vermeiden. Und ihr Freier würde nichts mehr von ihr wissen wollen.

»Ich habe ein Feuermal. Das ist schon schlimm genug.«

Marie hörte Stimmen. Sie würden einfach erzählen, Rose sei niedergeschlagen worden, flüsterte sie ihr zu. »So wie Guillaume Laviolette damals! Dem hat der Hieb beinah den Schädel gespalten.«

»Das wäre mir lieber gewesen als ...« Rose biß sich so fest auf die Lippe, daß sie zu bluten anfing.

»Hör auf«, bat Marie weinend. »Sag so etwas nicht, bitte!«

»Ist das wahr, was du vorhin gesagt hast? Daß du auch ...?« Marie wischte die Tränen fort. Sie habe daran gedacht zu sterben, gestand sie. »Aber das wäre eine schreckliche Dummheit gewesen, weil er mich dann zweimal getötet hätte. Nein, ich werde ihn für das, was er mir angetan hat, bestrafen. Eines Tages werde ich ihn vergiften. Und jetzt mach die Augen zu und stell dich bewußtlos. Ich werde den Männern auf dem Weg zum Siechenhaus alles erklären.«

»Ich will nicht ins Spital.«

»Dort bist du aber besser aufgehoben.«

»Aber du mußt bei mir bleiben!«

Marie versprach es ihr. Mutter Catherine sei so gütig, sie werde ihr sicherlich erlauben, die Nacht über an ihrem Lager zu wachen, beruhigte sie die verängstigte Frau, während sie ihr Gesicht behutsam mit einem Schneeklumpen säuberte.

Ausnahmsweise war Marie froh, Lisons Geschrei zu hören. Rose mußte auf dem schnellsten Weg ins Hospital gebracht werden, damit sich sich nicht noch eine Lungenentzündung zuzöge. Ihr gepeinigter Körper wurde von Krämpfen geschüttelt, und sie hatte viel Blut verloren.

»Sie ist ohnmächtig geworden«, erklärte Marie den zu Hilfe geeilten Männern. »Sie stammelte noch, jemand hätte sie von hinten niedergeschlagen, sie könne sich aber an nichts erinnern.«

»Sie hat nicht gesehen, wer es war?« fragte Antoine Souci.

»Nein. Sie konnte sich kaum an ihren Namen erinnern.«

»Das kann nur ein Wilder gewesen sein«, stieß Lison atemlos hervor.

»Robert Hache jedenfalls war es nicht, der ist immer noch im Gefängnis«, meinte Marcel Toussaint.

Marie ließ den Knopf, den Rose vom Mantel des Angreifers abgerissen hatte, unauffällig in ihrem Handschuh verschwinden. Sie fragte sich, wie viele Indianer sich wie die Weißen kleiden mochten. Ihr war noch nie einer in Überrock oder Mantel begegnet. Sie ergriff Roses Hand, während Toussaint und Michel Dupuis die Leblose unter den Achseln faßten.

»Ein Glück, daß sie leicht wie eine Feder ist«, sagte Souci.

»Rutschig ist es trotzdem, sackerlot!« fluchte Toussaint. »Und dann noch dieser Pulverschnee, als wäre das Glatteis nicht schlimm genug! Kommt, beeilen wir uns, damit wir noch bei Tageslicht das Siechenhaus erreichen.«

»Das wird kein schöner Josefstag für das arme Mädchen«, murmelte Michel Dupuis.

Marie hatte die Angeln und Bänder an der Haustüre geölt und schickte sich an, die Riegel zu polieren, die Fouquet nach dem Überfall auf Rose Rolland angebracht hatte, als Lison einen neuerlichen Versuch unternahm, sie zum Reden zu bringen:

»Ich will wissen, was mit Rose passiert ist! Schließlich habe ich sie zuerst gesehen.«

Marie verzog spöttisch den Mund.

Lison warf ihr einen finsteren Blick zu. »Warum gibst du nicht zu, daß es ein Wilder war, der sie überfallen hat? Verteidigst du diese Bestien auch noch?«

»Rose hat einen Schlag auf den Kopf bekommen und dadurch das Gedächtnis verloren.«

»Du hältst mich wohl für dumm? Guillaume Laviolette hatte eine klaffende Wunde am Kopf und konnte sich dennoch an alles erinnern. Das weiß ich von Fouquet.«

»Dann weißt du vermutlich auch, daß Guillaume nicht sagen konnte, wer ihn überfallen hat. Geh doch ein bißchen am Friedhof spazieren. Vielleicht hast du Glück, und du wirst überfallen. Dann weißt du endlich, wer der Täter ist.«

Diese Unverschämtheit verschlug der Köchin den Atem. Der Kabeljau, den sie zum Entsalzen ins Wasser legen wollte, glitt ihr aus den Fingern. Als sie sich bückte, um ihn aufzuheben, verlor sie das Gleichgewicht und fiel vor Marie auf die Knie. Es war die gleiche demütigende Haltung wie am Josefstag, als sie auf dem Eis ausgerutscht und gestürzt war. Dieses Mal ergriff sie die dargebotene Hand nicht. Nie wieder wollte sie Mariens Hilfe in Anspruch nehmen. Monsieur de Boissy hatte ihr versprochen, bis spätestens Ostern hätte Marie sein Haus verlassen. Noch drei Tage, tröstete sich Lison. Drei Tage, dann wäre ihr Leidensweg zu Ende.

Sie freute sich jetzt schon auf Maries Gesicht, wenn sie die Neuigkeit erführe. Erst einen Tag vorher wollte der gnädige Herr sie von ihrer Entlassung in Kenntnis setzen.

»Das wird ihr eine Lehre sein. Wie oft habe ich ihr gesagt, daß sie dir Respekt und Gehorsam schuldet! Nach einer so guten Lehrmeisterin wird sie lange suchen können.«

Dann hatte er sie gefragt, ob sie Marie am frühen Abend unter einem Vorwand aus dem Haus locken könne.

»Aber ich gehe abends nicht mehr aus dem Haus! Nicht nach dem Überfall auf Rose.«

»Ich würde dich niemals irgendwelchen Gefahren aussetzen, meine gute Lison«, beruhigte der Baron sie. »Du wirst einfach so tun, als fiele dir plötzlich wieder ein, daß jemand nach Marie verlangt hat, als sie bei Emeline Blanchard war. Du sagst, du hättest ganz vergessen, daß Sébastien Liénard sich beim Rollen eines Fasses ein Bein gebrochen hat. Marie wird sofort zu ihm eilen, und ich kann mich ungestört mit Monsieur d'Alleret treffen.«

Lison machte ein zweifelndes Gesicht. Da winkte der Baron sie zu sich und raunte ihr zu, er werde ihr jetzt ein großes Geheimnis verraten: Er gehöre einem Geheimbund an, der es sich zur Aufgabe gemacht habe, die von den Wilden verübten Morde aufzuklären. Weil die Behörden versagt und nichts weiter unternommen hätten, als die Wachkompanie zu verstärken, hätte er seine mutigsten Freunde um sich geschart und beschlossen, zum Schutz der Bürgerinnen die Huronen-Siedlung und den Quai de Champlain zu überwachen.

»Du weißt ja selbst, daß Marie auf der Seite der Wilden steht. Wenn sie von unserer Bürgerwehr erfährt, wird sie mich, ohne zu zögern, denunzieren. Du kannst dir sicherlich denken, wie ungehalten die Behörden reagieren würden, wenn herauskäme, daß wir ihre Arbeit wirkungsvoller und erfolgreicher erledigen. Ich glaube, Marie hat bereits Verdacht geschöpft, sie ist mir nämlich schon zweimal gefolgt.«

Lison versprach ihm ihre Unterstützung und machte ihren Knicks. Sie hätte genausoviel Anmut wie die Damen bei Hofe, schmeichelte Boissy und schenkte ihr ein besticktes Taschentuch. Lison errötete, aber nicht so sehr wie vor ein paar Tagen, als er ihr die Spitzenhaube gegeben hatte. Sie gewöhnte sich allmählich an die neue Behandlung.

Die Köchin legte den Kabeljau in eine Schüssel Wasser und tastete dann nach dem Taschentuch in ihrem Gürtel. Geduld, Geduld, nur noch drei Tage!

»Ich bin rechtzeitig zum Essen zurück«, rief Marie ihr unter der Türe zu.

Was für ein wundervoller Tag! Obgleich der Schnee noch gut sechs Fuß hoch lag, war bereits ein Hauch von Frühling in der Luft zu spüren. Vom Dach tropfte Schmelzwasser. Das Eis auf den Straßen war getaut; zu Maries Leidwesen bedeckten Schlamm und Matsch die Wege. Sie hatte den Winter geliebt, um seiner Reinheit, seiner weichen Stille, seiner belebenden Luft willen. Das trocken-kalte Klima verhinderte den Ausbruch von Seuchen, und Marie war überzeugt, daß es hier weniger Todesfälle gab als in Frankreich. Sie hatte zahlreiche Fälle von Erfrierungen behandelt sowie Augenentzündungen, die durch den Widerschein der Sonne auf dem Schnee entstanden waren, hatte sich einmal sogar zur Amputation einer Zehe entschlossen. Aber das alles erschien ihr harmlos im Vergleich zu einer Seuche. Anne LaFlamme hatte ihr früher häufig vom verheerenden Wüten der Pest im Jahre 1631 erzählt, als die Menschen wie die Fliegen gestorben waren und sie schreckliche Angst um Nanette ausgestanden hatte.

In Neufrankreich wäre ihr das erspart geblieben. Ihrer Mutter hätte dieses Land sicherlich gefallen, trotz der nassen Füße, die der März einem bescherte. Angewidert betrachtete Marie ihre schlammbedeckten Mokassins. Hoffentlich trockneten sie wieder, während sie bei Noémie war.

Sie betrachtete den Saint-Charles-Strom und fragte sich, wann er wohl wieder befahrbar wäre. Nachdem sie ihre Tochter umarmt und geherzt hatte, stellte sie Germain Picot die Frage.

»Das dauert bestimmt noch einen Monat. Warum?«

»Ich möchte gern Kanu fahren lernen.«

René Blanchard sah sie ungläubig an. »Wie die Wilden?«

Marie nickte lächelnd. »Oder wie Guillaume Laviolette.«

»Vielleicht ist er in der Zwischenzeit gekentert und ertrunken«, meinte Emeline, die Marie auf die Möglichkeit, daß der Waldläufer nicht zurückkam, vorbereiten wollte.

»Du bist gemein, Emeline!« empörte sich die junge Frau und hielt ihrer Tochter die Ohren zu. »Hör nicht auf sie, Noémie. Guillaume wird zurückkommen. Und Victor auch.«

Sie gab Emeline einen Klaps auf den Arm und sagte tadelnd, sie solle nicht immer das Schlimmste befürchten. Sie habe etwas für sie, das sie bestimmt aufheiterte, fügte sie hinzu und packte ein Pfund Trockenerbsen und ein Bündel kleine Fische aus.

»Schade, daß Noémie sie noch nicht essen kann. Gareau hat mir die geschenkt, weil ich seine Finger gerettet habe.«

»Und wie geht es Rose Rolland?« erkundigte sich Picot.

Sehr viel besser, versicherte Marie hastig. Sie habe keine Kopfschmerzen mehr, und die Wunde sei bald verheilt.

»Das muß trotzdem ein kräftiger Schlag gewesen sein«, meinte Emeline.

»Aber den Wilden, der das getan hat, hat sie nicht gesehen«, sagte Pirot. »Ich hoffe, Ihr seid vorsichtig, Marie, und meidet die Huronen-Siedlung.«

Marie blickte entnervt zum Himmel hinauf. Wann würden die Leute endlich aufhören, die Indianer grundlos zu beschuldigen? Ihre Mutter, Lucie Bonnet, die Lahme, sie alle waren Opfer solcher haltloser Verdächtigungen geworden, genau wie Hunderte, nein, Tausende anderer Frauen vor ihnen.

Auf dem Heimweg dachte sie noch immer darüber nach. Sie fand es bedauerlich, daß ein Mann wie Germain Picot, der so gut zu Kindern war und so anständig zu ihr und den Blanchards, daß dieser Mann in törichten Vorurteilen gegen die Indianer befangen war. Sie hatten ihm nichts getan, hatten ihn weder angegriffen noch bestohlen. Und dennoch war er wie all die anderen, wie Antoine Souci, Horace Bontemps, Marcel Toussaint: Sie fürchteten die Irokesen, forderten deren Ehrgefühl jedoch bei jeder Gelegenheit heraus. Die Leute redeten von nichts anderem mehr als von den Kompanien, die im Sommer eintreffen und die Wilden niederwerfen würden.

Die Bedrohung durch die Irokesen durfte nicht unterschätzt werden, das war Marie klar. Sie stimmte auch der Witwe Couillard zu, die sagte, es gebe gute und schlechte Indianer, wie es gute und schlechte Franzosen gebe, und die bereit war, ihre Stadt notfalls mit der Waffe in der

Hand zu verteidigen. Wogegen sich Marie aber auflehnte, das waren diese aus der Luft gegriffenen Beschuldigungen. Zudem wußte sie von Guillaume, daß Indianer nur sehr selten Frauen schändeten. Die Tugend einer Frau war keine vorzeigbare Siegestrophäe. Daher zogen sie es vor, ihre Feinde zu skalpieren. Marie schauderte. Vielleicht sollte sie ihr Haar auch bei wärmerem Wetter unter einer Haube verstecken. Das leuchtende Rot war viel zu auffällig. Mani hatte ihr gesagt, sie habe nie etwas Vergleichbares gesehen, nicht bei den Abenaki, nicht bei den Huronen, nicht bei den Irokesen. Marie hatte ihr von den Verleumdungen berichtet; noch wurden die Huronen von der Verdächtigungen ausgenommen, aber zuweilen griff der Wahnsinn rasend schnell um sich. Die Schwarzröcke würden sie beschützen, hatte Mani erwidert. Sicherlich, das lag in ihrem eigenen Interesse, doch Marie hatte nicht vergessen, daß Pater Germain ihre Mutter damals auch nicht vor den Inquisitoren hatte retten können.

Niedergeschlagen kam sie in der Rue Saint-Louis an. Der Abschied von Noémie fiel ihr jedesmal schwerer. Ihr erstes Lächeln, ihre ersten geplapperten Worte hatte sie bereits verpaßt, und wenn sie nicht bald eine Zulassung als Hebamme erhielte, würde sie auch noch ihre ersten Gehversuche versäumen. Sie mußte fort aus der Rue Saint-Louis!

Lison wartete, bis sie die Kabeljaupastete aufgetragen hatte. Das hätte sie fast vergessen, rief sie unvermittelt, aber es sei jemand für Marie dagewesen, Sébastien Liénard hätte sich verletzt.

»Was? Und das sagst du mir jetzt erst?«

»Ich habe nicht mehr daran gedacht, es gab so viel zu tun heute, und ich war allein.«

»Aber so etwas vergißt man doch nicht!« Marie schaute bedauernd auf die Kabeljaupastete auf ihrem Teller. Das Essen würde leider warten müssen. »Stimmt das auch, was du mir da erzählst? Hat sich Sébastien wirklich verletzt?«

»Ich wiederhole nur, was man mir gesagt hat.«

Marie zog sich wieder an, griff im Gehen nach ihrem Schnappsack und verließ das Haus. Im Laufschritt eilte sie die Straße hinunter. Eine Patrouille kreuzte ihren Weg. Als Marie den Soldaten erklärte, warum sie so in Eile sei, erbot sich einer der beiden, sie zu begleiten. Marie lehnte das Angebot höflich, aber bestimmt ab. Sie traute einem Soldaten mit Rapier und Küraß ebensowenig über den Weg wie irgendeinem anderen Mann. Flüchtig streifte sie der Gedanke an Simon, der auch Soldat war. Am Friedhof angelangt, blickte sie fröstelnd zu der Stelle hinüber, an der sie Rose gefunden hatte. Sie begann zu rennen und hetzte die Côte de la Montagne hinunter, als wären tausend Teufel hinter ihr her. Keuchend erreichte sie die Rue Sous-le-Fort. Aber sie hätte niemals zugegeben, daß sie nicht nur aus Sorge um den Verletzten, sondern auch aus Angst so gelaufen war. Nach der Bäckerei, kurz vor dem Wirtshaus, verlangsamte sie den Schritt. Sie wünschte, sie wäre ein Mann. Wie gern wäre sie jetzt auf einen Becher Wein eingekehrt! Auch wenn sie zwölf Sous dafür auf den Tisch legen müßte! Sie bog nach links ab. Ein schauerliches Geheul ließ sie zusammenfahren. Was war das? Ein Hund? Oder ein Wolf? Sie drehte sich um und sah einen Hasen die Straße entlangflitzen. In dem Glauben, es sei Januar, lief sie ihm spornstreichs nach, um ihn vor dem Wolf zu retten. Aber nach wenigen Schritten stolperte sie und fiel hin. Fast im gleichen Augenblick zerriß ein Schuß die Stille. Jemand rief ihren Namen, ein Echo antwortete, eilige Schritte entfernten sich in die entgegengesetzte Richtung. Dann hörte sie das unverkennbare Geräusch von Alphonse Rousseaus Holzbein. Sie lag noch immer wie betäubt am Boden, als er sich über sie beugte.

»Ich konnte leider nicht sehen, wer es war, Marie!«

»Was ist denn passiert?«

»Jemand hat auf dich geschossen. Mit einer Muskete. Wie auf einen Hasen!«

»Der Hase, der Hase!«

Alphonse sah sie an, als fürchtete er, sie hätte den Verstand verloren. Ein Stück weiter die Straße hinunter wurde eine Tür geöffnet. Männer redeten durcheinander: »He, was ist denn da draußen los? Wer hat da geschossen?«

Marie ergriff Einbeins Hand und drückte sie. »Ich habe ein merkwürdiges Brüllen gehört. Und dann lief plötzlich ein Hase an mir vorbei. Ich dachte, es sei Januar, und rannte hinter ihm her. Und dann bin ich gestolpert und hingefallen.«

»Zum Glück, sonst wärst du jetzt vielleicht tot! Der Schuß galt dir, nicht dem Hasen. Warum wäre der Schütze sonst weggerannt, als er mich kommen sah?«

Marie riß die Augen auf. »Er hat den Hasen als Lockmittel benutzt! Mich wollte er treffen!«

»Wer denn? Wer?«

Die Vorstellung, daß man ihr nach dem Leben trachtete, verängstigte sie. Verstört sah sie Alphonse an, fragte sich, wie sie je auf den Gedanken hatte kommen können, ihn zu veralbern, und warf sich weinend in seine Arme. Er strich ihr unbeholfen übers Haar. Wie seidig es sich anfühlte!

Die Männer aus dem Wirtshaus umringten sie neugierig.

»Wir haben einen Schuß gehört.«

»Wir auch. Marie ist vor Schreck hingefallen. Was machst du eigentlich hier um diese Zeit?«

In der Aufregung duzte er sie, aber keinem von beiden fiel es auf.

»Ich war auf dem Weg zu Sébastien Liénard. Er ist verletzt.«

»Liénard? Verletzt?« staunte Michel Dupuis. »Er sitzt drinnen bei Boisdon!«

»Was? Aber man hat mir doch gesagt ... Da muß ich wohl etwas falsch verstanden haben.« Sie lächelte den Umstehenden zu und versicherte, ihr sei nichts passiert, es sei alles in Ordnung. »Dann kann ich jetzt ja wohl nach Hause gehen, wenn Liénard mich nicht braucht.«

»Hast du den Schützen denn nicht gesehen?« fragte Horace Bontemps.

»Nein, sonst hätten wir die Verfolgung aufgenommen«, antwortete Alphonse, bevor Marie etwas sagen konnte.

»Und wie, mit deinem ...«

Eine peinliche Stille entstand. Mit seinem Holzbein wäre Alphonse nicht einmal in der Lage, ein Küken zu verfolgen. Niemand sprach es aus, aber alle dachten es. Marie hustete. Der Schuß sei von drüben, vom anderen Flußufer, gekommen, behauptete sie.

»Das klang mir aber sehr viel näher«, meinte Dupuis zweifelnd.

»Das war das Echo«, entgegnete Alphonse und fügte hinzu, er werde jetzt nach Hause gehen.

»Ich komme mit«, sagte Marie schnell.

Horace Bontemps wartete, bis die beiden fort waren. Sie sollten die Gegend absuchen, schlug er Dupuis, Picot und Toussaint vor. Der Schuß sei bestimmt von einem Wilden abgegeben worden, in der Absicht, entweder Marie einen Schrecken einzujagen oder aber seinen Brüdern das Zeichen zum Angriff zu geben. Auf der Jagd könne er bei Nacht kaum gewesen sein.

»Der ist doch längst über alle Berge.«

»Und wenn sie uns heute nacht angreifen?« gab Picot zu bedenken. »Vielleicht ist ein Irokese in die Stadt eingedrungen und treibt sich am Hafen herum. Wir müssen der Patrouille Bescheid sagen! Und den Gästen im Wirtshaus!

Wir sollten die Glocken läuten! Ein Indianerüberfall wäre schlimmer als jede Feuersbrunst!«

»Wir wissen doch gar nichts Genaues«, wandte Toussaint ein. »Warum sollen wir die Leute unnötig beunruhigen? Marie hat nichts gesehen, Einbein auch nicht und wir erst recht nicht ...«

Er habe einen Schuß gehört, beharrte Picot, und er werde nicht nach Hause gehen, ohne die Soldaten der Wachkompanie davon unterrichtet zu haben. Sollten sie über den Ernst der Lage entscheiden.

23. KAPITEL

Am unteren Ende der Côte de la Montagne begegneten Marie und Alphonse einem Nachtwächter. Auch er hatte den Schuß gehört. Als er auf seine Frage nur ausweichende Antworten erhielt, leuchtete er mit seiner Laterne Alphonse ins Gesicht und sagte tadelnd, ein guter Bürger habe die Pflicht, mit den Behörden zusammenzuarbeiten. Einbein nickte und schwieg. Der Nachtwächter setzte seine Runde fort.

Als er außer Hörweite war, fragte Alphonse: »Wer hat auf dich geschossen?«

»Ich weiß es nicht.«

»Und wer hat nach dir geschickt, weil Liénard sich angeblich verletzte?«

»Das werde ich Lison auch fragen.«

Alphonse klopfte mit der Krücke an sein Holzbein. »Dein Schädel ist so hart wie das hier! Lison hat dich belogen. Kannst du dir vorstellen, warum sie das getan hat?«

Marie verneinte, aber da ihr der Schreck noch immer in den Gliedern saß, klang es nicht sehr überzeugend. Sie hätte sich Alphonse gern anvertraut, doch dann hätte sie ihm auch erzählen müssen, daß sie Boissy erpreßte.

Sie hob den Kopf und starrte den Berg hinauf. Eine tiefe Müdigkeit überkam sie, und sie dachte: Mein Leben ist wie dieser Hang: Der Aufstieg ist steil, und das Ziel liegt im dunkeln. Halsstarrig hielt sie an ihrem Traum von einer eigenen Apotheke fest, aber sie bewegte sich dabei auf schwankendem Boden. Und würde möglicherweise auf die Nase fallen.

Was nutzten ihr die Reichtümer, wenn sie ermordet wurde? Boissy würde kaum dafür sorgen, daß Noémie bekommen würde, was ihr zustand!

In dem Bestreben, seinem Herrn dienlich zu sein, gab Alphonse zu bedenken, ihr Eigensinn könne sie in große Gefahr bringen. »Vielleicht hat es jemand auf die Tiegel abgesehen und wollte dich deshalb aus dem Weg räumen. Warum weigerst du dich so hartnäckig, sie meinem Herrn zu geben? Da du nicht der Bruderschaft angehörst, haben sie doch keinerlei Wert für dich.«

»Aber es weiß doch niemand, daß ich sie habe!«

»Da irrst du dich. Wie oft hast du sie benutzt?«

»Nur ganz selten.«

Während Alphonse mit der Krücke im Schnee stocherte, um das Glatteis darunter ausfindig zu machen, überlegte er, wie er Marie zur Vernunft bringen könnte. Sue mußte die heiligen Tiegel freiwillig zurückgeben, andernfalls würden sie entweiht und ihres Sinnes beraubt. Er durfte sie weder zurückkaufen noch mit Hilfe einer arglistigen Täuschung in seinen Besitz bringen, aber der Chevalier hatte nichts davon gesagt, daß es verboten sei, Marie ein wenig Angst einzujagen.

»Irgend jemand ist hinter diesen Tiegeln her, Marie … Du befindest dich in großer Gefahr. Hast du nicht selbst gesagt, jemand hätte den Hasen als Lockmittel benutzt? Wer ist dieser Jemand?«

»Ein Komplize von Lison. Sie war es, die mich zu Liénard geschickt hat. Einmal bin ich nachts aufgewacht und ertappte sie dabei, wie sie die Hand nach dem Beutel mit den Tiegeln ausstreckte. Ich trage ihn nachts immer um den Hals. Sie fragte mich einmal, was denn da drin sei, und ich antwortete, das sei ein Glücksbringer, ein Andenken an meine Mutter. Aber ich bin sicher, sie hat die Tiegel gesehen.«

»Im Dunkeln? In eurer Kammer? Du machst dich über mich lustig, Marie.«

Schweigend stapften sie den Hang hinauf und schlugen den Weg zur Rue Saint-Louis ein. Alphonse beschloß, alles auf eine Karte zu setzen. Er wolle sie nie mehr wiedersehen, sagte er zu Marie.

»Deinen Hasen vertraust du mir an, dein Geheimnis nicht. Dafür bin ich dir wohl nicht gut genug. Und du belügst mich. Das kann ich nicht ausstehen.«

»Aber Einbein, ich ...« stammelte Marie.

»Ich will nichts mehr hören. Ich habe genug von deinen Lügenmärchen.«

Sein gekränkter Ton war überzeugend. Seufzend gestand Marie, sie habe den silbernen Tiegel benutzt, um Lison einen Schluck Schnaps einzuflößen. »Als ihr klar wurde, daß der Eiszapfen am Dach sie hätte erschlagen können, wurde sie ohnmächtig. Sie fällt sehr gern in Ohnmacht. Inzwischen allerdings nicht mehr so oft, weil ich nicht mehr hinspringe, um sie aufzuheben. Als sie wieder zu sich kam, fragte sie, woher ich diesen Tiegel hätte. Von meiner Mutter, sagte ich, aber sie warf mir vor, ich hätte ihn aus einem Bürgerhaus in Paris gestohlen. Sie drohte, Boissy davon zu erzählen, wenn ich ihr nicht fünf Pfund geben würde. Ich gab ihr das Geld, aber am nächsten Tag verlangte sie noch mehr. Der Tiegel sei sehr viel mehr wert als fünf Pfund, meinte sie. Ich weigerte mich und sagte ihr, sie solle sich fortscheren. Es würde mich nicht wundern, wenn sie und Fouquet unter einer Decke steckten!«

Alphonse nickte nur. Als er dem Chevalier berichtete, was sich zugetragen hatte, fügte er hinzu, Marie habe ihm nicht die Wahrheit gesagt.

»Ich weiß nicht, wer ihr nach dem Leben trachtet. Aber ich kann mir nicht vorstellen, daß Lison oder Fouquet sie wegen eines Silbertiegels umbringen wollen. Es muß jemand sein, der die Bedeutung der heiligen Gegenstände genau kennt.«

Der Chevalier hatte seinem Diener aufmerksam zugehört. Er habe richtig gehandelt, lobte er ihn. Nachdenklich streichelte er Januar, der auf seinem Schoß saß, und fuhr fort:

»Ich muß sie dazu bringen, daß sie mir die Tiegel gibt. Ich frage mich, wer von ihrem Vorhandensein weiß. Die Schwestern im Hospital? Kaum. Sonst hätten sie Marie viel früher vor die Tür gesetzt. Boissy? Was sollte er mit einem armseligen Silbertiegel anfangen?«

»Aber wer dann?«

Puissac setzte den Hasen auf den Boden. »Ich wünschte, Januar könnte sprechen! Er würde uns so manches über seine Herrin verraten.«

Alphonse brachte zwei Becher und eine Flasche Branntwein. Als er eingeschenkt hatte, stieß der Chevalier mit ihm an. »Wie viele Abende werden noch vergehen, mein Freund, ehe Marie LaFlamme sich entschließt, uns alles über die Tiegel zu erzählen? Warum hält sie so starrsinnig an ihrem Geheimnis fest?«

»Weil die Tiegel die letzte Verbindung zu ihrer Vergangenheit darstellen.«

Puissac betrachtete ihn mit Wohlwollen. Alphonse war soviel weiser, soviel geduldiger als er. Lag es an den

Erfahrungen seiner Kindheit, als er Stunde um Stunde mit ausgestreckter Hand um ein Almosen gebettelt hatte? Manchmal dachte er, daß er seinen Rang in der Bruderschaft der Lichtkreuzer lieber Alphonse überlassen sollte. Aber der lachte nur, wenn man mit ihm darüber sprach. Seine Aufgabe als Diener seines Herrn genügte ihm vollauf.

»Was glaubst du, wird Marie uns übermorgen wie vereinbart besuchen?«

»Ja, sie sagte, sie würde nach dem Abendessen kommen.«

Die beiden Männer tranken schweigend. Sie verstanden sich auch ohne Worte. Beide hofften im stillen, mit dem Osterfest würden unbeschwerte Zeiten anbrechen. Das vergangene Jahr war nicht gut gewesen: Verfolgung und Zweifel hatten die Bruderschaft geschwächt. Wie mochte es den Brüdern in Frankreich nach der Verhaftung von Guy Chahinian ergangen sein? War der Goldschmied noch am Leben? Wann würden sie ihn wiedersehen?

Alphonse hob Januar am Nackenfell hoch. »Rede an Ostern mit deiner Herrin, vielleicht kannst du sie ja zur Vernunft bringen.«

Der Chevalier lächelte. Er bezweifelte, daß Marie zur Einsicht kommen würde.

Er sollte nur zum Teil recht behalten.

Während der Ostermesse dachte Marie gründlich über die verfahrene Situation nach, in der sie sich befand. Und während sie nachdachte, betrachtete sie Bischof Laval. Seine Selbstsicherheit erfüllte sie stets mit leisem Unbehagen. Wäre nicht der strenge Ausdruck seiner Augen gewesen, so hätte man ihn für jünger als einundvierzig geschätzt: Er hatte eine gesunde, frische Gesichtsfarbe, lockiges Haar und strahlte große Tatkraft aus. Seine dunklen Augen glitten rastlos hin und her; nichts schien ihnen zu entgehen. Die Siedler beschlich in seiner Gegenwart das unangenehme Gefühl, daß er in ihr Innerstes zu blicken vermochte, genauso wie der liebe Gott. Monseigneur sah alles, hörte alles, erriet alles. Marie fragte sich, was für Gedanken sich hinter der breiten, hohen Stirn verbergen mochten. Beschäftigte ihn sein Zwist mit Saffray de Mézy? Oder die Forderung nach einem Zehnten für den Bau eines Priesterseminars, die er durchzusetzen versuchte? Seine Ankündigung, die Gemeindemitglieder von Québec von dieser Abgabe auszunehmen und sie nur von den außerhalb wohnenden Siedlern einzufordern, hatte bei ersteren Beifall hervorgerufen und war bei letzteren auf Ablehnung gestoßen. Marie, die seinen Geschäftssinn ebenso bewunderte wie seine praktische Veranlagung, war erstaunt, daß er noch keine Lösung gefunden hatte. Vermutlich bedrückten ihn andere Dinge, wie etwa die Auseinandersetzungen um das Verbot des Alkoholverkaufs. Was würde er sagen, wenn er von Boissys dunklen Geschäften erführe? Und was würde aus ihr werden, wenn herauskäme, daß sie sich durch ihr Schweigen zur Komplizin gemacht hatte?

Sie hatte mit dem Gedanken gespielt, dem Chevalier folgende Geschichte zu erzählen: Boissy habe versucht, sie zu verführen, und weil sie ihn deswegen erpreßte, wolle er sie nun beseitigen. Aber dann würde Puissac ihr raten, ihn zu verklagen, und ihr seine Hilfe anbieten. Wie sollte sie ihm erklären, daß Boissys Untergang ihren eigenen nach sich zöge? Als sie an jenem Abend nach Hause gekommen war, hatte sie weder Lison zur Rede gestellt noch den Schuß erwähnt. Sie hatte nur gesagt, es müsse sich um einen Irrtum gehandelt haben, und war schlafen gegangen. Aber das beklemmende Gefühl, sich in dem Spinnennetz, das sie selbst gewebt hatte, verstrickt zu haben, hatte sie lange wachen lassen.

Ite missa est. Stimmengemurmel, das Rücken der Kirchenbänke, ein verhaltenes, eiliges Schlurfen. Die Fastenzeit war zu Ende, zu Hause wartete das Essen. Draußen vor der Kirche drehten sich die Gespräche um gefüllte Puten und Schweinebraten, Kaninchen- oder Geflügelpasteten, gebratene Eier und Ochsenzungen, Rosinenbrot und Nußpralinen. Marie feierte Ostern gemeinsam mit den Blanchards im Haus von Germain Picot. Der Appetit war ihr indes vergangen. Den überbackenen Schinken, den Emeline zubereitet hatte, rührte sie kaum an. Sie betrachtete Noémie und fragte sich, was aus dem Mädchen werden solle, falls man sie wegen Beteiligung am Alkoholschmuggel vor Gericht stellte. Natürlich würde sie alles abstreiten, aber würde man ihr glauben? Sie war so still, daß Emeline sagte:

»Bedrückt dich etwas? Du hast ja gar nichts gegessen! Ist es wegen gestern abend? Monsieur Picot hat uns erzählt, ein Wilder habe auf der Straße einen Schuß abgefeuert. Hast du Angst, er könnte dir gegolten haben?«

Sie habe keinen Indianer gesehen, entgegnete Marie heftig. Sie habe überhaupt niemanden gesehen. Sie sei so erschrocken, als der Schuß krachte, daß sie hingefallen sei, mit dem Kopf auf einen Eisbrocken geschlagen und für kurze Zeit das Bewußtsein verloren habe.

»Kommt schnell, das müßt ihr sehen!« rief Paul, der älteste Sohn des Blanchards, in diesem Moment. »Boulet hat mit dem Herzog gewettet, er würde barfuß bis zum Kaufhaus laufen!«

»Was?« Marie sprang auf. »Durch den Schnee? Hat er denn den Verstand verloren? Er wird sich den Tod holen!«

Sie eilte nach draußen, aber der Tischler war bereits fort. Sie machte Horace Bontemps, der mit Boulets Schuhen in der Hand dastand, schwere Vorwürfe. Ohne einen Blick oder ein Lächeln für die ausgelassene kleine Gruppe stürmte sie ins Haus zurück und setzte sich mit Noémie in eine Ecke. Emeline gesellte sich zu ihr. Germain Picot werde ihnen vielleicht in ein paar Jahren sein Haus verkaufen, sagte sie.

»Er ist wirklich ein anständiger Mann. Weißt du, daß er sich Sorgen um dich macht? Er sieht es gar nicht gern, daß du immer allein in der ganzen Stadt unterwegs bist. Nach allem, was passiert ist. Die armen Frauen.«

Sie bekreuzigte sich. Das sei das einzige, was sie an der neuen Heimat auszusetzen habe: ständig das Gefühl zu haben, daß ein Wilder ums Haus streiche. »Zumal wir so nahe am Fluß sind ...«

Marie nickte zerstreut. Sie mußte zugeben, Emeline hatte nicht ganz unrecht. Das Haus lag abgeschieden, und durch seine Nähe zum Wasser war es noch gefährdeter. Das hatte sich auf der Île d'Orléans gezeigt. Marie stand auf. »Der Chevalier erwartet mich«, sagte sie zu Emeline, »ich muß gehen.«

»Wir werden uns auch bald auf den Heimweg machen.« Emeline nahm ihr das Mädchen ab. »Aber es war ein Vergnügen, Euer Gast zu sein, Monsieur Picot.«

Marie bedankte sich bei ihrem Gastgeber, überschüttete ihre Tochter mit Küssen und trat auf die Straße hinaus. Entschlossen lenkte sie ihre Schritte zum Haus des Chevaliers.

Julien du Puissac hörte sie schweigend, aber mit wachsendem Zorn an. Warum nur hatte sie Boissys Haus nicht verlassen, nachdem er versucht hatte, sie zu verführen? Und warum hatte sie nie über diesen Vorfall gesprochen?

»Ich dachte, niemand würde mir glauben. Was gilt schon das Wort einer Frau, die als blinder Passagier hierherkam? Und jetzt ist es zu spät. Alle werden sagen, so schlimm kann es nicht gewesen sein, sonst wäre ich nicht bei ihm geblieben. Jeder wird denken, daß ich seine Geliebte gewesen bin. Das würde meinem Ruf schaden, und ich könnte meine Hoffnungen, Wehfrau zu werden, endgültig begraben.«

»Aber daß er versucht hat, dich zu töten, beweist, daß er Angst hat, du könntest reden«, sagte Alphonse.

»Ich habe keinerlei Beweise, daß er der Schütze war. Und du auch nicht. Alle glauben, ein Indianer habe den Schuß abgegeben.«

»Warum wollt Ihr noch länger bei ihm bleiben?«

»Weil er gut zahlt. Mehr als irgend jemand sonst. Fouquet hat es vorausgesagt, erinnerst du dich, Alphonse?«

Er nickte verlegen und hoffte, sein Herr würde keinen Anstoß an Maries offenen Worten nehmen.

»Aber ich habe jetzt schreckliche Angst. Falls es tatsächlich Boissy war, der gestern auf mich geschossen hat, wird er es vielleicht noch einmal versuchen.« Marie wandte sich ab und kramte einen Beutel aus ihrem Mieder hervor. Sie nahm den Silbertiegel mit dem Zeichen des Mondes heraus und reichte ihn dem Chevalier. »Hier, nehmt den.«

»Und der Sonnentiegel?«

»Den behalte ich als Andenken an Chahinian. Eines Tages werde ich ihn wiedersehen, und dann werde ich ihn ihm zurückgeben. Falls mir nicht vorher etwas zustößt.«

»Wenn das geschieht, ist der Tiegel für immer verloren!« erregte sich der Chevalier.

»Deshalb müßt Ihr mich beschützen.«

»Euch beschützen?«

»Ich werde Boissy sagen, ich hätte mich Euch anvertraut, und es wäre besser, wenn mir nichts zustieße, andernfalls würdet Ihr Euch mit Eurem Wissen an die Behörden wenden.«

Was verheimlichte sie ihm? Julien du Puissac kannte Marie in der Zwischenzeit ganz gut, und ihre Geschichte erschien ihm gar zu einfach. Außerdem hatte er bemerkt, wie sie in einem fort mit Januars Ohren spielte. Nicht Angst, sondern Nervosität las er in ihren schönen Augen. Dennoch erklärte er sich mit ihrem Vorschlag einverstanden.

»Ich werde noch bis zum Sommer im Hause des Barons bleiben. Sobald ich meine Fe ... ich meine, sobald ich meine Genehmigung habe, werde ich mir eine Apotheke einrichten.«

»Dafür braucht Ihr sicherlich Geld.«

»Ganz recht. Das ist auch der Grund, weshalb ich Boissy noch ein Weilchen länger ertragen muß.«

»Ich würde Euch gern den Vorschlag machen, in meine Dienste zu treten, aber die Lichtkreuzer ...«

»Ich weiß«, fiel Marie ihm ins Wort. »Auch Guy Chahinian hatte keine Dienerin.«

Der Chevalier hätte sie gern gefragt, was sie mit dem goldenen Tiegel zu tun gedachte. Aber er riet ihr lediglich, ihn nicht bei sich zu tragen.

»Seid unbesorgt, ich werde ihn an einem sicheren Ort verstecken.« Und den Knopf auch, dachte sie bei sich. Wem mochte er gehören?

Alphonse sah sie zweifelnd an. »Warum bist du dir eigentlich so sicher, daß Chahinian noch am Leben ist? Der Grand Châtelet ist berüchtigt. Und wie willst du es anstellen, einerseits hier eine Apotheke zu führen und andererseits Chahinian den Tiegel zurückzubringen? Denkst du ernsthaft daran, nach Frankreich zurückzukehren? Du hast vorher nie etwas davon gesagt. Aber wenn du den Goldschmied lebend wiedersehen möchtest, solltest du keine Zeit verlieren.«

Die Gereiztheit in seiner Stimme war unüberhörbar. Marie zog Januar hinter dem Vorhang hervor, hinter dem er sich verstecken wollte, und erwiderte in beleidigtem Ton, da sie gerade erst dem Tod entronnen sei, falle es ihr schwer, wohldurchdachte Zukunftspläne zu schmieden.

Sie ging mit dem unbestimmten Gefühl nach Hause, daß weder der Chevalier noch sein Diener ihr glaubten. Sie legte ihren Umhang ab, schlüpfte in ihre Holzschuhe und schürte das Feuer im Herd.

Wenig später traf auch Lison ein. Ein Nachbar hatte sie bis zur Tür begleitet. In heller Aufregung sprudelte die Köchin hervor: »Er ist geflohen! Er wird uns alle umbringen! Er ist geflohen!«

»Von wem redest du?«

»Die Glocken! Hast du das Läuten denn nicht gehört?«

Doch, aber sie hatte geglaubt, sie läuteten zur nächsten Ostermesse.

»Der Wilde! Robert Hache! Er ist geflohen, als alle in der Kirche waren. Die Männer haben die Verfolgung aufgenommen. Aber sie werden ihn nicht fangen, ich weiß es, und er wird furchtbare Rache an uns nehmen!«

»Nun setz dich erst einmal hin und beruhige dich. Ich werde dir einen Lindenblütentee machen.«

Lison zögerte, das freundliche Angebot anzunehmen. Aber hatte Monsieur ihr nicht geraten, sich in Nächstenliebe zu üben, und war selbst mit gutem Beispiel vorangegangen, indem er sich entschlossen hatte, Marie noch einige Zeit länger zu beschäftigen? Sein Beichtvater habe ihn darum gebeten, hatte er Lison nach dem Kirchgang anvertraut. Die Köchin rückte einen Schemel an den Kamin und hielt die Hände ans Feuer.

»Ich bin ganz durchgefroren, dabei ist es draußen recht mild«, sagte sie mit zitternder Stimme. »Ist dir auf dem Weg zum Chevalier niemand begegnet? Dieser Wilde hat sich bestimmt hier irgendwo in der Nähe versteckt. Er wartet, bis es dunkel ist, und dann kommt er und bringt uns alle um! Hoffentlich kommt der gnädige Herr bald zurück! Und Paul! Ich verstehe nicht, wie sie uns wehrlose Frauen allein lassen können.«

Robert Hache werde versuchen, die Stadt so schnell

wie möglich zu verlassen, beruhigte Marie die Köchin. Er sei sicher schon weit weg.

Lison stöhnte, nippte zwischendurch an ihrem Tee und berichtete, Juliette Poulet sei ohnmächtig geworden, als sie vom Ausbruch des Gefangenen erfuhr, und Rose Rolland habe sich übergeben müssen. »Sie war schneeweiß im Gesicht!«

Marie hatte Rose mehrmals besucht, um ihr über das schreckliche Erlebnis hinwegzuhelfen, und ihr immer wieder eingeschärft, sie dürfe nicht sich die Schuld daran geben. Die Nachricht von der Flucht des Sträflings hatte wahrscheinlich ihre Angst noch verstärkt. Marie nahm sich vor, sie anderntags zu besuchen.

Lison stellte den Schemel an den Küchentisch zurück und befahl Marie in ihrem üblichen barschen Ton, die Wäschestücke zu holen, die ausgebessert werden mußten. »Der gnädige Herr hat seine Barchenthose zerrissen. Während ich sie flicke, reinigst du seine Hakenbüchse. Vielleicht braucht er sie für die Jagd auf den Wilden.«

»Das glaube ich kaum, er bevorzugt die Pistole«, murmelte Marie vor sich hin.

24. KAPITEL

»Sieh dir diese Pistole an! Hast du je eine schönere Arbeit gesehen?« schwärmte Emile Cléron.

»Ich nehme an, du hast sie gestern abend gewonnen.« Victor wog die Waffe in der Hand und bewunderte den silbernen Griff, in den ein Löwenkopf ziseliert war. Versonnen betrachtete er die Goldschmiedearbeit. Vielleicht stammte sie von Chahinian.

Emile steckte die Pistole in seinen Gürtel zurück, lehnte sich dann zum Fenster hinaus und atmete tief durch. Er lächelte zufrieden. Die Luft war weich und warm wie der Bauch eines Mädchens. Ein leichter Wind wehte die üblen Ausdünstungen, die aus dem ringsum abgeschlossenen Hof aufstiegen, davon, und selbst die schmalsten Gassen hatten sich mit Sonnenlicht gefüllt. Emile war mit sich zufrieden. Er hatte am Abend zuvor die höchste Summe in seiner ganzen Laufbahn als Falschspieler gewonnen, und Baronin Jocary hatte ihm zu verstehen gegeben, wie sehr sie seine verschiedenen Talente zu schätzen wisse. Und besonders glücklich machte ihn, daß er Victor die Felle zurückgeben konnte, die Simon Perrot seinem Onkel gestohlen hatte. Damit hätte er seine Schuld beglichen.

»Schau mal unter das Tuch dort, Victor. Nun mach schon, zieh es weg!«

Victor tat wie geheißen. Erstaunt riß er die Augen auf. »Aber … das sind ja die Felle meines Onkels!«

Emile nickte. »Ich wünschte, ich hätte sie früher entdeckt.«

»Armer Onkel Octave …«

Die Aufregung über den Diebstahl hatte Octave Beaumont vermutlich das Leben gekostet: Er war einem Herzanfall erlegen. Victor machte sich Vorwürfe, weil er sich zu spät entschlossen hatte, seinem Onkel die Hand zur Versöhnung zu reichen und ihm von seinem Verdacht gegen Simon Perrot zu berichten. Seine Tante hatte sich weinend in seine Arme geworfen, als er nach einigen Tagen in die Rue des Vieilles-Etuves-Saint-Honoré zurückgekehrt war. Sie sei so dankbar, daß der Herr ihre Gebete erhört und ihr den Neffen geschickt habe! Er müsse sich unbedingt um die Geschäfte des Verstorbenen kümmern, sonst würde sie alles verlieren: Ihr Mann sei noch nicht einmal unter der Erde, und schon werde sie von einem Konkurrenten aus der Rue des Menestriers zum Verkauf gedrängt. Und ein Hutmacher vom linken Seineufer sei auch schon dagewesen. Victors Einwände, daß er kein Geschäftsmann sei und nicht das geringste von diesen Dingen verstehe, hatte sie nicht gelten lassen. Schließlich hatte er ihr seine Unterstützung zugesagt, bis sie eine andere Lösung gefunden hätten. Es war ihm unendlich schwergefallen, seine Pläne aufzugeben, aber was würde sein Vater sagen, wenn er seine Tante im Stich ließe?

Er schlenderte oft an der Seine entlang. Mit dem Frühjahr hatte sich der Seehandel belebt. Sehnsüchtig beobachtete Victor das Treiben auf dem Fluß. Er hätte alles dafür gegeben, auf irgendeinem Schiff, und sei es der kleinste Fischerkahn, anheuern zu können. Statt dessen raubte der Nachlaß seines Onkels ihm den Schlaf. Im Schaufenster seines Ladens waren sämtliche Hüte fein säuberlich in Reih und Glied aufgestellt; in seinen Schränken dagegen herrschte eine heillose Unordnung. Die Suche nach einer Besitzurkunde oder einem Kaufvertrag nahm Stunden in Anspruch. Victor hatte schon befürchtet, das Testament sei in dem Durcheinander verlorengegangen, doch dann hatte er es zuunterst in einer Truhe entdeckt. Er wünschte, er könnte seine Tante dazu bewegen, alles zu verkaufen und nach Nantes zurückzukehren. Warum hatte der liebe Gott seinen Onkel so unerwartet zu sich gerufen?

Victor strich über einen Biberpelz und fragte: »Wo hast du sie her?«

»Ich habe sie der Baronin abgekauft«, erwiderte Emile. »Einen nach dem andern. Hat ungefähr zwei Monate gedauert.«

»Aber warum hast du nie etwas gesagt?«

Die Baronin habe die Pelze von Simon bekommen, jedoch nicht gewußt, daß es sich um Diebesgut handelte, erklärte der Freund. Um ihn loszuwerden, und weil sie von ihm kein Geschenk annehmen wollte, habe sie ihm Geld dafür gegeben.

»Da war es nur gerecht, daß ich ihr die Felle abgekauft habe, damit sie keinen finanziellen Verlust hätte. Sie ist auf das Geld angewiesen. Einen Salon zu führen ist eine kostspielige Angelegenheit. Und seit Michelle Perrot nicht mehr da ist, hat sie beträchtliche Einbußen erlitten.«

»Deine Baronin ist doch nicht dumm! Sie hat genau gewußt, daß die Pelze gestohlen waren! Sie hat sich der Hehlerei schuldig gemacht!« entrüstete sich Victor.

Emile verzog das Gesicht. »Du hast die Pelze wieder, das ist schließlich die Hauptsache. Dein Onkel war bereits tot, als die Baronin sie mir zeigte. Und wenn ich dir früher davon erzählt hätte, wärst du zu ihr gegangen und hättest sie dir geholt.«

»Allerdings, das hätte ich! Sie sind Eigentum meiner Familie!«

»Aber versteh doch, du hättest deine Pelze nie wiedergesehen, wenn die Baronin mir nicht vertraute. Hätte ich sie verraten sollen? Das kannst du nicht von mir verlangen.«

Victor sah ihn lange an. Dann stieß er einen tiefen Seufzer aus. Nein, das konnte er nicht von Emile verlangen.

»Ich danke dir. Ich gebe dir das Geld, sobald ich kann.«

Emile lief rot an und fragte ihn mit zitternder Stimme, ob er die Absicht habe, ihn zu beleidigen. Die Pelze seien ein Geschenk. Er habe weder der Baronin noch seinem Freund schaden wollen. Diese Lösung sei ihm als die gerechteste erschienen.

»Aber du hast soviel Geld ausgegeben ...«

»Und du hast mir vergangenes Jahr das Leben gerettet.«

Gerührt über soviel Großzügigkeit, umarmte Victor den Freund. »Eigentlich müßte ich dir böse sein, weil du dein Geheimnis so lange für dich behalten hast, aber wie könnte ich das! Meine Tante wird überglücklich sein. Sie wird die Felle heute noch verkaufen und von dem Erlös neue Stoffe bei Monsieur Brissac kaufen. Filzhüte sind um diese Jahreszeit nicht mehr gefragt. Und das Geschäft muß gut sortiert sein, wenn sie es weiterführen will.«

»Weigert sie sich immer noch zu verkaufen?«

»Hartnäckiger denn je! In ihrem Eigensinn ähnelt sie Marie.«

Emile rollte die Augen. Acht Tage hatte Victor den Namen Marie nicht erwähnt, und Emile hatte schon gehofft, er sei dem Liebreiz einer Pariserin erlegen. Sie waren so hübsch anzusehen in diesen Tagen! Das milde Aprilwetter förderte ihre Eitelkeit, und sie putzten sich mit beinah kindlicher Freude heraus, trugen anmutig ihre Kleider aus Damast, Krepp, Tüll, schmückten sich mit bestickten Bändern, mit Schultertüchern aus Taft und Gaze, mit fremdartig gewirkten Spitzen. Aus ihren Augen sprach die Sehnsucht nach Liebe und Edelsteinen, nach Waldspaziergängen, Schlemmermahlzeiten und neckischen Spielen, nach einem Vorgeschmack auf den Sommer. Allesamt, von der Kammerzofe bis zur Gräfin, von der Wäscherin bis zur Bürgersfrau, waren sie eine Zierde für Paris. Obgleich Emile noch nie weiter als bis nach Chantilly gekommen war, war er fest überzeugt, daß sich keine Frau auf der Welt mit der Pariserin messen könne.

Diese Marie LaFlamme aus Nantes jedoch mußte eine ungewöhnliche Schönheit sein. Und Simon Perrot ein stattlicher Mann, wenn eine Frau ihm den Vorzug vor Victor gab und die Baronin ihm Platz in ihrem Bett gemacht hatte.

»Wie sieht Simon eigentlich aus?« fragte er, während er die Pelze zu einem Bündel rollte.

Victor fuhr zusammen, als hätte er ihn mit einer dieser dicken Nadeln gestochen, die Octave Beaumont zum Vernähen des Wollfilzes verwendet hatte. »Warum fragst du?«

»Ich würde gern wissen, was der Baronin an ihm gefallen hat. Sie behauptet übrigens, er halte sich nach wie vor in der Stadt auf.«

Victor hielt unwillkürlich den Atem an.

»Sie hat ihn auf der Place de Grève gesehen. Und in der Rue de Montmorency. Und in der Rue du Roi-de-Sicile.«

»Das ist nicht weit von ihrer Wohnung!«

Emile nickte nachdenklich. »Sie hat mir erzählt, er lebe jetzt vom Straßenraub. Ich glaube, sie hat Angst vor ihm. Wäre er fähig, ihr etwas anzutun, was meinst du?«

»Nein, das glaube ich nicht. Ihr einen Schrecken einzujagen muß ihm ein teuflisches Vergnügen bereitet haben, und dabei wird er es bewenden lassen.« Er hieb mit der Faust in den Fellballen und stieß grimmig hervor: »Die würde ich ihm in den Rachen stopfen, wenn ich könnte!«

Er lud sich den Packen auf die Schulter. Emile eilte voraus, um dem Freund die Tür zu öffnen und ihn durch das düstere Treppenhaus zu führen.

»Ich werde dich begleiten. Komm, wir leihen uns den Eselskarren dort.«

»Das ist nicht nötig. Wir treffen uns später in der Rue du Pas-de-la-Mule. Ich danke dir, mein Freund, das werde ich dir nicht vergessen.«

Leichtfüßig eilte Victor davon. Er konnte es kaum erwarten, das freudestrahlende Gesicht seiner Tante zu sehen.

Emile zog es zum Palais, wo sich zuweilen gute Geschäfte machen ließen. Als die untergehende Sonne den Pont des Tuileries in rotes Licht tauchte, schlenderte er über den Pont-Neuf. In der Ferne ragten die düsteren Türme des Grand Châtelet empor. Die Schießscharten, die wuchtigen Tore, die schmalen, vergitterten Fensteröffnungen, durch die kaum ein Sonnenstrahl in die Verliese drang, konnte man nur erahnen. Emile kam es so vor, als würden die dicken Mauern nicht von der Sonne rot gefärbt, sondern vom Blut der Gefangenen. Schaudernd wandte er sich ab und richtete den Blick zur Kirche Saint-Germain-l'Auxerrois hinüber. Was mochte in den Eingekerkerten vorgehen, wenn sie das Geläut der berühmten Glocken hörten? Rief es ihnen ein anderes Läuten, das der Totenglocke, ins Gedächtnis zurück? Von neuem fröstelnd, knöpfte Emile sich das Wams zu. Ein Schoppen Wein, entschied er, wäre das beste Mittel, die trübsinnigen Gedanken zu verscheuchen. Denn wenn er anfinge, alles schwarz zu sehen, sollte er besser gleich den Beruf wechseln.

Da er zwischen dem *Lion d'Or* und dem *Croix de Lorraine* schwankte, warf er eine Münze. Auf dem Weg zum Maison de Ville bewahrte er eine alte Frau davor, von einer Rinderherde, die zum Tränken an die Seine hinuntergetrieben wurde, umgerissen und zu Tode getrampelt zu werden. Die schwerhörige Alte bedankte sich tausendmal bei Emile. Hier gebe es ja genausoviel Tiere wie auf dem Land, beklagte sie sich.

»Entweder schnüffelt einem ein Schwein unter dem Rock herum, oder ein Esel knabberte einem die Hutbänder ab, oder ein Pferd wiehert so laut, daß man vor Schreck beinah tot umfällt! Habt Ihr gewußt, daß es in Paris über zehntausend Pferde gibt?«

Emile nickte belustigt. Was für eine temperamentvolle alte Dame! Sie habe schon immer hier gelebt, vertraute sie ihm an, aber die Stadt werde von Jahr zu Jahr schmutziger, und der ohrenbetäubende Lärm sei unerträglich.

»Wollt Ihr ans andere Seineufer?« fragte Emile.

»Nein, ich war auf dem Weg nach Hause, Rue Simon-le-Franc.«

»Dann sind wir ja Nachbarn! Erlaubt Ihr, daß ich Euch begleite?«

Die Greisin lächelte schelmisch. »Gewiß, junger Freund. Da Ihr Euren Arm für gewöhnlich jungen Schönheiten reicht, wie ich vermute, wird das eine nette Abwechslung für Euch sein.«

Vor ihrem Haus bat sie Emile, einen Augenblick zu warten, sie habe ein Geschenk für ihn. Als sie nach einigen Minuten wieder herunterkam, hielt sie einen reichverzierten Spiegel in der Hand.

»Hier, mich darin zu betrachten bereitet mir kein Vergnügen mehr. Nehmt ihn und schenkt ihn Eurer Liebsten.«

Verzückt betrachtete Emile den Spiegel von allen Seiten. Er konnte sein Glück kaum fassen. Das alte, aber guterhaltene Stück würde ihm einen hübschen Batzen einbringen. Pfeifend sprang er die Treppe zu seiner Kammer hinauf, wo er sich für ein Weilchen aufs Ohr legte, damit sein Geist am Abend frisch und ausgeruht wäre. Als er aufwachte, hatte er seine Meinung geändert: Er würde den Spiegel der Baronin schenken.

Der Abendtau schlug sich auf den Laternen nieder, die vor kurzem zur Abschreckung des Diebsgesindels aufgestellt worden waren, und Emile wickelte den Spiegel zum Schutz vor der Feuchtigkeit in sein Taschentuch. Er ging gemächlich und sog die Nachtluft in seine Lungen. Die alte Dame hatte recht: Paris stank entsetzlich. Von der mit Unrat und Tierkadavern befrachteten Seine, von den Kloaken, den Dunggruben und den Ausscheidungen der Tiere stiegen übelkeiterregende Ausdünstungen auf, doch Emile nahm sie nicht wahr. Er atmete den Geruch von Fleisch ein, das über dem Feuer briet, und den zarten Duft von Schwertlilie oder Veilchen, der die Luft noch erfüllte, als die Damen längst nach Hause gegangen waren. Vor allem aber berauschte er sich am aufregenden Duft von Abenteuer und Freiheit, den die Nacht verströmte. Nichts erregte ihn so sehr wie dieses prickelnde Gefühl, daß alles, wirklich alles möglich war.

Vor sich hin summend, betrat er das *Fosse aux lions*. Victor wartete schon auf ihn.

»Du kannst dir gar nicht vorstellen, wie sich meine Tante gefreut hat! Zum ersten Mal seit dem Tod meines Onkels hat sie wieder gelächelt. Sie hat sogar Monsieur Jouberts Einladung zum Essen morgen abend angenommen.«

»Joubert? Der Wirt vom *Soulier d'or*? So wie ich ihn kennen, wird er versuchen, auf andere Weise seinen Schnitt zu machen.«

Er bestellte eine Pinte Bier und zog dann den Spiegel aus seinem Wams hervor. »Glaubst du, er wird der Baronin gefallen?«

Victor lachte spöttisch. »Bei Morgana, mir scheint fast, du bist verliebt!«

Emile bekam vor Verlegenheit einen roten Kopf. Er schätze die Baronin sehr, gestand er dem Freund. »Sie gibt mir das Gefühl, zu großen Dingen fähig zu sein.«

»Von deinen Plänen will ich nichts wissen!« wehrte Victor ab. Er stieß mit Emile an. »Aber ich wünsche dir viel Glück.«

Sie tranken langsam und genußvoll das herbe Gebräu und bestellten sich danach etwas zu essen. Die Zeche teilten sich sich. Erfüllt von einer angenehmen Trägheit, verließen sie das Wirtshaus. Die frische Nachtluft wirkte belebend. Emile schob sich eine Gewürznelke gegen schlechten Atem in den Mund.

»Ich weiß nicht, was ich noch bei Madame de Jocary soll«, murrte Victor. »Jetzt, wo Michelle fort ist.«

»Dieses eine Mal kannst du mich ruhig begleiten.«

»Nanu, so schüchtern kenne ich dich gar nicht!«

Emile brummte etwas vor sich hin. Um seine Verlegenheit zu überspielen, fing er zu pfeifen an.

Sie gelangten zum Haus der Baronin. Emile wollte gerade anklopfen, da wurde die Tür aufgerissen. Die Dienerin stürzte heraus, deutete auf das Fenster im ersten Stock und stieß atemlos hervor:

»Sie werden sich umbringen! Sie werden sich umbringen! Zu Hil…«

Emile hatte ihr die Hand auf den Mund gelegt. Er drängte sie zurück ins Haus, während Victor bereits mit großen Sätzen die Treppe hinaufjagte. Emile folgte ihm. Ein Schrei war zu hören. Als die beiden Frauen die Tür zum Gemach der Baronin aufstießen, sahen sie einen Mann aus dem Fenster springen. Er landete auf der Mauer zum Nachbargarten, verlor aber das Gleichgewicht, stürzte auf die Straße hinunter und blieb liegen.

»Ich glaube, er hat sich verletzt!«

Victor lief aus dem Zimmer, vorbei am Diener der Baronin, der regungslos am Boden lag. Das sei Simon Perrot gewesen, rief die Baronin ihm noch nach.

Eine Gestalt flüchtete in Richtung Place Baudet. Victor rannte hinterher. Simon hatte sich offensichtlich nicht verletzt bei seinem Sturz, sondern war nur leicht benommen gewesen. In ohnmächtiger Wut maß Victor die Entfernung zwischen ihm und dem Flüchtenden. Würde Simon ihm auch dieses Mal entkommen?

Die Jagd führte am Maison de Ville vorbei und weiter zum Pont-Neuf. Da sich der Abstand zu Victor verringerte, bog Simon auf die Brücke ein. Er war noch keine drei Schritt weit gekommen, als ein Mann ihn von hinten ansprang und festhielt, während zwei Komplizen ihm den Schmuck abnahmen, den er der Baronin gestohlen hatte. Dann spürte er, wie ihm einer der Banditen ein Messer in den Leib stieß. Er war zu erschöpft von seiner Flucht, um noch Gegenwehr leisten zu können, als sie ihn packten und in die Seine warfen.

Victor hatte Simon schreien hören und war stehengeblieben. Er sah, wie er von der Brücke stürzte, und rannte sofort ans Ufer, aber die Strömung hatte ihn bereits fortgerissen. Er hätte gern noch ein wenig länger an seinem nassen Grab verweilt, doch die Furcht, ebenfalls überfallen zu werden, veranlaßte ihn umzukehren.

Er empfand keine Genugtuung über den Tod des Feindes. Wieder war Simon ihm entkommen. Sein Herz raste, als er mit schweren Schritten die Place de Grève überquerte. Die Hand noch immer auf die linke Brustseite gepreßt, kam er bei der Baronin an. Er erzählte, was sich zugetragen hatte. Armande de Jocary stöhnte. Sie trauerte ihrem Schmuck nach, nicht dem Mann, der ihn gestohlen hatte.

»Was ist hier eigentlich passiert?« fragte Victor.

»Simon ist eingedrungen und hat Jacquot niedergeschlagen. Als ich nach Hause kam, um mich auszuruhen, hörte ich Schreie …«

»Und Ihr seid sicher, daß es Simon Perrot war? Ich konnte ihn nicht genau erkennen, er war zu weit weg.«

Die Baronin schnaubte höhnisch. »Ich bin ganz sicher.« Sie öffnete die Hand: Ein Medaillon lag darin. »Das habe ich Simon einmal geschenkt. Er muß es bei dem Handgemenge verloren haben. Gibt es einen eindeutigeren Beweis für seine Schuld? Oh, wie gern hätte ich ihn mit meinen eigenen Händen getötet!«

»Ich auch«, murmelte Victor müde, »ich auch.«

25. KAPITEL

Seit dem 15. April ging Marie fast täglich zum Quai de Champlain hinunter und betrachtete die aufbrechende Eisdecke des Stroms. Es war, als würde der Saint-Lorenz anfangen, sich zu häuten, weil die alte, froststarre Haut zu eng geworden war, als bereitete er sich darauf vor, aus seinem Bett auszubrechen, um die rund sechzig Häuser der Unterstadt zu verschlingen. Marie verglich ihn mit einem ungebändigten Fabelwesen, das mit jedem Tag wilder wurde. Sie stellte sich vor, der vom Wasser aufsteigende Nebel quoll aus den Nasenlöchern eines Drachen, der über die langen Wintermonate auf dem Grund des Flusses herangewachsen war. Das Donnern des berstenden Eises erfüllte sie mit einem eigenartigen Glücksgefühl. Wenn es ihr möglich gewesen wäre, hätte sie sich hineingestürzt in das lärmende Durcheinander von Wasser und Eis. Der ›Fluß, der sich bewegte‹, warf das Joch des Winters ab, und sie beneidete ihn um seine Freiheit.

Marie fieberte Guillaumes Rückkehr entgegen. Ihre Situation belastete sie immer mehr. Über ihren ›Unfall‹ vor dem Haus von Sébastien Liénard schwieg sie sich aus. Als Dupuis und Toussaint sie einmal darauf ansprachen, wich sie ihnen aus: Sie könne sich nur dunkel erinnern, sie sei sich nicht einmal sicher, wirklich einen Schuß gehört zu haben. Auch Boissy gegenüber hatte sie kein Wort verloren. Sie nahm es sogar widerspruchslos hin, daß er ihr den Lohn um die Hälfte dessen kürzte, was er ihr seit dem Erscheinungsfest gegeben hatte. Felle hatte sie keine mehr verlangt. Sie hatte nur noch den einen Wunsch, in seinem Haus zu bleiben, bis Guillaume kam. Oder bis ein Schiff anlegte. Danach würde man weitersehen.

Dröhnendes Gelächter riß sie aus ihren Gedanken. Das Herz schlug ihr bis zum Hals. Diese Stimme, war das nicht … Sie drehte sich um. Ja, er war es! Guillaume war zurückgekommen! Sie dankte Gott aus tiefster Seele, daß Er ihre Gebete erhört hatte.

Dünn war er geworden, der Waldläufer, aber das spöttische Lächeln war das gleiche geblieben. Mit einem Freudenschrei warf sich Marie ihm an den Hals.

»Man könnte glauben, Ihr hättet Sehnsucht nach mir gehabt!«

»Mir scheint, Euer Hochmut hat nicht unter dem Winter gelitten!«

»Ich bemühe mich nur, Euch ebenbürtig zu sein, teure Freundin.«

Sie lachten beide. Guillaume, dem es ein wenig bang gewesen war vor diesem Wiedersehen nach so vielen Monaten, atmete erleichtert auf. Der Situation haftete nichts Peinliches an, wie er befürchtet hatte, und Maries Freude war echt. Er hatte oft an sie gedacht. Und das, obwohl er Klalis mehrmals besucht hatte. Bei keiner anderen Frau empfand er diese tiefe Befriedigung, dieses innige Gefühl der Zusammengehörigkeit. Wenn er mit ihr zusammen war, hatte er das Gefühl zu sterben, um danach kraftvoller und stärker ins Leben zurückzukehren. Alle Müdigkeit fiel von ihm ab, und er fühlte eine neue, geradezu übernatürliche Kraft in sich einfließen. Einmal hatte er Klalis gefragt, ob das sämige Gebräu, das sie zuweilen tranken, bevor sie sich liebten, geheime Eigenschaften besäße. Da hatte sie laut gelacht und ihn stürmisch geküßt, um ihm zu beweisen, daß ihre Liebe keines Rauschmittels bedurfte. Es war ihre Leidenschaftlichkeit, die Freude und die Natürlichkeit, mit der sie sich ihm hingab, die seine Liebesfähigkeit und sein Verlangen steigerten. Die jungen Indianerinnen wuchsen verhältnismäßig freizügig auf, und Guillaume war überzeugt, daß sie deshalb als erwachsene Frauen so glücklich, ausgeglichen und sinnlich waren. Großzügigkeit, das wußte er seit langem, war ein hervorstechender Zug der Indianer. Mehr noch aber bewunderte er das Vertrauen, das Klalis ihm durch ihre schrankenlose Hingabe entgegenbrachte.

»Ihr seid schweigsam geworden«, bemerkte Marie und zupfte ihn am Ärmel. Staunend rieb sie das Wildleder zwischen den Fingerspitzen. »Wie weich es sich anfühlt …«

»Das ist eigens für mich so zugerichtet worden.«

Marie lächelte ihn an. Dann sagte sie seufzend. »Wie ich Euch beneide! Wo lebt Eure … Eure Liebste eigentlich?«

»Bei den Agniers-Indianern. Früher gehörte sie der Bären-Sippe an. Huronen, die sich den Irokesen angeschlossen haben, als die sie bis zur Île d'Orléans trieben.«

»Dann stimmt es also, daß die Sieger die Besiegten in ihre Familien aufnehmen? Und daß nicht alle Überlebenden gefoltert werden?«

Den Blick auf den Strom gerichtet, antwortete Guillaume, Blattern, Masern und Kriege hätten die Zahl der Indianer so stark verringert, daß den Gefangenen nicht selten das Angebot gemacht werde, sich dem siegreichen Stamm anzuschließen. Gefoltert werde zwar nach wie vor, aber in erster Linie zur Abschreckung und zum Beweis der Stärke. »Die Indianer haben große Achtung vor jenen, die am Marterpfahl gestorben sind. Zum Zeichen ihrer Verehrung verspeisen sie das Herz des Toten.«

»Das Herz?«

»Ja, aber …«

Marie ließ ihn nicht ausreden. Ihr Vater habe ihr einmal erzählt, sein Großvater hätte sich, als er Schiffbruch erlitten hatte, von Menschenfleisch ernähren müssen.

Guillaume schaute auf die Eisstacheln des Stroms. »Zur See zu fahren ist nicht weniger gefährlich, als in der

Wildnis Fallen zu stellen. Hoffentlich bekommt Ihr bald Nachricht von Victor Le Morhier. Ob er heil in Frankreich angekommen ist?«

»Nun fangt Ihr nicht auch noch an! Ich habe mir lange genug anhören müssen, Ihr würdet nie wieder zurückkommen, aber ich habe immer daran geglaubt, daß ich Euch wiedersehen werde. Victor hat mir versprochen, daß er zurückkommt. Erzählt mir lieber, wie es Euch ergangen ist. Habt Ihr Erfolg gehabt?«

Er sei mit der Ausbeute an Fellen sehr zufrieden, erwiderte Guillaume. Verwundert über Maries leicht enttäuschten Gesichtsausdruck, sagte er: »Freut Ihr Euch denn gar nicht für mich? Ich habe Euch sogar einen wunderschönen Wolfspelz mitgebracht.«

Marie blickte sich um. »Ich habe auch ein paar Felle für Euch«, flüsterte sie.

Guillaume strich sich über den Bart. Sie könne ruhig lauter sprechen, meinte er dann. Bei dem Lärm, den der Fluß machte, werde niemand etwas von ihren großen Geheimnissen mitbekommen.

»Macht Euch nur lustig über mich! Wenn Ihr wüßtet, was ich in der Zwischenzeit alles erlebt habe!«

Sie berichtete ihm von ihrer Entdeckung in Boissys Keller, von ihrer Forderung für ihr Schweigen und den Folgen ihrer Erpressung. »Er wollte mich umbringen. Ich habe ständig das Gefühl, beobachtet zu werden. Ich halte das nicht mehr aus. Ich möchte Euch die Felle verkaufen und so schnell wie möglich fort aus der Rue Saint-Louis.«

»Und dann? Wo wollt Ihr unterkommen? Warum seid Ihr zu Boissy gegangen, statt bei den Hospitaliterinnen zu bleiben? Ich kann diesen Mann nicht leiden. Und unser Freund Victor auch nicht.«

Marie hätte ihm gern erklärt, weshalb sie das Hospital verlassen hatte, aber sie hatte dem Chevalier ihr Wort gegeben, mit niemandem über die Tiegel zu sprechen.

Daher sagte sie nur: »Ich will meine Tochter zu mir nehmen, aber dafür brauche ich Geld, und im Hospital habe ich nicht genug bekommen.«

Guillaume erinnerte sich nur zu gut an Maries Entschlossenheit, doch daß sie so weit gehen würde, Boissy zu erpressen, erstaunte selbst ihn.

»Wollt Ihr die Felle sehen, bevor Ihr ins Kaufhaus geht?«

»Warum habt Ihr sie nicht selbst verkauft? Ihr hättet sagen können, Ihr habt sie von den Kranken bekommen, die Ihr behandelt habt.«

»Das habe ich Lison weisgemacht. Aber im Krankenhaus hätte mir das niemand geglaubt. Jeden, der dort arbeitet, habe ich mindestens einmal behandelt. Daher wissen sie, daß ich als Entgelt ein Huhn oder Bohnen, Zucker oder einen Laib Brot bekomme, aber keine Felle. Ich wollte keine Unannehmlichkeiten.«

»Die will ich auch nicht. Wenn Boissy seine Felle im Kaufhaus sieht, wird er sofort wissen, wie sie dorthin gekommen sind. Er wird folgern, daß Ihr mir alles über seine schwarzen Geschäfte erzählt habt, und dann wird mein Leben ebenso in Gefahr sein wie Eures.«

Maries Augen füllten sich mit Tränen. Da hatte sie den ganzen Winter auf diesen Moment hin gelebt, hatte ihre ganze Hoffnung auf Guillaume gesetzt, und jetzt mußte sie feststellen, daß dieser Mann, den sie für furchtlos und unerschrocken hielt, Angst vor Nicolas de Boissy hatte. Wie hatte sie sich so in ihm täuschen können? Sie wandte sich ab.

»Marie, ich bitte Euch!« Guillaume berührte sie am Arm. »Überlegt doch: Was nützte es Euch, wenn Boissy mich tötete? Ich weiß zwar nicht alles über Euch, aber mir scheint, Eure Vorliebe für gefährliche Abenteuer ist mindestens genauso groß wie Eure Begabung zu heilen. Ich werde mir die Felle trotzdem ansehen. Ich könnte sie in

Ville-Marie oder Trois-Rivières verkaufen, wo Boissy nicht hinkommt.«

Marie fuhr herum. »Ihr wollt doch nicht schon wieder fort?«

Guillaume faßte sie zärtlich am Kinn und fragte in neckischem Ton: »Würde Euch das traurig machen? Dann seid Ihr also tatsächlich in mich verliebt?«

»Das hat man Euch schon zugetragen? Ich wußte mir nicht mehr anders zu helfen. Alle wollte mich mit einem Verehrer versehen.«

»Und Ihr wollt keinen? Nicht einmal Victor Le Morhier?«

Hatte Victor ihm von ihrem Kuß erzählt? »Wir kennen uns seit unserer Kindheit, Victor und ich«, sagte sie unsicher. »Wann könnt Ihr Euch die Felle ansehen? Ich lege großen Wert auf Euer Urteil, und ich wüßte nicht, wen ich sonst um Rat fragen könnte.«

Er könne Schmeicheleien nicht ausstehen, erwiderte er, ob sie das bereits vergessen habe? »Ich gehe erst einmal zu Boisdon mir die Kehle anfeuchten. Und Ihr geht brav nach Hause.«

»Kommt heute abend zur Mühle von Denys de La Trinité, ich werde auf Euch warten. Und trinkt nicht soviel! Ich kenne Euren Ruf, und ich weiß noch, wie Euch der Schnaps im Hospital gemundet hat! Ach ja, habt Ihr schon von Robert Hache gehört?«

»Nein, wer soll das sein?«

»Ein Algonkin-Indianer, der aus dem Gefängnis ausgebrochen ist. Er war verurteilt worden, weil er eine Frau geschändet hat.«

»Ist er derjenige, der die arme Rose Rolland überfallen hat?«

»Nein, zu dem Zeitpunkt befand er sich noch im Gefängnis. Es war kein Indianer, es war ein Weißer, der Rose Gewalt angetan hat!«

»Was? Sie ist …«

Marie schlug die Augen nieder. Warum nur konnte sie ihr Zunge nicht im Zaum halten? Sie nahm Guillaume erst das Versprechen ab, mit niemandem darüber zu reden, bevor sie ihm berichtete, was geschehen war. Er pflichtete ihr bei: Schweigen sei vermutlich der beste Weg, Rose vergessen zu helfen. Vergessen? brauste Marie auf. Keine Frau könne so etwas jemals vergessen! Aber man müsse dem Opfer unbedingt die Schande ersparen, vom Bräutigam verstoßen zu werden. »Im Mai soll die Hochzeit sein.«

»Hat sie den Täter gesehen?«

Marie schüttelte seufzend den Kopf: Nein, aber für manch einen sei der Schuldige schnell gefunden: ein Indianer.

Ihr fiel ein, daß sie Rose versprochen hatte, sie zu den Ursulinerinnen zu begleiten, und sie verabschiedete sich eilig von Guillaume. Rose ging zweimal in der Woche ins Kloster, wo sie im Lesen und Schreiben unterrichtet wurde. Als sie das letzte Mal am Friedhof vorbeigegangen war, hatte sie das Gefühl beschlichen, jemand lauerte ihr dort auf. Die Angst war so groß geworden, daß sie den Unterricht abbrechen wollte. Da hatte Marie ihr angeboten, sie zu begleiten.

Sie wußte, welche Überwindung es Rose kostete, täglich die Côte de la Montagne zu benutzen, aber es war von größter Wichtigkeit, daß sie weitermachte und ihrer Angst nicht nachgab.

Eléonore de Grandmaison, wie Marie sie noch immer nannte – an den Namen de La Tesserie wollte sie sich einfach nicht gewöhnen –, teilte ihr mit, Rose liege im Bett und verlange seit einer Stunde nach ihr.

»Sie wusch Hemden, als sie plötzlich zusammenbrach und kopfüber in den Waschbottich fiel. Dem Himmel sei Dank, daß ich zu Hause war! Das arme Ding hat sich anscheinend noch immer nicht von dem schrecklichen Überfall erholt.«

Ihr besorgter Ton rührte Marie. Rose hatte in all ihrem Unglück das große Glück, bei einer so klugen und warmherzigen Frau wie Eléonore in Diensten zu stehen. Marie war das kurze Zögern vor dem Wort ›Überfall‹ nicht entgangen. Doch da der Hausherr anwesend war und sie hören konnte, hatte Eléonore nichts weiter hinzugefügt. Sie führte Marie in die Küche, wo Rose ihr Lager hatte, und ließ die beiden Frauen allein.

Rose brach in lautes Schluchzen aus. Sie müsse ihr helfen, flehte sie Marie an. Am ganzen Leib zitternd, stieß sie hervor: »Ich kann dieses Kind nicht behalten, Marie! Denis Malescot ist ein anständiger Mann. Er wartet, bis wir den Segen der Kirche haben, um mich ...«

Ein rechtschaffener Mann sei er sicherlich, hätte Marie fast entgegnet, aber vielleicht sollte er sich daran erinnern, daß er vor noch nicht allzulanger Zeit von eben dieser Kirche, deren Gebote er jetzt so streng befolgte, verfolgt worden war. Sie sagte jedoch nichts dergleichen, sondern versprach Rose lediglich, alles zu tun, was in ihrer Macht stand.

Niedergeschlagen kehrte sie in die Rue Saint-Louis zurück. Es betrübte sie zutiefst, daß ihre erste Handlung als Hebamme in Québec der Abbruch einer Schwangerschaft sein würde. Aber sosehr ihr der Gedanke auch widerstrebte, sie durfte, sie konnte Rose jetzt nicht allein lassen in ihrer Not. Sie wartete, bis Lison das Haus verlassen hatte. Dann holte sie das Buch hervor, das Anne La-Flamme ihr vermacht hatte. Sie hatte nie mit ihrer Mutter über diese Dinge gesprochen, doch falls sie die Namen von Pflanzen mit wehenerregender Wirkung notiert hätte, würde sie einen Abbruch nicht grundsätzlich abgelehnt haben. Marie las aufmerksam Seite für Seite. Anne hatte tatsächlich den Namen einer solchen Arzneipflanze niedergeschrieben. Aber die wuchs nicht in Québec. Marie klappte das Buch zu. Ihr fiel ein, Madame Couillard hatte einmal erwähnt, unerwünschte Schwangerschaften kämen bei den Indianerinnen sehr selten vor. Mani! Sie mußte mit Mani sprechen. Sie würde es so einrichten, daß sie mit Guillaume zur Huronen-Siedlung ging. Das würde die Aufmerksamkeit der Klatschbasen mit Sicherheit von ihrem Besuch bei Mani ablenken!

Die Hausarbeit war rasch erledigt. Ungeduldig wartete Marie auf das Angelusläuten. Die acht Biberpelze hatte sie zusammengerollt und in ihrem Schnappsack verstaut. Guillaume würde ihr weniger bezahlen, als sie in der Kaufhalle bekommen hätte, aber schließlich mußte er auch etwas dabei verdienen.

Als Marie die Mühle erreicht hatte, war Guillaume schon da. Sie sollten das Geschäft lieber auf der Rückseite, in einem der Hinterhöfe abwickeln, meinte er, da wären sie ungestörter. Marie folgte ihm, gab aber zu bedenken, daß es dort dunkler sei und er die Felle nicht richtig sehen könne.

»Ich brauche sie nur zu streicheln, dann weiß ich genug«, erwiderte er lachend.

Seine Bemerkung erregte sie auf eigenartige Weise. Sie stellte sich vor, wie es wäre, wenn er sie streichelte, wenn seine Hände sie berührten. Um ihre Verlegenheit zu verbergen, machte sie sich an ihrem Schnappsack zu schaffen. Aber ihre Hände zitterten, und das Fell fiel auf den Boden. Sie schüttelte es aus, bevor sie es Guillaume reichte. Er betastete es prüfend, so lange, daß sie schließlich drängte:

»Nun? Was meint Ihr? Nehmt Ihr sie?«

»Das ist kein gefetteter Biber.«

»Aber das Fell ist doch wunderbar dicht und lang.«

Darauf käme es nicht an, erklärte er ihr. Für die Herstellung von Filz würden die Haare abgeschabt und Oberhaut sowie Fleischbehang entfernt. Gefetteter Biber sei deshalb begehrter, weil die Indianer ihn bereits getragen hätten, und zwar mit der Fellseite nach innen: Sie werde gefettet, damit sie geschmeidig wurde, und durch das Tragen abgenutzt, bis die Haare von allein ausfielen. Dann ließe sich die von den französischen Hutmachern begehrte Unterhaut leicht ablösen.

»Mit einem Wort, meine Felle sind von etwas minderer Qualität …«

»Hinzu kommt, daß der Preis für Biberpelze, gefettet oder nicht, gesunken ist. Ein Biberfell ist heute nur noch ein Viertel dessen wert, was es unter Dubois Davaugour kostete.«

»Daran ist nur der neue Gouverneur schuld!« schimpfte Marie, die ihre Hoffnungen rasch schwinden sah.

Guillaume wiegte bedächtig den Kopf. »Die Nachfrage ist zurückgegangen. Und die Indianer verlangen mehr als früher.«

»Ich will auch, was mir zusteht«, sagte Marie mit fester Stimme. »Boissy meinte, ich bekäme zehn Pfund dafür.«

»Wieviel Felle sind es denn? Sieben? Acht?«

»Acht. Das macht zusammen achtzig Pfund.«

Guillaume starrte sie ungläubig an. »Er hat gesagt, man würde Euch zehn Pfund pro Fell zahlen?« Er schüttelte bedauernd den Kopf. »Er hat Euch belogen. Zwei Pfund das Fell, das ist das äußerste. Und ich verdiene nicht einen Sou dabei.«

Marie preßte die Kiefer zusammen. Sie riß Guillaume das Fell aus der Hand, schleuderte es auf den Boden und trampelte darauf herum. Sie wünschte, sie könnte das gleiche mit Boissy machen! Er hatte sie hereingelegt, und sie konnte ihn nicht einmal zur Rechenschaft ziehen.

»Es wird sich eine Gelegenheit bieten, Rache zu nehmen, glaubt mir.«

Marie kämpfte vergeblich gegen die Tränen an. Alle ihre Hoffnungen waren zerstört. Den Traum von einer eigenen Apotheke konnte sie endgültig begraben. Hinzu kam die Demütigung, von Boissy genarrt worden zu sein. Wie mußte er über sie gelacht haben!

Guillaume nahm sie tröstend in die Arme. »Beruhigt Euch doch. Ihr müßt fort aus der Rue Saint-Louis, dann könnt Ihr in Ruhe Rachepläne schmieden.«

»Und wo soll ich hin?«

»Warum zieht Ihr nicht zu den Blanchards? Dann wärt Ihr bei Eurer Tochter, das habt Ihr Euch doch gewünscht.«

»Aber ich wäre zu weit weg von der Stadt! Welcher Kranke würde noch nach mir schicken? Und was soll aus uns werden, wenn mein Geld aufgebraucht ist?«

Guillaume nickte nachdenklich; sie hatte recht, das mußte alles bedacht werden. Er versprach, eine Lösung zu finden, und fragte sich gleichzeitig, warum er sich ihre Sorgen auflud. Er gab ihr acht Pfund für die Felle; den Rest bekomme sie, nachdem er im Kaufhaus gewesen war.

Marie schneuzte sich kräftig. Ob er sie zur Huronen-Siedlung begleite? Guillaume erfüllte ihr ihre Bitte. Auf dem Weg dorthin trafen sie etliche Bekannte, mit denen sie ein paar Worte wechselten. Als sie am Indianerfort ankamen, hatte sich Maries Miene aufgehellt, und ein Lächeln spielte um ihre Lippen.

Die Indianer bereiteten Guillaume einen herzlichen Empfang. Er erwiderte ihre Freundlichkeit und zog ein Geschenk für die Dorfälteste aus seiner Tasche: eine Kette aus überwiegend dunklen und einigen weißen Perlen, die große Bewunderung hervorrief. Die alte Frau, seit langem Guillaumes Ratgeberin, dankte dem Weißen und lud ihn in ihr Langhaus ein: Auch sie habe ein Geschenk für ihn. Marie nutzte das allgemeine Durcheinander, um mit Mani zu sprechen. Die Geistlichkeit verurteilte den Abbruch einer Schwangerschaft, antwortete die Indianerin, und da sie zum christlichen Glauben übergetreten sei, dürfe sie ihr die betreffende Pflanze nicht geben.

»Aber Rose braucht unsere Hilfe!«

Mani zögerte. Sie benutzte die Arzneipflanze zu Behandlung von Hautkrankheiten, vertraute sie Marie an. Mehr könne sie ihr nicht sagen. Marie schloß nach einiger Überlegung, daß es sich um Sauerampfer handeln müsse.

»Davon habe ich noch einige Wurzeln. Als Aufguß?«

»Deine Freundin wird in Schlaf verfallen. Wenn sie aufwacht, wird alles nur noch Erinnerung sein.«

Marie sah der Indianerin in die Augen und dankte ihr in Roses Namen. »Auch ich danke dir. Du hast mir sehr geholfen. Vielleicht kann ich meine Schuld eines Tages begleichen.«

Mani zuckte mit den Schultern. Es war eine Eigenart der Bleichgesichter, daß sie für ein Geschenk eine Gegengabe erwarteten oder sich zu einer verpflichtet fühlten. Habgier war weit verbreitet unter ihnen. Sie hatte Frauen beobachtet, die sich auf dem Markt um einen Fisch stritten, und Männer, die sich wegen eines Messers prügelten. Sie fand, die Weißen benahmen sich kindisch. Einzig Guillaume bildete da eine Ausnahme. Und vielleicht sein Freund, der stattliche Seemann, den sie nie wieder gesehen hatte. Ob Marie ihn kannte? Ja, jetzt erinnerte sie sich, daß Guillaume erwähnt hatte, Victor sei mit der *Alouette* gekommen.

»Du warst doch auch auf diesem Schiff. Da war ein Mann mit einem blonden Bart. Ein Freund von Guillaume. Er ging fort, noch ehe das Laub an den Bäumen sich verfärbte.«

»Du meinst Victor? Victor Le Morhier?«

Mani nickte. Ja, so hatte Antoine Souci ihn genannt. »Wird er zurückkommen?«

Warum wollte sie das wissen? Hatte sie die Absicht,

sein Herz zu erobern? Marie fürchtete, sie enttäuschen zu müssen. Victor würde nicht in Neufrankreich bleiben, wenn er zurückkäme, um ihr ihren Schatz zu bringen. Es hielt ihn nirgendwo lange, denn er war mit Leib und Seele Seemann. Die See war sein Leben, seine Bestimmung. Marie fragte sich, welchen Platz er Michelle Perrot einräumen würde.

»Ja, eines Tages wird er wiederkommen. Aber er wird nicht bleiben. Seine Liebe gehört dem Meer. Er ist nur glücklich, wenn er Schiffsplanken unter den Füßen hat.«

Sie dachte an den Kuß am Flußufer. Den Ausdruck grenzenloser Seligkeit auf Victors Gesicht würde sie nie vergessen. Unwillig schüttelte sie den Kopf. Was war nur mit ihr, daß ihr heute so merkwürdige Gedanken kamen?

Nachdem sie eine Weile vergeblich auf Guillaume gewartet hatte, hinterließ sie Mani eine Nachricht für ihn und machte sich auf den Weg zu Rose. Es ärgerte sie, daß sie noch nie aufgefordert worden war, sich eine dieser seltsamen Hütten von innen anzusehen. Jedes Haus war gut fünfzehn Klafter lang und fünf Klafter breit. Die Wände bestanden aus einem Gerüst von Pfählen, die sich oben zur Mitte hin bogen und das Dach bildeten, und Baumrinde. Aber wo schliefen die Huronen? Und wo aßen sie? Monsieur Chahinian hatte ihr einmal erzählt, in Spanien nähmen die Frauen ihre Mahlzeiten auf dem Boden ein. Damals hatte sie ihm nicht geglaubt, aber nachdem sie Ähnliches bei den Indianern gesehen hatte, war sie sich nicht mehr so sicher.

Ob sie ihn jemals wiedersehen würde? Der Chevalier war wenig zuversichtlich, was das Schicksal des Goldschmieds anging, auch wenn er davon sprach, ihn in Frankreich aufzusuchen und ihm mitzuteilen, daß Marie den goldenen Tiegel an sich genommen habe. Sie weigerte sich nach wie vor, ihn herzugeben. Woher wußte sie, daß der Chevalier ihr die Wahrheit über Guy Chahinian sagte? Daß er tatsächlich ein Freund des Goldschmieds war? Vielleicht hatte es eine besondere Bewandtnis mit den beiden Tiegeln; vielleicht wollte er sie in seinen Besitz bringen, weil er ihn dann als Großmeister der Bruderschaft ablösen könnte. Obgleich sie es sich nicht eingestand, fühlte Marie sich schuldig an Chahinians Schicksal. In Paris hatte sie vor der Wahl gestanden, entweder ihn zu retten oder Simon; sie hatte sich für Simon entschieden. Ein zweites Mal würde sie den Goldschmied nicht verraten. Aus ihrer Hand sollte er den Sonnentiegel empfangen. Es sei denn, Puissac lieferte ihr einen Beweis für seine treue Freundschaft zu Chahinian.

Zwei Soldaten traten aus dem Fort Saint-Louis. Der eine rührte kräftig seine blaue Trommel, während der andere bedächtig ein Schriftstück aufrollte. Marie gesellte sich zu den neugierig herbeieilenden Siedlern. Als Ruhe eingekehrt war, verlas der Soldat eine Verordnung des Obersten Rates, die an diesem 26. April 1664 mit sofortiger Wirkung in Kraft trete: Zur Verhütung von Bränden habe ein jeder Bürger künftig die Pflicht, die Straßen von Stroh und Mist sauberzuhalten.

»Bald werden sie uns noch die Lagerung von Viehfutter im Haus verbieten«, murrte Sébastien Liénard.

»Und verlangen, daß wir das Vieh ausquartieren!« ergänzte Denis Malescot.

Saffray de Mézy sei keinen Deut besser als Dubois Davaugour, darin waren sich alle einig. Nachdem sie Vergleiche zwischen den alten und den neuen Verordnungen angestellt und sich über den geradezu märchenhaften Fang ausgelassen hatte, den Toussaint und Girouard eingebracht hatten, zerstreute sich die Menge wieder. Die Soldaten marschierten in die Unterstadt hinunter, wo sie den Erlaß ein zweites Mal verkünden würden. Marie blickte ihnen versonnen nach. Wenn Simon nach Québec kam, würde er eine ähnliche Uniform tragen.

Lison, die den Trommelwirbel vernommen hatte, schickte sich gerade an, das Haus zu verlassen. Marie berichtete ihr, worum es ging. Sie befürwortete das neue Gesetz, denn es würde auch die Seuchengefahr in den heißen Sommermonaten verringern helfen.

»Und was sollen wir essen?« empörte sich Lison. »Wenn wir keine Tiere mehr halten dürfen, müssen wir alles bei den Siedlern aus der Umgebung kaufen!«

»Noch ist nicht die Rede von einem Verbot.«

»Das kommt schon, du wirst sehen! Wie dem auch sei, der gnädige Herr speist heute bei Monsieur d'Alleret zu Abend. Und ich will meinen Bruder besuchen. Aber jetzt an die Arbeit! Die Fische müssen ausgenommen und gesalzen werden.«

Marie setzte sich vor die knapp fünfzig Stinte und riß ihnen grimmig die Eingeweide heraus. Sie dachte an Boissy. Alles in ihr schrie nach Rache.

Wie könnte sie je wieder vor ihn hin treten, ohne ihm ins Gesicht zu spukken? Seufzend betrachtete sie die Fischabfälle. Wieviel Fische würde sie noch schuppen müssen, bevor sie das Haus in der Rue Saint-Louis verlassen konnte?

Als Nicolas de Boissy vor dem Abendessen bei seinem Komplizen noch einmal nach Hause kam, um sich umzuziehen, ließ sich Marie nicht blicken. Je weniger sie von ihm sah, desto besser! Lison hingegen suchte die Nähe ihres Herrn in letzter Zeit auffallend oft. Marie war es recht. Lieber zehn Kessel scheuern, als das höhnische Lächeln des Barons zu ertragen!

Sie wartete, bis Boissy und Lison das Haus verlassen hatten. Dann wickelte sie die Sauerampferwurzeln in ihr Taschentuch, warf sich den Mantel über, den sie in der Eile verkehrt zuknöpfte, und machte sich auf den Weg zu Rose. Aber vorher mußte sie unbedingt mit Guillaume reden. Sie wußte, wo sie ihn finden würde: bei Boisdon.

Als sie in der Tür zur Schenke stand und den Waldläufer zu sich winkte, damit er ihr nach draußen folge, war unterdrücktes Gelächter zu hören.

»Wo habt Ihr Euren Verstand gelassen?« fuhr Guillaume sie an. »Ich denke, Ihr seid so besorgt um Euren Ruf! Und da lauft Ihr mir bis ins Wirtshaus nach? Euren Ruf wegen ein paar Pfund aufs Spiel zu setzen! Ich hätte Euch für klüger gehalten. Ihr bekommt Euer Geld schon. Geht jetzt, ich komme morgen um die Mittagszeit zu Euch.«

Damit ließ er sie stehen. Er hatte sie nicht gern auf die Weise abgefertigt, aber sie hatte ihm keine andere Wahl gelassen. Als er in die Wirtsstube trat, wurde er mit Späßen empfangen. Er lachte und war doch verunsichert. Was sollte er von Maries Benehmen halten? War es ihr am Ende ernst mit ihrem Wunsch, ihn zu heiraten?

Das konnte sie nun wirklich nicht von ihm verlangen. Die vermaledeiten Felle hatte er ihr abgekauft, aber einen Ring würde er ihr nicht über den Finger streifen. Ihr nicht und auch keiner andern. Niemals.

»Du bist wirklich ein Glückspilz«, bemerkte Michel Dupuis. »Sie ist das schönste Mädchen in ganz Neufrankreich.«

»Und gescheit obendrein«, fügte Horace Bontemps hinzu. »Wenn sie nicht gewesen wäre, würde ich heute vielleicht hinken. Wirt, einen Krug Wein auf das Wohl von Marie LaFlamme!«

Guillaume beteuerte vergeblich, daß es keine Heiratspläne gebe. Die anderen zwinkerten ihm mit Verschwörermiene zu oder stießen ihn vielsagend mit dem Ellbogen an. Dupuis spendierte ebenfalls einen Krug Wein und nach ihm Malescot. Ob er Robert Hache bei den Algonkin gesehen hätte, wollten sie wissen, ob die Indianerinnen tatsächlich so heißblütig seien, wie manche Waldläufer behaupteten, und ob er sich überhaupt an ein seßhaftes Leben gewöhnen könne.

Als er die Schenke verließ, stand sein Entschluß fest: Er würde gleich am nächsten Tag nach Trois-Rivières aufbrechen. Wenn er in Québec bliebe, hätte das für Marie möglicherweise weitreichende Folgen.

Marie habe vor einer Stunde das Haus verlassen, teilte Lison ihm am nächsten Morgen mit. Sie sei zu Madame de Grandmaison gegangen, worüber Monsieur sehr ungehalten sei.

»Auf Euch hörte sie doch. Könntet Ihr sie nicht ermahnen, etwas mehr Respekt zu zeigen? Der gnädige Herr ist immer so nachsichtig gewesen, aber sie hat ihm seine Geduld schlecht gelohnt«, klagte die Köchin.

Guillaume verabschiedete sich eilig und schlug den Weg zum Anwesen von Elénore de Grandmaison ein. Als er den Strom tief unten betrachtete, bedauerte er, daß er Québec schon wieder verlassen mußte. Aber wenn er bliebe, würden alle erwarten, daß er Marie den Hof machte. Wenn er ihr aus dem Weg ginge, würde man sie einerseits bemitleiden und andererseits die Schuld bei ihr suchen, und ihre Freundschaft würde daran zerbrechen. Eine längere Trennung schien ihm die beste Lösung zu sein. Wenn er zurückkäme, wäre Gras über die Angelegenheit gewachsen. Die Ankunft der ersten Schiffe täte ein übriges, die Leute abzulenken.

Eléonore de Grandmaison empfing ihn herzlich. Ihre Miene jedoch verriet tiefe Sorge. Als sich Guillaume nach dem Grund erkundigte, antwortete sie:

»Ach, ich ängstige mich um Rose. Sie war heute morgen so entsetzlich blaß, daß ich sofort nach Marie schicken ließ. Sie ist jetzt bei ihr.«

Zu ihrer Erleichterung stellte Guillaume keine weiteren Fragen. Sie konnte sich des Verdachts nicht erwehren, daß die junge Frau versucht hatte, sich zu entleiben. Das war eine Todsünde, aber nach allem, was sie durchgemacht hatte, durfte Rose nicht auch noch bestraft werden. Marie hatte versprochen, sie zu retten; sie würde ihr einfach vertrauen müssen.

Guillaume reichte Eléonore zehn Pfund, mit der Bitte, sie Marie zu geben. »Ich muß heute noch nach Trois-Rivières. Richtet Ihr aus, ich werde vor dem Sommer zurück sein.«

»Wartet doch einen Augenblick, ich werde sie holen.«

»Nein, nein, nicht nötig«, erwiderte Guillaume hastig. Er war ausgesprochen erleichtert, daß ihm eine Auseinandersetzung mit Marie erspart blieb. Bevor Eléonore etwas hinzufügen konnte, war er verschwunden. Kopfschüttelnd blickte sie ihm nach. Eine sonderbare Beziehung war das zwischen den beiden! Sie schloß die Tür und kehrte in die Küche zurück.

Marie versuchte Eléonore mit der Bemerkung zu beruhigen, es gebe keinen Grund, sich Sorgen zu machen. Rose müsse sich lediglich ein paar Tage ausruhen. Ihre bedrückte Miene wollte nicht recht zu ihren Worten passen. Eléonore stellte jedoch keine Fragen, sondern schenkte einen Becher Stechpalmenwein ein, den Marie dankbar entgegennahm. Die ältere Frau betrachtete sie prüfend. Sie war reifer geworden, und diese Reife kam ihrer Schönheit zugute. Ihre Augen blickten ernster, um ihren Mund lag ein entschlossener Zug, und ihr Benehmen war erwachsener geworden. Eléonore fragte sich, ob nicht vielleicht doch ein Körnchen Wahrheit an den Gerüchten um Marie und Guillaume sei. War der Mann, der mit den Wölfen gekämpft hatte, vor der Füchsin geflohen? Als Marie ausgetrunken hatte, erzählte sie ihr von Guillaumes Besuch.

»Was? Er ist wieder fort?« Marie starrte sie benommen an. »Aber er hat doch gesagt ...«

»Er hat versprochen, vor Sommeranfang zurück zu sein.«

Das Entsetzen, das sich auf Maries Gesicht widerspiegelte, tat Eléonore in der Seele weh. Er sei doch bald wieder da, spätestens Ende Mai, sagte sie tröstend. Doch Marie wandte sich schroff ab. Sie wolle noch einmal nach Rose sehen, bevor sie gehe, stieß sie mit tonloser Stimme hervor.

Während sie die Schlafende betrachtete, versuchte sie sich wieder in die Gewalt zu bekommen. Sie würde es auch allein schaffen, sie brauchte niemanden, am allerwenigsten Guillaume! Und die achtzehn Pfund würde sie ihm vor die Füße schleudern, sobald er zurück wäre. Sich einfach so davonzustehlen! Hatte er im Ernst geglaubt, sie wolle ihn heiraten? Er soll sich nur nichts einbilden, dachte sie verächtlich. Ich werde ihm von Simon erzählen. Der bringt sein Leben nicht damit zu, im Wald umherzuirren, das hat er gar nicht nötig, er ist nämlich ein Musketier des Königs. Jawohl, Monsieur Laviolette!

Ihr Zorn verflog, als Rose ein leises Stöhnen von sich gab. Die Ärmste hatte sich zwar erbrochen, aber kein Blut verloren. Die Wurzeln hatten versagt. Marie brachte ihr schonend bei, daß sie das Kind noch immer in sich trug, und fügte hinzu, daß sie keinen zweiten Versuch unternehmen werde.

Rose zeigte keinerlei Gefühlsregung. Sie befühlte das Feuermal in ihrem Gesicht und sagte: »Ich habe nie Glück gehabt im Leben. Ich dachte, in einem anderen Land würde sich das vielleicht ändern, aber wer das Zeichen des Bösen trägt ...«

Ein Schauder überlief Marie. Rose redete genau wie die Lahme. Bilder aus der Vergangenheit stiegen vor ihr auf.

Anne LaFlamme, wie sie die Frau vor den Schlägen zu schützen versuchte, die auf sie herabprasselten; der Leichnam, auf dem öffentlichen Platz von Nantes zur Schau gestellt, und die Neugierigen, die kamen, einen Blick auf die kläglichen Überreste einer Hexe zu werfen. Marie verscheuchte die schlimmen Erinnerungen. Was sie denn da rede, sie sei nicht vom Teufel gezeichnet, erwiderte sie heftig, ein Teufel sei vielmehr der, der ihr das alles angetan habe.

»Was spielt das noch für eine Rolle, hierbleiben kann ich so oder so nicht. Frauen mit liederlichem Lebenswandel sind hier unerwünscht«, murmelte Rose. »Ich werde nach Frankreich zurückkehren und erzählen, daß ich Witwe bin und mein Mann von den Wilden ermordet wurde.«

»Rose! Du weißt, daß es kein Indianer war, der dich überfallen hat.«

»Aber die anderen glauben es …«

Auf dem Heimweg dachte Marie über die Ungerechtigkeit des Lebens nach. Sogar die Heilpflanzen hatten sie im Stich gelassen. Sie wollte die restlichen Sauerampferwurzeln schon wegwerfen, besann sich dann aber eines anderen: Als Brechmittel könnten sie noch Verwendung finden.

Als sie am Friedhof vorbeikam, ging sie hinein und suchte die Stelle ab, an der sie Rose gefunden hatte. Sie hoffte, irgendeinen Hinweis auf den Täter zu entdecken, gab jedoch auf, als die Glocken zur Mittagszeit läuteten.

Sie mußte nach Hause, sonst würden Lison und Fouquet sie wieder mit Vorwürfen überhäufen. Hoffentlich traf bald das erste Schiff ein, damit sie sich nützlich machen könnte.

Und mit diesem Schiff würde Rose vermutlich nach Frankreich zurückkehren. »Ich will zurück nach Paris. Ich werde das tun, was ich vorher auch getan habe. Eine Dirne findet immer Arbeit ...«

Marie hätte sie beinah befragt, ob sie ihre Dienste auch einem Soldaten namens Perrot angeboten habe. Aber warum sollte Simon für etwas bezahlen, das er für ein Lächeln umsonst bekam?

Sie werde Stillschweigen über ihre Vergangenheit bewahren, hatte sie Rose versprochen. Doch Rose schien es nicht gehört zu haben. Sie betrachtete ihren Bauch und dachte: Das Kind wird kein leichteres Leben haben als ich. Was soll aus ihm werden, wenn ich arbeiten muß?

»Marie! Marie!« schrie Agathe Souci. »Kommt schnell, Rose geht es sehr schlecht!«

Marie, die sich bei einer Klosterschülerin nach dem Befinden Schwester Sainte-Blandines erkundigt hatte, ließ den Korb mit Kabeljau fallen und lief los.

»Es ist alles voller Blut!« keuchte Agathe. »Sie wird bestimmt sterben. Das wollte sie schon die ganze Zeit!«

Marie stürmte, ohne anzuklopfen, in Eléonore de Grandmaisons Haus. Rose lag in einer Blutlache auf dem Küchenboden. Sie hatte eine Fehlgeburt gehabt. Marie nahm die Tücher, die Eléonore ihr reichte, und wischte das Blut ab.

»Sie war schwanger, nicht wahr?« Die Angst stand Eléonore im Gesicht geschrieben. »Was soll nun aus ihr werden? Oh, das arme Ding!«

Erleichtert stellte Marie fest, daß die Blutung nachließ. Sie klemmte ein Tuch zwischen Roses Beine und sagte: »Bleib ganz still liegen, preß die Schenkel zusammen! Ja, so ist es gut.«

Aus dem Schnappsack, den sie immer bei sich trug, kramte sie ein fingerlanges Beutelchen hervor. Es war mit allerlei Pulvern und Körnern gefüllt und sollte eine neuerliche Blutung verhindern.

Eléonore beugte sich zu Rose hinunter und reichte ihr ein Schnapsfläschchen. Rose nahm einen kräftigen Schluck, so wie sie es früher getan hatte, um Mut zu fassen, bevor sie einen Kunden ansprach. Ihr Kopf fiel zurück, sie schloß die Augen. Sie empfand fast so etwas wie Erleichterung. Nun würden alle die Wahrheit erfahren. Sie spürte, wie Marie ein Stück Stoff in ihre Scheide einführte, doch sie hielt die Augen geschlossen.

Nachdem Marie sie gewaschen und ihr etwas Sauberes angezogen hatte, bettete sie Rose auf ihr Lager. Eléonore holte eine zusätzliche Decke: Rose schlotterte am ganzen Leib.

Sie würde dem Mädchen ja gern helfen, sagte Eléonore zu Marie, aber Agathe Souci sei dabei gewesen, als Rose, die Hände über dem Bauch verschränkt, zusammengebrochen sei.

»Jetzt werden alle wissen, daß sie schwanger war«, sagte Marie mit Tränen in den Augen. »Und niemand wird glauben, daß Denis Malescot derjenige war, der sie … Die einen werden sagen, ein Indianer habe sie geschändet, und die anderen, sie habe es herausgefordert, weil sie zu heißes Blut habe.«

»Das ist doch Unsinn! Ich kenne Rose. Sie ist ein anständiges Mädchen. Erst hat man sie niedergeschlagen und ihr dann Gewalt angetan. Es kann nur so gewesen sein.«

Marie schaute zum Fenster hinaus. Einige Neugierige hatten sich um Agathe Souci geschart, sie tuschelten und starrten zum Haus herüber. Dabei hatte der Tag so gut angefangen! Endlich war der Frühling da. Der Schnee schmolz zusehends. In den Straßen versank man zwar im Schlamm, aber die Luft war herrlich frisch, und der Fluß verströmte einen würzig-klaren Geruch. Die Rinde an den Bäumen hatte sich mit einem hellen Schimmer überzogen, und um die Äste rankte sich zartes Grün. Elstern krächzten, Hühner gackerten. Übermütig kläffende Hunde trieben das Federvieh aus den Nachbargärten zurück, schüttelten sich anschließend und bespritzten dabei die Umstehenden. Kinder klatschten lachend Beifall, aber die Mütter zankten sie nicht aus. Die Sonne stimmte sie milde. Mit der Kraft und der Dreistigkeit der Jugend schickte sie ihre Strahlen zur Erde und feierte ihren Sieg über den Winter. Ihr Licht und ihre Wärme brachten Québec zum Erblühen. Bald wäre der Winter vergessen. Nur nicht für Rose, die die schreckliche Saat der dunklen Jahreszeit in sich getragen hatte. Warum hatte der liebe Gott Licht und Schatten so ungerecht verteilt? Während sich die Frau von Boulet ihrer Unfruchtbarkeit wegen grämte und die von Picot ebenfalls kinderlos geblieben war, war Rose an einem frostigen Wintertag auf dem Friedhof von einem Ungeheuer geschwängert worden.

Von einem Ungeheuer, nicht von einem Indianer! Marie überlegte, ob sie Eléonore von dem Knopf erzählen sollte. Aber wer außer ihr würde die Geschichte glauben? Alle würden sagen, Rose hätte den Knopf gefunden und sich das alles nur ausgedacht. Wie sollte sie beweisen, daß sie die Wahrheit sagte?

»Ah!« machte Eléonore. »Da kommt Agathe Souci. Was soll ich ihr sagen?«

»Daß Rose in Euren Diensten bleiben wird. Ihr habt doch nicht die Absicht, sie fortzuschicken? Die Heuchler werden irgendwann von selbst verstummen, und diejenigen, die ein gutes Herz haben, werden Eure Entscheidung begrüßen.«

Eléonore sammelte sich einen Augenblick unter dem Kruzifix über der Tür. Dann straffte sie sich und trat würdevoll vor die draußen Versammelten. Marie folgte ihr. Prüfend sah sie einen nach dem andern an, während Eléonore in wenigen Worten Roses Zustand schilderte.

»Sie hat gesündigt und ihre gerechte Strafe bekommen«, rief jemand.

Es war Paul Fouquet, Marie erkannte seine Stimme wieder. »Sie hat nicht gesündigt!« erwiderte sie aufgebracht. »Und eine Strafe hat derjenige verdient, der ihr Gewalt antat!«

»Ah, dann ist sie also entehrt worden!« rief Fouquet triumphierend.

»Ich habe sie nicht angerührt«, beteuerte Denis Malescot, der leichenblaß geworden war. Er trat vor Marie hin und fragte: »Dann ist es also wahr? Rose hat … sie ist … Ich habe ihr nicht die Ehre geraubt, Gott ist mein Zeuge!«

»Wir glauben Euch, Denis Malescot«, sagte Eléonore de Grandmaison. »Kommt mit ins Haus, Rose möchte Euch sehen.«

»Aber ich sie nicht! Ich will sie nie mehr wiedersehen!«

Marie wollte gerade zu einer scharfen Entgegnung ansetzen, als lautes Geschrei die Köpfe aller herumfahren ließ. Es war Lison, die völlig aufgelöst herbeieilte. Ihre Brust hob und senkte sich heftig, ihr Mund klappte auf und wieder zu. »Boi… Boissy … ve…verhaftet«, japste sie. Dann brach sie in Tränen aus.

Marie klopfte das Herz bis zum Hals. Sie hatte das Gefühl, daß alle sie anstarrten, ihre Gedanken lasen und wußten, daß sie Boissy erpreßt hatte. Sie brachte keinen Ton über die Lippen.

Fouquet erholte sich als erster von seinem Schrecken. »Was sagst du da? Monsieur ist verhaftet worden? Hat er sich wieder einmal duelliert?«

Lison schüttelte den Kopf. Nein, nein, der Offizier habe gesagt, er sei einem Hinweis von Monsieur d'Alleret nachgegangen. Der habe bei seiner Festnahme den Baron des Alkoholschmuggels bezichtigt.

»Wußte ich es doch!« rief Antoine Souci aus. »Er hat beim Spielen immer verloren und doch die Taschen voller Geld gehabt. Das konnte nicht mit rechten Dingen zugehen!«

Ein empörtes Raunen ging durch die Menge. Einige Siedler schlugen vor, die Angelegenheit selbst in die Hand zu nehmen und die beiden dünkelhaften Müßiggänger, die ihrer aller Leben so leichtsinnig aufs Spiel setzten, zur Rechenschaft zu ziehen.

»Jetzt wissen wir, wer Rose überfallen hat: ein betrunkener Wilder! Und wer hat ihm den Schnaps verkauft? Boissy und d'Alleret!«

»Und ein betrunkener Wilder war es auch, der Susanne Dion erwürgte und skalpierte! Und Madeleine Faucher!«

Bontemps wandte sich an Lison. »Wo hat man die beiden hingebracht?«

»Ins Fort Saint-Louis.«

»Und du hast nie Verdacht geschöpft?« fragte er argwöhnisch.

Sie sei nur eine arme Köchin, die ihrem Herrn gehorche, klagte Lison. Wilde habe sie in der Rue St. Louis nie zu Gesicht bekommen.

»Und du, Fouquet? Hast du auch nichts von Boissys dunklen Geschäften mitbekommen?« fragte Dupuis.

»Nein, nichts. Wahrscheinlich ging er ihnen an den Abenden nach, an denen er uns freigab. Er hat uns regelrecht gezwungen, das Haus zu verlassen. Er gab uns sogar Geld, damit wir uns einen vergnüglichen Abend machen könnten. War es nicht so, Marie?«

Alle Blicke richtete sich auf die junge Frau. Sie bestätigte Fouquets Aussage. »Boissy ist immer sehr großzügig gewesen.«

»Was Wunder!« bemerkte Souci. »Er muß ein Vermögen am Schwarzhandel verdient haben. Kommt, gehen wir zum Fort hinauf! Ich will ihn in Handfesseln sehen!«

Der Schuster, der beim Würfelspiel oft gegen Boissy oder Monsieur d'Alleret verloren hatte, konnte seine freudige Erregung nicht verbergen. Andere, die irgendwann einmal von den Edelleuten gedemütigt worden waren, ließen ihrer Schadenfreude ebenfalls freien Lauf. Wie habe Boissy ihn ausgenützt, ereiferte sich Fouquet und setzte sich an die Spitze des Zugs, der sich zum Fort hinaufbewegte.

Obwohl ihr unbehaglich zumute war, schloß sich Marie der Menge an. Früher oder später würde sie Boissy gegenübertreten müssen. Warum also nicht jetzt, wo ihm der Schreck über seine Verhaftung noch in den Gliedern saß. Sie fragte sich, ob er sie in die Sache mit hineinzöge. Doch je länger sie darüber nachdachte, desto gelassener wurde sie, denn sie begriff, daß Boissy keine Beweise gegen sie in der Hand hatte. Keinen einzigen. Die Felle waren verkauft, und was das Geld betraf, das sie von ihm erpreßt hatte, würde sie behaupten, Victor Le Morhier habe es ihr vor seiner Abreise geschenkt. Wer wollte ihr das Gegenteil beweisen?

Eine Frage bliebe dennoch: Wo sollte sie hin, wenn Boissy ins Gefängnis käme?

Im Fort war alles ruhig. Die Wachsoldaten verweigerten jede Auskunft über die Verhaftung der Edelleute. Fouquet winkte Marie und Lison zu sich und trat vor einen der Soldaten hin.

»Wir stehen in Monsieur de Boissys Diensten. Dürfen wir in seinem Haus bleiben?«

Lison schluchzte herzzerreißend. Wie konnte der Baron ihr das antun! Sie einer solchen Demütigung auszusetzen! Wer würde eine Köchin in Lohn und Brot nehmen, die für einen Verbrecher gearbeitet hatte? »Was soll nur aus uns werden?« jammerte sie, während sie mit den Fäusten gegen die Brust des Soldaten hämmerte.

Der schob sie unsanft von sich, befahl jedoch seinem Kameraden, die Behörden zu verständigen und nachzufragen, ob die Dienstboten des Barons ebenfalls in Haft genommen werden sollten.

26. KAPITEL

Die Ankunft der *Noir-d'Hollande* am 25. Mai 1664 drängte die Ereignisse der vergangenen Wochen in den Hintergrund. Wenige Tage zuvor hatte die Ankündigung des Königlichen Anklägers, die beiden Schwarzhändler würden zu langjährigen Kerkerstrafen verurteilt, für Unmut unter den Siedlern gesorgt. Da drei Jahre vorher zwei Männer wegen des gleichen Vergehens zum Tode durch Erschießen verurteilt worden waren, mochten viele nicht einsehen, weshalb für Boissy und d'Alleret andere Gesetze gelten sollten. Einige mutmaßten, die Edelleute würden nach Frankreich zurückgeschickt, um dort ihre Strafe zu verbüßen. Antoine Souci behauptete gar, sie würden in der Bastille eingekerkert, wo sie Besuch von Freunden und Verwandten empfangen und sich von Dienstboten bedienen lassen könnten. Er hatte versucht, Marie und Fouquet dazu zu bewegen, gegen Boissy auszusagen, aber beide hatten abgelehnt: Sie wollten nicht noch tiefer in die Sache hineingezogen werden. Die Mitglieder des Obersten Rates waren über die Dürftigkeit ihrer Aussagen erstaunt gewesen. Sie vermuteten, die Dienstboten des Barons schwiegen aus Angst, man könne den Lohn, den er ihnen gezahlt hatte, einfordern. Da das

Geld aus seinen schwarzen Geschäften stammte, hatte man diesen Schritt tatsächlich in Erwägung gezogen. Doch Bischof Laval hatte sich dagegen ausgesprochen, denn es lag nichts gegen Fouquet, Marie und Lison vor; es gab keinerlei Beweise für ihre Mittäterschaft. Maries Besuche bei diesem Freigeist Puissac waren dem Bischof zwar ein Dorn im Auge, aber Mutter Catherine vom heiligen Augustinus und Mutter Marie von der Fleischwerdung Christi hatten sich so anerkennend über die junge Frau geäußert, daß er auf eine eingehendere Befragung verzichtet hatte. Möglicherweise müßte sie sich jedoch, ebenso wie Fouquet und Lison, dafür verantworten, daß sie Boissy gesetzeswidriger Machenschaften verdächtigt, aber nichts unternommen habe. Sie habe mehrmals um eine Audienz beim Obersten Rat gebeten, versetzte Marie, sei jedoch stets abgewiesen worden.

»Es ging Euch doch um den Antrag für einen Laden«, hatte ein Ratsmitglied eingewendet.

»Das ist schon richtig, aber ich wollte Euch auch von meinem Verdacht in Kenntnis setzen. Hätte ich dem Wachsoldaten sagen sollen, ich komme, um Klage über meinen Brotherrn zu führen? Wenn er es erfahren und ich mich geirrt hätte, hätte er mich doch sofort davongejagt.«

Den Ratsmitgliedern schien das eine reichlich fadenscheinige Erklärung, doch da sie mit Boissy und d'Alleret schon genug zu tun hatten und wenig Lust verspürten, sich auch noch näher mit den Dienstboten zu befassen, ließen sie es dabei bewenden.

Sie waren ebenso dankbar wie die Siedler für die Ablenkung, die die Ankunft der *Noir-d'Hollande* aus Dieppe bot. An Bord befanden sich fünfzig Männer, eine Frau, sechs Schafe, vierzig Äxte und zehn Fässer Branntwein. Zu den Passagieren zählten auch Jeanne Mance und Sieur André aus Montreal.

Marie war froh, daß das Schiff nicht aus Nantes kam.

Sie drängte sich durch die Menge, in der Hoffnung, einen Blick auf die Frau werfen zu können, von der Schwester Sainte-Blandine soviel Gutes erzählt hatte. Enttäuscht, weil sie sie nirgends entdecken konnte, schlenderte sie weiter zum Ankerplatz der *Noir-d'Hollande*. Der Segler ähnelte der *Alouette*, hatte jedoch einen längeren Kiel und mehr Segelfläche. Er mußte leicht zu manövrieren sein, leichter als die *Alouette*, deren Schwerfälligkeit Kapitän Dufour oft verwünscht hatte. Marie empfand beim Anblick des Schiffs ein Gefühl der Sicherheit, in das sich leise Wehmut mischte. Denn die *Noir-d'Hollande* brachte nicht nur neue Siedler mit, sondern trug auch den Geruch von Dieppe nach Neufrankreich, eine Mischung aus Jod, nassem Holz und Werg. Das Bild des Hafens stieg vor ihr auf: das geschäftige Kommen und Gehen der Seeleute und Schiffsausrüster, der Lieferanten und Inspektoren, das Laden der Schiffsgeschütze, betrunkene Matrosen, holzbeschuhte Fischweiber, die lautstark ihre Ware anpriesen, das Kreischen der Möwen, die auf der Suche nach Futter unablässig die Fischerkähne umkreisten, das Lachen der Frauen, die um die Gunst der Seeleute buhlten.

Unwillig schüttelte Marie die Erinnerungen ab, bevor sie ihr den Tag verderben konnten, und gesellte sich zu den Neuankömmlingen. Da die Überfahrt weniger Zeit als erwartet in Anspruch genommen hatte, waren die Passagiere in verhältnismäßig guter Verfassung. Zu ihrem Verdruß benötigte niemand ihre Hilfe. Dennoch schenkte sie jedem ein freundliches Lächeln und sah in den Augen manch eines Mannes Begierde aufflammen. Einer sprach sie sogar an:

»Verzeiht, seid Ihr Marie LaFlamme?«

Als sie nickte, fuhr er fort: »Der Kapitän hat einen Brief für Euch. Von Victor Le Morhier. Ich traf ihn in Paris, und als er hörte, daß ich mich in Dieppe nach

Neufrankreich einschiffe, gab er mir einen Brief für Euch mit.«

»Was? Ihr habt Victor gesehen? Wann? Geht es ihm gut? Wo ist der Kapitän? Ich muß sofort zu ihm!«

Alphonse Rousseau legte ihr beruhigend die Hand auf die Schulter, aber Marie zitterte vor Aufregung am ganzen Leib. »Ich will den Kapitän sprechen! Er hat einen Brief für mich!«

»Du wirst dich ein wenig gedulden müssen. Monseigneur schickt sich gerade an, seinen Segen zu erteilen. Oder willst du dich etwa vordrängen?«

Schmollend zuckte sie mit den Schultern. Bischof Laval hatte zum Empfand des ersten Schiffs in diesem Jahr seinen Ornat angelegt, und die Zeremonie schien kein Ende nehmen zu wollen. Jedem einzelnen spendete er seinen Segen, und Marie war froh, daß nicht mehr Passagiere an Bord gewesen waren.

»Wann hast du Victor gesehen?« fragte sie den Matrosen.

»Kurz bevor ich nach Dieppe aufbrach. Das war so: Ich bin einem Spielchen nie abgeneigt. Also ging ich ins *Croix de Lorraine,* und dort traf ich deinen Victor. Sein Freund, ein gewisser Cléron, nahm mir alles ab, bis auf das Hemd, das ich am Leib trug! Als ich klagte, so könne ich mich doch nicht auf den Weg nach Dieppe machen, einigte sich Victor mit Cléron darauf, daß er einen Teil meiner Schulden übernähme. Als Gegenleistung sollte ich einen Brief von ihm an dich mitnehmen.«

»Warum hast du ihn denn dem Kapitän gegeben?« fragte Marie gereizt.

»Weil Victor mich darum bat, aus Respekt vor dem Kapitän.«

Marie seufzte. Victor würde sich nie ändern. »Was machte er denn in Paris? Warum ist er nicht mitgekommen?«

Der Seemann machte ein ratloses Gesicht. »Wenn ich ihn richtig verstanden habe, ist er wegen einer Tante geblieben. Aber höchst ungern. Ich könne mir nicht vorstellen, wie er mich beneide, sagte er. Er sei bald soweit, daß er auf den erstbesten Leichter spränge, der auf der Seine vorbeifuhr!«

Pater noster, qui es in caelis, sanctificetur nomen tuum ad veniat regnum tuum ... Was für eine Stimme! Augenblicklich kehrte Stille ein auf dem Quai de Champlain. Obgleich der Boden noch feucht war vom Regen am Abend zuvor, fiel ein jeder auf die Knie und senkte den Kopf. Marie war eine der ersten, die sich hinkniete. Je schneller der Bischof das Gebet gesprochen hätte, desto eher hielte sie Victors Brief in Händen.

Amen. Endlich!

Marie sah Jeanne Mance und den Kapitän in ein kurzes Gespräch mit dem Bischof verwickelt. Doch sie zeigte keine Neugier mehr für die barmherzige Frau, ihre Gedanken kreisten unentwegt um Victors Brief. Würde er ihr Nachricht von Simon geben? Fast auf den Tag genau ein Jahr war es her, daß sie ihn in der Apotheke in seinem Versteck entdeckt hatte. Ob er genausooft an sie dachte wie sie an ihn? Ob ihm inzwischen klargeworden war, daß er die Falsche geheiratet hatte? Würde er nach Neufrankreich kommen?

Sie wartete ungeduldig, während der Kapitän seiner Mannschaft Befehle erteilte, mit Ratsmitgliedern, mit den Werbern und Vermittlern der neuen Siedler und mit den Honoratioren der Stadt plauderte. Unter letzteren entdeckte sie Monsieur de La Tesserie in Begleitung seiner Gemahlin. Kurz entschlossen wandte sie sich an Eléonore de Grandmaison und bat sie, sie mit dem Kapitän bekannt zu machen.

Eléonore kam ihrer Bitte nach. Marie sah nur den Brief, nicht die verdutzten Blicke der Umstehenden, als sie ihn dem Kapitän förmlich aus der Hand riß und sich eilig zum Gehen wandte. Er habe noch etwas für sie, sagte der Kapitän und hielt sie am Arm zurück. Er überreichte ihr einen kleinen Geldbeutel und Tabak für Guillaume. Eléonore erinnerte sich an den Seemann aus Nantes und fragte:

»Habt Ihr Post von Monsieur Le Morhier bekommen?«

Marie nickte eifrig. Sie dankte dem Kapitän und eilte davon.

Sie konnte es kaum erwarten, allein zu sein. Am Champlain-Brunnen hielt sie inne und riß den Brief mit zitternden Fingern auf.

Liebe Marie,
ich hoffe, es geht Dir gut. Du wirst sehr tapfer sein müssen, ich habe Dir nämlich leider eine traurige Nachricht zu überbringen. Ich habe Simon Perrot wiedergesehen. Zum letzten Mal. Er ist vor meinen Augen in der Seine ertrunken. Er wurde auf dem Pont-Neuf von Banditen überfallen und in den Fluß geworfen. Es ist alles so schnell gegangen. Er mußte nicht leiden. Hätte er überlebt und wäre gefaßt worden, hätte man ihn in den Kerker gesteckt, weil er den Diener von Baronin Jocary niederschlug und ihre Juwelen raubte. Die Seine hat ihm die Schmach einer Kerkerstrafe im Châtelet erspart.
Ich bin auch in Nantes gewesen, Geoffroy de Saint-Arnaud hat nach wie vor eine Belohnung für Hinweise auf Deinen Aufenthaltsort ausgesetzt. Hab keine Angst, niemand hat ihm etwas von dem Schatz erzählt. Mein Versprechen habe ich nicht vergessen. Ich hoffe, ich kann mich bald nach Neufrankreich einschiffen. Bestell Guillaume Laviolette die herzlichsten Grüße. Meinem Freund Emile Cléron habe ich viel von ihm, von Dir und von Noémie erzählt. Im Augenblick halten mich die Geschäfte meiner Tante in Paris fest, ich weiß nicht, wie lange noch.

Ich wünschte, ich hätte Dir erfreulichere Nachrichten geben können, aber das Lächeln meiner Patentochter und Guillaumes Freundschaft werden Dich in Deinem Kummer trösten.
Meine Gedanken begleiten Dich.
Dein Freund Victor.

Die Kathedrale von Québec war mit besonderer Sorgfalt für das Johannisfest geschmückt worden. Die Ursulinerinnen hatten Hunderte von Blüten und Zweigen, die ihre Schülerinnen gesammelt hatten, zu kunstvollen Gebinden geflochten: Margeriten, blaue, weiße und rosarote Vergißmeinnicht, die letzten Maiglöckchen, Immergrün, Kiefernzapfen, Thujazweige und Farnwedel, die wie ein Bischofsstab geformt waren. Schwester Sainte-Blandine hatte die Kinder zu ihrem Einfallsreichtum beglückwünscht und den älteren erlaubt, beim Herstellen des Blumenschmucks zu helfen. Der Bischof würde sich freuen! Und hoffentlich den guten Willen der Nonnen anerkennen und von seinem Entschluß, ihre Ordensregel zu ändern, abrücken. Mutter Marie von der Fleischwerdung Christi das Singen zu verbieten wäre unmenschlich! Singen half ihr, ihre Sorgen zu vergessen, und davon hatte sie weiß Gott genug. Aber auch Jeanne Mance zu Ehren, die ihre Abreise nach Ville-Marie verschoben hatte, hatte sich Schwester Sainte-Blandine besonders viel Mühe gegeben. Sie wußte von ihren Sorgen, die erforderlichen Mittel für ihr Hospital in Ville-Marie aufzutreiben, und fühlte mit ihr. Mutter Marie hatte ihr oft vom Mut der Jeanne Mance erzählt. Obgleich Ville-Marie immer wieder das Ziel von Indianerüberfällen war, weigerte sie sich, die Siedlung zu verlassen. Schwester Sainte-Blandine konnte es kaum erwarten, diese Frau persönlich kennenzulernen. Sie hoffte, Marie LaFlamme hatte sich gut mit ihr verstanden. Es wäre schön, wenn sie etwas gegen die Schmerzen gefunden hätte, die Mademoiselle Mance seit Jahren im Handgelenk plagten. Und die abenteuerliche Gründungsgeschichte von Ville-Marie hatte Marie vielleicht auf andere Gedanken gebracht …

Als Rose Rolland die Bewußtlose am Champlain-Brunnen fand, hatte sie den Brief an sich genommen, bevor sie Hilfe holte. Sie konnte zwar noch nicht fehlerfrei lesen, aber nachdem sie das Wort ›ertrunken‹ buchstabiert hatte, war ihr klar, daß ihre Freundin schlimme Nachrichten erhalten hatte. Damit man nicht nach dem Brief suchte – alle würden sich fragen, was das für eine bestürzende Nachricht war, die eine starke Frau wie Marie derart erschütterte –, zerriß Rose die unbeschriebenen Ränder in tausend kleine Schnipsel und streute sie über Maries Oberkörper.

Madame Couillard und ihr Schwiegersohn eilten als erste herbei. Sie betteten Marie auf eine der Bänke rings um den Brunnen, und Rose, die einen Zipfel ihrer Schürze ins Wasser getaucht hatte, betupfte ihr das Gesicht, aber Marie starrte sie nur mit blicklosen Augen an. Sie sagte kein Wort. Zu guter Letzt entschieden die Witwe Couillard und Madame de Grandmaison, es sei besser, sie ins Hospital zu bringen; in der gewohnten Umgebung käme sie am ehesten wieder zur Besinnung.

Zwei Tage lang verharrte Marie in völliger Teilnahmslosigkeit. Richtete Mutter Catherine das Wort an sie, so drehte sie den Kopf zur Wand. Dann hatte Rose eine Idee, wie man sie aus ihrer Gleichgültigkeit reißen könne: mit Noémies Hilfe. Germain Picot erbot sich, sie zu den Blanchards zu begleiten. Er komme auch mit, sagte Alphonse Rousseau, zur großen Erleichterung der jungen Frau, die seit dem Überfall Angst davor hatte, mit einem Mann allein zu sein. Auf Picots Einwand, der lange Weg sei zu beschwerlich für ihn, entgegnete er, er könne sich gar nicht mehr an die Zeit erinnern, da er zwei Füße gehabt habe, und sein Holzbein habe ihn noch nie im Stich gelassen.

Er sei sehr tapfer, hatte Rose zu ihm gesagt. Weiterzuleben, als ob nichts geschehen sei, und sich nicht vor den entrüsteten Blicken der Bürger zu verstecken erfordere sehr viel mehr Mut, hatte Alphonse daraufhin erwidert. Ob sie noch immer die Absicht habe, mit der *Noir-d'Hollande* zurückzufahren? Ja, antwortete sie, denn Tag für Tag Denis Malescot am Quai de Québec zu begegnen gehe über ihre Kraft. Gleichzeitig wußte sie, daß Marie recht hatte: Sie wäre nicht glücklich mit ihm geworden.

Erst später, nachdem sie am Abend Noémie in Maries Arme gelegt hatte, fiel Rose auf, daß Alphonse ihr Feuermal offen ansah, statt scheinheilig den Blick abzuwenden.

Noémie fest an sich gedrückt, hatte Marie auch die zweite Nacht im Hospital wach gelegen. Gegen Morgen aber fühlte sie sich ruhiger. Sie war voller Trauer über Simons Tod, der schmerzliche Erinnerungen an den Tod ihrer Mutter geweckt hatte. Sie wünschte, Anne wäre hier, sie zu trösten … Warum hatte er den Weg über den Pont-Neuf gewählt? Warum hatte er Juwelen gestohlen? Warum hatte er sich als Kind geweigert, schwimmen zu lernen? Warum war er nach Paris gegangen? Warum war er ihr genommen worden? Sie mußte sich beherrschen, ihre Verzweiflung nicht laut hinauszuschreien. Dann wieder dachte sie, sie könne gar nicht schreien, weil der schwere Schlag ihr die Sprache geraubt habe.

Und Nanette war nicht da, sie in den Armen zu wiegen, als sie die Augen aufschlug. Aber Noémie war da, und Noémie lächelte sie an.

Als hätte die Kleine ihren grenzenlosen Kummer gespürt, plapperte sie am nächsten Tag ihr erstes Wort. Marie hatte sich zu einem Spaziergang im Klostergarten überreden lassen.

Noémie, die zwischen den frisch umgegrabenen Beeten umhertrippelte, war gestolpert und hingefallen. »Ma-Mama!« in diesem Moment hatte die Liebe zu ihrem Kind alles andere in den Hintergrund gedrängt.

Rose war die einzige, der Marie die Wahrheit über Simon Perrot anvertraute. Allen anderen erzählte sie, ihr Cousin sei gestorben. Die beiden Frauen trafen sich täglich; seit Boissy verhaftet worden war, konnte Marie kommen und gehen, wann es ihr beliebte. Wie Antoine Souci vorausgesagt hatte, würde der Baron mit der *Noir-d'Hollande* nach Frankreich zurückkehren. Seine persönlichen Habseligkeiten waren bereits aus dem Haus geschafft worden. Bei der Gelegenheit hatte man auch die Sachen von Marie, Fouquet und Lison durchsucht, aber nichts gefunden, was auf eine Mittäterschaft schließen ließ. Verdächtig war allenfalls die Treue der Dienstboten. Insbesondere Lison, die gestand, ein Taschentuch und eine Spitzenhaube geschenkt bekommen zu haben, schien sehr an ihrem Herrn zu hängen. Marie hätte von Herzen gelacht über die völlig verstörte Köchin, der die Felle davongeschwommen waren, wenn sie nicht genug eigene Sorgen gehabt hätte. Wo sollte sie hin? Wovon sollte sie leben?

Mit der Ankunft von Jeanne Mance wurde sie dieser Sorgen zunächst enthoben, denn Mademoiselle Mance würde für die Dauer ihres Aufenthalts in Boissys Haus wohnen. Und wie sie Eléonore de Grandmaison anvertraut hatte, war sie fest entschlossen, so lange zu bleiben, bis sie ihr Recht bekommen hätte. Sie hatte nämlich beim Obersten Rat Klage gegen Pierre Fillye eingereicht, der im Auftrag Rouener Kaufleute die Güterbeförderung auf der *Noir-d'Hollande* abgewickelt und pro Tonne sechzig Pfund verlangt hatte.

Da die *Noir-d'Hollande* das einzige Schiff nach Québec gewesen war, hatte Mademoiselle Mance keine andere

Wahl gehabt, als sich mit diesen Bedingungen einverstanden zu erklären.

Es war Eléonore de Grandmaison, die sich bei ihr für Marie eingesetzt hatte. Jeanne Mance war ihrer Bitte, Marie in ihre Dienste zu nehmen, nachgekommen, ohne daß Eléonore sie drängen mußte. Sie hatte so viel Gutes über die heilkundige junge Frau und ihre Kenntnisse in Botanik und Anatomie gehört, daß sie sie näher kennenlernen wollte, und sei es nur, um herauszufinden, wie ihre Behandlungsmethoden sich von jenen unterschieden, die in ihrem Hospital angewandt wurden. Hätte sie nicht gewußt, daß Marie das Klosterkrankenhaus der schlechten Bezahlung wegen verlassen hatte, hätte sie sie zu überreden versucht, mit ihr nach Ville-Marie zu kommen. Eine Frau ihres Schlages könnte sie dort gebrauchen.

»Wollt Ihr Euch uns nicht anschließen?« fragte Marie, während Rose schüchtern vor der Tür wartete.

Mademoiselle Mance schüttelte den Kopf. »Ich warte auf Madame Couillard. Sie ist so freundlich, ihre Bank mit mir zu teilen. Warum geht Ihr nicht vor und genießt die Sonne ein wenig? Ihr seht so schrecklich blaß aus neben Eurem Töchterchen, das die gesündeste Gesichtsfarbe hat, die ich in meinem ganzen Leben gesehen habe!«

Marie lächelte. Nichts freute sie so sehr wie schmeichelnde Worte über ihre Tochter. Und sie wußte, daß Jeanne Mance das auch wußte. Erst vergangene Nacht hatte Mademoiselle Mance sie wieder getröstet, als sie tränenüberströmt aufgewacht war. Sie und Rose waren ihr eine große Hilfe. Zu ihrer Freude hatte es inzwischen den Anschein, als entschlösse sich Rose doch, in Québec zu bleiben.

Rose sprach immer weniger von ihrer Abreise und immer öfter von Alphonse Rousseau. Auf dem Weg zur

Kirche bat sie Marie, ihr doch noch einmal Alphonses Geschichte zu erzählen. Sie konnte sie gar nicht oft genug hören. Einbein hatte sein elendes Dasein im Hof der Wunder, dem Viertel der Bettler und Diebe, gefristet, genau wie sie, und dort wäre er heute noch, wenn er nicht Julien du Puissac begegnet wäre. Bald, nahm sie sich vor, wollte sie Alphonse ihre Geschichte erzählen. Sie würde ihm nichts verschweigen, weder daß sie eine Dirne gewesen, noch daß sie mit der Lilie gebrandmarkt worden war, der einzigen Blume, die sie jemals bekommen hatte.

Der Blumenschmuck rief allgemeine Begeisterung hervor. Ohne Rücksicht auf die Anwesenheit des Bischofs erschollen bewundernde ›Ahs!‹ und ›Ohs!‹. Marie wünschte, Schwester Sainte-Blandine könnte das Lob der Siedler hören.

Sie würde Mademoiselle Mance bitten, ihr davon zu berichten. Sie ließ den Blick über die verschiedenfarbigen Kränze, Gestecke und Girlanden schweifen und senkte dann rasch, mit den Tränen kämpfend, den Kopf. Ein solches Meer von Blüten hätte sie sich auch für ihre Hochzeitstafel gewünscht.

Sie konnte noch immer nicht glauben, daß Simon tot war. Vielleicht war er ja gar nicht ertrunken, sondern irgendwo flußabwärts wieder ans Ufer gespült worden.

Warum nur hatte er gestohlen? Das war seiner nicht würdig. Das war ihrer nicht würdig. Sie betete das Vaterunser und dachte dabei an ihren Vater. Vielleicht sprachen sie dort oben gerade über sie, er und Simon. Ob sie die Orgelmusik hören könnten? Louis Jolliet war ein begnadeter Spieler, und das Tedeum erfüllte Marie mit zuversichtlicher Gelassenheit. Als sie aus der Kirche trat, hatte sie den Entschluß gefaßt, der kleinen Noémie zuliebe die Vergangenheit ruhen zu lassen und sich der Zukunft zuzuwenden. An ihrem ersten Johannisfest in Neufrankreich sollte sie ihre Mutter tanzen sehen.

Daß der erste Mensch, der sie zum Lachen bringen würde, Guillaume Laviolette hieß, konnte Marie nicht ahnen.

27. KAPITEL

Marie fühlte sich wie zerschlagen. Sie hatte getanzt wie nie zuvor in ihrem Leben. Fest entschlossen, Noémie ein fröhliches Gesicht zu zeigen, sich zu vergnügen und ihre Sorgen um jeden Preis zu vergessen, war sie übermütig um das Johannisfeuer herumgehüpft. Die einen sahen es mit Freude, war Marie doch endlich wieder die alte; die anderen, die Neuankömmlinge von der *Noir-d'Hollande* nämlich, staunten über den überraschenden Wandel. Und nur wenigen fiel auf, daß sie einem Mann besonders oft zulächelte: Guillaume Laviolette.

»Mir tun die Füße immer noch weh«, klagte Marie ihrer Freundin Rose am nächsten Tag, als sie von der Bäckerei zurückkam. »Dabei bin ich das Laufen doch gewohnt!«

»Du hast ja auch mehr getanzt als wir alle zusammen. Und so nahe am Feuer! Ich habe ein paarmal gedacht, dein Rock würde gleich in Flammen aufgehen!«

Ein eigenartiges Lächeln spielte um Maries Lippen. Sie sei froh, daß man keine Katze verbrannt habe, wie es in Frankreich Brauch sei.

Rose seufzte. »Ich auch. Ich konnte es gar nicht mit ansehen, wie die armen kleinen Dinger an einem Stock gebunden und dann ins Feuer gehängt wurden. Auf der

Place de Grève steckte man ein Dutzend in einen Sack. Man konnte sie miauen hören und sah, wie sie sich zu befreien versuchten, während die Flammen in die Höhe schlugen. Und dann riß der Sack, und die armen Tiere fielen ins Feuer.«

Marie schauderte. »Ein Glück, daß Noémie dieses entsetzliche Schauspiel erspart bleibt. Schau, da kommt Guillaume!«

»Dann will ich jetzt meiner Wege gehen ... Denk daran, was ich dir gesagt habe! Daß er gestern zum Du übergegangen ist, wirst du ja wohl bemerkt haben ...«

Der Waldläufer schlenderte auf Marie zu und erbot sich, ihren Korb zu tragen. Wie ihm denn der Tobak schmecke, den Victor ihm geschickt habe, wollte sie wissen. »Er kommt aus Brasilien, habe ich mir sagen lassen. Ich frage mich, warum er erst nach Frankreich verschifft wird, anstatt auf direktem Weg hierher.«

»Weil sich so mehr daran verdienen läßt. Hat Victor geschrieben, ob er kommen wird?«

»Er konnte es noch nicht sagen. Sein Brief war sehr ... kurz. Er hat mir nicht einmal von seiner Hochzeit mit Michelle Perrot berichtet.«

»Ich wußte gar nicht, daß er eine Braut hat.«

»Sie sind einander schon lange versprochen. Michelle ist so lieb und sanft, Victor verehrt sie sehr. Sie ist Flötistin und mindestens genauso begabt wie Louis Jolliet oder François Dangé.«

»Von der Pest hat er nichts geschrieben?«

»Pest?« Ein besorgter Ausdruck erschien auf ihrem Gesicht. »Wo? In Paris?«

»Nein. Jedenfalls noch nicht ... Der Steuermann und der Rechnungsführer der *Noir-d'Hollande* haben Germain Picot erzählt, in Holland hätte der Schwarze Tod bereits etliche Opfer gefordert. Das hätten sie in Dieppe erfahren.«

Marie atmete auf. »Victor ist gottlob in Paris.«

»Was macht er denn in Paris? Er wollte doch zur See fahren.«

Er müsse sich um die Angelegenheiten seiner Tante kümmern, erklärte sie und fügte hinzu, vermutlich wolle er auch in Michelles Nähe sein. Ein Trommelwirbel ließ sie aufmerken.

»Schon wieder ein Erlaß«, meinte Guillaume belustigt.

»Komm, hören wir uns an, was sich der Oberste Rat dieses Mal ausgedacht hat.«

Der Trommler zog schon wieder weiter, als sie am Hafen ankamen, aber Germain Picot konnte ihnen Auskunft geben: »Es ist verboten, Stückgut länger als zwei Tage am Hafen herumliegen zu lassen. Es ist auch verboten, auf dem Marktplatz oder in der Nähe von Läden mit Steinen zu werfen.«

Marie nickte beifällig. Ein aufgeräumter, sauberer Hafen half den Ausbruch von Krankheiten zu verhüten. Sie hoffte inständig, die Gerüchte von einer neuen tödlichen Seuche in der Alten Welt seien falsch.

»Habt Ihr unseren Freund Laviolette schon zu unserem kleinen Fest eingeladen?«

»Nein, noch nicht.« Sie wandte sich Guillaume zu. »In acht Tagen wollen wir Noémies Geburtstag feiern. Und gleichzeitig unser erstes Jahr in Neufrankreich. Wir würden uns freuen, wenn du auch kämst. Das heißt, wenn du dann noch hier bist …«

Guillaume schmunzelte, weil Marie ihm seinen überstürzten Aufbruch immer noch nicht verziehen hatte. Er konnte nicht wissen, wie tief Simons Tod sie erschüttert hatte und wie sehr sie sich gewünscht hätte, er wäre da, sie zu trösten. Sie freute sich unbändig, daß er zurückgekommen war, würde es aber nie zugeben. Guillaume fragte sich, ob es zwischen ihnen je wieder so sein würde wie früher. Er hoffte es, denn ihm war klargeworden, daß er gern mit Marie zusammen war. Sie war anders als die Französinnen, die er bisher kennengelernt hatte. Ihr Wissensdurst gefiel ihm besonders. Sie interessierte sich für alles, nicht nur für ihre Arzneipflanzen, nein, auch für die Herstellung von Schneeschuhen, für das Lachsfischen, für die Bärenjagd, für den Goldpreis in Frankreich, für die Religion der Indianer und die Tragfähigkeit eines Schiffes. Seit Beginn der heißen Jahreszeit arbeitete sie emsig an einem Mittel zur Linderung von Insektenstichen, und Guillaume wünschte ihr von Herzen, daß sie Erfolg hatte. Beim Kräutersammeln im Wald oder am Wasser fielen die Stechmücken trotz Schutzkleidung in Scharen über sie her. Nicht einmal Kleinkinder verschonten sie, wie sie eines Abends, als sie vergessen hatte, das luftige Tuch über Noémies Wiege zu breiten, entsetzt feststellen mußte. Sie hatte sich bei Mani erkundigt, wie die Indianer sich vor den Mücken schützten, aber keine befriedigende Auskunft erhalten, und so suchte sie immer noch nach einem geeigneten Mittel. Doch das war nicht alles: Sie grübelte auch darüber nach, wie die unerfreulichen Folgen des Alkoholgenusses verringert werden könnten.

O ja, Marie LaFlamme war einzigartig. Guillaume langweilte sich keinen Augenblick mit ihr.

»Ich danke für die Einladung, Monsieur Picot, ich komme sehr gern.«

»Wir feiern unten am Fluß. Die Blanchards sind jetzt ein Jahr bei mir, und Emeline will es sich nicht nehmen lassen, das Fest selbst auszurichten.«

Die Blanchards seien ihm sehr dankbar für alles, was er für sie getan habe, versicherte Marie.

»Wenn Ihr einverstanden seid, komme ich zu Euch, und wir gehen den Weg zusammen.«

Das sei nicht nötig, erwiderte Marie. »Ich will im Morgengrauen aufbrechen. Noémie wird sich furchtbar freuen, Jean-Jean wiederzusehen. Und ihre Amme!«

»Wie Ihr wollt«, antwortete Picot, den Blick unverwandt auf ihr Haar gerichtet. Wie es glänzte in der Mittagssonne; es schien förmlich zu glühen. Frühmorgens mußte es sich anders anfühlen, geschmeidiger, noch frisch von der Nacht.

Guillaume beobachtete Picot aus dem Augenwinkel. Er mochte ihn nicht.

Er hatte ihn noch nie gemocht. Er konnte nicht sagen, warum. Seine Abneigung war ihm unangenehm, denn Picot genoß offensichtlich bei allen großes Ansehen. Nur Marie zuliebe hatte er die Einladung in sein Haus angenommen.

Picot fühlte Guillaumes Blick auf sich ruhen. Er lächelte ihm zu, so unvermittelt, daß Guillaume überzeugt war, er habe etwas zu verbergen. Aber was?

Er beschloß, seinen Widerwillen zu überwinden und ihn zu einem Schoppen Wein einzuladen, um ihn ein wenig auszufragen. Er wollte wissen, weshalb er Marie so durchdringend ansah.

In der Rue Saint Louis verabschiedeten sich die beiden Männer von ihr. Guillaume hätte sie gern zu Monsieur du Puissac begleitet, er schätzte dessen Scharfsinn. Germain Picot blickte ihr nach, als sie das Haus des Chevaliers betrat, und stieß einen tiefen Seufzer aus.

»Ich weiß, der Chevalier ist ein Ehrenmann. Dennoch setzt sich Marie durch ihre häufigen Besuche bei ihm dem Gerede aus.«

»Rose begleitet sie hin und wieder.«

»Dennoch schickt es sich nicht, einen Mann in dessen Haus aufzusuchen.«

»Sie geht doch auch zu den Kranken nach Hause.«

»Das ist etwas ganz anderes!«

Guillaume fragte sich, woran genau er eigentlich

Anstoß nahm. Im gleichen Moment sagte Picot unvermittelt, es wäre besser, wenn Marie heiraten würde.

»Ein Jahr ist sie jetzt schon hier, und sie hat noch immer keinen Freier. Alle Frauen, die hierherkommen, heiraten. Außer den Ordensschwestern natürlich. Von Euch allerdings hat sie recht vielsagend gesprochen.«

Das sei nur ein Scherz gewesen, versicherte Guillaume mit einem gezwungenen Lächeln. »Wir haben uns höchstens fünf-, sechsmal gesehen.«

»Gefällt Sie Euch denn nicht?«

Guillaume zuckte mit den Schultern und beschleunigte seinen Schritt. Das Gespräch hatte eine Wendung genommen, die ihm unangenehm war. In der Schenke bestellte er Apfelwein und fragte Picot dann im gleichen betont munteren Ton, ob er um Marie zu werben gedenke.

Picot lief rot an und verwahrte sich gegen diese Unterstellung, allerdings nicht sehr überzeugend. Marie sei doch viel zu jung. Aber er schätze sie ihrer Heilkunst wegen, und ihre kleine Noémie, die habe er in sein Herz geschlossen. Er habe schon erwogen, Marie sein Haus in der Unterstadt für ihre Krankenbehandlungen zur Verfügung zu stellen, doch es gezieme sich nun einmal nicht, daß sie sozusagen bei ihm wohne. Aber wo sollte sie hin, wenn Mademoiselle Mance nach Ville-Marie zurückkehrte?

»Und das wird bald sein, habe ich gehört. Ach, ich wünschte, ich hätte den Mut, mit Marie zu sprechen. Ihr zu sagen, daß ich in der Lage wäre, ihr zu helfen …«

Guillaume traute seinen Ohren nicht. Versuchte Picot tatsächlich, ihn als Mittler zu gewinnen? Der Waldläufer wußte nicht, ob er lachen oder zornig werden sollte. Glaubte Picot allen Ernstes, ein Haus in der Unterstadt sei für die junge Frau Anreiz genug, ihn zum Mann zu nehmen? Einen Greis? Sie hatte bereits St. Arnaud ertragen, ein zweites Mal – so es ein zweites Mal gäbe – würde sie sich nicht in eine Ehe mit einem ungeliebten Mann zwingen lassen. Doch zunächst müßte sie frei sein, müßte ihr die Nachricht vom Tod des Reeders überbracht werden.

Julien du Puissac reichte Marie eine Schale roter, saftiger Erdbeeren. Marie pflückte oft selbst die Früchte, aber sie war sehr wählerisch. Im Wald naschte sie die ganz kleinen, die nur erbsengroß waren und einen zarten Duft verströmten. Emelines Ausdauer, ganze Körbe voll zu pflücken und dann zu Konfitüre zu verarbeiten, hatte sie allerdings nicht.

»Ihr wißt, daß Jeanne Mance in Kürze Quebéc verlassen wird«, sagte der Chevalier. »Was gedenkt Ihr danach zu tun?«

Marie hielt in ihrer Kaubewegung inne. Sie wußte weder, wohin sie sich wenden sollte, noch hatte sie eine Ahnung, wovon sie leben könnte.

»Ende des Sommers werde ich nach Frankreich zurückkehren, Marie. Da Chahinian Euch beschützt hat, fühlte ich eine Verpflichtung, das gleiche zu tun. Ich möchte Euch raten, Euch zu verehelichen.«

Marie hätte sich fast verschluckt. »Soll das ein Heiratsantrag sein?« fragte sie.

Mitnichten, erwiderte Puissac lachend. Er spreche nicht von sich, sondern von einem Mann, der ihr herzlich zugetan sei und einen guten Ehemann abgäbe.

»Aber ich will doch gar nicht heiraten!«

»Auch nicht Monsieur Laviolette?«

Um Zeit zu gewinnen, schob sie sich eine weitere Erdbeere in den Mund. Simon war kaum einen Monat tot, und da sollte sie schon ans Heiraten denken? Ach, wie war sie die ständigen Sorgen leid! In den Nächten raubte ihr die ungewisse Zukunft den Schlaf. Wo würde sie eine Anstellung finden? Könnte sie Noémie bei sich behalten? Würde man ihr erlauben, als Heilerin zu arbeiten und Geld zu verdienen, würde man ihr eines Tages gestatten, sich als Wehmutter niederzulassen?

Rose hatte ihr im Vertrauen erzählt, Alphonse Rousseau habe sie gefragt, ob sie seine Frau werden wolle, Rose hatte ja gesagt. Und nun, da ein Mann ihr die Würde zurückgegeben und Schutz gewährt hatte, gab es für sie auch keinen Grund mehr, nach Frankreich zurückzukehren. Und so hatte Rose ihr geraten, ebenfalls eine Ehe einzugehen.

Marie hatte nichts darauf erwidert. Sie konnte weder ihrer Freundin noch dem Chevalier sagen, daß sie bereits verheiratet war, mit dem Reeder Saint Arnaud nämlich. Außer Guillaume wußte niemand davon. Er würde gewiß herzlich lachen, wenn er hörte, daß man ihn mit der Füchsin verheiraten wolle!

»Guillaume Laviolette hält sich viel zu selten in Québec auf, sehr zum Mißfallen des Gouverneurs«, bemerkte Puissac. »Und wenn er von der Jagd zurückkommt, ist er beladen wie ein Maultier. Er ist den Siedlern kein gutes Vorbild, sie könnten auf den Gedanken kommen, es ihm gleichzutun und, anstatt mühsam das Land urbar zu machen, ihr Glück ebenfalls als Fallensteller zu versuchen. Ihr dagegen seid zwar seßhaft, aber solange Ihr unverheiratet seid, wird man Euch nicht erlauben, als Hebamme tätig zu werden. Nach Ansicht von Bischof Laval genießt Ihr zuviel Bewegungsfreiheit.«

»Aber ich kann nicht heiraten«, beharrte Marie.

»Fürchtet Ihr um Eure Unabhängigkeit? Ich glaube, da kann ich Euch beruhigen. Kaum ein Mann dürfte Euren Wunsch nach Freiheit besser verstehen als Guillaume. Und nur wenige Frauen dürften bereit sein, die Hälfte des

Jahres allein zu leben. Denkt darüber nach, Marie. Der Bischof wird im Juli zwei Paare trauen, es wäre gut, wenn Ihr Euch ihnen anschlösset.«

»Aber bis dahin sind es nur noch zwei Wochen!«

»Den unverheirateten Frauen, die hierherkommen, wird man künftig nicht mehr Zeit gewähren, einen Mann zu finden. Eure Aufgabe ist es, eine Kolonie zu gründen, vergeßt das nicht.«

»Ist es meine Schuld, daß sich auf der *Noir-d'Hollande* nur eine einzige Frau befand?«

»Nein, aber Ihr seid freiwillig in dieses Land gekommen, also müßt Ihr auch seine Gesetze achten.«

»Und was ist mit Euch? Ihr habt Euch doch auch nicht wiederverheiratet?«

Er wolle dem Glück anderer nicht im Weg stehen, es gebe ohnehin zuwenig Frauen, hätte der Chevalier beinah erwidert. Er besann sich jedoch und sagte: »Das ist einer der Gründe, weshalb ich nach Frankreich zurückkehren werde. Man gab mir zu verstehen, ein müßiger Edelmann wie ich sei nach dem unliebsamen Aufsehen, das Boissy und d'Alleret erregten, unerwünscht. Ich habe mich nie mit der Absicht getragen, mich auf Dauer hier niederzulassen und eine Familie zu gründen, Land zu erwerben oder Handel zu treiben. Man nimmt Anstoß an meinen Worten und an Euren Besuchen in meinem Hause. Jeanne Mance hat sich zwar für Euch eingesetzt, aber sie ist eine Vertraute von Monsieur de Maisonneuve, und den verabscheut de Mézy von ganzem Herzen ... Ihr seht, Ihr steht allein da.«

»Und was ist mit all jenen, die ich gesund gemacht habe?«

»Wie, glaubt Ihr, würden sie sich entscheiden, wenn ihnen die Exkommunikation angedroht würde? Eure Heilerfolge geben ohnehin bereits zu Mutmaßungen Anlaß.«

Marie begriff sofort die Anspielung: Man verdächtigte sie, mit dunklen Mächten im Bunde zu stehen.

»Ihr hebt Euch zu sehr von den anderen ab, Marie. Heiratet, und alles wird seine Ordnung haben. Sonst wird man Euch früher oder später aus der Gemeinschaft ausstoßen. Daß Ihr mit Boissy unter einem Dach gelebt habt, spricht nicht gerade für Euch, daß ist Euch hoffentlich klar.«

Völlig verwirrt machte sich Marie auf den Heimweg. Was hätte sie dem Chevalier entgegnen sollen? Sie war sich selbst nicht im klaren über ihre Gefühle. Simons Tod hatte ihre Pläne, ihre Träume von einem gemeinsamen Neubeginn in Québec mit einem Schlag zunichte gemacht. Also was tun? Nach Frankreich zurückkehren? Dort wartete niemand auf sie. Nein, sie würde hierbleiben, wo man sie brauchte, wo man sie ihres Könnens wegen schätzte. Und wo ihr Gefahr drohte, falls der Verdacht aufkäme, der Teufel habe seine Hand im Spiel.

Sollte sie Guillaume heiraten? Und wenn herauskäme, daß sie eine Doppelehe führte?

Sie beschloß, mit dem Waldläufer über den Vorschlag des Chevaliers zu sprechen, jedoch hinzuzufügen, daß sie nicht den Wunsch hätte zu heiraten. Sonst käme er womöglich auf den Gedanken, sie würfe sich ihm an den Hals!

Nachdem sie das Abendessen für Mademoiselle Mance zubereitet hatte, wiegte sie Noémie lange in ihren Armen. Dann legte sie das Kind in ihr Bettchen und bat Jeanne Mance wie jeden Abend, ihr etwas über Ville-Marie zu erzählen. Die ältere Frau kam ihrer Bitte gerne nach. Sie berichtete ihr von der Gesellschaft des Allerheiligsten, von Monsieur de La Dauversière, von Monsieur Olier, von Marguerite Bourgeoys. Sie rühmte die Verdienste Chomedey de Maisonneuves, der von den Behörden in Québec keinerlei Unterstützung erhalten habe, weil der damalige Gouverneur, de Montmagny, der Gründung einer neuen Siedlung feindselig gegenüberstand. Sie erzählte auch von ihrem Krankenhaus, von den Überfällen der Irokesen, von der Großzügigkeit Madame de Bullions, von ihrer Mission, die Ablösung des Ordens Notre-Dame durch die Priestergesellschaft der Sulpizianer durchzuführen, denen man die Insel Montréal vermacht hatte.

Dem Ritual des Geschichtenerzählens folgte ein anderes: Marie wickelte Jeannes Handgelenk in mit Katzenkraut bestreute Rhabarberblätter; der Umschlag sollte die Muskulatur kräftigen. Mehr konnte sie nicht tun, um die durch einen schlecht verheilten Bruch hervorgerufenen Schmerzen zu lindern. Jeanne Mance behauptete, diese Behandlung sei erfolgreicher als die des Baders in der heimatlichen Champagne, der sich gleichwohl hervorragend auf das Einrichten gebrochener Glieder verstehe.

Am übernächsten Tag, als sie den Waldläufer auf dem Marktplatz traf, sagte Marie zu ihm: »Ich könnte mit Mademoiselle Mance nach Ville-Marie gehen.«

Sie hatte ihm von ihrer Unterhaltung mit dem Chevalier berichtet, und obgleich sie sich um einen möglichst ungezwungenen Ton bemühte, war eine äußerst peinliche Situation entstanden. Guillaume blickte starr auf den Saint-Lorenz-Strom. »Das Leben in Ville-Marie ist gefährlich …«

»Aber zurück nach Frankreich kann ich auch nicht!«

»Du könntest dich in Paris niederlassen. Die Stadt ist groß. Dort würde Saint-Arnaud dich bestimmt nicht finden.«

»Und wovon soll ich leben? Hier werde ich geachtet, man weiß mein Können zu schätzen.«

Germain Picot habe ihm anvertraut, er würde sie gern zur Frau nehmen, meinte Guillaume.

Marie starrte ihn an und brach dann in schallendes

Gelächter aus, das befreiend wirkte. »Ein Ungeheuer in Nantes und ein Greis in Québec! Was für ein Gedanke! Es lebe die Ehe!«

»Aber was wirst du tun?«

Diese Frage werde ihr eines Tages noch den Verstand rauben, bekannte sie.

»Du findest leicht einen anderen Mann. Jeder Siedler würde sich geschmeichelt fühlen, dich zur Frau zu bekommen.«

»Aber mir steht der Sinn ebensowenig danach, in der Erde zu wühlen, wie dir! Wärst du denn bereit, deine Freiheit aufzugeben?«

»Ich werde sie bald teuer bezahlen müssen ... Ich habe gehört, Junggesellen sollen mit einer hohen Steuer belegt werden. Man will uns zur Seßhaftigkeit zwingen.«

»So eine Narretei! Wenn es euch nicht geben würde, hätten die Missionare es sehr viel schwerer, die Indianer zu erreichen. Und wie soll man gute Geschäfte machen, wenn man nichts über den anderen weiß? Zum Beispiel, was er braucht, was er im Tausch dafür geben kann.«

Guillaume stieß einen bewundernden Pfiff aus. »Du denkst nicht nur ans Heiraten, wie ich sehe ...«

Sie habe lediglich davon gesprochen, weil ihr seit Tagen alle damit in den Ohren lägen, erwiderte sie. Sie aber denke nicht daran zu heiraten.

»Auch nicht mich?« sagte er leise.

Sie sah ihn prüfend an. Er lächelte, aber seine Augen blickten ernst. Er scherzte nicht. Marie dachte an Simon. Und an Noémie. Dann an sich selbst.

»Ich bin nach wie vor mit Geoffroy de Saint-Arnaud verheiratet. Und du ... mit dieser Irokesin.«

Niemand wisse von ihrer Zwangsehe mit Saint-Arnaud, wandte er ein. Sie wäre nicht die erste, die eine Doppelehe führte. Wie viele Männer hätten *vergessen*, daß sie in Frankreich ein Eheweib hatten? Eine Heirat läge in ihrer beider Interesse. Auf diese Weise könnten sie sich die Freiheit bewahren, die ihnen so teuer war. »Sonst werden wir irgendwann gezwungen sein, eine Verbindung mit jemandem einzugehen, der uns langweilt. Was mit dir nie der Fall ist, wie ich gestehen muß. Wir sind gute Freunde, Marie, warum wollen wir uns nicht gegenseitig helfen?«

»Aber ich liebe dich nicht!« entfuhr es ihr.

»Bin ich dir denn zuwider?«

»Nein, das nicht.«

»Siehst du? Ich werde nie so lange in Québec sein, daß dir meine Gegenwart lästig werden könnte. Im Spätsommer breche ich auf, und im Frühjahr komme ich wieder. Nun, was hältst du davon?«

Sie werde ihm ihre Antwort an Noémies Geburtstag geben, erwiderte Marie und wandte sich rasch ab. Sie winkte Rose und Alphonse zu sich: Woher die *Aigle-blanc-de-Flessingue* komme, wollte sie wissen. Da die meisten Schiffe aus La Rochelle, Dieppe oder Saint-Malo kamen und nur die wenigsten aus Nantes, hatte sich ihre Furcht, von einem ehemaligen Mitbürger erkannt zu werden, gelegt, und sie genoß das bewegende und unterhaltsame Schauspiel des Ausladens wie alle anderen auch.

»Aus Dieppe«, lautete die Antwort. »Sie segelt unter Kapitän Legagneur im Auftrag von Rouener Kaufleuten.«

»Die Passagiere scheinen wohlauf zu sein«, stellte Marie fest.

»Hoffentlich sind die bestellten Waren mitgekommen.« Alphonse verzog den Mund. »Der Rat soll sich nicht sorgen, die Fässer werden bestimmt nicht zwei Tage am Kai herumliegen. Mindestens eins wird auf unserer Hochzeit aufgemacht …«

Rose blickte strahlend zu ihm auf. Sie war fast hübsch anzusehen, mit ihren schwarzen, vor Stolz funkelnden Augen. Sie trug den Tuchrock und die Spitzenhaube, die eigentlich festlichen Anlässen vorbehalten waren, aber wer wollte es ihr verdenken, daß sie sich schön machte für ihren Zukünftigen. Denis Malescot hatte sie stets anständig behandelt, aber sie hatten nie miteinander gelacht. Und sie hätte mit ihm nie über ihre Vergangenheit gesprochen. Alphonse mußte sie nichts erklären, er kannte den Hof der Wunder. Ihres Feuermals wegen war sie als Kind zwar nicht verstümmelt, dafür jedoch zur Prostitution gezwungen worden. Nach ihrer Fehlgeburt hatte Alphonse sie getröstet: Das beweise doch, daß sie noch Kinder bekommen könne, sie solle es als ein gutes Zeichen werten.

Rose betrachtete das Schiff, das sie vermutlich nach Frankreich zurückgebracht hätte, und bekreuzigte sich. An diesem 29. Juni 1664 entschädigte das Schicksal sie für all das Leid, das es ihr zugefügt hatte. In achtzehn Tagen würde sie mit Alphonse den Bund fürs Leben schließen.

Sie wandte sich Marie zu, faßte sie an der Hand und zog sie beiseite. »Und? Worüber habt ihr gesprochen, du und Guillaume?«

»Ach, nur über Victor.«

Roses Miene verfinsterte sich. »Warum lügst du?«

»Ich … Verzeih, Rose. Ich habe nicht damit gerechnet, daß er mich tatsächlich heiraten würde.«

»Aber du bist die Schönste! Ist dir nie aufgefallen, wie er dich ansieht?«

»Ich weiß nicht, wie ich mich entscheiden soll.«

»Du hast keine Wahl, Marie. Es war niemand von Rang an Bord der *Aigle-blanc-de-Felssingue*, niemand, der dich in Lohn und Brot nehmen könnte. Aber es werden viele neue Familien gegründet werden. Willst du ihre Kinder zur Welt bringen oder nicht? Simon ist tot, Marie. Nach … nach dem Überfall, da hast du mir immer wieder gesagt, ich müsse nach vorn schauen, ich dürfe nicht zulassen, daß die Vergangenheit meine Zukunft zerstört. Du solltest deinen eigenen Rat befolgen, Marie!«

Sie werde ihre Entscheidung an Noémies Geburtstag bekanntgeben, erwiderte Marie und entfernte sich eilig.

In der Bäckerei mußte sie lange anstehen. Da Gastfreundschaft großgeschrieben wurde, hatten die Frauen die Neuankömmlinge zum Essen eingeladen und versorgten sich mit Mehl und Weizen für Brot und Pfannkuchen. Es herrschte ein fröhliches Gedränge, und die älteren unter den Siedlerinnen unterhielten sich über Kapitän Legagneur, den sie von früher kannten.

Nach dem lärmenden Treiben drunten am Hafen genoß Marie die Stille, als sie die Côte de la Montagne hinaufstieg. Sie brauchte Ruhe, Ruhe, um nachzudenken.

28. KAPITEL

Das vom Morgentau feuchte Gras verströmte einen süßlichen Duft, der Marie an Himbeeren erinnerte und ihren Appetit weckte. Sie beschloß, bei den Sträuchern am Rande von Nicolas Bonhommes Land eine Pause einzulegen und ein paar Früchte zu pflücken. Ihr taten die Arme vom Tragen weh, Noémie wurde immer schwerer. Ein Zeichen, daß sie gesund war. Sie setzte das Mädchen auf einen Felsbrocken, bog ihr schmerzendes Kreuz mit einem Seufzer der Erleichterung durch und hockte sich dann neben ihre Tochter. Sie habe sich entschieden, sie werde Guillaume Laviolette heiraten, vertraute sie ihr an. Das sei für sie beide das beste.

»Du wirst in Québec aufwachsen, wo niemand deine Mutter als Hexe beschimpfen wird und dich auch nicht.

Ich werde den Chevalier bitten, in Frankreich nach deiner richtigen Familie zu forschen, aber hergeben werde ich dich nicht.«

Noémie krähte fröhlich, und Marie mußte lächeln. Als sie aufstand, um Himbeeren zu pflücken, ließ das Knacken eines Astes sie herumfahren. Schützend stellte sie sich vor das Kind. Etwas bewegte sich im Unterholz. Ein Wolf? Ein Indianer?

Nein, ein Angler. Marie fiel ein Stein vom Herzen.

»Ihr habt mir einen schönen Schrecken eingejagt, Monsieur Picot! Ich war schon zum Kampf gerüstet, um meine Tochter zu verteidigen. Ich dachte, Ihr wärt noch in der Stadt. Daß Ihr so früh schon auf den Beinen seid!«

Germain Picot nickte lächelnd, den Blick auf Maries Haar geheftet. Ihre Haube war auf die Schultern heruntergerutscht, und das einzigartige kupferrote Haar leuchtete in der Morgensonne. Er hatte noch nie eine Rothaarige getötet, er zitterte vor Erregung bei dem Gedanken daran. Doch seine Stimme klang fest, als er erwiderte:

»Seht Ihr, nun hätten wir den Weg doch gemeinsam gehen können! Ich habe mir überlegt, daß ich eine Menge Fische fangen müßte bei so vielen Gästen, deshalb bin ich zeitig aufgebrochen. Warum kommt Ihr nicht mit mir zum Fluß hinunter und erfrischt Euch ein wenig?«

Das sei eine gute Idee, pflichtete sie ihm bei. Picot erbot sich, Noémie zu tragen, was sie jedoch ablehnte – so schwer sei das Mädchen nicht –, und ließ ihr höflich den Vortritt. Als Marie ein Lied anstimmte, ermahnte er sie zur Ruhe. »Stimmengewirr vertreibt die Fische! Um diese Zeit kommen sie zur Wasseroberfläche, und da können sie uns hören.«

Verwundert verstummte sie. Den Blick zu Boden gerichtet, damit sie nicht über einen Stein oder eine Wurzel stolperte und mit dem Kind auf dem Arm stürzte, schritt sie voran. Am Ufer ließ ein Geräusch sie aufhorchen. Rief da nicht jemand ihren Namen? Doch, jetzt hörte sie es ganz deutlich. Erleichtert drehte sie sich zu Picot um und sah, wie er seine Angelrute aufhob. Er machte ein so verschrecktes Gesicht, daß Marie sich genötigt sah, ihn erst einmal zu beruhigen.

»Seid unbesorgt, das ist einer der unsrigen. Hört Ihr? Er ruft meinen Namen … Hierher! Hier sind wir. Ich glaube, das ist Guillaume.«

Im nächsten Augenblick brach der Waldläufer aus dem Dickicht hervor. Als er Germain Picot erblickte, konnte er seine Enttäuschung nur mühsam verbergen. Und Picot schien über die unverhoffte Begegnung nicht weniger unglücklich. War er Marie etwa auch gefolgt, um ihr einen Antrag zu machen? Die beiden Männer maßen einander mit prüfenden Blicken. Schließlich brach Marie das Schweigen. Sie werde sich Guillaume anschließen, sagte sie. »Dann können wir uns beim Tragen der Kleinen abwechseln, und Ihr könnt in Ruhe angeln, Monsieur Picot. Denkt daran, ich habe einen gesunden Appetit!«

Als sie sich einige Schritte vom Fluß entfernt hatten, bat Guillaume, Noémie tragen zu dürfen, er müsse sich doch an die Kleine gewöhnen. Marie reichte sie ihm und sah ihm dabei ohne eine Spur von Verlegenheit in die Augen.

Sie plauderten über dies und jenes: über den Alkoholschmuggel, den starken Preisrückgang bei Biberfellen, die Rückkehr Jeannes Mances nach Ville-Marie, die Neuankömmlinge von der *Aigle-blanc-de-Flessingue* und über das Haus, das Guillaume am Ende der Rue Sault-au-Matelot mieten wollte. Sie gingen so ungezwungen miteinander um wie früher, und Marie wünschte, sie hätte die Sache mit dem Heiraten schon viel früher geklärt. Eins allerdings bereitete ihr Kopfzerbrechen: Hatte Guillaume die Absicht, von allen Rechten Gebrauch zu machen, die ihm als Ehemann zustanden, oder betrachtete er ihre Verbindung tatsächlich nur als ein Geschäft?

Emeline und René Blanchard freuten sich aufrichtig über die gute Nachricht. Endlich bekämen Marie und Noémie ein richtiges Zuhause; alle paar Monate umziehen sei doch kein Leben! Zur Feier des Tages kredenzte René trotz der frühen Stunde Stechpalmenwein. Als sie ausgetrunken hatten, zerlegten die Männer die Rinderhälfte, und die Frauen machten sich in der Küche zu schaffen. Der Duft von Emelines Bohnen- und Wurzelgemüsesuppe zog durchs ganze Haus. Marie konnte der Versuchung nicht widerstehen und kostete von der heißen Brühe, verbrannte sich in ihrer Gier die Zunge.

Emeline schüttelte den Kopf. »Du bist ja noch schlimmer als deine Tochter! Ich staune, wie sie in diesen zwei Wochen gewachsen ist. Sie verdrückt mehr als mein Jean-Jean!«

Dieses Lob freute Marie, hatte sie anfangs doch befürchtet, ihren Mutterpflichten nur ungenügend nachzukommen. Einzig der feste Wille, den Frauen zu beweisen, daß sie mit Kindern umgehen konnte, hatte sie davon abgehalten, Noémie der Amme zurückzubringen.

»Eigenartig«, meinte sie versonnen, »Noémie und ich sind uns so ähnlich, daß ich mehr und mehr das Gefühl habe, sie ist mein eigen Fleisch und Blut. Mademoiselle Mance wollte gar nicht glauben, daß sie nicht mein eigenes Kind ist. Alle stellen immer wieder verblüfft fest, wie ähnlich sie mir ist.«

»Reich mir lieber die Eier und hol das Butterfaß, anstatt von deiner Tochter zu schwärmen! Du hast ja recht, sie ist das hübscheste Mädchen weit und breit, aber das ändert nichts daran, daß wir uns jetzt an die Arbeit machen müssen. Monsieur Picot und die anderen Gäste werden bald dasein, und es steht noch nichts auf dem Tisch!«

»Wir müssen doch ohnehin warten, bis Germain Picot dir deine Fische bringt.«

»Was für Fische denn?«

»Na, die Forellen. Ich traf ihn unten am Fluß, er sagte, er müsse uns welche für heute mittag fangen.«

Emeline zuckte mit den Schultern. »Wahrscheinlich hat er das mit René besprochen, und der hat vergessen, es mir zu sagen. Er ist heute ganz durcheinander vor Aufregung. Er soll nämlich ein knappes Dutzend Eisendeckel für das Kaufhaus anfertigen. Eigentlich hätten sie mit der *Aigle-blanc* kommen sollen, aber sie waren nicht an Bord. Ein wahrer Glücksfall für meinen René. Bald haben wir so viel beisammen, daß es für ein Stück Land reicht. Und irgendwann für ein eigenes Haus … Und dann wird Renés Werkstatt nicht mehr unmittelbar neben der Küche liegen, das schwöre ich dir!«

Emeline beklagte sich zwar nie, aber wie oft taten ihr die Ohren weh von den dumpfen Hammerschlägen und dem schrillen, metallenen Knirschen aus der Schmiede. Sie wunderte sich, daß die Kinder bei dem Lärm überhaupt schlafen konnten. Emeline zögerte. Ihr René wäre noch sehr viel aufgeregter, meinte sie dann, wenn er wüßte, daß sie schon wieder guter Hoffnung war.

»Ich werde dich entbinden!« rief Marie begeistert. »Bis es soweit ist, habe ich die Bewilligung, ganz bestimmt!«

Emeline sagte nichts, um sie nicht zu kränken, dachte aber bei sich, daß sie ihre Kinder bisher immer ohne fremde Hilfe zur Welt gebracht hatte und ganz gut allein zurechtkam.

»Aber zu niemandem ein Wort, hörst du? Vor allem nicht zu Agathe Souci. Es scheint, als wäre die Ärmste unfähig, ein Kind auszutragen.«

Die beiden Frauen verstanden sich gut. Während sie alles für das Festmahl vorbereiteten, plauderten sie lebhaft miteinander. Dieses erste Jahr in Neufrankreich war völlig anders verlaufen, als Marie es sich vorgestellt hatte. Die Verantwortung für Noémie, ihre Arbeit im Krankenhaus, die Begegnung mit dem Chevalier und nicht zuletzt Simons Tod, all das hatte sie schneller reifen lassen. Für Träume war kein Platz mehr in ihrem Leben. Gelegentlich dachte sie zwar noch an ihren Schatz, aber ihr war klargeworden, es würde noch lange dauern, ehe sie darüber verfügen könnte. Sie lernte, sich in Geduld zu üben.

Fröhliches Stimmengewirr kündigte die ersten Gäste an. Antoine und Agathe Souci, Horace Bontemps, Rose Rolland und Alphonse Rousseau beglückwünschten Germain Picot zu den zehn großen Forellen, die er gefangen hatte. Während Rose die Zubereitung der Fische übernahm, packte Alphonse ein paar Flaschen Wein aus: ein Geschenk des Chevaliers. René Blanchard, der bereits leicht angeheitert war, kostete umgehend davon. Ein wenig wäßrig, lautete sein Urteil, aber angenehm im Geschmack.

»Das ist etwas anderes als der Rachenputzer, den man uns auf der *Alouette* vorsetzte! Kommt, Freunde, stoßen wir an!«

Was sie auch taten. Dann trugen sie Tische und Bänke nach draußen in den Sonnenschein. Nach dem Essen stimmten sie ein Lied an, würfelten und tanzten zu den Klängen von Alphonses Flöte. Es war ein herrlicher Tag. Der Wein hatte die Frauen träge gemacht. Marie betrachtete Guillaume mit zärtlicher Aufmerksamkeit. Er bemerkte es und drückte ihre Hand. Die Geste berührte etwas in ihrem Innern. Sie war viel zu erstaunt über die Liebkosung, als daß sie auf den Gedanken gekommen wäre, ihm ihre Hand zu entziehen. Dann begann Noémie zu weinen, und der Zauber war gebrochen.

»Ich geh' schon, Emeline! Bleib du nur sitzen.«

Noch ein wenig schwindlig von der zärtlichen Berührung, von der Sonne und dem Wein, trug Marie die Kleine ins Haus. Sie setzte sie auf den Boden, tauchte dann ihre Hände ins Wasser und befeuchtete sich das Gesicht. Noémie krabbelte unterdessen ans andere Ende des Zimmers. Als Marie sich nach ihr bückte, sah sie in einer Ecke etwas funkeln. Sie hob es auf.

Es war ein Knopf. Ein Knopf wie der, den Rose vom Mantel des Scheusals abgerissen hatte, das über sie hergefallen war.

Marie spürte, wie ihre Knie weich nachgaben. Abermals spritzte sie sich Wasser ins Gesicht. Sie mußte einen klaren Kopf behalten. Der Mann, der Rose geschändet hatte, war in diesem Haus gewesen. Saß vielleicht in diesem Augenblick draußen am Tisch und betrachtete die Frau, die er beinah umgebracht hätte. Sie dachte kurz nach. Sie beschloß, Guillaume ins Vertrauen zu ziehen. Er war der einzige, der es mit Sicherheit nicht gewesen sein konnte, weil er sich zu dem Zeitpunkt Meilen entfernt von Québec aufgehalten hatte.

Als sie ihn rufen wollte, ging die Tür auf, und Paul, der älteste Sohn der Blanchards, kam herein. Er wollte nach Noémie sehen, an der er zärtlich hing. Marie bat ihn, später wiederzukommen, sie habe etwas sehr Wichtiges mit Guillaume zu bereden. Der Junge wurde ganz still. Seine angstgeweiteten Augen wanderten zwischen ihr und dem Knopf hin und her. Marie beobachtete ihn verdutzt. Was hatte sie denn gesagt, das ihn so erschreckt hatte? Als sie ihm beruhigend übers Haar streichen wollte, wich er aus und versuchte gleichzeitig, ihr den Knopf zu entreißen. Wußte er am Ende, wem er gehörte? Doch nicht René Blanchard …

»Hab keine Angst, mein Kleiner«, sagte sie mit schmeichelnder Stimme. »Heute ist ein Festtag, da wirst du nicht bestraft. Und du bist doch schon ein großer Junge, nicht wahr? Nun wein doch nicht, daß du den Knopf genommen hast, ist doch nicht schlimm.«

»Ich wollte ihn ja bloß an meiner Angelschnur festmachen. Weil er glitzert und weil dann die Fische kommen. Das hat Monsieur Picot gesagt. Aber dann hab' ich ihn verloren. Meine Mama weiß nicht, daß ich ihn hatte, aber wenn Monsieur Picot es erfährt, wird er mich verhauen. Gibst du ihn mir jetzt wieder? Ich werde ihn auch gleich zurückgeben, ganz bestimmt!«

Alles Blut war aus Maries Gesicht gewichen. Der Junge begann erneut zu weinen. Da riß sie sich zusammen und bat ihn, ihr zu erzählen, was genau passiert war. Es bliebe ihr Geheimnis, versprach sie ihm.

»Einmal am Abend war Monsieur Picot bei uns. Er zog seinen Wintermantel aus, und da habe ich den Knopf abgemacht. Es war ganz leicht, weil er bloß noch an einem Faden hing. Aber als Monsieur Picot ging, hat er gemerkt, daß er fehlte. Mama hat ihn überall gesucht. Aber ich hatte ihn gut versteckt. Wie in der Geschichte, die du mir erzählt hast.«

Marie dankte ihrer Mutter im stillen dafür, daß sie ihr die Märchen von Perrault erzählt hatte. Pauls Wunsch, seinen Schatz zu hüten, würde Rose Gerechtigkeit verschaffen. Er dürfe niemandem etwas davon sagen, beschwor sie den Jungen. Den Knopf werde sie sich ausleihen, dafür bekomme er drei neue.

»Drei?« Die Angst vor Strafe war vergessen.

»Ja, aber nur wenn du unser Geheimnis für dich behältst. Sonst kommt der Menschenfresser und beißt dir die Nasenspitze ab!«

Paul legte den Finger an seine Nase. Er werde ganz bestimmt nichts verraten, beteuerte er. Marie nahm ihn bei der Hand, und sie gingen wieder nach draußen zu den anderen.

Germain Picot? Hatte sie geträumt? Sie befühlte den Knopf in ihrer Rocktasche. Sie konnte es kaum erwarten, ihn mit dem anderen zu vergleichen. Germain Picot!

Nein. Nein, Paul mußte sich irren. Oder sie. Aber sie wußte, es war kein Irrtum, sie hatte den verwünschten Knopf hundertmal in der Hand gehalten. Germain Picot! Warum hatte er das getan? Er war so nett und freundlich. So hilfsbereit. Und wurde von allen geachtet. Was würden die Blanchards sagen? Was sollte aus ihnen werden, falls Picot verhaftet würde? Und Rose? Wie würde Alphonse die Neuigkeit aufnehmen?

Marie war froh, daß sich der Tag dem Ende zuneigte. Sie brannte darauf, mit Guillaume allein zu sein, damit sie ihm alles erzählen konnte. Germain Picots Gegenwart machte sie zornig und befangen zugleich. Sie vermied es, ihn anzusehen. Aber konnte sie wirklich ausschließen, daß es einen zweiten Mantel mit ähnlichen Knöpfen in Québec gab?

Als Picot die kleine Noémie zum Abschied küßte, wischte Marie ihr verstohlen die Wange ab. Das Kind auf dem Arm, blieb sie mit Guillaume hinter den anderen zurück, die nichts Besseres zu tun hatten, als anzügliche Bemerkungen über das junge Glück zu machen. Wenn sie wüßten!

Guillaume verstand erst nach einer ganzen Weile, wovon sie eigentlich sprach. Wortlos legte er den Arm um ihre Schultern. Die Geste rührte sie. Er schwieg, bis die ersten Häuser der Oberstadt, die sich gegen den roten Abendhimmel abzeichneten, in Sicht kamen.

»Sag den anderen, du willst noch nach deinem Hasen sehen. Dann sind wir mit Rose und Alphonse allein im Haus des Chevaliers. Rose muß sich unbedingt den Knopf ansehen.«

»Und Alphonse Gerechtigkeit fordern. Rose wird Picot niemals zur Verantwortung ziehen, dafür hat sie viel zuviel Angst.«

»Bist du sicher, daß der Junge glaubwürdig ist? Sein Wort hat kein Gewicht, nicht vor dem Obersten Rat. Was ist, wenn er aus Angst vor Strafe alles nur erfunden hat?«

»Und der Knopf? Es ist der gleiche, Guillaume!«

Der Waldläufer seufzte. Er fürchtete, seine Abneigung gegen Picot werde ihn in seinem Urteil beeinflussen, und suchte deshalb nach Ungereimtheiten in Maries Bericht. Er wollte gerade einwenden, daß es sicherlich viele solcher Knöpfe in Québec gebe, als ihm plötzlich etwas einfiel. Den ganzen Tag hatte er das merkwürdige Gefühl gehabt, etwas Wichtiges gesehen zu haben, doch sowie er das Bild festzuhalten versuchte, löste es sich auf. Jetzt aber stand es ihm ganz deutlich vor Augen. Als er am Morgen auf Marie und Picot getroffen war, hatte Picot sich nach seiner Angelrute gebückt. Warum hatte er sie ins Gras gelegt? Um Marie ans Ufer hinunterzuhelfen? Nein, sie war ja vorausgegangen ... Er drängte Marie, sich genau zu erinnern.

Sie habe ein Geräusch gehört, erzählte sie zögernd. Und sich daraufhin umgedreht. Picot habe unmittelbar hinter ihr gestanden. Dann sei er, Guillaume, gekommen. Ja, richtig, Picot habe seine Angelrute vom Boden aufgehoben. Nein, sie habe nicht gehört, wie sie ihm heruntergefallen sei.

»Weil er sie ganz behutsam aus der Hand gelegt hat. Damit du es nicht hörst.«

»Aber warum?«

Im gleichen Moment, da sie die Frage stellte, erriet sie die Antwort. Allmächtiger! Er ... er ... er hatte vorgehabt, sie ... In panischem Entsetzen drückte sie Noémie an sich. Die Kleine begann zu wimmern. Guillaume nahm sie ihr ab, trieb Marie, die sich einen Augenblick hinsetzen wollten, jedoch zur Eile an.

»Wir dürfen keine Zeit verlieren, wir müssen mit dem Chevalier sprechen, damit er die Angelegenheit dem Obersten Rat vorträgt. Auf ihn wird man hören.«

»Was ist mit Madame de Grandmaison? Rose steht nach wie vor in ihren Diensten.«

»Überlaß das Alphonse. Das wird die Bindung zu Rose festigen.«

Marie nickte zustimmend und dachte: Was für ein Glück, daß ich Guillaume habe! Mit ihrem Entschluß, ihn zu heiraten, hatte sie die richtige Entscheidung getroffen. Sie drückte seinen Arm. Guillaume lächelte ihr zu und rief dann ihren Weggefährten zu, Marie wolle noch nach ihrem Hasen sehen. Sie sei eben ein großes Kind, scherzte er.

»In der Rue Saint-Louis sind wir wenigstens vor diesen Plagegeistern sicher«, meinte Alphonse. »In meinem ganzen Leben habe ich noch nicht so viele Stechmücken gesehen wie dort unten am Fluß! Außerdem wird der gnädige Herr sich freuen, wenn wir ihm von unserem Beisammensein erzählen!«

Da wäre ich mir nicht so sicher, dachte Guillaume.

Eine Anklage wegen Schändung würde unerhörtes Aufsehen erregen. Der Fall Abraham Martin, der fünfzehn Jahre zurücklag, war noch nicht vergessen.

29. KAPITEL

»Achtung! Alles klar zum Segelsetzen! Jetzt!« schrie Kapitän Legagneur.

Marie schaute dem Manöver einen Moment zu, schloß dann die Augen und sprach ein stilles Gebet. Als sie nach einer Weile vorsichtig ein Auge öffnete, atmete sie auf: Unter- und Obermarssegel, Focksegel, Kreuzmarssegel und Großsegel blähten sich stolz im Wind. Die Menschenmenge am Kai klatschte Beifall; Jubelrufe erschollen, Hüte wurden in die Luft geworfen. Einige Männer wandten sich ab und strebten dem Wirtshaus zu, das, wie sie meinten, zum Glück gleich nebenan war. Andere verweilten noch ein wenig und blickten dem auslaufenden Schiff nach.

Wie schnell doch die Zeit verflogen sei seit ihrer Hochzeit, sagte Marie zu Eléonore de Grandmaison.

In der Zwischenzeit hatten Wahlen stattgefunden. Wie Guillaume vorausgesagt hatte, war Claude Charron zum Bürgervertreter ernannt worden, eine Wahl, mit der die Siedler keineswegs einverstanden waren, weil sie fürchteten, der Kaufmann Charron werde seine Stellung nutzen, sich Vorteile zu verschaffen, zum Nachteil seiner Konkurrenten. Dann, am 12., 14. und 21. August, hatte Charles Aubert de La Chesnaye die wenige Monate zuvor von den Hospitaliterinnen erworbenen Ländereien auf der Île d'Orléans und in Beaupré an Bischof Laval verkauft. Das nächste größere Ereignis war der Frondienst gewesen, zu dem alle aufgerufen worden waren. Wenig später wäre Michel Dupuis beinah im Fluß ertrunken. Und jetzt trat die *Aigle-blanc-de-Flessingue* die weite Reise nach Frankreich an.

»Der Sommer geht bald zu Ende. Das macht mich ganz traurig«, sagte Marie leise.

»Ihr seid nicht die einzige«, bemerkte Eléonore. »Seht Euch Alphonse Rousseau an! So bedrückt habe ich ihn noch nie erlebt.«

Er stand still und mit düsterer Miene abseits. An Bord der *Aigle-blanc* befand sich nämlich auch Julien du Puissac. Herr und Diener waren zum erstenmal in zwanzig Jahren voneinander getrennt. Alphonse hatte geweint. Hätte der Chevalier ihn nicht gebeten, in Québec zu bleiben, wäre er ihm vermutlich nach Frankreich gefolgt, trotz seiner wachsenden Zuneigung zu Rose. Es sei nicht auszuschließen, daß er eines Tages in Begleitung von Guy Chahinian zurückkäme, hatte Puissac ihn getröstet. Auch wenn dafür keine Notwendigkeit mehr bestand, nachdem Marie ihm den goldenen Tiegel ausgehändigt hatte.

Das Hochzeitsgeschenk des Chevaliers, eine Brosche, die seiner verstorbenen Frau gehörte, hatte sie so tief gerührt, daß sie sich zu diesem Schritt entschlossen hatte. Er möge Chahinian ausrichten, bat sie, sie bedauere es sehr, ihm das Gefäß nicht persönlich zurückgeben zu können.

»Ich werde es ihm sagen. Er wird stolz auf Euch sein, wenn er erfährt, was Ihr Großartiges geleistet habt.«

Marie wurde rot. Der Zufall sei ihr zu Hilfe gekommen, wehrte sie ab.

»Ihr habt Rose und den anderen Frauen in der Kolonie einen großen Dienst erwiesen«, fuhr der Chevalier fort. »Nach Germain Picots Geständnis werden alle ruhiger schlafen.«

»Alle sicher nicht ... Bei denen, die gern einen Indianer als Täter gesehen hätten, ist die Enttäuschung groß. Germain Picot hat ja auch alles getan, um den Verdacht auf einen Irokesen zu lenken. Er hätte Rose genauso erwürgt und skalpiert wie Madeleine und Suzanne, wenn er nicht gestört worden wären. Und das mitten in der Stadt!«

»Welch ein Glück, daß Paul tags zuvor den Knopf von seinem Mantel abgerissen hatte! So kam Picot nicht auf den Gedanken, Rose könnte den zweiten Knopf haben. Er wird sich gedacht haben, er hätte beide verloren.«

»Wie ich mit ihm am Fluß entlangging, kam es mir einen Moment so vor, als ob er unseren Plan durchschaut hätte.«

»Habt Ihr große Angst gehabt?«

Sie schüttelte den Kopf. »Guillaume war ja in der Nähe. Aber ein bißchen Angst hatte ich schon«, gestand sie dann. »Allerdings nicht soviel wie in dem Augenblick, als ich die Wahrheit herausfand.«

Es war drei Wochen her, da hatte sie Rose, Alphonse und dem Chevalier von ihrer Entdeckung und ihrer Unterhaltung mit dem kleinen Paul berichtet. Ihr Entsetzen darüber, daß sie nur knapp dem Tod entronnen war, wich bald ohnmächtigem Zorn, und sie hatte nur noch den einen Wunsch, Vergeltung zu üben. Rose dagegen hätte die ganze Angelegenheit am liebsten vergessen. Aber Marie überzeugte sie davon, wie wichtig es war, daß sie vor dem Obersten Rat aussagte, wenn nicht noch mehr Frauen das gleiche Schicksal erdulden sollten. Guillaume und Puissac gaben zu bedenken, der einzige Beweis, den sie hätten, nämlich der Knopf, sei sehr dürftig. Vermutlich würde man ihre Geschichte als Erfindung zweier überreizter Gehirne abtun. Und wem würde man wohl Glauben schenken, wenn ihre Aussage gegen die eines allseits geachteten Bürgers stünde?

Da verlor Marie die Beherrschung. So schnell werde sie nicht aufgeben, sie würde einen Weg finden, Picot seiner gerechten Strafe zuzuführen! Guillaume dachte kurz nach. Er wußte, wie sinnlos es war, Marie von ihrem Vorhaben abbringen zu wollen. Also schlug er vor, Picot eine Falle zu stellen.

»Wir müssen ihn auf frischer Tat ertappen. Dann wird alles Leugnen zwecklos sein. Zumal es noch einen weiteren Zeugen geben wird: mich.«

Rose versuchte vergeblich, den beiden ihren Plan auszureden. Und so klopfte Marie zwei Tage später an Picots Tür und fragte, ob er eine Nachricht für die Blanchards habe:

»Ich habe Emeline versprochen, ihr zu zeigen, was man mit den Pflanzen rings ums Haus alles anfangen kann. Wußtet Ihr, daß Alant ein wirksames Mittel gegen Husten ist?«

Das träfe sich gut, rief Germain Picot da, gerade habe er sich auf den Weg zu René machen wollen. Dann könnten sie ja zusammen gehen.

Marie schlug vor, am Fluß entlangzugehen: Es sei so furchtbar heiß, sie müsse sich hin und wieder ein wenig erfrischen.

An der Côte du Palais folgten sie dem Weg zum St. Charles hinunter. Marie plauderte über ihre bevorstehende Hochzeit mit Guillaume, der sie leider nicht hätte begleiten können, weil er den Hospitaliterinnen seine Hilfe zugesagt habe. Dann unterhielten sie sich über das Wetter, über Getreide und Kartoffeln, über Boulets Schaf, das bald lammen würde, über Soucis Hund, der Bontemps' Huhn gefressen hatte, über Dupuis, der zehn Pfund Strafe bezahlen mußte, weil er Fournier einen Hahnrei genannt hatte.

Als sie den Fluß erreichten, blickte sich Picot verstohlen um. Sie waren allein. Weit und breit war kein Boot, keine Menschenseele zu sehen. Ob sie nicht einen Moment rasten wollten?

»Noch nicht«, antwortete Marie fröhlich. »Erst bei dem kleinen Wäldchen. Da, wo wir uns neulich morgens getroffen haben. Sonst fehlt mir nachher der Mut zum Weitergehen.«

Picot frohlockte innerlich. Der kleine Wald eignete sich noch besser für sein Vorhaben. Später sollte er sich daran erinnern, daß Marie zusammengezuckt war, als er stolperte und, Halt suchend, unwillkürlich nach ihrem Arm griff. Aber in dem Augenblick hatte er nicht darauf geachtet. Er hatte nur etwas Weiches, Warmes unter seinen Fingern gefühlt. Er beschleunigte seinen Schritt. Marie war es recht; sie wollte die ganze Sache so schnell wie möglich hinter sich bringen.

Sie erreichten das Wäldchen, aber den Ruf des Stars hatte sie noch immer nicht vernommen. Sie blieb ein wenig hinter Picot zurück und tat, als schüttelte sie den Sand aus ihren Holzpantoffeln. Plötzlich drehte er sich um, den Finger an die Lippen gelegt. Dann deutete er auf einen Punkt draußen auf dem Fluß und flüsterte, er habe etwas gesehen. Marie durchschaute die List. Sie machte zögernd einen Schritt auf ihn zu. Im gleichen Moment ertönte der vereinbarte Vogelruf. Marie bückte sich. Picot hatte bereits sein Messer gezogen und holte aus, doch bevor er zustoßen konnte, hatte Guillaume ihn gepackt und ihm den Arm auf den Rücken gedreht. Picot heulte auf vor Schmerz. Vergeblich versuchte er, sich dem eisernen Griff des Waldläufers zu entwinden. Mit dem Lederriemen, den Marie als Gürtel benutzte, fesselte Guillaume ihm die Hände auf dem Rücken und warf ihn zu Boden.

Picot hatte alles gestanden: den Mord an Suzanne und Madeleine ebenso wie den Überfall auf Rose und ein Halbblut, dessen Namen er nicht kannte. Er hatte schon früher gemordet, in Frankreich, bevor er geheiratet hatte. Zu Lebzeiten seiner Frau habe er niemandem ein Leid zugefügt, beteuerte er. Aber dann starb sie, und der Drang zu töten war erneut über ihn gekommen.

Guillaume schaffte seinen Gefangenen zum Fort St. Louis. Sie würden sich bald vor dem Obersten Rat wiedersehen, versicherte er ihm.

Was für ein Glück, daß nicht jeder Witwer von solchen Gelüsten überfallen werde, hatte der Chevalier bemerkt, während er den goldenen Tiegel mit einem Seidentuch polierte. Die Nachricht vom Selbstmord Picots hatte ihn kaum berührt. Im Gegensatz zu Marie, die außer sich war vor Wut, weil das blutrünstige Ungeheuer sich feige der Verantwortung entzogen hatte.

»Er ist tot, nur darauf kommt es an«, hatte Guillaume gesagt.

O nein, so einfach war das nicht! Am liebsten hätte sie alles kurz und klein geschlagen; nur die Furcht vor einer

Rüge von Mademoiselle Mance hielt sie davon ab. Sie war es übrigens auch, der es gelang, Marie zu beruhigen.

»Was hat sie gesagt, das Euch zur Besinnung brachte?« wollte der Chevalier wissen. »Ihr wart so schrecklich in Eurem Zorn, daß meinem Freund Alphonse angst und bange wurde. Und Rose auch.«

»Dabei hätte sie allen Grund, sich zu empören! Sie ist doch das Opfer!« ereiferte sich Marie.

»Nun erregt Euch nicht aufs neue«, beschwichtigte der Chevalier sogleich.

Marie sagte nichts mehr. Sie wußte, Jeanne Mance hatte recht: Sie wäre der Hinrichtung Picots ferngeblieben, sie war dazu geschaffen, Leben zu erhalten, nicht zu zerstören. Dennoch hätte sie sich gewünscht, daß das Ungeheuer Rose Rolland öffentlich um Vergebung gebeten hätte.

»Rose hätte wahrscheinlich abgelehnt«, sagte der Chevalier. »Sie steht nicht gern im Mittelpunkt.«

»Aber alle haben mit dem Finger auf sie gezeigt! Picot schuldete ihr Genugtuung!«

»Die hat sie erhalten, wenigstens zu einem kleinen Teil.«

Noch am Abend seiner Verhaftung hatte Germain Picot nach Jean Duquette verlangt und ihm seinen Letzten Willen diktiert – im Hinblick auf seine Hinrichtung, wie der junge Notar glaubte. Daß Picot sich erhängen würde, konnte er nicht ahnen. Nachdem er sorgfältig die Verfügungen des Gefangenen niedergeschrieben hatte, nahm er Abschied mit den Worten, er werde seine Seele Gott befehlen. Nichts entschuldigte Picots Verbrechen, auch nicht seine Großzügigkeit, aber er hatte seine Reue eindrucksvoll bekundet.

Marie verzog das Gesicht. »Ich weiß, er hat seinen Besitz zu gleichen Teilen Madeleines Söhnen und Suzannes Ehemann vermacht. Und das Haus in der Unterstadt hat er Rose hinterlassen. Aber die Toten werden davon nicht wieder lebendig! Im Grunde bin ich die einzige, die einen Nutzen von seinem Tod hat.«

»Dann freut Euch doch, anstatt zu jammern! Ihr habt Picot überführt, er ist tot, er hat Euch sein Haus am Fluß vermacht, das Ihr an die Blanchards vermieten werdet, wodurch Ihr endlich die Möglichkeit habt, Euren Laden zu erwerben. Was wollt Ihr mehr? Rose ist froh, daß es Picot nicht mehr gibt, sie will diese ganze traurige Geschichte vergessen. Und das solltet Ihr auch tun ...«

Er hatte nicht unrecht, wie sie zugeben mußte. Dennoch konnte sie sich eine kleine Stichelei nicht verbeißen:

»Nun, da Ihr Euren Tiegel habt, ist für Euch nichts anderes mehr von Bedeutung!«

»Marie!«

»Ich werde Euch jetzt mit ihm allein lassen. Was ist mit Januar? Ich dachte, Alphonse würde ihn mitnehmen.«

»Er läßt ihn mir bis zu meiner Abreise.«

»Dann seid Ihr also fest entschlossen?«

Der Chevalier nickte. »Es ist meine Pflicht. Ich muß Guy Chahinian finden.«

Guillaume hatte große Mühe gehabt, Marie aufzuheitern, als sie nach Hause kam. Er spielte den Eifersüchtigen, beschwerte sich, daß der Abschied von ihm im vergangenen Herbst sie nicht so traurig gemacht habe.

»Das war doch etwas ganz anderes! Ich wußte, du würdest wiederkommen. Aber Monsieur du Puissac werde ich nie wiedersehen, das fühle ich ...«

Guillaume hatte ihre schwermütige Stimmung auf die Erschöpfung nach all den Aufregungen der letzten Wochen geschoben. Er überredete Marie zu einer kleinen Kanufahrt. Zunächst zeigte sie sich wenig begeistert, aber als sie dann in dem leichten, schmalen Boot kniete, stieß sie kleine Freudenschreie aus. Sie bat Guillaume, ihr das Paddel zu überlassen. Er reichte es ihr nach kurzem Zögern. Er brauche sich keine Sorgen zu machen, sie sei eine ausgezeichnete Schwimmerin, versicherte sie ihm. Sie vielleicht, meinte er da, er aber könne nicht schwimmen. Marie versprach, es ihm beizubringen.

Erst der Hunger trieb sie nach Québec zurück, soviel Vergnügen bereitete ihr die Fahrt auf dem St. Charles. Sie dankte Guillaume für den unvergeßlichen Tag, und am Abend, im Bett, war sie überaus willig.

Marie ging auf Rose und Alphonse zu. »Wie winzig so ein Kanu doch im Vergleich zu einem Schiff ist.«

Rose sah sie hilfesuchend an. Alphonse stand da wie angewachsen und starrte unverwandt auf die *Aigle-blanc-de-Flessingue,* die nur noch ein kleiner Punkt in der Ferne war.

Marie setzte Noémie ab. »Der Chevalier kommt wieder, das hat er mir selbst gesagt.«

»Du bist schuld, daß er fortgegangen ist.« Alphonse zeigte anklagend mit dem Finger auf sie. »Hättest du ihm die Tiegel nicht gegeben, wäre er dageblieben.«

»Du selbst hast mich doch gedrängt, daß ich sie ihm zurückgeben soll!«

»Was für Tiegel? Wovon sprecht ihr eigentlich?« Neugierig sah Rose von einem zum andern.

Marie und Alphonse wechselten einen kurzen, betretenen Blick. Da hatten sie Stillschweigen gelobt, und kaum war der Chevalier fort, brachen sie ihr Versprechen auch schon. Marie, die Übung im Lügen hatte, erfand schnell eine Geschichte:

»Es geht um einen Tiegel, den ich in Paris zufällig in einem Kuriositätenladen entdeckte. Als ich ihn dem Chevalier zeigte, erkannte er ihn wieder: Er war seiner Schwester vor langer Zeit gestohlen worden, und Monsieur du Puissac legte Wert darauf, ihn seiner Schwester persönlich zurückzubringen.«

Rose zog die Augenbrauen hoch. »Und das soll ich euch glauben? Warum sagt ihr mir nicht die Wahrheit?«

Marie wandte sich verlegen ab und ihrem Töchterchen zu. Der Tiegel sei das Kennzeichen eines Geheimbundes, der Söhne des Friedens, schwindelte Alphonse. Ihr Ziel sei die Entmachtung des Königs. Und der Tiegel ermöglichte es dem Chevalier, die Verschwörer um sich zu scharen.

»Hat er denn den Verstand verloren?« entfuhr es Rose. »Was hat er dem König vorzuwerfen?«

Marie zwinkerte Alphonse zu. Sie hatte soeben etwas gelernt: Halbwahrheiten waren nicht nur leichter zu ersinnen, sondern wurden auch bereitwilliger geglaubt. Rose mußte Alphonse schwören, mit niemandem über die politischen Ansichten seines Herrn zu reden. Dafür nahm sie ihm das Versprechen ab, sich aus dieser Angelegenheit herauszuhalten. Es schien, als sei sie gerade noch rechtzeitig in sein Leben getreten, um ihn vor einer großen Dummheit zu bewahren. Auf ein Majestätsverbrechen stand die Todesstrafe. Und wenn der Chevalier so weitermachte, würde er aufs Rad geflochten oder gevierteilt werden. Nein, Adlige starben durch das Fallbeil, doch das war auch nicht besser.

Rose faßte Alphonse am Arm und zog ihn energisch mit sich fort. Marie lud die beiden zum Essen ein, aber Alphonse hatte keinen Hunger.

»Du mußt doch etwas essen!« Sie drückte Noémie an sich. »Sieh dir meine Tochter an, wenn sie nicht bald etwas bekommt, wird sie mich noch in den Arm beißen!«

»Warte nur, wir werden ja sehen, wie es um deinen Appetit bestellt ist, wenn Guillaume auf die Jagd geht.«

Marie biß sich auf die Lippen. An diesen verwünschten Tag wollte sie nicht denken, und sie mochte auch nicht daran erinnert werden. Guillaume hatte ihr vor der Hochzeit unmißverständlich klargemacht, daß er die Fallenstellerei niemals aufgeben werde. Was für Victor das Meer war, waren für ihn die Wälder. Marie konnte ihn verstehen. Sie erinnerte sich noch gut, wie ihre Mutter tapfer die Tränen hinuntergeschluckt und ihren Vater ermuntert hatte, aufs Meer hinauszufahren. Sie hatte nicht die Absicht zu weinen. Schließlich liebte sie Guillaume nicht. Sie achtete ihn, sie plauderte gern mit ihm, es gefiel ihr, daß er sie zum Lachen bringen konnte, und mit der Zeit würde sie auch Gefallen an seinen Liebkosungen finden. Aber er vermochte nicht die Begierde zu wecken, die Simon in ihr hervorgerufen hatte. Nein, ihr war aus einem anderen Grund bange vor dem Tag, an dem Guillaume sie verlassen würde: Sie hatte sich an die Zweisamkeit, an das Gefühl der Sicherheit, das ein Mann im Haus ihr gab, gewöhnt. Sie hatte zwar vor dem Schlafengehen nie unters Bett oder in den Schrank geschaut, so wie Lison, aber ihr Stilett lag stets griffbereit. Es schien, als hätten die schaurigen Geschichten, die man sich über die Irokesen erzählte, sie unruhig gemacht. Nach Germain Picots Verhaftung hatte sie nächtelang wach gelegen, aus Angst, eine den Tomahawk schwingende Hand tauche aus der Dunkelheit auf und spalte ihr den Schädel. Sie schämte sich ihrer Gedanken, weil sie nicht mit ihrem Eintreten für die Indianer vereinbar waren. Doch sie kam nicht an gegen ihre Angst. Nach ihrer Hochzeit hatte sie deshalb rasch eingewilligt, in Guillaumes Bett zu schlafen. Seine Nähe vermittelte ihr ein Gefühl der Geborgenheit.

Plötzlich hatte sie Sehnsucht nach ihm. Sie verabschiedete sich von Rose und Alphonse und eilte mit großen Schritten in die Rue Sault-au-Matelot, wo die Witwe

Grouvel ihnen ein Haus vermietet hatte. Noémie wurde in ihren Armen durchgeschüttelt, aber es gefiel ihr, sie lachte vergnügt.

Marie fragte sich, ob es richtig gewesen war, dem Chevalier die Brosche anzuvertrauen, die Julie LaFlandres ihr kurz vor ihrem Tod geschenkt hatte. Den Siegelring, der das gleiche Wappen trug, hatte sie behalten. Sie hatte Puissac von der vornehmen Abstammung der jungen Frau erzählt. Vom Vater in ein Kloster gesperrt, hatte sie einen Handwerker geheiratet und war mit ihm aus Frankreich geflohen, damit er nicht wegen Entführung ergriffen und verurteilt würde. Auch er war auf der *Alouette* gestorben. Noémie würde niemals Anspruch auf ein Erbe haben, denn Julies Vater hatte seine Tochter und das Kind, das sie erwartete, verstoßen. Aber es könnte nicht schaden, wenn sie mehr über ihre Vorfahren wüßte. Falls der Chevalier etwas über ihre Familie herausfände, würde sie es Noémie an ihrem fünfzehnten Geburtstag mitteilen. Im gleichen Alter waren Julie auf Anordnung ihres Vaters sämtliche Zähne gezogen worden, damit ihr Liebreiz nicht den Teufel anlocke. Arme, traurige Julie. So eine fröhliche Tochter hatte sie geboren! Selbst Guillaume war ihrem Zauber erlegen. Die Kleine weinte fast nie und steckte voller lustiger Einfälle.

Fast hätte sie die Überraschung vergessen, die Guillaume ihr versprochen hatte! Als sie, vom Laufen ganz außer Atem, die Tür aufstieß, sprang etwas Dunkles freudig kläffend auf sie zu.

»Er heißt Mkasawi, was bei den Abenaki ganz einfach ›schwarz‹ bedeutet. Er ist sehr gutmütig und folgsam, aber falls jemand auf den Gedanken käme, dich oder Noémie anzugreifen, wird er euch beschützen.«

Marie war gerührt über Guillaumes Fürsorge und dankte ihm mit zärtlichen Worten. Noémie hatte bereits die Ärmchen um den Hals des großen Hundes geschlungen, und Mkasawi leckte ihr liebevoll übers Gesicht.

Zu diesem Zeitpunkt ahnte noch niemand, daß das Mädchen und der kalbsgroße Hund unzertrennlich und ihre Freundschaft fast schon legendär werden sollten.

30. KAPITEL

Am Begräbnis von Abraham Martin nahm Marie nicht teil. Es müßten noch so viele Pflanzen und Kräuter gesammelt werden, um Vorrat für die Wintermonate zu schaffen, hatte sie Guillaume erklärt. Das war jedoch nur die halbe Wahrheit. In Wirklichkeit fürchtete sie, die Beerdigung werde sie noch schwermütiger machen, als sie ohnehin bereits war. Je näher die Trennung von Guillaume rückte, desto geschäftiger lief sie umher. Und als der 15. September 1664 gekommen war, vergoß sie heimlich ein paar Tränen.

Guillaume seinerseits war erstaunt, wie frisch die Erinnerung an seine Frau noch Tage später war. Er vermißte ihr Lachen und ihre Wutausbrüche, ihre neugierigen Fragen und ihre erwachende Sinnlichkeit. Er dachte sehr viel öfter an sie, als er es sich einzugestehen wagte.

Pierre-Esprit Radisson und Médard Chouart des Groseilliers zogen ihn mächtig auf wegen seiner Heirat und seiner Angewohnheit, ständig von Marie zu reden. Gleichgültig, ob es sich um die Jagd, den Fischfang, die Fallenstellerei, den Alkoholverkauf oder den Kauf von Fellen handelte, er flocht stets eine kleine Anekdote über die Füchsin ein. Er behauptete zwar, er freue sich auf das Wiedersehen mit Klalis und habe Marie nur aus praktischen Erwägungen geheiratet, doch die anderen wußten es besser: Die Rothaarige hatte Laviolette verzaubert. Aber er würde sich schon wieder beruhigen; nicht mehr lange, und er würde sich von neuem an die Freiheit gewöhnt haben. In den letzten beiden Tagen hatte er bereits öfter von den Geschäftsleuten als von Frauen gesprochen. Er wollte alles über die bevorstehenden Reisen wissen.

»Erzählt mir von den Herren in Neu-Niederland.«

»Es wird nicht mehr lange Neu-Niederland heißen«, sagte Radisson mit gedämpfter Stimme. »Neu-Amsterdam wird bald an die Engländer fallen. Und wir verhandeln nur mit den Siegern.«

»Zu einigen haben wir bereits Verbindung aufgenommen«, fügte Médard Chouart hinzu. »Wir verstehen uns. Sie werden uns nicht übers Ohr hauen wie Voyer d'Argenson.«

Guillaume nickte verständnisvoll. »Ich verstehe eure Entrüstung. Wenn ihr nicht gewesen wärt, damals vor vier Jahren, wäre die Kolonie vor die Hunde gegangen. Der Wortbruch des Gouverneurs war eine unerhörte Dreistigkeit. Da habt ihr Rauchwaren im Wert von zweihunderttausend Pfund herangeschafft und mußtet statt des vereinbarten zehnten Teils ein Viertel an Abgaben entrichten. Was für ein beschämendes, ehrloses Verhalten! Was für ein Vorbild für die Siedler!«

»Er hat das Spiel zu weit getrieben und verloren«, bemerkte Radisson. Seine Augen funkelten boshaft. »Mit dem Ergebnis, daß wir keine Geschäfte mehr mit den Franzosen machen.«

»Wir haben damals nämlich nicht nur reiche Beute gemacht, Laviolette, sondern auch den besten Landweg nach Westen entdeckt. Und wir werden noch weiter vordringen. Unsere Verbündeten haben die Notwendigkeit, diese große Bucht im Norden zu erforschen, erkannt. Und wir werden diejenigen sein, die das Abenteuer wagen! Die Franzosen werden ihren Verrat noch bereuen.«

»Das tun sie jetzt schon. Nach dem Preisverfall für Biberpelze müssen andere Felle, und nicht die schlechtesten, beschafft und nach Frankreich geschickt werden. Die Kolonie könnte Männer wie euch gebrauchen. Aber wie ich bereits zu Marie gesagt habe: Nichts ist schlimmer als Verrat. Nichts!«

Radisson schnitt sich eine Keule von dem Hasen ab, der über dem Feuer gebraten hatte, und lächelte Guillaume zu. »Mach dir deswegen keine Sorgen, den Appetit kann uns das nicht verderben.«

Guillaume häufte Steine rings um die Glut an und nahm sich dann ebenfalls ein Stück Fleisch. Es war noch so heiß, daß er sich fast die Finger verbrannt hätte. Er schüttelte die Hand, leckte sich die Fingerspitzen ab und biß herzhaft in das Fleisch. Obwohl es ein wenig verkohlt war und das Salz fehlte, kam es ihm so vor, als hätte er nie etwas Besseres gegessen. Es war die Gesellschaft von Chouart und Radisson, der über dem Lagerfeuer hängende Duft von Abenteuer und Freiheit, von Wildnis und Kanufahrten, von Männerfreundschaft und Entdeckerfreude, aber auch von Angst, was diese Mahlzeit so einzigartig machte. Die Angst gehörte dazu. Angst war heilsam, denn sie dämpfte den Wagemut. Den Vorstoß nach Norden und Westen zu wagen war das Los, die Freude und der Stolz der Waldläufer, aber einer Abkürzung wegen sein Leben auf der tauenden Eisdecke eines Sees aufs Spiel zu setzen, war Dummheit. Guillaume Laviolette war für seine Besonnenheit bekannt, deshalb schätzten Chouart und Radisson seine Gesellschaft. Dieses Mal brachte er ihnen mehr Neuigkeiten als gewohnt aus Québec mit. Es hatte sich viel ereignet in den vergangenen zwölf Monaten: die Abreise Davaugours, die Auflösung der Kompanie der hundert Teilnehmer, die Gründung der

Westindischen Kompanie, der Amtsantritt Mézys, die Ankunft der *Noir-d'Hollande* und der *Aigle-blanc-de-Flessingue.*

»Ich habe gehört, der König will Soldaten entsenden«, sagte Radisson.

»Das behauptet zumindest der Gouverneur«, erwiderte Guillaume. »Aber vor dem Winter wird kein Schiff mehr am Quai de Champlain anlegen.«

Ausnahmsweise hatte Guillaume Laviolette sich geirrt. Am 25. September, zwei Tage nachdem das Schiff von Charles Le Moyne die Anker gelichtet hatte, traf die *Dragon-d'Or* in Québec ein.

Die Siedler liefen von den Feldern zum Hafen hinunter, um die Neuankömmlinge zu begrüßen. Sich fröhlich am Kai zu drängen war unterhaltsamer, als Getreidegarben zu binden, Holzgerüste zur Heutrocknung zu errichten, Mais zu ernten oder die Kolben nach Indianerart zusammenzuflechten.

»Oder Winterweizen zu säen«, sagte Marie zu Rose. »Woher weiß man eigentlich, daß es im Frühjahr wachsen wird?«

»Rede keinen Unsinn und hör auf zu jammern. Wir sind ja bald fertig.«

Die grenzenlose Geduld der Freundin war Marie unbegreiflich. Rose beklagte sich nie. Gutgelaunt nahm sie am Frondienst teil, gleichgültig, ob es darum ging, Erbsen zu pflücken, das Korn zu schneiden – niemand verstand besser mit der Sichel umzugehen als sie –, Garben zu binden oder sie aufzuhängen.

»Ich könnte deinen Eifer ja noch verstehen, wenn es dein eigenes Land wäre.«

»Wenn wir erst einmal unser eigenes haben, werden die Nachbarn kommen und mir helfen. Nur so ist unser aller Überleben gesichert, das weißt du so gut wie ich. Was hast du heute nur? An allem findest du etwas auszusetzen.«

Rose berührte sie am Arm: Sie vermisse Guillaume, nicht wahr? Nicht nur das, erwiderte Marie seufzend, Noémie habe die ganze Nacht hindurch geschrien. »Bei jedem Zahn ist es das gleiche! Sieh sie dir doch an, ihre Wangen sind feuerrot, und sie beißt in alles, was sie in die Hände bekommt. Ein Glück, daß Mkasawi so gutmütig ist. Heute hat sie ihn bestimmt schon zwanzigmal an den Ohren gezogen!«

Inzwischen war Marie klargeworden, daß Emeline über eine schier unerschöpfliche Geduld verfügen mußte. Sie war froh, ihr mit der Vermietung des Hauses, das sie von Picot geerbt hatte, ihre Dankbarkeit beweisen zu können. Eines Tages würde sie den Blanchards das Haus verkaufen. Das Leben dort draußen war nichts für sie, sie zog die Stadt vor, die Nähe zum Kaufhaus, damit ihr nichts entging.

Mit großen Schritten eilte sie zum Hafen hinunter, um die Ankunft der Passagiere nur ja nicht zu versäumen. Aber als sie unter ihnen Ernest Nadeau erkannte, durchzuckte sie der Gedanke, daß sie in ihr Unglück gerannt war, daß Schwester Sainte-Blandines Prophezeiung sich doch noch erfüllen und sie für ihre Ungeduld bestraft werden sollte. Einen Augenblick hoffte sie noch, Nadeau habe sie nicht gesehen. Ihr Wunsch ging nicht in Erfüllung. Der öffentliche Schreiber fuhr zurück, als er sie erblickte. Sprachloses Erstaunen spiegelte sich in seinem Gesicht, und dann brach er in schallendes Gelächter aus.

Hier also hielt sich Marie LaFlamme versteckt! Trotz seiner Erschöpfung wäre Nadeau am liebsten auf der Stelle nach Frankreich zurückgekehrt. Er konnte es kaum erwarten, Saint-Arnauds Gesicht zu sehen, wenn er ihm die Nachricht überbrächte, und die ausgesetzte hohe

Belohnung einzustreichen. Er winkte Marie zu, erklärte den Umstehenden, er sei ein alter Freund von ihr, worauf ihm mitgeteilt wurde, sie hieße jetzt nicht mehr LaFlamme, sondern Laviolette. Nadeau heuchelte freundliche Anteilnahme und ließ sich mehr über die Heirat erzählen, bevor er auf Marie zuging. Der Ausdruck tiefer Genugtuung auf seinem Gesicht weckte in ihr den Wunsch, ihn zu ohrfeigen. Doch sie beherrschte sich. Sie wußte, sie würde anders vorgehen, nämlich ihre weiblichen Reize einsetzen müssen, um den Schreiber milde zu stimmen.

»Hierher also habt Ihr Euch geflüchtet! Und das Kind! Ist das Eures?«

Marie nickte. Sie zog Nadeau mit sich zum Champlain-Brunnen; es mußte nicht jeder ihre Unterhaltung mit anhören. Sie ahnte, was er ihr zu sagen hätte: Er würde sie des Ehebruchs, der Doppelehe, des Diebstahls und des Mordes bezichtigen. Daraufhin würde sie ihn anflehen, Saint-Arnaud ihren Aufenthaltsort nicht zu verraten. Warum er ihr diesen Dienst erweisen und sich zu ihrem Komplizen machen solle, würde er entgegnen.

Das Gespräch verlief, wie sie es sich vorstellt hatte. Es schien, als führe sie ein ehrbares, sorgenfreies Leben, bemerkte Nadeau. Was würden die Leute wohl sagen, wenn sie von ihrer Vergangenheit erführen? Er fragte sich, ob es nicht seine Pflicht sei, die Bürger davon in Kenntnis zu setzen, daß eine Hexe unter ihnen lebte.

»Ich bin keine Hexe! Das wißt Ihr genau!«

»Nun, in Nantes ist man anderer Meinung. Dort sagt man sich, der Apfel fällt nicht weit vom Stamm ... Jeder bedauert den armen Saint-Arnaud, dem seine Großzügigkeit so schlecht gedankt wurde. Hoffentlich bleibt Monsieur Laviolette diese Enttäuschung erspart. Ich könnte mir denken, Saint-Arnaud wird nicht sehr erbaut sein, wenn er hört, du hast noch einen Ehemann. Und was wird dieser sagen, wenn er erfährt, daß du deine Amme getötet hast?«

Marie verschlug es einen Augenblick die Stimme vor Empörung. »Ich habe Nanette nicht getötet! Das waren Saint-Arnauds Leute!«

»Aber alle glauben, daß du es warst. In Nantes wird man dich dafür zum Tod verurteilen. Viele bedauern, ohnehin bereits, daß man dich nicht auch verbrannt hat.«

Er beugte sich zu Noémie hinunter und kniff sie in die Wange, bevor Marie eingreifen konnte. »Dann muß die Kleine auch eine Hexe sein ... Wie bringt man euch hierzulande zu Tode, durch Erhängen oder Verbrennen?«

»Was wollt Ihr von mir?«

Ernest Nadeau musterte sie lüstern; sein Blick verweilte auf ihrer Brust. Marie nahm ihre Tochter auf den Arm und drückte sie an sich.

»Ich bin eine verheiratete Frau.« Der Satz würde ihn erheitern, das wußte sie, aber sie mußte Zeit gewinnen.

Wie sie erwartet hatte, brach Nadeau in Gelächter aus. Eine Frau, die heißblütig genug für zwei sei, wäre es sicher auch für einen dritten, erwiderte er. Aber es gäbe da noch eine andere Möglichkeit: Sofern sie ihm fünfzig Pfund schenke, werde er Stillschweigen bewahren über ihre Vergangenheit.

»Aber soviel Geld besitze ich nicht!«

»Deinem Mann wird deine Ehe doch soviel wert sein?«

»Guillaume ist auf der Jagd. Er kommt erst im Frühjahr wieder.«

Nadeau legte ihr die Hand auf die Schulter. »Und er hat dir kein Geld dagelassen? Wie gedankenlos von ihm! Du mußt dich sehr einsam fühlen. Ich denke, unter diesen Umständen – und da du ohnehin kein Geld hast – sollten wir auf meinen ersten Vorschlag zurückkommen ...«

Marie betrachtete den Strom. Der Anblick seines Wassers, seiner kalten Klarheit reinigte sie von den schmierigen Blicken Nadeaus. Nein, ein böser Mensch wie er sollte sie nicht aus Québec vertreiben. Sie wollte weiterhin am Fluß entlangspazieren, durch die Rue St. Louis, die Rue Sault-au-Matelot, die Rue Ste. Anne gehen. Sie wollte hören, was im Kaufhaus gesprochen und auf dem Marktplatz geklatscht wurde. Sie freute sich darauf, Emeline zu entbinden, und hoffte, bald so beliebt zu sein wie Madame Gendron. Und Noémie sollte eines Tages die Ursulinerinnenschule besuchen. Und wenn sie erst im Besitz ihres Schatzes wäre, würde sie sich eine Apotheke einrichten, die groß genug für die Behandlung von Kranken wäre. Später dann wollte sie ihre Tochter in Botanik und Anatomie unterrichten. Noémie sollte eine heilkundige Frau werden wie ihre Mutter und ihre Großmutter vor ihr, aber niemand, niemand sollte sie je der Hexerei bezichtigen.

»Ihr bekommt das Geld.«

»Es freut mich, daß du so vernünftig bist. Ich gebe dir Zeit bis morgen.«

»Ich werde Euch fünfzehn Pfund geben, nächste Woche weitere fünfzehn und den Rest bei Eurer Abreise. Wer sagt mir, daß Ihr Euer Wort haltet, wenn Ihr das Geld erst einmal habt?«

»Ich will die gesamte Summe vor Ablauf von zwei Wochen. Ich möchte Pelze kaufen, und du wirst meine Bank sein. Andernfalls werde ich vielleicht das Vergnügen haben, deiner Verhaftung beizuwohnen. Hm, ich habe einen ganz trockenen Mund bekommen vom vielen Reden. Du könntest mich eigentlich zu einem Schoppen Wein einladen.«

Marie zog eine Münze aus ihrer Rocktasche und reichte sie ihm. Um sich zu vergewissern, daß sie echt war, biß er darauf. »Bei euch Hexen weiß man nie …« Lachend ging er davon.

Sie schaute ihm nach. Warum war Nadeau nicht auf

dem Meer umgekommen, durch das Enterbeil eines Piraten oder durch eine tödliche Krankheit? Warum war Gott so ungerecht? Warum war Guillaume nicht bei ihr?

Auf dem Heimweg sagte sie kein Wort. Sie fütterte Noémie und brachte sie früher als gewohnt zu Bett. Dann setzte sie sich in den Schaukelstuhl, den Guillaume ihr zum Abschied geschenkt hatte, und redete mit Mkasawi. Sie erklärte ihm, wer Nadeau war und weshalb sie ihn am liebsten vergiften würde. Der Hund brummte hin und wieder, als ob er jedes Wort verstünde.

Es war sehr spät, als sie sich schlafen legte; eine Lösung aber hatte sie immer noch nicht gefunden. In der Nacht träumte sie, ein Wal hatte die *Dragon-d'Or* verschlungen. Am nächsten Morgen weinte sie vor Enttäuschung, weil es nur ein Traum gewesen war. Kein Fabelwesen käme, sie von Nadeau zu befreien. In Québec gab es weder Wolf noch Bär, der ihn hätte fressen können.

Rose sah sofort, daß ihre Freundin große Sorgen haben mußte. Sie machte einen abgespannten, übernächtigten Eindruck, und ihre schönen veilchenblauen Augen hatten ihren Glanz verloren.

»Wo warst du? Ich habe in der Mühle auf dich gewartet.«

»Ich will das Haus nicht verlassen.«

»Warum? Was ist geschehen? Hat es mit dem Mann aus Nantes zu tun? Man erzählt sich, er sei ein alter Bekannter von dir, er soll Rechnungsführer auf dem Schiff von Victor Le Morhiers Vater gewesen sein. Hat er dir schlechte Nachrichten gebracht?«

Marie nickte müde. »So könnte man es nennen, ja.«

»Nun rede schon! Was hat er gesagt?«

Marie ergriff ihre Hände, sah ihr fest in die Augen und ließ sie schwören, das, was sie ihr anvertrauen werde, für sich zu behalten. Obgleich die Bitte zwischen Freundinnen überflüssig war, zeigte sich Rose nicht gekränkt, sondern gab Marie ihr Wort. Stumm und in atemloser Spannung hörte sie ihr zu. Als sie geendet hatte, sagte sie mitfühlend:

»Du hast genug durchgemacht, Nadeau hat kein Recht, dir das anzutun. Wir brauchen dich hier. Gerade jetzt, nachdem sich Mademoiselle Mance beim Bischof für dich eingesetzt hat und es sicher nicht mehr lange dauern wird, bis du als Hebamme tätig werden darfst.«

Rose strich ihr tröstend übers Haar. Im gleichen Moment hörte sie Alphonse rufen. Er wartete draußen vor der Tür, weil er die beiden Frauen nicht stören wollte. Er war ungeübt im Umgang mit dem weiblichen Geschlecht und in Roses Gegenwart immer noch ein wenig befangen. Rose, die sich der neuen Situation schneller angepaßt zu haben schien, tat alles, um ihm seine Scheu zu nehmen. Sie sprachen oft über die Jahre im Hof der Wunder, dem Viertel der Bettler und Diebe. Sich auf diese Weise von den schrecklichen Erinnerungen zu befreien tat beiden gut.

Alphonse hämmerte an die Tür. »Rose! Marie!« rief er noch einmal, und seine Stimme klang plötzlich besorgt.

Er mochte Marie, aber sie hatte eine Begabung dafür, sich Unannehmlichkeiten einzuhandeln. Kurz entschlossen stieß er die Tür auf. Rose ging ihm entgegen und faßte ihn sanft am Arm. Ob sie ahnte, wie sehr er diese Geste liebte? Er begehrte Rose, und er war dankbar, daß sein Beinstumpf ihr keinen Abscheu einflößte. Doch wenn sie ihre feingliedrige Hand unter seinen Ellbogen schob so wie in diesem Augenblick, war er bereit, ihr bis ans Ende der Welt zu folgen. Ans Ende der Welt? Als ob sie da nicht bereits wären! Und an diesem Morgen schienen die beiden Frauen nicht besonders glücklich darüber.

Mit Maries Einwilligung weihte Rose ihren Mann ein.

Alphonse war zutiefst empört. »Ich werde diesem Nadeau mein Holzbein in den Rachen stecken!«

Marie mußte lächeln. »Kein schlechter Einfall, das würde ihn am Reden hindern ...«

»Du wirst ihm das Geld geben«, entschied Rose. »Hast du die fünfzehn Pfund, die du ihm versprochen hast?«

»Ja, aber dann ...«

»Ich werde dir leihen, was du den Winter über brauchst«, sagte Alphonse. »Ich habe meinen Lohn lange Jahre gespart.«

Marie schüttelte energisch den Kopf. »Nein, ihr werdet das Geld selber brauchen.«

»Dich brauchen wir aber auch«, meinte Rose.

»Ich habe Guillaume versprochen, auf dich achtzugeben«, fügte Alphonse hinzu. »Was würde er sagen, wenn er dich bei seiner Rückkehr im Gefängnis wiederfände? Oder überhaupt nicht, weil man dich nach Nantes zurückgeschickt hat? Was soll dann aus Noémie werden? Hast du daran schon einmal gedacht?«

Marie senkte entmutigt den Kopf.

Am Abend ging sie auf Ernest Nadeau zu, als dieser gerade mit einem prächtigen Wolfspelz das Kaufhaus verließ.

»Wunderschön, nicht wahr?« Er breitete ihn vor ihr aus. »Ich habe mir noch zwei andere zurücklegen lassen, einen Nerz und einen Luchs. Ich bin sicher, du wirst mit meiner Wahl einverstanden sein.«

Er betrachtete die langen Schatten auf dem Marktplatz. Drei Stunden blieben ihr noch, um die ersten fünfzehn Pfund zu bezahlen, bemerkte er hämisch grinsend. Da zog Marie ein verknotetes Taschentuch hervor.

»Hier, das Taschentuch könnt Ihr behalten, ich möchte mir nicht die Hände schmutzig machen. In drei Tagen bekommt Ihr noch einmal soviel.«

»Und den Rest zwei Tage vor der Abreise.«

»Nein, am Abend vorher.«

Nadeau zuckte die Achseln. Er hatte bekommen, was

er wollte. Und da es leichter gewesen war als erwartet, überlegte er, ob er nicht mehr fordern sollte. Doch er verwarf den Gedanken wieder. Er hatte Erkundigungen eingezogen: Weder Guillaume noch Marie waren reich, mehr als fünfzig Pfund könnte sie nicht aufbringen. Aber schließlich hatte sie noch anderes zu bieten. Der Wunsch, sie zu besitzen, regte sich nach wie vor in ihm. Vor allem aber brannte er darauf, ihr ihren Hochmut auszutreiben. Es würde ihm eine Wonne sein, sie zu demütigen! Diese verächtliche Art, wie sie ihm mit spitzen Fingern das Taschentuch überreicht hatte … Er würde sie schon den nötigen Respekt lehren. Doch zuerst mußte er das Geld haben. Er hätte ihr etwas Wichtiges über Saint-Arnaud mitzuteilen, etwas, das ihr von Nutzen sein werde – unter diesem Vorwand würde er sie an einen einsamen Ort locken. Und dann wollte er sie nehmen, mit Gewalt, wenn es sein mußte. Was könnte sie gegen ihn unternehmen? Ihn verklagen? Niemals. Der Prozeß, den man ihrer Mutter gemacht hatte, dürfte sie das Schweigen gelehrt haben.

31. KAPITEL

Der Himmel war grau und wolkenverhangen. In der Kirche waren Kerzen angezündet worden, nicht nur um die Dunkelheit zu vertreiben, sondern auch um den lieben Gott gnädig zu stimmen. Würde Er die Bitte der Siedler um trockenes Wetter für die kommenden Tage erhören? Noch stand der Weizen auf den Feldern, ebenso der Hafer, die Hirse, der Wiesenfuchsschwanz; das Stroh mußte gebunden oder in die Scheunen eingebracht werden. Nur die wenigsten schichteten es aus Furcht, die Irokesen könnten es in Brand stecken, zu Haufen neben den Gebäuden auf. Und schon so mancher Jäger hatte auf ein Rebhuhn gezielt und statt dessen einen Schober in Brand geschossen! Als der Priester die Gläubigen aufforderte, das Vaterunser zu sprechen, faltete Emeline Blanchard die Hände mit ungewohnter Inbrunst. Sie hatte Angst um ihren René, der einen sehr erschöpften Eindruck machte, und bat den Herrgott, Er möge ihn ihr nicht nehmen. Sie betete aber auch darum, daß die Ernte zügig eingebracht werden konnte und daß das Kind, das sie erwartete, ein Mädchen war. Und daß es Noémie ähnlich wäre, die ihr sehr ans Herz gewachsen war. Die Kleine saß mit ihrer Mutter zwei Reihen vor ihr. Gerade hatte sie Jean-Jean und Paul entdeckt, und da sie sich furchtbar langweilte in dieser Kirche, wo man weder herumspringen noch lärmen durfte, wollte sie unbedingt zu ihren Spielkameraden.

Emeline beobachtete Marie. Ein dutzendmal hatte sie Noémie auf ihren Schoß gesetzt, wieder heruntergehoben, versucht, sie mit ihrem Rosenkranz abzulenken. Sie hatte die Kleine zum erstenmal zur Messe mitgenommen, und Emeline vermutete, es dürfte für lange Zeit auch das letzte Mal gewesen sein. Marie sah sehr mitgenommen aus. Anscheinend vermißte sie Guillaume mehr, als sie zugeben wollte. Nicht einmal über das Wiedersehen mit ihrem alten Bekannten, diesem Monsieur Nadeau, hatte sie sich gefreut. Tags zuvor, als sie beide zum Abendessen einladen wollte, hatte Marie rundweg abgelehnt: Sie wolle mit ihrem zahnenden Kind nicht den weiten Weg machen, sie bekäme ohnehin zuwenig Schlaf. Ihrem blassen Gesicht nach zu urteilen entsprach das der Wahrheit. Aber sie durfte sich doch nicht so gehenlassen! Guillaume käme erst Anfang Sommer zurück. Das hatte sie doch vorher gewußt. Merkwürdig, dieser plötzliche

Entschluß zu heiraten. Emeline hatte, als sie davon erfuhr, an Victor Le Morhier gedacht. Hatte sie ihn nicht gewarnt, ein anderer werde sie ihm wegschnappen? Aber er hatte ja nicht hören wollen. Ganz egal, was Marie ihr erzählt hatte – nämlich daß er und eine gewisse Michelle einander seit vielen Jahren versprochen seien –, sie erinnerte sich nur zu gut an ihr Gespräch mit Victor, damals auf der *Alouette*. Über ein Jahr war seitdem vergangen. Emeline hatte das Gefühl, in Neufrankreich verginge die Zeit sehr viel rascher. Genau das würde sie auch Marie zum Trost sagen!

Ite, missa est. Marie verließ die Kirche als eine der ersten. Noémie lief zu Mkasawi hin, der brav vor der Tür gewartet hatte, und tollte mit ihm herum. Die Kirchgänger schauten belustigt zu. Der eine oder andere hätte wahrscheinlich gern mitgemacht, um die vom langen Sitzen steifen Glieder zu lockern. Der Priester, der Bischof Laval vertrat, hatte seine Schäfchen nicht enttäuschen wollen, deshalb hatte die Predigt länger als gewöhnlich gedauert. Doch alles Beten schien vergeblich gewesen zu sein: Der Himmel war nach wie vor bedeckt. Noch vor dem Abend würde es Regen geben.

Emeline schickte ihre beiden Söhne zu Noémie und ging dann auf Marie zu, die bei ihrem Bekannten aus Nantes stand. Sie machte ein so bedrücktes Gesicht, daß die Amme fragte:

»Was ist mit dir? Du bist ja ganz blaß.«

»Ich bin nur müde. Ich will nach Hause.«

»Ich werde Euch begleiten«, sagte Ernest Nadeau. »Ich würde gern mit Euch über Monsieur de Saint-Arnaud sprechen.«

»Nein, vielen Dank, ich möchte mich Emeline und ihrer Familie anschließen, so wie jeden Sonntag.«

Emeline nickte zustimmend und faßte Marie entschlossen am Arm. Nadeau suchte Maries Nähe, aber Marie legte offensichtlich keinen Wert auf seine Gesellschaft. Der Mann verneigte sich leicht; was für eine wunderschöne Granatbrosche sie doch trage, bemerkte er noch, bevor er sich entfernte. Marie griff sich unwillkürlich an den Hals, wie um sich zu vergewissern, daß sich das Schmuckstück noch an seinem Platz befand.

Als Nadeau außer Hörweite war, sagte Emeline:

»Du magst ihn nicht, nicht wahr? Er erzählt aber überall, ihr wärt alte Freunde.«

»Er ist für Victor Le Morhiers Vater tätig gewesen. Er hat um mich geworben, aber ich mache mir nichts aus ihm.«

Marie beugte sich zu Noémie hinunter, die dem Hund Erde ins Maul zu schieben versuchte, nahm sie auf den Arm und gab ihr einen Kuß auf die verschmierte Wange. Sie dankte Emeline, daß sie das Spiel mitgespielt habe, und fügte hinzu, sie werde ihr später alles erklären.

Auf dem Heimweg machte sie sich die bittersten Vorwürfe, weil sie so töricht gewesen war, die Brosche zu tragen. Wie jeden Sonntag vor dem Kirchgang hatte sie ganz in Gedanken ihr Schultertuch umgelegt und mit der Brosche zusammengesteckt. Nadeau hatte sie gesehen und wollte sie haben.

Als sie am Abend Rose und Alphonse von der neuen Forderung des Erpressers berichtete, lief Alphonse rot an vor Zorn: Niemals dürfe sie das Geschenk des Chevaliers hergeben! Ein Ernest Nadeau sei nicht würdig, ein Schmuckstück sein eigen zu nennen, das Catherine du Puissac gehörte.

»Aber was soll ich tun? Sein Schiff legt erst in drei Tagen ab. Morgen will er sein Geld, und übermorgen soll ich ihm die Brosche bringen.«

»Du wirst sie ihm auch geben. Und ich werde sie zurückholen. An ihrem letzten Abend an Land feiern die Seeleute ausgiebig. Ich werde Nadeau ins Wirtshaus locken und ihn betrunken machen. Unter all den fröhlichen Zechern werden wir nicht auffallen. Ich werde einen günstigen Moment abpassen, ihn niederschlagen und ihm die Brosche und das Geld abnehmen.«

»Warum laßt ihr mich das nicht machen?« meinte Rose. »Ich bin immer bewundert worden wegen meiner Fingerfertigkeit, Nadeau würde gar nicht merken, daß er bestohlen worden ist.«

»Nein, auf keinen Fall.« Alphonse schüttelte den Kopf. »Du bist aus der Übung. Was ist, wenn er etwas merkt und dich angreift?«

Marie gab ihm recht. Falls etwas schiefginge, könnte Alphonse sich besser zur Wehr setzen. Ihr war leichter ums Herz, als sie sich von ihren Freunden verabschiedete. Vielleicht hatte sie Glück, und Nadeau hatte noch nicht alles ausgegeben.

Am nächsten Tag übergab sie Nadeau weitere fünfunddreißig Pfund. Sie bat ihn inständig, ihr doch die Brosche zu lassen, aber er ließ sich nicht erweichen. Er erwarte sie in der Rue Salt-au-Matelot hinter den drei Blautannen. Und er rate ihr, pünktlich zu sein, wenn sie nicht wolle, daß er die Gäste in der Schenke über ihre bewegte Vergangenheit aufkläre …

»Wie ich erfahren habe, ist ein gewisser Vuil vor drei Jahren wegen Hexerei zum Tod durch Erschießen verurteilt worden.«

»Nicht wegen Hexerei, sondern wegen Alkoholverkaufs an die Indianer.«

»Das habe ich anders gehört. Dann also bis morgen.«

Marie lag die halbe Nacht wach. Es widerstrebte ihr zutiefst, Nadeau die Brosche auszuhändigen. Was, wenn Alphonses Plan fehlschlagen würde?

Am Spätnachmittag des folgenden Tages gab sie Noémie und Mkasawi in Roses Obhut: Sie könne nicht untätig herumsitzen, sie werde die Zeit bis zu ihrem Treffen mit

Nadeau nutzen, die letzten Kräuter des Jahres zu pflücken. Nach dem Angelusläuten kam sie, zufrieden mit ihrer Ausbeute, zurück. Sie überlegte, ob sie Mkasawi zu ihrem Schutz mitnehmen solle, verzichtete dann aber doch darauf, damit Nadeau sich nicht bedroht fühlte. Da es frisch geworden war, zog sie sich warm an, bevor sie das Haus verließ. Die Tage waren merklich kürzer geworden, und obwohl es erst Oktober war, roch die Luft nach Winter. Der Sommer war viel zu rasch vergangen. Der Wind wehte ein scharlachrotes Blatt in ihr Haar, als sie ans andere Ende der Rue Sault-au-Matelot eilte. Sie betrachtete es lächelnd. Die herbstliche Farbenpracht erstaunte sie immer wieder aufs neue. Die Farbe dieses Blattes hier erinnerte sie an die Karfunkelsteine auf ihrer Brosche. Marie bekreuzigte sich und betete im stillen: Mach, Herr, daß Alphonse mir meine Brosche zurückbringt!

Als sie die drei Blautannen erreichte, hörte sie Nadeau leise ihren Namen rufen. Sie drehte sich um und erblickte eine zweite Gestalt etwa einen Klafter hinter ihm. Was hatte das zu bedeuten? Marie wich zurück, aber im gleichen Moment stieß Nadeau einen erstickten Schrei aus, taumelte und brach zusammen. Starr vor Entsetzen sah sie den zweiten Mann auf die Klippe zu flüchten. Im Todeskampf streckte Nadeau die Hand aus, klammerte sich an ihren Rocksaum und zwang sie, sich hinzuknien. Da erst entdeckte sie den Dolch in seinem Rücken. Sie befühlte den Puls des Sterbenden, legte die Hand auf seine Brust; der Herzschlag war kaum noch zu spüren. Zudem war es bereits so dunkel, daß sie die Wunde nicht richtig erkennen konnte. Aber selbst wenn es heller Tag gewesen wäre: Sie bezweifelte, daß Nadeau noch zu retten war. Als sie sich anschickte, das Messer herauszuziehen, tauchten plötzlich Antoine Souci, Denis Malescot und Paul Fouquet vor ihr auf.

»Marie! Was ist denn pas …«

»Er ist verletzt, er wird sterben! Schnell, helft mir, wir müssen ihn zu mir schaffen!«

Souci und Malescot wollten sich nach dem Verletzten bücken, aber Fouquet hielt sie zurück. Es sei besser, einen Soldaten zu holen, raunte er ihnen zu. Oder wollten sie wegen Beihilfe angeklagt werden? Noch hatten sie kein Blut an Händen oder Kleidern, das sie verdächtig machte.

»Worauf wartet ihr denn?« stieß Marie hervor. »So helft mir doch! Er ist tot!«

Die drei Männer rührten sich nicht. Sie sahen sie nur an. Marie mußte sich aus eigener Kraft vom Gewicht des Toten befreien. Sie stieß Nadeau von sich, und er fiel mit dem Gesicht nach unten zu Boden. Nachdem sie ihm ein Kreuzzeichen auf der Stirn gemacht hatte, stand sie auf und wischte sich die Hände an ihrem blutbeschmierten Mantel ab.

»Warte hier«, sagte Souci knapp. »Wir verständigen die Wache.«

Ein Schauder lief über ihren Rücken. »Nein, ich will nicht allein hierbleiben. Ich komme mit euch.«

»Aber gib acht, daß du uns nicht mit Blut befleckst«, warnte Fouquet sie.

Marie musterte ihn verächtlich. Ein Mann war ermordet worden, und Fouquet sorgte sich um seine Kleider. Allen voran marschierte sie zum Marktplatz. Die Leute erschraken bei ihrem Anblick.

Rose lief ihr entgegen. »Marie!« schrie sie entsetzt.

»Mir ist nichts passiert. Ernest Nadeau ist tot. Jemand hat ihn von hinten erstochen, er brach vor meinen Augen zusammen. Ich konnte nichts mehr für ihn tun. Er liegt bei den drei Tannen dort.«

»Komm mit, du bist ja ganz durcheinander, du mußt dich erst einmal von dem Schreck erholen. Jetzt trinkst du …«

»Sie hat ihn getötet!« schrie Fouquet in dem Moment. »Als wir hinkamen, hatte sie den Dolch noch in den Händen! Ich habe es genau gesehen! Und Souci und Malescot auch. Warum hat sie denn nicht um Hilfe gerufen? Wir haben sie ganz zufällig bei den Tannen entdeckt, als sie ihr schmutziges Werk vollendete!«

Marie schloß die Augen. Nahm dieser Alptraum denn nie ein Ende? Sollte der tote Nadeau ihr mehr schaden als der lebende? Er würde sich gewiß ins Fäustchen lachen, wenn er sie jetzt von der Hölle aus beobachtete... Benommen sah sie, wie die Leute sich um sie scharten, auf ihre blutbeschmierten Kleider, ihre vom Blut verklebten Hände zeigten. Eine beklemmende Stille hatte sich über den Platz gesenkt. Und dieses Schweigen war schlimmer als alles andere.

Alphonse Rousseau faßte sich als erster und verteidigte Marie lebhaft: Sie sei bekannt dafür, daß sie den Menschen helfe, sie heile und nicht umbringe. Wie viele unter ihnen haben sie wieder gesund gemacht! »Jeder, dem sie schon einmal geholfen hat, möge die Hand heben!«

»Hört nicht auf ihn!« brüllte Fouquet. »Sie hielt das Messer noch in der Hand! Schaut ihre Kleider an, dann habt ihr den Beweis! Ins Fort mit ihr!«

Der Kreis schloß sich enger um Marie. Und Marie fühlte sich in die Vergangenheit zurückversetzt, durchlebte noch einmal die Augenblicke unmittelbar vor ihrer Verhaftung in Nantes. Mit einem Aufschrei warf sie sich nach vorn und kämpfte sich einen Weg durch die Menge.

Roses Stimme gellte über den Platz, aber Marie hörte es nicht. Es war ihr eigener Schrei, der ihr in den Ohren klang.

32. KAPITEL

Als Julien du Puissac das Verlies betrat, verlor Guy Chahinian das Bewußtsein. Gleichgültig sah der Chevalierzu, wie der Kerkermeister ihm kaltes Wasser ins Gesicht schüttete. Er wartete, bis die Schritte des Wärters verklungen waren. Dann kniete er eilig neben dem Goldschmied nieder und wischte ihm das ausgemergelte Gesicht ab. Aus seinem Schnappsack holte er eine Flasche Wein. Seine Hand zitterte, als er dem Gefangenen den vollen Napf an die Lippen hielt.

Chahinian trank sehr langsam. Genoß er den süßen Geschmack, oder bereitete ihm das Schlucken Qualen? Was hatten sie ihm angetan? Der Blick des Chevaliers glitt über das verstümmelte Bein des Goldschmieds. War er nicht den Anblick von Alphonses Bein gewohnt? Nein: Er würde sich niemals an die Häßlichkeit des Leids gewöhnen. An dem schwärigen Stumpf würde so bald kein Holzbein befestigt werden können. Der Goldschmied wäre noch für lange Zeit auf seine Krücke angewiesen. Obgleich er schwach und kraftlos schien, stand er behende auf, als der Chevalier ihm die Tiegel überreichte, und humpelte zu der schmalen Öffnung im Mauerwerk, um sie im Tageslicht zu betrachten.

Ja, sie waren es. Die heiligen Gefäße. Sonne und Mond, Gold und Silber, Wärme und Kälte. Tränen des Glücks liefen ihm übers Gesicht. Er preßte die Lippen auf die Inschriften, fuhr liebkosend mit dem Finger darüber, schloß verzückt die Augen. Er sah den Meister vor sich, wie er ihm kurz vor seinem Tod in einem Kellergewölbe in Saint-Germain die Tiegel anvertraute. Er erinnerte sich an die Begeisterung, mit der er sich darangemacht hatte, die Inschriften zu entziffern; er erinnerte sich auch an

Jules Pernelle, dessen Hand sich im Sterben um die Gefäße verkrampft hatte. Marie LaFlamme hatte sie also gefunden und an sich genommen. Leise lachend wischte er sich die Tränen ab und ließ sich von Puissac zu seinem Lager helfen.

»Marie ist immer sehr neugierig gewesen. Wenn sie geahnt hätte, daß die Ziselierungen den Schlüssel zu einem Geheimnis darstellten, hätte sie Euch die Tiegel niemals zurückgegeben.«

»Da habt Ihr sicherlich recht. Sie ist die eigensinnigste Frau, die mir jemals begegnet ist. Ich habe monatelang auf sie einreden müssen, ehe sie bereit war, mir die Tiegel anzuvertrauen. Ich bedauere ihren armen Ehemann.«

»Was sagt Ihr da?« Chahinians Gesicht spiegelte grenzenlose Verblüffung wider.

»Marie hat einen Waldläufer namens Guillaume Laviolette geheiratet. Kurz vor meiner Abreise. Meinem Hochzeitsgeschenk habe ich es übrigens zu verdanken, daß ich den zweiten Tiegel bekam. Sie war lange fest entschlossen, ihn Euch persönlich zu übergeben. Sie wußte nicht, ob sie mir vertrauen konnte, sie fürchtete, ich strebte danach, Euren Rang einzunehmen, wenn sich die Tiegel erst einmal in meinem Besitz befänden.«

»Wie kam sie auf diesen Gedanken?«

»Ich weiß es nicht.«

»Vermutlich hat sie an Pernelle gedacht.« Chahinian berichtete vom tragischen Ende des Apothekers, von dem Verrat, der ihn das Leben kostete.

»Und Euch die Freiheit«, murmelte der Chevalier. »Simon Perrot hat ihn getötet, sagt Ihr, und Euch gefoltert? Der gleiche Simon, um den Marie so sehr getrauert hat?«

»Dann weiß sie also, daß er tot ist?«

»Sie erfuhr es aus einem Brief, den sie im Sommer aus Frankreich bekam. Sie gab vor, um einen Verwandten zu weinen, aber ich fand die Wahrheit heraus. Simons Tod war auch der Grund, weshalb sie in die Heirat mit Laviolette einwilligte.«

»Das wird sich Victor nie verzeihen!«

Der Goldschmied erklärte dem Freund, daß Victor Le Morhier eifersüchtig auf Perrot gewesen war, weil Marie ihn liebte. Er habe es als seine Pflicht betrachtet, sie von Simons Tod in Kenntnis zu setzen, aber gleichzeitig die leise Hoffnung gehegt, daß ihr endlich klar würde, wie sehr er ihr zugetan war.

»Sie hat von ihm stets wie von einem Freund aus Kindertagen gesprochen, der mit einer gewissen Michelle versprochen sei«, sagte der Chevalier.

»Armer Victor. Nun hat er Marie wieder verloren. Es mag feige sein, aber ich bin froh, daß ich nicht imstande bin, ihm die Nachricht zu überbringen. In diesem Augenblick befindet er sich nämlich irgendwo auf hoher See.«

Unmittelbar nachdem sich seine Tante zum Verkauf ihrer Hutmacherei entschlossen hatte, war er mit ihr nach Nantes gereist, wo der Kapitän ihnen ein herzliches Willkommen bereitet hatte. Aber dann hatte Victor nichts mehr an Land gehalten. Er gab seiner Sehnsucht nach und heuerte auf der *Rubis* an. Die ersten Tage hatte er unentwegt aufs Meer hinausgestarrt, so daß ihm bald die Augen weh taten. Er liebte die Launenhaftigkeit des Meeres, liebte die Gischt und die Windstille, das Funkeln des Wassers und das wechselnde Spiel der Farben. Er sog die Luft so tief wie möglich in die Lungen, damit auch der letzte Rest der üblen Pariser Gerüche herausgepreßt würde. Seinen Kameraden versicherte er immer wieder, er habe sich seit langem nicht so wohl gefühlt, trotz der harten Arbeit, trotz der Enge, trotz des schlechten Essens, trotz der sorgenvollen Miene des Kapitäns. Victor hätte gern mit ihm gesprochen, aber er schloß sich die meiste Zeit in seiner Kajüte ein. Fürchtete er sich tatsächlich vor

Piraten? Auf der kurzen Route nach Madeira erschien Victor die Gefahr nur gering. Seit der Überfahrt nach Neu-Frankreich kam ihm alles andere wie ein Kinderspiel vor. Nach seiner Rückkehr wollte er sich eine Heuer nach Madagaskar oder vielleicht zum Kap der guten Hoffnung suchen. Madagaskar reizte ihn der Smaragde, Saphire, Opale und Diamanten wegen, die es dort reichlich geben sollte. Und wenn er nach La Rochelle oder Rouen zurückkäme, würde er mit Kaufleuten und Schiffsausrüstern in Verbindung treten und ihnen den Einstieg in den Pelzhandel schmackhaft machen. Der Preis für Biberpelze, das wußte er, war beträchtlich gesunken, folglich würde er ihnen Pelze von Wolf, Nerz, Fuchs und Wildkatze anbieten. Die Einwohner von Québec benötigten Stoffe und Tuche, Gerätschaften, Gewürze, Wein. Natürlich war das in La Rochelle, Dieppe oder Saint-Malo längst bekannt; seit Jahren fuhren Schiffe mit diesen Waren übers Meer. Deshalb hatte sich Victor folgendes ausgedacht: Er würde die Rauchwaren von seinem eigenen Geld bezahlen und sie in Frankreich gegen die heimischen Erzeugnisse eintauschen. Auf diese Weise bräuchten die Kaufleute kein Geld vorzuschießen. Worüber sie sicherlich hocherfreut wären.

Um all seine Pläne zu verwirklichen, galt es die Aufmerksamkeit des Kapitäns und seine Achtung zu erringen. Victor strebte nach größerer Verantwortung. Und wenn er dereinst nach Neu-Frankreich zurückkehrte, würde Marie ihm endlich Bewunderung zollen. Und ihm ihre Liebe schenken.

Guy Chahinian erzählte dem Freund, wie sehr sich die Le Morhiers bemüht hatten, ihm die Gefangenschaft erträglich zu machen.

»Für Victor tut es mir unendlich leid, aber ich denke, sein Vater wird nicht unglücklich sein über Maries Heirat. Sie hat ihm eine Menge Kummer bereitet.«

»Euch etwa nicht? Wie lange will man Euch noch hier festhalten?«

Chahinian strich liebevoll über die Tiegel und erwiderte mit sanfter Stimme, er habe in dieser Stunde seine Freiheit wiedergewonnen. »Gleichgültig, wie lange meine Gefangenschaft noch dauern mag: Ich bin ein freier Mann. Ihr habt mir die Tiegel zurückgebracht, und ich kann mich in Muße dem Entziffern der Inschriften widmen. Falls meine Gesundheit es erlaubt …«

Julien du Puissac hieb mit der Faust auf den Tisch. »Ich werde nicht zulassen, daß Ihr hier verrottet! Ich werde den Marquis aufsuchen, vielleicht kann Saint-Onge etwas für Euch tun.«

Der Goldschmied schüttelte den Kopf. »Ich bezweifle es, mein Freund. Ihr begebt Euch nur unnötig in Gefahr, wenn Ihr allzugroße Anteilnahme an meinem Fall bekundet. Ihr habt mir die Tiegel zurückgegeben und mir damit meinen sehnlichsten Wunsch erfüllt. Das genügt. Kommt in einer Woche wieder, dann ist die Abschrift fertig, und Ihr könnt die Tiegel wieder an Euch nehmen.«

»Ich? Aber warum denn?«

»Weil ich sie nicht hierbehalten kann. Im Augenblick hat es zwar den Anschein, als ob man mich vergessen hätte, aber wer weiß … Habt Ihr schon mit unseren Brüdern gesprochen?«

»Nein, noch nicht. Ich werde ihnen mitteilen, daß Ihr an der Entzifferung der Inschriften arbeitet. Und was mich anbelangt, so werde ich versuchen, François Merian ausfindig zu machen. Er ist so begabt. In Québec habe ich meine Nachforschungen zwar weiterbetrieben, aber mir fehlen die höheren Eingebungen unseres François!«

»Wo mag er sich nur versteckt halten? Und unter welchem Namen? Ihr werdet viel Mut brauchen. Und Geduld.«

Eine seltsame Mischung aus Wut und heiterer Gelassenheit erfüllte den Chevalier, als er von Chahinian Abschied nahm. Auf der einen Seite ertrug er es nicht, den Meister in diesem Verlies zu wissen, auf der anderen empfand er Genugtuung darüber, seine Pflicht getan zu haben. Niemals würde er seinen Blick vergessen, als er ihm die Tiegel überreicht hatte. Abgrundtiefe Verzweiflung war einem Ausdruck höchster Seligkeit gewichen.

Voller Dankbarkeit dachte er an Marie, die es ihm ermöglicht hatte, diesem Mann, den er über alles bewunderte, soviel Freude zu schenken. Er würde tun, was in seiner Macht stand, um Näheres über Noémies Großeltern in Erfahrung zu bringen.

Er blieb ein paarmal stehen und warf einen Blick zurück auf die Bastille. Welche Schießscharte war es, die spärliches Licht in Chahinians Zelle ließ? Was konnte er von dort oben sehen? Die Seine, die Île aux Vaches und die Île du Palais, Bicêtre und den Turm der Cordelières? Oder mußte er sich mit dem Blick auf das Arsenal, die Felder am Stadtrand und den Faubourg St. Antoine begnügen? Welch ein Verlust für die Menschheit, daß ein Mann von den geistigen Fähigkeiten Guy Chahinians sein Dasein im Kerker fristen mußte! Seine Forschungen über die Erzeugung von Licht wären allen Menschen zugute gekommen, Bürgern ebenso wie Handwerkern, Künstlern und Arbeitern, einfachen Gehilfen ebenso wie Gesellen.

Waren sie es nicht alle leid, in kerzenrauchgeschwängerten Räumen zu leben und zu arbeiten? Sich bei trübem Wetter die Augen zu verderben, weil man sparsam mit Kerzen umgehen mußte? Träumten sie nicht alle von einem Licht, das erst dann erlöschen würde, wenn sie es wünschten? Wer sehnte sich nicht nach immerwährender Helligkeit? Selbst der König mit seiner Schwäche für alles Funkelnde würde diese Entdeckung begrüßen. Aber in der Bastille würde sie Chahinian kaum gelingen.

Der Chevalier stieß einen tiefen Seufzer aus. Er wandte sich ab und machte sich auf den Weg in die Rue de Turenne zu Baron Sévigny, einem Freund seines verstorbenen Vaters. Er wollte ihm das Wappen auf der Brosche zeigen, die Marie ihm mitgegeben hatte. Der Baron war nicht nur ein Fachmann auf dem Gebiet der Wappenkunde, sondern verfügte auch über ein hervorragendes Gedächtnis. Er würde vermutlich nur einen einzigen Blick auf die Brosche werfen müssen, um sagen zu können, welche Familie das besagte Wappen führte. Hatte sich Noémies Großvater im Krieg ausgezeichnet, oder war er ein verarmter Aristokrat? Was für einen Lebenswandel hatte er geführt? Was war aus ihm und seiner Familie geworden? Hatte Noémie Onkel und Tanten?

Julien du Puissac fragte sich, ob es nicht sinnvoller sei, die Vergangenheit ruhen zu lassen. Manche sagten, es sei besser, zuviel über sie zu wissen als zuwenig. Der Chevalier war sich da nicht so sicher …

Bevor er in die Rue du Pas-de-la-Mule einbog, blickte er ein letztes Mal zurück. Ein Frösteln überlief ihn. Was für ein beeindruckender Bau die Bastille doch war. Aus ihr schien es kein Entrinnen zu geben. Er dachte an das Fort St. Louis in Québec, aus dem vor Jahren zwei Irokesen ausgebrochen waren. Man hatte sie nie gefaßt, weil diese Menschen, wie Mutter Marie von der Fleischwerdung Christi es auszudrücken pflegte, ›schnell wie Hirsche liefen.‹

Marie hatte eine Ecke des dicken Papiers, das die Kälte abhalten sollte, zurückgebogen und starrte seit über einer Stunde zwischen den Gitterstäben hindurch auf den St. Lorenz, der von Anfang an die Macht gehabt hatte, den Aufruhr in ihrem Innern zu dämpfen. Sie mußte einen klaren Kopf bewahren. Seit zwei Wochen wurde sie im

Fort St. Louis gefangengehalten, aber ihr kam es so vor, als wären es zwei Jahre, so schmerzlich war die Trennung von Noémie. Rose hatte die Gefangene besuchen dürfen, nachdem Alphonse den Wärter bestochen hatte. Sie hatte Marie versichert, das Mädchen sei bei Emeline gut aufgehoben und sie und Alphonse setzten alles daran, Beweise für ihre Unschuld beizubringen. Diese Anklage wegen Mordes sei völlig unsinnig.

Doch es gab einige, die darauf hinwiesen, wie unfreundlich Marie zu Ernest Nadeau gewesen sei. Man freute sich doch, einen alten Bekannten wiederzusehen, man lud ihn zu sich ein und ging ihm nicht aus dem Weg, wie Marie es getan hatte. Emeline, die es gut gemeint hatte, erklärte ihre Abneigung damit, daß Nadeau sie einmal tief gekränkt habe. Fouquet sah darin sogleich einen Beweggrund für die Tat: Marie hatte Nadeau aus Rache für die erlittene Schmach getötet! Die verzweifelte Rose hatte Madame de Grandmaison angefleht, sich für die Gefangene zu verwenden, doch vergeblich: Ihr Einfluß reichte nicht aus, eine des Mordes Verdächtige freizubekommen.

Marie hatte dem Gouverneur, dem Bischof, dem königlichen Ankläger, dem Gerichtsschreiber und fünf weiteren Mitgliedern des Obersten Rates den Tathergang geschildert. Danach war sie von einigen noch einmal unter vier Augen vernommen worden. Sie hatte, eingedenk dessen, was sie von Alphonse über Halbwahrheiten gelernt hatte, jedesmal das gleiche ausgesagt. Sie habe den Dolch herausgezogen, um die Wunde näher untersuchen und Nadeau vielleicht retten zu können. Was habe sie eigentlich dort bei den drei Tannen gewollt? Nadeau habe sie hinbestellt. Aus welchem Grund? Er habe ihr wichtige Mitteilungen über Geoffroy de Sainte-Arnaud, den reichsten Bürger von Nantes, zu machen, habe er ihr gesagt. Was sie mit diesem Mann zu schaffen habe? Er habe ihre inzwischen verstorbene Mutter Anne LaFlamme heiraten wollen. Mehr habe sie nicht hinzuzufügen, außer daß es ungerecht sei, für seine Neugier bestraft zu werden. Sie sei unschuldig, sie habe Ernest Nadeau nicht getötet. Sie gebe zu, er habe sie damals in Nantes heftig bedrängt, woraufhin sie ihn abgewiesen habe, aber das sei kein Grund, jemanden umzubringen. Wenn sie jeden, dem sie die kalte Schulter gezeigt hatte, töten wollte ...

Von den neun Ratsmitgliedern schenkten drei ihren Worten Glauben. Fünf schwankten, weil es entweder für ihre Schuld noch für ihre Unschuld einen eindeutigen Beweis gebe. Einer hielt sie für schuldig: Er hatte erfahren, daß sie heimlich ins Land gekommen war; zudem übte sie eine Tätigkeit aus, die für gewöhnlich Männern vorbehalten war, und sie hatte außerdem in Boissys Diensten gestanden. So einem Mädchen sei alles zuzutrauen.

Marie hatte rasch herausgefunden, wer im Fort auf ihrer Seite stand; Hilfe allerdings konnte sie sich von ihnen nicht erhoffen. Sie mußte sich auf Rose und Alphonse verlassen.

Der Gischt auf dem Saint-Lorenz-Strom war grau wie der Bauch einer Taube. Fast meinte sie den Geruch des Herbstes zu riechen, der vom Ufer aufstieg, die süßliche Vereinigung vom Wind herangewehter toter Blätter und von den Wellen angespülter Algen. Sie nahm sich vor, Stunden, nein, Tage am Fluß entlangzulaufen, wenn sie wieder frei wäre. Wann würde das sein? Würde sie durch den Schnee stapfen oder über das Eis schlittern?

Marie hatte jede Nacht den gleichen Traum. Sie träumte, der Mann, der Nadeau erdolcht hatte, stand vor ihr und gab sich ihr zu erkennen. Wenn sie aufwachte, weinte sie vor Verzweiflung über ihre eigene Dummheit: Warum war sie dem Mörder nicht nachgelaufen? Oder hatte ihn sich zumindest genau angesehen? Aber sie war vor Angst wie gelähmt gewesen. Deshalb war sie auch nicht imstande, irgendeinen Hinweis auf den Täter zu geben. Die Ratsherren vernahmen es mit Bedauern. Ihnen war klar, daß sie mit einer Verurteilung Marie LaFlammes ohne eindeutige Beweise ihrer Schuld die Bevölkerung gegen sich aufbrächten. Andererseits konnten sie sie nicht auf unbestimmte Zeit festhalten. Sie mußten ein Urteil fällen so oder so. Genau wie über die Irokesin, die einem Siedler auf der Île d'Orléans eine Waffe gestohlen hatte und nun ins Fort überstellt worden war.

Marie hörte Schritte draußen vor der Zellentür. Sollte sie schon wieder vernommen werden?

»Du bekommst Gesellschaft, Füchsin! Du hast doch immer behauptet, du magst die Wilden, hier hast du eine von ihnen!«

Der Wärter stieß die Indianerin in den kleinen Raum und warf die Tür wieder zu. Die beiden Frauen standen sich einen Augenblick regungslos gegenüber. Dann deutete Marie auf das Strohlager.

»Komm, setz dich. Sprichst du unsere Sprache?«

Die Irokesin zeigte mit keiner Regung, ob sie sie verstanden hatte. Sie blinzelte kaum und atmete unglaublich langsam. Marie musterte sie ungeniert. Sie mußte etwa in ihrem Alter sein, sie war kleiner, aber kräftiger gebaut. Unter dem langen, gerade geschnittenen Gewand zeichneten sich Schenkel, Bauch und Arme straff und rund ab. Ihre Zöpfe reichten ihr bis zu den Hüften, und Marie fragte sich unwillkürlich, ob sie sich nicht manchmal versehentlich darauf setzte. Sie wandte sich ab, bückte sich nach der Brotkante, die sie übrig hatte, und hielt sie der Indianerin hin. Die blinzelte, runzelte die Stirn, machte jedoch keine Anstalten, das Brot zu nehmen. Marie legte es ihr in den Schoß, trat an die Maueröffnung und starrte von neuem auf den Strom hinaus.

Als sie sich schlafen legte, saß die Indianerin unverändert da. Am nächsten Morgen aber war die Brotkante fort. Marie begann, mit dem Mädchen zu reden, wie sie es immer mit Noémie getan hatte. Sie war deswegen oft verspottet worden, aber sie war überzeugt, der Klang ihrer Stimme hatte die Kleine beruhigt. Und daß sie früher als andere ihre ersten Worte gesprochen hatte, hing sicherlich auch damit zusammen. Der Gedanke an Noémie stimmte sie unendlich traurig.

»Ich habe eine Tochter. So groß.« Marie legte die Handkante an den Bauch und tat dann, als wiegte sie einen Säugling in den Armen. »Hast du auch Kinder?«

Die Augen der Indianerin funkelten belustigt, aber sie schwieg.

»Mein Mann« – sie überlegte, wie sie Guillaume darstellen könnte –, »ist ein Freund der Indianer.«

Sie zeigte ihr den bestickten Gürtel, den sie unter dem Hemd trug. Die Indianerin betrachtete ihn aus der Nähe und lächelte; die Arbeit könnte eine Onejuta-Frau angefertigt haben. Marie machte ihn ab, rieb ihn an ihrer Wange und preßte die Lippen darauf, um ihre Achtung für die indianische Handarbeit zu bekunden. Dann versuchte sie der Indianerin zu erklären, weshalb sie im Gefängnis war, und stellte mit schauspielerischer Begabung Nadeaus Ermordung und ihre Verhaftung dar. Als sie mimte, wie die Zellentür hinter ihr ins Schloß gefallen und verriegelt worden war, war es um die Beherrschung der Indianerin geschehen, und sie brach in schallendes Gelächter aus. Eine so unterhaltsame Verbrecherin sei ihr noch nie begegnet, meinte sie.

»Du sprichst unsere Sprache?« Marie wußte nicht, ob sie sich ärgern oder freuen sollte.

»Ich mag die Weißen nicht. Auch nicht die Schwarzröcke. Sie bringen meinem Volk den Tod.«

»Ich weiß. Manchmal ergreifen böse Geister Besitz von den Schwarzröcken. Sie haben auch meine Mutter getötet.«

»Nachdem sie mit ihren Freunden unser Langhaus betreten hatten, starben alle meine Brüder.«

Sie spielte auf die Blattern und die Erkältungskrankheiten an, die unter der indianischen Bevölkerung zahllose Opfer gefordert hatten.

Marie beruhigte sie. »Ich bin völlig gesund, ich verstehe mich sogar auf das Heilen von Krankheiten. Hexe nennen sie mich deswegen ... Wer hat dich die Sprache der Weißen gelehrt?«

»Ein Gefangener, der sechs Monde bei uns war.«

Marie wagte sich nicht nach dem Schicksal des Mannes zu erkundigen, um nicht den Eindruck zu erwecken, sie mißbillige die indianischen Sitten und Bräuche. Ein Gedanke durchzuckte sie. Warum sollte sie die Zeit nicht nutzen, die Sprache der Indianer zu erlernen? Sie fragte die junge Frau, ob sie sie unterrichten wolle.

Die Irokesin schien überrascht, willigte jedoch auf Maries Drängen hin ein und brachte ihr die Ausdrücke für Erde, Sonne, Mond und Meer bei. Marie hätte lieber Pflanzennamen gelernt, sagte aber nichts.

Der Riegel an der Tür wurde zurückgeschoben.

»Die Wilde spricht ja Französisch!« rief der Wärter. »Versuch nicht zu leugnen, ich habe es genau gehört.«

Marie lachte und warf der Irokesin einen verächtlichen Blick zu. »Sie plappert mir nur nach, was ich ihr seit zwei Stunden vorsage. Sie kann nichts außer ›Sonne‹, ›Erde‹, ›Mond‹, ›Meer‹. Sie hat nicht mehr Verstand als ein Huhn.«

Der Wärter machte ein verwirrtes Gesicht. Bevor er sich gefaßt hatte, fragte Marie, warum man diese Frau eingesperrt habe.

»Sie hat eine Feuerbüchse gestohlen, drüben, auf der Insel.«

»Wie lange wird sie hierbleiben müssen?«

Der Mann zuckte mit den Schultern. »Woher soll ich das wissen? Sie steht im Verdacht, eine Spionin zu sein.«

»Eine Spionin?« Marie schnaubte höhnisch. »Glaubst du, die Irokesen schicken ihre Frauen, um uns auszukundschaften?«

Sie folgte ihm durch lange Gänge in den hochtrabend Verhandlungssaal genannten Raum. Sie war den Weg inzwischen so oft gegangen, daß sie ihn selbst mit verbundenen Augen gefunden hätte. Der Ankläger und die übrigen Ratsherren erwarteten sie bereits.

»Was wollt Ihr denn noch von mir?« erregte sie sich. »Ich kann Euch nichts anderes sagen als das, was ich Euch bereits hundertmal gesagt habe!«

»Es geht heute nicht um deinen Fall. Erzähl uns lieber etwas über die Wilde, die man mit dir zusammengesperrt hat. Die Wache sagt, ihr hättet euch unterhalten.«

Marie heuchelte Erstaunen. »Unterhalten? Mit Händen und Füßen, meint Ihr wohl. Die Zeit vergeht nur langsam, und ich bin es nicht gewohnt, untätig herumzusitzen. Deshalb versuche ich, ihr unsere Sprache beizubringen. Aber ich frage mich, ob es nicht vergebliche Mühe ist, eine Indianerin Französisch lehren zu wollen.«

Eines der Ratsmitglieder erhob sich von seinem Platz, ging um den Tisch herum, an dem alle in festgelegter Reihenfolge saßen, und trat neben Marie. Noch sei ihre Unschuld nicht bewiesen, sagte er, und die drei Zeugen blieben bei ihrer Aussage.

»Ich persönlich glaube zwar nicht, daß du diesen Nadeau getötet hast, aber die Umstände sprechen nun einmal gegen dich. Du wirst so lange hierbleiben müssen, bis wir den wahren Täter gefunden haben. Wir wollen dir ja gern helfen, aber du müßtest schon ein wenig Entgegenkommen zeigen …«

»Ich kann mich nur daran erinnern, daß der Mann groß war! Sein Gesicht habe ich nicht gesehen. Das wißt Ihr doch alles längst.«

Der Ratsherr zupfte an seiner Spitzenmanschette. Er

atmete tief durch und meinte dann, sie sei doch ein gescheites Mädchen.

Marie horchte auf. Schmeicheleien kündigten nie etwas Gutes an. Deshalb war sie auch nicht allzu überrascht, als man sie um einen kleinen Gefallen bat, nämlich die Spionin auszuhorchen.

»Du wirst sie weiterhin in unserer Sprache unterrichten. Und dabei herauszufinden versuchen, welche Absichten diese Wilde in Wirklichkeit verfolgte. Wir müssen wissen, ob die Irokesen einen Angriff auf Québec planen.«

Marie biß sich auf die Lippe. Es hatte nicht den Anschein, als sollte sie so bald wieder auf freien Fuß gesetzt werden. Sie wollte wissen, was zu der Vermutung, ein Indianerangriff stünde bevor, Anlaß gebe, erhielt jedoch nur eine ausweichende Antwort. Zu guter Letzt erklärte sie sich zu dem Handel bereit, fügte aber hinzu, mit einem Ergebnis könne frühestens in ein paar Wochen gerechnet werden. Ob man Rose Rolland erlaube, sie sonntags mit Noémie zu besuchen? Ein ausgezeichneter Gedanke, lobte einer der Ratsherren. In Gegenwart eines Kindes würde die Irokesin vielleicht zugänglicher. Die lachhafte Liebe der Indianer zu ihren Kindern sei schließlich bekannt: Sie küßten und herzten sie, sprachen mit ihnen wie mit Erwachsenen und bestraften sie nie.

»Frag die Wilde, ob sie auch Kinder hat. Und wenn ja, sag ihr, sie darf zu ihnen zurück, sobald sie uns gesagt hat, was wir wissen wollen.«

»Ihr werdet sie freilassen, wenn sie mit Euch gesprochen hat?«

»Nun, im Grunde sollte sie zu einer Geldstrafe wegen Diebstahls verurteilt werden, aber was besitzt sie schon?«

33. KAPITEL

Es war fast dunkel, als Marie in ihre Zelle zurückgebracht wurde. Der Wärter fesselte sie, bevor er eine Fackel von der Wand nahm. Seit ein Gefangener ihm einmal die Fackel entwunden, ihm den Bart angesengt und dann das Weite gesucht hatte, war er vorsichtig geworden. Die tanzenden Schatten an den Wänden ließen Marie schaudern. Sie erinnerten sie an einen anderen Kerker, an ein düsteres Loch, in das man sie zusammen mit ihrer Mutter geworfen hatte. Als der Wärter ihr die Fesseln abnahm, zitterte sie noch immer. Er käme gern später noch einmal vorbei, sie zu trösten, sagte er mit schmierigem Grinsen. Marie spie vor ihm aus und drehte ihm den Rücken zu. Sie blieb hinter der Tür stehen. Die Indianerin sagte kein Wort. Nach einer ganzen Weile stand sie auf, trat leise neben Marie und lauschte nach draußen.

»Er ist fort«, flüsterte sie.

»Sie wollen, daß ich dir Französisch beibringe.« Marie hielt sich die Hand vor den Mund, um nicht laut loszulachen.

»Und herausfindest, weshalb ich die Donnerbüchse genommen habe.«

Marie nickte. Sie überlegte, wie sie es anstellen sollte, die Irokesin auszuhorchen. Auf der eine Seite wollte sie sich nicht deren Vertrauen verscherzen, auf der anderen mußte sie wissen, ob die Indianer tatsächlich einen Überfall auf die Stadt planten. Sie zog es vor, erst einmal über Noémie zu sprechen. Nein, sie selbst habe noch keine Kinder, sagte die Irokesin, liebe Kinder aber sehr und freue sich darauf, ihre Tochter kennenzulernen.

Rose Rolland war überglücklich über die Besuchserlaubnis, auch wenn ihr nicht wohl war bei dem Gedanken, die kleine Noémie in ein Gefängnis mitzunehmen. Sie selbst war als kleines Kind mit ihrer Mutter in den Kerker gesteckt worden, und sie hatte diese schlimme Erfahrung nie vergessen. Sie meinte heute noch die feuchte Kälte der Mauern an ihrer Wange zu spüren. Und sie fürchtete sich seitdem vor der Dunkelheit. Sie hoffte, Noémie werde diesen Ort des Grauens schnell wieder vergessen.

Als sie die Nachricht erhielt, daß sie Marie am folgenden Sonntag besuchen dürfe, bestürmte sie Alphonse, Noémie noch am gleichen Tag zu holen.

»Aber es sind noch zwei Tage bis Sonntag«, wandte er ein.

»Und wenn ein Schneesturm kommt? Stell dir vor, wie enttäuscht Marie wäre! Seit einem Monat ist sie im Fort, und seitdem hat sie Noémie nicht mehr gesehen.«

Alphonse machte sich noch am selben Nachmittag auf den Weg zu den Blanchards. Rose wollte die Abwesenheit ihres Mannes nutzen, Nicolette Jasmin in ihr Haus einzuladen. Sie beobachtete die junge Frau, die mit der *Dragon-d'Or* gekommen war, schon seit geraumer Zeit. Sie hatte sie noch nie lächeln gesehen. Sie sprach wenig, sonderte sich von den anderen ab, saß still in einer Ecke und wickelte in einem fort eine Haarsträhne um den Finger. Manch ein Junggeselle, der zunächst von ihr angetan war, hatte Zweifel bekommen: Was sollte man mit einer Frau anfangen, die nie ein Wort sagte? Ihr Bruder, der mit ihr aus Frankreich gekommen war, gab sich zugeknöpft, sowie er auf seine Schwester angesprochen wurde; sie sei immer schon schüchtern gewesen, brummte er nur.

Nach einem geselligen Abend bei den Soucis bemerkte Rose zu ihrem Mann, als sie guter Dinge durch den ersten Schnee nach Hause stapften, Nicolette fürchte sich vor Männern. Aber warum war sie dann ausgerechnet nach

Neu-Frankreich gekommen, wo von jeder Frau erwartet wurde, daß sie heiratete und eine Familie gründete?

Sie sehe Rätsel und Geheimnisse, wo es keine gebe, hatte Alphonse darauf erwidert. Anstatt sich um die Liebesangelegenheiten einer Unbekannten zu kümmern, solle sie ihm lieber helfen, den Mord an Nadeau aufzuklären. Alphonse hatte jeden einzelnen in der Rue Sault-au-Matelot gefragt, ob er an jenem Abend irgend etwas Verdächtiges gehört oder gesehen habe. Aber niemandem war etwas aufgefallen. Nadeau war ja auch erdolcht und nicht erschossen worden. Was hätten sie hören sollen? Er wisse nicht mehr weiter, gestand Alphonse. Was könnten sie noch tun, um den Mörder zu fangen? Wenn er ein Holzbein hätte, ja, das würde die Suche wesentlich vereinfachen …

»Oder ein flammendrotes Feuermal«, fügte Rose hinzu. »Das wäre Marie sicherlich aufgefallen. Warum hat sie sich den Mann auch nicht besser angeschaut? Hoffentlich ist er nicht auf der *Dragon-d'Or!* Das Schiff hätte nie den Hafen verlassen dürfen!«

»Der Kapitän war überzeugt, daß Marie Nadeau getötet hat. Er kann sich eine Verzögerung nicht leisten, deshalb hat er auch überall herumerzählt, Nadeau habe mit ihm über Marie und ihre angebliche Abneigung gegen ihn gesprochen … Komm, gehen wir zu Bett. Heute nacht fangen wir den Mörder ohnehin nicht mehr.«

Rose hatte die ganze Nacht wach gelegen. Ihre Gedanken drehten sich unentwegt um Marie und um Nicolette. Am nächsten Morgen beschloß sie, ihren Mann nicht zu den Blanchards zu begleiten. Vielleicht könnte sie wenigstens Nicolette helfen, wenn sie im Augenblick schon nichts für Marie tun könnte. Das arme Ding zählte noch nicht einmal fünfzehn Jahre. Mit ihrem Hang zur tätigen Nächstenliebe hätte sie Ordensschwester werden sollen, neckte Alphonse sie.

Nachdem er das Haus verlassen hatte, machte sich Rose auf den Weg zu Nicolette. Sie lud sie zu sich zum Abendessen ein und verabschiedete sich hastig, bevor das Mädchen ablehnen konnte. Als sie Stunden später an dem mit Erbsensuppe, gebackenen Stinten, Hasenbraten und Apfelkuchen reichgedeckten Tisch saßen, bemerkte Rose zu ihrem Gast:

»In Québec ißt man besser als in Paris. Woher kommst du?«

»Aus Reims.«

»Dein Bruder ist Tischler, nicht wahr?«

»Ja.«

Bei allen Heiligen! Rose bedauerte ihre Einladung fast schon, als ihr einfiel, daß Marie ihr Vertrauen gewonnen hatte, indem sie viel von sich selbst preisgegeben hatte. Und so fragte sie Nicolette, ob sie ihre Geschichte kenne. Ja, sie habe davon gehört. Rose überwand sich und erzählte dem Mädchen von dem Überfall. Sie ließ nichts aus, nicht ihre Arglosigkeit Germain Picot gegenüber, nicht die Schwangerschaft und die Fehlgeburt, nicht den Verrat Malescots, nicht die Schande, die Angst, die Verzweiflung.

Nicolettes Augen hatten sich mit Tränen gefüllt.

»Hätte ich damals nicht eine Freundin wie Marie LaFlamme gehabt, ich wäre heute nicht mehr am Leben. Sie hat mir geholfen, wie sie allen hilft. Sie ist bekannt für ihre Heilkunst.«

»Marie LaFlamme?«

»Ja, die Frau, die man ins Fort gesperrt hat.«

Nicolette stieß einen spitzen Schrei aus. Es sei nichts weiter, entschuldigte sie sich sogleich, sie habe sich nur einen Nußsplitter in den Finger gebohrt. Rose löste ihr die Nuß aus der Schale. Nicolette streute ein wenig Salz darauf, bevor sie den Fruchtkern in den Mund schob, stand auf und meinte, sie müsse jetzt nach Hause, ihr Bruder sorge sich gewiß schon.

»Er kümmerte sich sehr um dich, nicht wahr?«

»Viel zu sehr«, entfuhr es Nicolette.

Sie wickelte sich in ihren Schal und bedankte sich mit gesenktem Kopf für die Einladung. Ob das üblich sei unter den Frauen hier, wollte sie wissen.

»Ich hatte einfach den Wunsch, mich ein wenig mit dir zu unterhalten«, erwiderte Rose freundlich. »Ich habe den Eindruck, du fühlst dich nicht wohl hier bei uns.«

»Ihr irrt Euch«, versicherte Nicolette hastig. Sie fragte, ob der Winter wirklich so streng sei, wie die Leute sagten.

»O ja. Aber ich liebe diese Jahreszeit. Der Winter tötet alle üblen Ausdünstungen, wie Marie LaFlamme zu sagen pflegt.«

Rose sah dem Mädchen nach, das sich im Laufschritt entfernte. Wovor hatte es solche Angst? Was hatte sie gesagt, das Nicolette so aufgewühlt hatte? Sie konnte es kaum erwarten, Marie von dieser seltsamen Begegnung zu erzählen.

Am nächsten Tag wurde Rose von einer solchen Unruhe getrieben, daß Alphonse fast die Geduld verloren hätte.

»Nun beruhige dich doch! Bis zum Abend wirst du dich noch gedulden müssen. Sticke, nähe, aber beschäftige dich irgendwie!«

»Ich bin nicht der Mensch, der still am Feuer sitzen kann«, versetzte Rose.

Alphonse stieß einen tiefen Seufzer aus. Er hoffte inständig, Marie käme bald wieder frei. Nicht nur um ihretwillen, sondern auch wegen Rose, die von nichts anderem mehr als von der Freundin sprach und die nächtelang wach lag.

Endlich wurde es Abend. Alphonse griff zu Mantel, Mokassins und Wollmütze und packte Noémie warm ein, während Rose den Korb mit Kuchen für Marie richtete. Die Dämmerung zauberte einen bläulichen Widerschein auf den Schnee, und Rose hoffte, Marie könnte es von ihrer Zelle aus sehen. Als sie am Friedhof vorbeikamen, schmiegte sie sich enger an ihren Mann. Sie mußte an Nicolette denken, die erschaudert war, als sie ihr von der Schändung erzählt hatte. Am Fort angelangt, verabschiedete sich Alphonse mit einem zärtlichen Kuß von seiner Frau. Er werde sie in einer Stunde wieder abholen.

»Sag Marie, sie wird bald wieder frei sein!«

Rose nickte. Natürlich würde sie ihr Mut machen, aber bestand noch Hoffnung?

»Meine Tochter!« Marie überschüttete die Kleine mit Küssen und Liebkosungen und hielt erst inne, als Rose sie an der Schulter berührte. Die beiden Frauen umarmten sich. Sie könne sich nicht vorstellen, wie dankbar sie ihr sei, sagte Marie. Rose warf einen fragenden Blick auf die Indianerin.

Ihr Name sei Senojisobagwa, stellte Marie sie vor. Die Indianerin hatte ihr erklärt, ihre Mutter, eine Abenaki, habe sie so genannt, weil sie an der Meeresküste zur Welt gekommen war. Sie sage der Einfachheit halber Sena zu ihr, fügte Marie hinzu. Als Rose hörte, wer die Indianerin war, machte sie ein sorgenvolles Gesicht.

»Weißt du, daß sie zehn Feuerbüchsen gestohlen hat? Und daß sie das Haus der Gilberts in Brand stecken wollte? Warum ist sie mit dir in einer Zelle?«

»Weil man sie hier hereingesteckt hat.«

»Eine Feuerbüchse habe ich gestohlen«, sagte Sena und streckte den Zeigefinger in die Höhe. »Eine!«

»Sie lehrt mich ihre Sprache, ist das nicht wunderbar? Hast du Neuigkeiten für mich?«

Es schien sie nicht zu stören, ihre Zelle mit einer Irokesin zu teilen. Hatte sie vergessen, daß die Irokesen die Feinde der Huronen in Québec waren?

»Nun? Was habt ihr herausgefunden?«

»Nichts«, gestand Rose. »Jedenfalls nichts, das uns weiterhelfen könnte. Aber ich habe eine ungewöhnliche junge Frau kennengelernt …«

Während sie ihr von ihrer Begegnung mit Nicolette erzählte, spielte Sena mit Noémie, die ganz verzaubert von den schweren Ohrringen der Indianerin war. Zögernd streckte sie die Hand danach aus und hätte ihr fast einen abgerissen. Sena konnte es im letzten Moment verhindern. Um sie abzulenken, kitzelte sie die Kleine mit ihrem Zopf.

Marie betrachtete ihre Tochter voller Zärtlichkeit. Wie lange würde sie die Trennung von ihr noch verkraften?

»Marie? Hörst du mir überhaupt zu?«

Sie nickte. »Du mußt noch einmal mit dieser Nicolette reden. Deine Geschichte hat sie erschüttert. Vielleicht hat sie etwas Ähnliches erlebt? Ich würde mich gern einmal mit ihr unterhalten. Wie sieht sie aus?«

»Rothaarig, sehr still …«

»Rote Haare, sagst du? Und Gesicht und Arme voller Sommersprossen? Ich kenne sie. Einen Tag nach ihrer Ankunft habe ich mit ihr gesprochen, in der Bäckerei war das. Es kann nur sie gewesen sein, so viele Frauen, auf die die Beschreibung zutrifft, gibt es nicht in Québec. Ich habe ihr gesagt, ich sei eine Heilerin.«

»Sie behauptet, dich nicht zu kennen. Wenn ich nächste Woche wiederkomme, werde ich mehr wissen, das verspreche ich dir!«

»Meine gute Rose.«

Marie nahm ihre Tochter auf den Arm. Wie hübsch, wie allerliebst sie doch war! »Hat sie einen neuen Zahn bekommen?«

»Ja, vor drei Tagen. Emeline sagt, dieses Mal hätte sie nicht so geschrien. Ich glaube, Mkasawi lenkt sie von den Schmerzen ab. Sobald sie anfängt zu wimmern, kommt er angetrabt und leckt ihr das Gesicht. So etwas habe ich noch nicht erlebt!«

Die Besuchszeit war um. Marie, der die Traurigkeit fast die Kehle zuschnürte, umarmte ihre Tochter und versprach, daß sie bald wieder vereint wären. Sena schenkte dem Kind zum Abschied ihren Ohrring und bat Rose, darauf zu achten, daß die Kleine Mkasawi keine Löcher in die Ohren stach.

Rose nickte. »Ich werde allen sagen, daß du nur eine Feuerbüchse genommen hast.«

Die Tür ging auf. Marie drückte Rose an sich und küßte Noémie ein letztes Mal. Als die schwere Tür hinter ihnen zuviel, schrak sie zusammen.

»Deine Tochter ist wunderschön.«

Marie dankte der Indianerin für ihr Geschenk. Eines Tages werde sie ihr ein kleines Andenken geben. Sena ließ sie nicht ausreden.

»Du willst die Sprache meines Volkes verstehen. Und sein Herz?«

Was diese rätselhafte Bemerkung zu bedeuten habe, wollte Marie wissen. Sena erklärte ihr, ein Geschenk erfordere kein Gegengeschenk. Die Indianer zählten nicht die Geschenke, die sie machten. Ein Stammeshäuptling zeichne sich vor allen anderen Dingen durch Großzügigkeit aus. »Der, der am wenigsten besitzt, wird oftmals zum Führer seines Stammes ernannt.«

Marie legte die Stirn in Falten. Häuptling sei derjenige, der seinen Besitz an seine Stammesbrüder verteilte? Ja, denn der Weise wisse, daß das Leben aus dem Wandel sich erneuert. Kräfte müßten weitergegeben werden. Selbstsucht trage niemals Früchte. Der Mensch sei den Indianern heilig, aber sie achteten auch jede andere Form von Leben. Sena sprach auch vom heiligen Kreis des Lebens und vom Großen Geheimnis. Letzteres verherrliche jedes Geschöpf, da es aus ihm hervorgegangen sei.

»Du meinst, so etwas wie ein Kind des Großen Geheimnisses?«

Nun war es an Sena, die Stirn zu runzeln. Wie sollte sie einer Weißen diese Dinge erklären? Jeder Mensch, hätte sie ihr gern gesagt, müsse sich des Großen Geheimnisses würdig erweisen, und dieses leite und schütze ihn von der Geburt bis zum Tode. Aber sie fügte nur hinzu, jeder Mensch mache sich sein eigenes Bild vom Großen Geheimnis.

Marie fragte sich, ob sie sich Gott anders vorstelle als sie selbst oder Rose oder Emeline. Sie fragte sich auch, ob Er Seine schützende Hand über sie hielte. Selten, war sie versucht zu antworten. Der Gott, von dem ihnen in der Kirche gepredigt wurde, war ein unnachsichtiger, strenger und vom Gedanken an Sünde beherrschter Gott. Der Herr des Universums, so wie Sena ihn sah, schien ihr gütiger, friedsamer. War es der gleiche Gott?

Sie hörte Sena aufmerksam zu. Sie fühle keinen Frieden im Angesicht ihres Gottes, bekannte sie dann. Frieden, erwiderte Sena, sei etwas Kostbares und etwas Zerbrechliches.

Vor dem Einschlafen fragte sie die Indianerin, ob sie glaube, der Friede mit den Irokesen werde andauern. Das könne sie nicht sagen, antwortete Sena. Sie lachte leise. »Sag den Männern hier im Fort, die Entscheidung liegt nicht bei den Frauen.«

»Das ist nicht wahr«, widersprach Marie. »Die Indianerinnen haben sehr viel mehr Einfluß als die Französinnen. Die Männer hören auf euch und achten euch. In Frankreich hat man Tiere vor Gericht gestellt, aber den Frauen das Recht auf einen Prozeß verweigert. Wir haben keine Seele, wir existieren nicht! In Québec ist es nicht ganz so schlimm, weil es zuwenig Frauen gibt, die Kolonie bevölkert werden muß und einige Witwen sich Geltung und Ansehen verschafft haben. Aber ich weiß von Guillaume, daß die Indianerinnen eine hohe Stellung innerhalb des Stammes einnehmen. Ist es wahr, daß ihr darüber bestimmt, wer wen heiraten darf? Werden die Gefangenen wirklich euch übergeben? Stimmt es, daß ein Mann Geschenke bringen muß, wenn er eine von euch zur Frau will? Bei uns ist es so, daß die Frau bezahlen muß! Ohne Mitgift nimmt uns keiner!«

»Und dein Mann? Wo ist er? Hast du viel für ihn bezahlt?«

»Nein, überhaupt nichts. Er ist auf der Jagd, seit mehreren Monden schon. Er ist sehr groß und sehr stark. Er hat schon mit Wölfen gekämpft.«

Sena stützte sich auf einen Ellenbogen. »Mit Wölfen, sagst du?«

»Ja. Die Abenaki nennen ihn Sasagi Molsem.«

»Sasagi? Du kennst den Riesen?«

Marie nickte stolz. Senas Ton verriet großen Respekt. Sasagi sei ein tapferer Mann, sagte die junge Indianerin. Als ihr Stamm ihn gefangengenommen habe, habe er von Sonnenaufgang bis Sonnenuntergang gearbeitet, ohne jemals zu klagen, und er habe keinen Laut von sich gegeben, als er gefoltert worden sei.

Marie riß die Augen auf. Dann stammten die Narben auf Oberkörper und Armen also von Verletzungen durch die Folter? »Mir hat er gesagt, Wölfe hätten ihm die Wunden beigebracht.«

»Das stimmt auch, er hat wirklich mit Wölfen gekämpft. Und sie haben große Achtung vor ihm.«

Er sei der Gefangene ihrer Mutter gewesen, fügte Sena hinzu. Sechs Monde lang, als Ersatz für den Sohn, den sie im Kampf verloren hatte. »Er war wie ein Bruder für mich.«

Ein Bruder? entrüstete sich Marie. Die Weißen foltern ihre Brüder nicht!

»Nein? Niemals?«

Marie schwieg betreten. Wie viele Männer und Frauen hatten noch auf dem Scheiterhaufen ihre Mütter,

Schwestern, Söhne verraten und den Henkern ausgeliefert?

Als sie aufblickte, hatte sich Sena zur Wand gedreht und schlief schon. Marie machte die Augen zu.

Sie träumte von der heiligen Zahl der Indianer, der Vier. Es gab vier Himmelsrichtungen, vier Rassen, vier Alter, vier Jahreszeiten, vier Tageszeiten, vier Farben. Sie träumte, Guillaume wurde von vier Wölfen angegriffen: Der erste wurde von einem Blitz erschlagen, der zweite von der Erde verschlungen, der dritte vom Wasser fortgerissen, der vierte von einem Feuerball verbrannt. Und dann überreichte Guillaume ihr ein vierblättriges Kleeblatt.

34. KAPITEL

Zum erstenmal in ihrem Leben ließ Rose ein Brot anbrennen. Sie war nicht bei der Sache, weil ihre Gedanken in einem fort um Nicolette Jasmin kreisten. Sie riß die Tür auf, damit der Rauch abziehen konnte, und beruhigte die Nachbarn: Nein, es sei kein Feuer ausgebrochen, ja, es sei bitterkalt, sie hätten ganz recht, sie müsse sich etwas überziehen, wenn sie länger draußen bliebe. Was sie aber nicht vorhatte. Sie ging zurück ins Haus und überlegte, wie sie Nicolette zum Sprechen bringen könnte. Sie war überzeugt, daß das Mädchen etwas wußte, das Ernest Nadeau betraf. Und wenn Marie im Gefängnis nicht zugrunde gehen sollte, mußte bald etwas geschehen. Sie war schrecklich blaß und abgemagert und hustete fürchterlich. Und beim Abschied von Noémie brach ihr jedesmal fast das Herz.

Die Beschäftigung mit der Sprache und den Bräuchen der Indianer hatte sie zwar abgelenkt, und sie ließ sich ihre Verzweiflung nie anmerken, aber Rose wußte, wie es um sie stand. Sie wagte nicht einmal mehr, sich zu erkundigen, ob es irgend etwas Neues gebe. Und jetzt sollte Sena wieder auf freien Fuß gesetzt werden. Marie hatte die Ratsmitglieder davon überzeugt, daß die indianischen Frauen keinen Einfluß auf politische Entscheidungen hätten und Sena nicht wissen könne, ob ein Angriff geplant war oder nicht. Da sich niemand einen Offizier, einen Grafen oder einen König vorzustellen vermochte, der seine Frau um Rat fragte, bevor er zu den Waffen griff, hatte man ihr geglaubt. Krieg war Männersache. Überdies, so hatte Marie hinzugefügt, fehle es Sena an Verstand: Sie sei gar nicht fähig, mit der Feuerbüchse, die sie gestohlen hatte, umzugehen. Und sie weiter gefangenzuhalten sei gefährlicher, als sie freizulassen: Würden ihre Stammesbrüder nicht versuchen, sie zu befreien? Wollte man tatsächlich wegen einer Waffe die Gefahr eines Angriffs heraufbeschwören? Einer Waffe, die dem Eigentümer längst zurückgegeben worden war? Wäre es nicht besser, die Wilde ohne Aufsehen freizulassen, ihr Schneeschuhe zu geben und sie dann davonzujagen? Mit ein bißchen Glück würde sie erfrieren, bevor sie zu ihrem Stamm gelangte.

Maries Grausamkeit hatte zwar Erstaunen ausgelöst, doch waren sich die Ratsherren einig, daß ihr Vorschlag vernünftig war. Sie gingen darauf ein. Was sie nicht wissen konnten: Die Irokesin würde sich bei den Huronen verstecken und irgendwann gegen eine Gefangene ihres Stammes ausgetauscht werden. Marie war auf den Gedanken gekommen, nachdem sie viel über die indianische Gesellschaft gelernt hatte. Sie hatte Rose zu Mani geschickt, und die hatte mit ihren Stammesbrüdern gesprochen. Maries Vorschlag war angenommen worden. Sena sollte das Fort im ersten Viertel des Mondes verlassen. Hinter Sillery würde ein Hurone auf sie warten. Gemeinsam würden sie bei Nacht nach Québec zurückkehren.

Rose rührte zerstreut die Kohlsuppe um. Marie wird sich schrecklich einsam fühlen, wenn Sena fort ist, dachte sie. Ein Klopfen an der Tür ließ sie zusammenfahren. Draußen stand Nicolette: Ihr Bruder müsse sich seit dem frühen Morgen ständig übergeben. Was solle sie nur tun? Ihn ins Krankenhaus bringen? Das Atmen bereitete ihm solche Schmerzen, die ganze Seite tue ihm weh, er sei nicht einmal mehr in der Lage aufzustehen. Er werde sterben!

»Geh zu Monsieur Madry!«

»Der ist in Beaupré.«

»Dann geh zu einem anderen Barbier!« Rose seufzte. »Ich wünschte, Marie wäre hier. Sie könnte deinem Bruder bestimmt helfen.«

Nicolette bekreuzigte sich. »Kommt, gehen wir zum Fort.«

»Aber das ist sinnlos, sie darf es nicht verlassen.«

»Ich werde ihr Leben retten, wenn sie das meines Bruders rettet.«

Rose schlug das Herz bis zum Hals. Sie hatte also richtig vermutet: Es gab eine Verbindung zwischen Nadeau und Nicolette. Das Mädchen erzählte ihr in aller Eile, was geschehen war: Nadeau hatte ihr auf der *Dragon-d'Or* die Ehre geraubt; er hatte ihr die Ehe versprochen, sich dann jedoch anders besonnen und ihr erklärt, er werde allein nach Frankreich zurückkehren.

»Und da hast du ihn getötet.«

»Ich konnte nicht anders.«

»Aber Marie sah doch einen Mann flüchten.«

»Der Mann war ich. Ich habe eine Hose meines Bruders angezogen, seinen alten Mantel übergeworfen und meine Haare unter einer Mütze versteckt. Kommt, gehen wir.

Ich will, daß Marie so schnell wie möglich freigelassen wird. Louis darf nicht sterben!«

Rose verspürte den brennenden Wunsch, ihr ins Gesicht zu schlagen. Aber für Rachegefühle war keine Zeit.

Als sie neben Nicolette die Côte de la Montagne hinaufhastete und am Friedhof vorbeikam, dachte sie zum erstenmal nicht an den Überfall. Sie dachte an Marie, die bald frei sein würde.

»Ich konnte nichts mehr für ihn tun«, sagte Marie zu Nicolette, als sie nach der Mitternachtsmesse die Kirche verließen. »Aber du hast mir das Leben gerettet.«

Nicolette schüttelte den Kopf. »Meinetwegen hat man dich eingesperrt. Das werde ich mir nie verzeihen. Ich hätte nicht auf meinen Bruder hören, sondern gleich nach einem Barbier schicken sollen.«

»Er wollte seine Sünde büßen, das hat er mir selbst gesagt.«

Kurz nachdem Marie ihn untersucht hatte, war Louis Jasmin gestorben. Sie war erst am Morgen, nach Nicolettes Vernehmung, auf freien Fuß gesetzt worden. Sie hatte nichts mehr für den Kranken tun können, außer ihm den Schweiß von der Stirn zu wischen und für ihn zu beten. Eines Tages, das hatte sie sich an seinem Lager geschworen, würde sie ein Mittel gegen Brustfellentzündung finden. Louis legte in Maries Gegenwart die Beichte ab: Er war der Mörder von Ernest Nadeau. Er hatte ihn getötet, weil er seiner Schwester die Ehre geraubt hatte. Und er hatte geschwiegen, weil er nicht wollte, daß die Wahrheit über Nicolette ans Licht käme und sie keinen Mann mehr fände. Er flehte den Priester an, seine Beichte vertraulich zu behandeln. Damit die Gemüter sich beruhigten und nicht noch mehr Unschuldige unter der traurigen

Geschichte zu leiden hätten, hatte sich Pater Lalemant schweren Herzens zu einer Lüge entschlossen. Er berichtete dem Bischof, Louis Jasmin habe Nadeau wegen eines Stücks Brot getötet. Auf der Überfahrt habe der Schreiber Jasmin des Diebstahls bezichtigt, woraufhin der junge Mann zu einer Prügelstrafe verurteilt worden sei. In Wirklichkeit habe Nadeau das Brot gestohlen. Jasmin habe ihn aus Rache umgebracht.

»Denk nicht mehr an Nadeau«, flüsterte Marie dem Mädchen zu. »Und auch nicht mehr an deinen Bruder. Heute ist ein Festtag, wir wollen vergessen und fröhlich sein.«

»Rose hat es nicht vergessen.«

Marie tätschelte ihr beruhigend den Arm. Rose könne alles ertragen, nur nicht, daß man ihren Freunden ein Leid zufüge. »Aber sie versteht, warum Louis geschwiegen hat. Nach dem schrecklichen Überfall damals wollte sie auch nicht reden. Allerdings kam dadurch auch kein Unschuldiger ins Gefängnis ...«

Nicolette wich stöhnend zurück. »Ich begreife nicht, daß du überhaupt noch das Wort an mich richtest, nach allem, was geschehen ist ...«

»Ich möchte meinen Groll nicht mein Leben lang mit mir herumtragen. Was würde mir das nützen? Weißt du, ich habe viel von Sena gelernt. Mehr, als ich dachte. Und jetzt komm, wir müssen uns beeilen. Ich werde es dir nie verzeihen, wenn wir zu den Rousseaus kommen und es sind keine Backpflaumen mehr da!«

»Backpflaumen?«

»Jawohl, Mademoiselle, aus Tours, wie bei den Jesuiten! Die Schwestern haben ihnen zu Weihnachten ein ganzes Fäßchen voll geschenkt. Und ich möchte wetten, an Neujahr bekommen sie Zitronenschalen! Aber wir werden heute abend auch nicht darben. Emeline und Rose haben ein Festmahl vorbereitete: Es gibt mit Äpfeln gefüllte Rebhühner, Eierkuchen, mit Nelken gespickten Schweinebraten, Fisch und einen süßen Nachtisch!«

Victor Le Morhier lutschte genüßlich an einem kleinen Knochen. Der Fasan in der *Auberge du Mouton noir* war sehr saftig. Und so schmackhaft zubereitet wie der, den seine Mutter früher an Weihnachten auf den Tisch gebracht hatte. Er leckte sich die Finger ab und bestellte noch einen Krug Wein. Das Zimtgebäck, das der Wirt ihm als Nachtisch vorschlug, wollte er erst ablehnen, doch dann sagte er sich, warum nicht, auf der *Grand-Faucon* würde es zum Schlemmen keine Gelegenheit mehr geben. Aber er beklagte sich nicht. Die letzte Fahrt hatte sich weiß Gott gelohnt. Doch der Preis war hoch gewesen. Die Begegnung mit Piraten gehörte zum Leben eines Seemanns, aber Victors Feuertaufe war blutrünstiger und barbarischer verlaufen, als er es sich je vorgestellt hätte. Nie zuvor in seinem Leben hatte er ein solches Gemetzel, eine solche Schlächterei erlebt. Leiber waren aufgeschlitzt, Köpfe, Arme, Beine in blinder Wut abgetrennt worden. Die doppelte Ration Rum, die unmittelbar vor dem Angriff ausgeteilt worden war, hatte sie zu Berserkern werden lassen. Victor hatte sich tapfer geschlagen, mit Degen und Pistole. Ohne jegliche Gefühlsregung hatte er wahrgenommen, wie rings um ihn her Männer tödlich getroffen zusammenbrachen. Er hatte weder das Blut noch den Qualm der Geschütze gerochen. Er hatte nicht die Schreie gehört, hatte nicht das Meer unter sich gesehen, als sie ihn packten und über die Reling zu schleudern versuchten. Er hatte, ohne sich dessen bewußt zu sein, dem Kapitän das Leben gerettet. Er hatte nur einen Gedanken gehabt: überleben.

Als es vorbei war, war er nicht einmal fähig gewesen, sich zu übergeben.

Als es vorbei war, war er von den Offizieren ausgezeichnet worden. Und der Kapitän hatte die Beute mit ihm geteilt.

Victor hatte lange überlegt, ob ein paar Edelsteine es wert seien, sich ein zweites Mal auf ein solches Abenteuer einzulassen. Dann hatte er an Marie gedacht. Sie sollte ihren Schatz haben.

»Ihr seid so still, mein Freund«, bemerkte Alexandre de Tracy de Prouville. Er reichte Victor eine Schale mit Gebäck.

»Ich beneide Euch. Ich wünschte, ich könnte mit Euch nach Neu-Frankreich kommen.«

»Was hält Euch davon ab? Euer Kapitän hat mir von Euren Großtaten berichtet. Es wäre mir eine Ehre, Euch an Bord unseres Schiffes zu haben. Wir stechen morgen in See. Anfang Mai müßten wir in Québec eintreffen.«

Victor bedankte sich für das Angebot. Er müsse jedoch leider ablehnen, er habe nach London angeheuert.

»London? Ihr wißt, daß dort die Pest ausgebrochen ist?«

Victor deutete auf den Schmiß auf seiner Wange. »Ich habe mit Piraten gekämpft und überlebt.«

»Aber der Schwarze Tod ...«

»Hat bisher kaum Opfer gefordert. Und ich werde nur eine Woche bleiben.«

Tracy de Prouville stieß einen Seufzer aus. Was für ein eigensinniger junger Mann. Aber konnte er ihm einen Vorwurf daraus machen? Er war selbst hinreichend bekannt für seine Starrköpfigkeit. Er würde sie auch in Neu-Frankreich brauchen, sollte die Mission, mit der er betraut worden war, glücken.

Ein Glas Pflaumenschnaps rundete das Essen ab. Tracy ließ sich von Québec erzählen und wünschte Victor dann viel Glück.

»Ich werde Marie LaFlamme Euren Brief persönlich

übergeben. Und ihren Rat suchen, falls ich erkranken sollte. Mit Eurem Waldläufer werde ich mich ebenfalls unterhalten. Vielleicht könnte er mir sogar behilflich sein bei meiner Aufgabe.«

Er drückte Victor die Hand. Er wurde auf seinem Schiff gebraucht, das am nächsten Tag auslaufen würde.

Im Morgengrauen stand Victor am Kai und blickte dem Segler nach. Er erinnerte sich an die Überfahrt auf der *Alouette,* an die letzten Tage, da sie unter quälendem Hunger und Durst gelitten hatten. Er erinnerte sich auch an den Tod von Julie und Luc LaFlandres und an die Geburt der kleinen Noémie.

Im stillen bereute er es bereits, daß er nicht mitgefahren war. Dann hätte er endlich Marie wiedergesehen. Aber wenigstens würde sie seinen Brief lesen und begreifen, welchen Gefahren er sich aussetzte, um ihre Zuneigung zu gewinnen.

Victors Hoffnung sollte sich nicht erfüllen. Am 30. Juni 1665 traf Marquis de Tracy mit vier Infanteriekompanien in Québec ein. Am Quai de Champlain drängten sich Hunderte von begeisterten Menschen.

Guillaume Laviolette genoß den Trubel. Nach fünf Wochen in Québec wurde ihm die Zeit schon wieder lang. Ein Glück, daß er Marie hatte. Die Wiedersehensfreude war groß gewesen. Und Guillaume sagte jedem, der es hören wollte, was für einen glücklichen Griff er doch getan habe. Marie hatte sich mit keinem Wort über seine lange Abwesenheit beklagt. Im Gegenteil, sie wollte alles wissen über seine Reise, und sooft sie Gäste hatten, mußte er davon erzählen. Und wenn er seine Geschichte ein wenig ausschmückte, so lächelte sie nur zärtlich.

Marie drückte Guillaumes Arm, während sie gleichzeitig ein Auge auf Noémie hatte. Sie schaute zu, wie die Soldaten an Land gingen, und zählte mit. Dreißig, einunddreißig, zweiunddreißig …

Da sah sie ihn.

Sie hätte sich beinahe die Unterlippe blutig gebissen. Er war nicht tot! Er lebte!

»Simon!« schrie sie. Dann verlor sie das Bewußtsein.

ENDE

Band 13 674

Chrystine Brouillet

Marie LaFlamme

Deutsche Erstveröffentlichung

Nantes, 1662: Die Hebamme Anne LaFlamme wird zum Tod auf dem Scheiterhaufen verurteilt. Mit ihren wundersamen Heilkräutern soll sie Männer und Frauen verzaubert und ruiniert haben. Auch Marie LaFlamme, die Tochter der verwitweten Hebamme, steht kurz vor der Einkerkerung. Für das vorwitzige und hübsche Mädchen gibt es nur einen Ausweg, dem Wüten der Hexenjäger zu entgehen – sie muß den reichen Reeder Geoffroy de Saint-Arnaud heiraten, so sehr sie ihn auch haßt. Lange hält es Marie an der Seite dieses selbstgerechten Intriganten nicht aus. Die Stimme des Herzens ruft sie nach Paris, wo Simon Perrot, den sie schon lange liebt, als Soldat in die Dienste des Königs getreten ist. Allerdings dringen furchterregende Gerüchte über eine sonderbare Wandlung Simons an ihr Ohr . . .

Chrystine Brouillet stürmte mit dieser großangelegten Saga um Marie LaFlamme die französischen und kanadischen Bestsellerlisten.

BASTEI LÜBBE

Sie erhalten diesen Band im Buchhandel, bei Ihrem Zeitschriftenhändler sowie im Bahnhofsbuchhandel.

Band 13 710

George Herman

Leonardos Turm

Deutsche Erstveröffentlichung

Herzog Ludovico von Mailand, wegen seiner dunklen Hautfarbe ›der Mohr‹ genannt, gerät in Bedrängnis: Französische Armeen sind im Anmarsch, und auch die für ihre Skrupellosigkeit berüchtigte Sippe der Borgias streckt die Finger nach dem Herzogtum aus. In dieser angespannten Lage muß der Herzog sich auch noch mit Anschlägen aus den eigenen Reihen auseinandersetzen. Er hat nur noch zwei Leute, denen er bedingungslos vertrauen kann: einen Zwerg namens Niccolo und Leonardo da Vinci, den genialen Maler, Erfinder und Unterhaltungskünstler am Mailänder Hof. Gemeinsam versuchen Leonardo und der Zwerg dem verräterischen Treiben ein Ende zu setzen.

Nach dem Bestseller ›Straße der Gaukler‹ der zweite Roman aus dem Geist der Renaissance von GEORGE HERMAN – spannender, geistreicher und witziger ist wohl selten über diese aufregende Epoche erzählt worden.

BASTEI LÜBBE

Sie erhalten diesen Band im Buchhandel, bei Ihrem Zeitschriftenhändler sowie im Bahnhofsbuchhandel.

Band 13 742

William M. Thackeray

Die Geschichte des Henry Esmond

Deutsche Erstveröffentlichung

In diesem Roman erzählt der Autor vom „Jahrmarkt der Eitelkeiten“ die teils dramatische, teils rührende Lebensgeschichte eines Offiziers aus dem Zeitalter der Queen Anne. Der Kampf zwischen Tories und Whigs, die Auseinandersetzungen zwischen Frankreich und England, zwischen dem Königshaus der Stuarts und dem der Hannoveraner – alle diese großen Konflikte im frühen 18. Jahrhundert spielen in diese Erzählung hinein.

BASTEI LÜBBE

Sie erhalten diesen Band im Buchhandel, bei Ihrem Zeitschriftenhändler sowie im Bahnhofsbuchhandel.

Band 13 741

Honoré de Balzac

Die Chouans

Deutsche Erstveröffentlichung

Marie de Verneuil ist eine selbstbewußte und hübsche Frau – und eine entschiedene Anhängerin der Französischen Revolution. Als im Westen der Republik die Aufstände unter der weißen Fahne der Chouans die neue Ordnung gefährden, wird Marie de Verneuil von Paris in die Bretagne ausgesandt. Als Spionin soll sie vor allem auskundschaften, welchen Anteil der geheimnisvolle Marquis de Montauran an diesen Aufständen hat. Der Auftrag scheint der Marie de Verneuil auf den Leib geschrieben zu sein – aber sie weiß bald nicht mehr, wo ihre Rolle aufhört und wo ihre Gefühle anfangen.